企业风险量化分析

以@Risk和DecisionTools为工具

张宏亮 ◎ 著

北京大学出版社
PEKING UNIVERSITY PRESS

图书在版编目（CIP）数据

企业风险量化分析：以@Risk和DecisionTools为工具 / 张宏亮著. —北京：北京大学出版社，2019.1
ISBN 978-7-301-30104-3

Ⅰ.①企… Ⅱ.①张… Ⅲ.①企业管理—风险管理 Ⅳ.①F272.35

中国版本图书馆CIP数据核字(2018)第274492号

书　　　名	企业风险量化分析：以@Risk和DecisionTools为工具 QIYE FENGXIAN LIANGHUA FENXI：YI @Risk HE DecisionTools WEI GONGJU
著作责任者	张宏亮 著
责 任 编 辑	裴 蕾
标 准 书 号	ISBN 978-7-301-30104-3
出 版 发 行	北京大学出版社
地　　　址	北京市海淀区成府路205号　100871
网　　　址	http://www.pup.cn
电 子 信 箱	em@pup.cn　QQ：552063295
新 浪 微 博	@北京大学出版社　@北京大学出版社经管图书
电　　　话	邮购部010-62752015　发行部010-62750672　编辑部010-62752926
印 刷 者	北京中科印刷有限公司
经 销 者	新华书店
	787毫米×1092毫米　16开　27.75印张　601千字 2019年1月第1版　2019年1月第1次印刷
定　　　价	69.00元

未经许可，不得以任何方式复制或抄袭本书之部分或全部内容。
版权所有，侵权必究
举报电话：010-62752024　电子信箱：fd@pup.pku.edu.cn
图书如有印装质量问题，请与出版部联系，电话：010-62756370

前言 Preface

我是从2000年左右接触到风险量化建模方法，那时我在北京大学光华管理学院攻读博士学位，我的导师王其文教授为研究生开设计算机模拟分析课程，主要教授基于Excel建立面向企业生产和项目管理等方面的模拟分析模型方法，其中包括风险量化分析建模方法。在课程中间，王其文教授去加拿大参加学术会议，带回来Palisade公司的DecisionTools Suite（以下简称DecisionTools套件）软件的试用版光盘，我也是在那时初次学习使用DecisionTools套件进行风险量化分析建模。在2007年，我从英国Lancaster大学回到北京大学，在新建立的工学院工业工程与管理系任教，并尝试使用DecisionTools套件教授工程经济分析中的风险分析方法。在随后的几年里，我翻阅了许多风险量化分析方面的文献，进一步学习掌握风险量化建模分析的方法和技术，整理编制了系列风险量化分析案例，这些分析案例也自然形成了这本书的初稿。

在管理实践中正确地理解并使用风险量化建模分析方法不是一件容易的事情。一方面，人们习惯于使用确定性思维思考问题并采用"平均数"方式设计生产计划和项目活动计划，对使用概率分布描述风险和不确定性并在此基础上进行决策往往感到陌生，对如何建立风险分析模型和理解分析结果常常"不知所措"。另一方面，面向企业管理的风险量化分析不同于工程技术类风险量化分析，管理者往往对计算程序和技术不感兴趣，他们更关注模型逻辑和分析结果，更习惯于使用Excel建立能够清晰显示逻辑关系的计算模型，并在此基础上进行演算和分析。这些"难点"使得建模分析人员需要深入了解Excel建模技术以及在Excel上处理风险影响的方法，同时熟练掌握基于Excel的风险量化分析工具用法，以便有效便捷地展现风险分析结果，并能够交互分析"输入变量"与"输出变量"之间的敏感性关系。

我编写这本书的目的是希望读者在本书的引导下能够有效提高风险量化分析建模的质量和效率，规避建模分析过程中的常见陷阱，并正确应用分析结果于企业管理决策中。具体包括两个方面的想法：一是介绍建立风险量化模型的方法，帮助读者将风险量化模型与自身的工作内容相结合，使得读者能够正确理解并在实践中使用风险量化分析结果。二是通过案例介绍基于Excel建立风险量化分析模型的方法技术，详细介绍整个建模的过程和步骤，帮助读者熟悉和掌握如何基于Excel分析风险问题以及使用相关函数建立模型。

全书共有26章，每章的内容简单介绍如下。初次接触风险量化建模分析的读者可以先浏览前三章的内容，并参照章中给出的案例进行练习，掌握基本的建模方法和技巧。其他各章的内容相对独立，读者可以依据自己的兴趣或工作需要制定阅读顺序。不同章中使用到的软件会有所不同，我在下面每章内容介绍的末尾给出使用到的DecisionTools套件中的相关软件。

第1章和第2章介绍了企业风险分析方法、Excel的基本操作方法和常用函数用法，它们是风险量化分析建模的基础，熟练掌握这些操作方法和常用函数用法能够有效提高风险量化分析建模的质量和效率。在这一部分仅使用到了Excel。

第3章介绍了蒙特卡罗模拟抽样方法的基本原理，并通过四个案例展示了蒙特卡罗模拟抽样的随机性和计算准确性。本章通过案例练习展现：在理论计算不可能或很繁琐的情况下，只要模型逻辑正确，那么利用蒙特卡罗模拟抽样方法就可以得到"足够正确"的计算结果。本章使用到了@Risk。

第4、5和6章分别介绍了三个概率赌博游戏策略分析模型。概率赌博游戏的特点是：从表面上看，每局游戏的结果具有一定的随机性，玩家需要靠"运气"赢得游戏。然而，通过建立逻辑正确的分析模型，玩家可以模拟分析不同策略下的游戏结果出现概率，从而能够帮助玩家制定更为合理的游戏获胜策略。这三章使用到了@Risk。

第7章使用四种不同方法计算"抛掷硬币出现字面朝上的频率在0.4到0.6之间的概率不

少于90%的次数"：中心极限定理、概率计算、确定性优化和随机优化。通过使用不同的方法解决同一个问题，可以更好地理解不同分析方法的优缺点和计算效率。本章使用到了@Risk、Evolver和RiskOptimizer（以前这三种软件分别是单独的软件，现在三者均是@Risk工业版软件中的一部分）。

第8章和第9章分别介绍了项目管理中对成本和工期不确定性的估计方法。其中，第8章介绍了项目成本估计方法，探讨了考虑相关性对项目成本估计的影响，并具体介绍了@Risk中定义变量相关性的方法；第9章介绍了在项目工期计算中考虑不确定性影响的建模方法，模型分析结果展示不考虑不确定性的"确定式"项目总工期计算结果往往过于乐观。这两章使用到了@Risk。

第10章介绍了复合随机过程的建模方法。通过结合使用Excel中的INDEX函数以及@Risk概率分布函数，可以有效建立保险赔付损失计算模型。本章同时分析了@Risk的复合随机过程函数RiskCompound的使用条件和限制。本章介绍的复合随机过程的建模方法功能上可以替代RiskCompound函数，不受其使用条件和限制的影响，且具有更高的灵活性。本章使用到了@Risk。

第11章介绍了利用试验信息为决策提供支持和帮助的建模方法。如果试验成本较高且试验本身不能带来完全信息，那么意味着在花费了昂贵的费用后决策还是受到不确定性的影响。这个时候，决策者需要平衡通过进行试验获取信息的成本与试验带来的信息价值大小。本章使用到了@Risk。

第12章介绍了投资项目经济分析建模方法，探讨了如何建立经济分析模型，如何估计净现值和内部收益率的概率分布，如何识别风险驱动因素，并比较了风险量化分析下项目净现值和内部收益率两种方法的使用特点。本章使用到了@Risk。

第13章介绍了投资组合的收益率和方差计算模型以及使用@Risk中的RiskOptimizer功能进行投资组合的优化分析方法。本章使用到了@Risk和RiskOptimizer。

第14章介绍了投资项目经济比较分析方法。在投资金额和目的相同的情况下，投资过程和投资方案的不同会带来不同的投资效果。通过使用@Risk模拟分析结果中的叠加图功能，可以有效展现方案间的主要变化特征和不同之处。本章使用到了@Risk。

第15、16和17章介绍了建立决策树分析模型的方法，其中第15章介绍了洪水疏浚渠道扩建方案决策树分析模型，第16章探讨了依据市场调查结果选择最佳生产方案的决策树分析模型，第17章介绍了寻找最优的银行信贷决策规则的决策树分析模型。这三章使用到了PrecisionTree和@Risk。

第18章介绍了生产能力计划分析方法。企业在建立生产能力计划分析模型时需要充分考虑各种不确定因素带来的影响，并通过制定合理的标准比较不同方案的优劣性。本章使用了Excel的数据分析功能进行市场份额和市场价格预测，并在此基础上使用@Risk建立生产能力计划的分析模型，比较并确定最优的生产能力计划。本章使用到了@Risk。

第19章介绍了在Excel中进行动态情景分析的建模技术。不同于Excel自身携带的模拟分析功能，这种情景分析技术具有更高的灵活性。它不需要具有固定的格式，不用手动输入每个情景下的输入变量取值，此外它能够与@Risk相结合进一步提高对随机模拟模型的情景分析能力。本章使用到了@Risk。

第20章介绍了分析竞争者的投标报价和涨价规律的建模方法，通过案例展示了如何使用@Risk在Excel中建立涨价比例分析模型，并确定在不同的评标规则下的最佳涨价比例。本章使用到了@Risk。

第21章和22章分别介绍了两种确定合理订货量的决策分析模型方法：定期检查库存控制方法和临界点库存控制方法，通过案例展示了在库存控制决策中，不同模型方法下管理者如何确定生产或订购货物的时间以及数量。这两章使用到了@Risk。

第23章介绍了制造和销售灵活性分析建模方法。企业管理者大多希望自身的企业能够在现有生产能力下具有制造和销售的灵活性，从而可以既充分利用生产能力又能满足市场需求。本章通过案例展示了如何使用@Risk在Excel中建立风险量化分析模型，用于分析不同的制造和销售灵活性在生产能力利用率和市场需求满足率方面的效率。本章使用到了@Risk。

第24章介绍了整数规划问题中的指派问题和送货问题建模分析方法，通过案例展示如何使用Evolver在Excel中求解整数规划问题。Evolver提供了一种Order算法，可以方便地对指派问题和送货问题求解，使用起来非常灵活方便，并且没有其他约束条件要求。本章使用到了Evolver。

第25章介绍了时间序列分析中常用的方法，包括验证数据的随机性、计算数据的自相关系数、移动平均法、一般指数平滑法、Holt指数平滑法。本章通过案例展示了StatTools提供的时间序列分析功能的原理，使用Excel函数计算并展示StatTools提供的主要分析功能和基本求解步骤，并利用Evolver对模型进行优化处理，得到时间序列模型最优参数。本章使用到了StatTools和Evolver。

第26章介绍了使用DecisionTools套件中的TopRank建立敏感性分析模型、分析单个变量和两个变量组对输出变量的敏感性的方法和步骤，通过使用TopRank可以自动化敏感性分析计算过程，有效减少计算工作量，并可以有效识别对决策结果影响较大的决策变量或者决策变量组合。本章使用到了TopRank。

本书采用DecisionTools套件英文版作为建模分析软件。尽管Palisade公司已经在2011年末开发了DecisionTools套件的中文运行环境，但是中文翻译质量不是很高，许多地方的翻译不是十分准确，容易出现歧义。因此，这里我们还是选择英文版作为建模分析软件工具。我相信这不会对读者的学习和练习造成太大影响。

本书假定读者已经初步了解DecisionTools套件，特别是@Risk软件，对它们的计算和操作方式并不是十分陌生，所以将不介绍与这些软件相关的最基础的一些操作和背后的方法原理。如果读者在阅读本书前对于DecisionTools套件软件不太了解或者一无所知，建议您先下载软件，阅读软件自带的操作指南，进行一些简单操作，初步了解一下这些软件的计算和操作方式。此外，本书假定读者使用的Excel版本是2007以及以上版本。如果您使用的是2003及以下版本，那么有些操作方法和计算结果会出现不同，请读者在学习和使用时注意。

目 录

第一部分 入门篇

01 企业风险分析方法概述 / 3

02 操作方法:在Excel下使用@Risk和DecisionTools / 15

03 蒙特卡罗模拟及案例 / 48

第二部分 数理基础篇

04 数豆子游戏:概率赌博游戏一 / 69

05 轮盘赌游戏策略分析:概率赌博游戏二 / 76

06 大转轮游戏:概率赌博游戏三 / 88

07 抛硬币游戏:四种统计方法的比较 / 98

第三部分 实战篇

08 项目成本估计:蒙特卡罗模拟建模 / 117

09 项目关键路径估计:不确定性分析建模 / 134

10 保险赔付损失计算:复合随机过程建模 / 145

11 新药开发决策:贝叶斯不确定性建模 / 159

目 录

12 投资项目的经济分析：净现值法和内部收益法 / 169

13 投资组合收益率、风险分析 / 180

14 资本投资项目经济比较分析 / 198

15 洪水疏浚渠道扩建方案经济比较：决策树建模一 / 209

16 选择最佳生产方案：决策树建模二 / 235

17 银行贷款决策：决策树建模三 / 259

18 生产能力计划分析：最优产量建模 / 286

19 IPO股票价格情景分析：风险分析建模 / 303

20 投标与报价：最优报价建模 / 310

21 库存管理策略一：定期检查库存控制分析 / 327

22 库存管理策略二：临界点库存控制分析 / 344

23 制造和销售灵活性分析 / 358

24 顺序优化问题分析：线性及非线性规划问题 / 386

25 时间序列预测：以预测销售额为例 / 397

26 利润敏感性分析：以雄鹰航空为例 / 420

参考文献 / 435

第一部分 入门篇

企业风险分析方法概述

风险无处不在，它的存在给企业的经营活动带来很大的影响。风险的发生会影响组织目标的顺利实现，因此企业的经营管理者需要具备识别、分析和管理在未来可能遭遇到的风险的能力。

2006年，国务院国资委出台《中央企业全面风险管理指引》，建议中央企业"开展全面风险管理工作，增强企业竞争力，提高投资回报，促进企业持续、健康、稳定发展"（国务院国资委，2006）。从那时起，几乎所有央企都开始正式设立风险管理职能部门，或者在原有相关部门内增设风险管理职能，积极地投入到风险管理实践中，力争有效规避和管理风险，提高企业在国内外市场上的竞争力。2009年，国家风险管理标准《GB/T24353-2009风险管理原则与实施指南》指出，"风险管理旨在保证组织恰当地应对风险，提高风险应对的效率和效果，增加行动的合理性，有效地配置资源。有效的风险管理应当融入到整个组织的理念、治理、管理、程序、方针策略以及文化等各方面。风险管理意识应当是整个组织文化的一部分"（国家标准化管理委员会，2009）。根据这个标准，风险管理不应该仅仅被当作是规避外在威胁的一种手段，而是应该被看作是一个成功的企业所应该具备的核心能力之一，是企业经营管理职能不可分割的一部分。

要想做到有效地管理风险，首先必须做到正确地分析风险。风险分析的目的是对已经识别出的风险进行分析并评价它们的重要性，为随后的风险管理提供信息支持和决策依据。风险分析方法多种多样，总体上可以分为两大类：**风险定性分析**和**风险量化分析**。两者的主要区别在于分别使用了不同性质的方法和技术来分析和评价风险。风险定性分析使用定性的语言描述，或者使用半数量的等级或分数，来分析和评价风险。而风险量化分析，则是使用公式或模型来描述风险的发生机理，并通过数学计算或者计算机模拟等方式，对风险进行分析和评价。

尽管绝大多数与风险管理相关的标准指南都对风险定性分析和风险量化分析方法的原理和技术做过介绍，但是大部分介绍是描述性的，并没有就如何正确地使用这两类方法给出明确的规范和指导。例如，《中央企业全面风险管理指引》指出：进行风险辨识、分析、评价，应将定性与定量方法相结合（国务院国资委，2006）。ISO31000指出：根据风险特点、分析目的、信息、数据和其他可用资源，风险分析可以采取定性、半定量或定量等不同细化程度的分析形式，或者它们之间的某种组合形式。相类似地，GB/T24353-2009认为：根据风险分析的目的、获得的信息数据和资源，风险分析可以是定性的、半定量的、定量的或以上方法的组合。一般情况下，首次应采用定性分析，初步了解风险等级和揭示主要风险。适当时，进行更具体和量化形式的风险分析（国家标准化管理委员会，

2009）。目前，我们对两类风险分析方法的优缺点以及应用范围还不是十分清楚，以前的学术文献也很少详细地分析和探讨如何正确地选择和使用风险分析方法。这些问题没有澄清，会造成风险分析方法在管理实践中的滥用和误用，导致不充分甚至虚假的分析结果，在此基础上制订的风险管理措施也将起不到应有的效果，既浪费了资源，又没有达到应有的风险防护能力。

本章的目的是分析和比较风险定性分析方法和风险量化分析方法的优缺点，探讨它们的应用范围，并给出使用规范建议。本章内容具有一定的探讨性，希望通过对两类风险分析方法的原理、程序、内在假设和分析结果的分析和讨论，为正确合理地使用两类风险分析方法给出建设性意见。本章的结构如下：首先分别介绍风险定性分析和风险量化分析的原理和程序，然后讨论两类方法的优点和缺点，最后给出关于在管理实践中如何正确地使用两类方法的建议。

风险定性分析方法

风险定性分析方法的基本原理和表现形式

风险定性分析方法通常包含两个分析步骤：第一，从风险发生的可能性（即风险概率）和风险发生后对目标的影响程度（风险结果）两个方面，对已识别出的风险进行分析；第二，以风险概率和风险结果两者乘积或者其他更复杂的函数形式，对风险进行评价，从而确定风险的重要等级。

概率	高	2	3	3
	中	1	2	3
	低	1	1	2
		低	中	高
		影响		

图1.1 风险定性描述形式的概率影响矩阵

风险定性分析有多种形式，包括使用定性语言形式进行分析，以及使用数字等级或分数的形式进行分析等，其各自的特点如下。

定性语言形式的分析方法：直接使用纯文字描述风险发生的可能性和风险发生后对目标

的影响程度，例如"很低""低""中等""高""很高"等，根据描述结果把风险放入概率影响矩阵（或表格）中的不同位置上（见图1.1），通过给不同的位置赋予不同的分数，评价不同风险的重要性等级。从图1.1中可以看到，分数越高意味着风险的重要性等级越高。

数字等级或分数形式的分析方法：首先赋予不同程度的概率和影响以不同的数字分数，然后根据分析结果把风险放入概率影响矩阵的不同位置上，概率分数与影响分数的乘积用来描述位于概率影响矩阵中不同位置的风险的重要性。可以看到，分数越高表示风险的重要性等级越高（见图1.2）。

概率	高 分数6	6	18	36
	中 分数3	3	9	18
	低 分数1	1	3	6
		低 分数1	中 分数3	高 分数6
	影响			

图1.2　数字分数形式的概率影响矩阵

此外，还有采取数值范围形式来描述风险的概率和影响程度的风险定性分析方法。在此类方法中，首先以数值范围的形式描述不同程度的概率和影响。与前面方法一致，此类方法根据分析结果把风险放入概率影响矩阵的不同位置上，概率数值范围与影响数值范围的乘积（也是一个数值范围）用来表示概率影响矩阵不同位置的风险的重要性（见图1.3）。

概率	高 $0.3<P<1$	(0, 10)	(3, 100)	(30, ∞)
	中 $0.1<P<0.3$	(0, 3)	(1, 30)	(10, ∞)
	低 $P<0.1$	(0, 1)	(0, 10)	(0, ∞)
		低 $0<I<10$	中 $10<I<100$	高 $I>100$
	影响			

图1.3　数值范围形式的概率影响矩阵

图1.1至图1.3是为了展示目的而设计的，在管理实践中这些风险概率影响矩阵会在此基础上进行再设计，具有更多的表现形式，例如使用其他的定性表述形式、更多的分类、更多的风险等级等。尽管表现形式不同，但是这些方法在本质上是一样的：都是从概率和影响两个维度上通过人的主观判断对识别出的风险进行评估和评价，以某种分数的形式描述风险，分析结果的表现形式都是风险的概率与影响的乘积或者某种函数。有些风险管理研究习惯上把以纯语言形式描述风险的分析方法称为风险定性分析方法，而把使用数字等级或分数形式描述风险的方法称为定量风险分析方法或者半数量风险分析方法。然而，这种分类一定程度上会导致风险定性分析与风险量化分析方法的定义模糊，在语言上造成后面即将讨论的风险量化分析方法与前面这些方法的混淆。为了能够更为清晰地界定和比较风险定性分析与风险量化分析两类方法，在本文中，以上三种形式的风险分析方法统称为风险定性分析方法。

风险定性分析方法的优缺点

风险定性分析方法的主要特点是简单、易理解和易使用。这类方法在使用时要求的输入信息量少，分析者在辅助性文本材料的帮助下，借助简单的推理和定性判断即可形成对风险的初步理解。为了评价风险重要性所进行的计算方法比较简单，分析者不需要掌握复杂的数学知识。使用风险定性分析方法得到的分析结果表现形式为单个数值或者数值范围，在理解上同样不需要深厚的数理基础。此外，把风险按照重要性分为高、中、低等类别的形式也易于得到其他人的理解和接受。

在具有容易理解和使用等特点的同时，风险定性分析方法也具有非常明显的缺点和局限性。首先，风险定性分析方法习惯于使用概率和影响的乘积形式来评价风险，这导致概率和影响作为风险的两个不同认知维度一定程度上的合并和互补。概率与影响的乘积代表一定意义上的无条件期望经济成本，它在某些领域被认为是有意义的，例如经济分析和工程分析等。而在有些领域，这种意义上的风险评价被认为是不可接受的。例如就卫生健康风险来说，如果一个风险具有较大的影响，即使它发生的可能性较小也应该被当作是重要风险来对待。在不清楚这两个不同的认知维度是否可以有效互补的情况下，以概率和影响的乘积形式进行合并必将导致"高影响—低概率"风险与"低影响—高概率"风险具有同样的评价结果，例如图1.2中对角线右下单元格和左上单元格具有同样的6分，因此两者归属于同一风险类别。采用数值范围的形式描述风险概率和风险影响的程度尽管可以使得对风险的描述和分类更贴近于现实一些，但是会进一步突出以概率和影响的乘积形式评价和分类风险方法的缺点。从图1.3中可以看到不同风险所具有的数值范围之间相互重合，这使得风险分类结果具有非常大的模糊性和不准确性。

与上面讨论的问题相关，风险定性分析方法无法处理多个风险的加和问题。有些时候，某个活动或者系统会遭受到多个风险的影响，分析者需要同时考虑所有风险并给出一个综合性的评价。然而，风险定性分析方法在这一点上缺乏应对手段。简单地加和（例如单个风险分数相加）必将导致风险评价模糊性和不准确性的加重。

风险定性分析方法的另外一个不足之处是忽略对风险间的相关性的分析。风险间具有相关性意味着一个风险的发生通常会导致或者伴随着另一个风险的发生。这包含两种可能情况：一种情况是前一个风险是后一个风险的驱动因素，也就是说前一个风险的发生和结果一定程度上会影响后一个风险的发生和结果，因此二者之间具有相关性；另一种情况是两个风险间具有同一个风险源。风险定性分析方法从技术本身上看很难处理风险间的相关性，从而导致了分析上的"盲点"。然而，在分析中忽视这种相关关系会导致一定程度上的误导、低估风险影响的严重程度以及削弱管理措施设计的有效性。

从技术本身上看风险定性分析方法很难进行敏感性分析和不确定性分析。这意味着风险定性分析方法无法判断目前的信息状态下哪些风险变量对最终目标的变化范围影响较大，也无法判断风险变量状态的变化对最终目标的变化影响有多大。这导致依据风险定性分析方法的分析结果，很难对"是否应该收集新信息以便改善决策质量"这样的问题提供解决方案。

此外，风险定性分析方法缺乏一致性检验手段。这意味着：（1）无法判断一个风险定性分析的分析结果是否准确；（2）当不同的人或者使用不同形式的方法产生出不同的分析结论时，无法判断哪一个结论更为准确。大量的认知心理学研究结果表明，无论是个人定性判断还是群体定性判断，都会经常出现很大的认知偏差，缺乏一致性检验手段使得风险定性分析对此无能为力。

风险定性分析方法的应用建议

对企业经营活动进行风险分析和管理需要符合成本效益平衡的原则。也就是说，在有限的管理时间和资源限制下风险分析需要做到成本有效。这样，风险分析方法的选择必然偏向于相对简单的程序和方法。然而，通过前面的分析可以看到风险定性分析方法具有明显的缺点，因此在使用中应该加以注意，一些应用建议如下。

风险定性分析方法会在一定程度上使得风险分析过早地"成熟"，即风险管理的重点偏向于具有"高概率—高影响"的重要风险。然而，真正需要管理者给予充分关注的风险，恰恰是那些没有被识别出来的风险，正是这些风险带给企业和管理者更多的意外。因此，应该花费更大的精力和资源去分析潜在风险源，从而减少漏掉重要风险的可能性。

因为风险定性分析方法缺乏一致性检验手段，这会导致不同的人和不同的方法能够产生不同的分析结果。因此，风险定性分析方法在使用时需要严格的规范和指导，一般有以下几种常用的分析建议。

应用概率影响矩阵时,最好用字母来取代数值描述风险的排序,这可以突出风险评估的主观性,主动打消认为半数量风险评估具有数量化、客观化、准确化的虚假念头。与此同时,当进行风险的多维度分析时,更好的形式是使用字母——每一个维度使用一种字母,这在一定程度上可以强调不同维度之间不一定具有相互弥补性。

有些风险定性分析(例如项目风险分析)把不同的风险的分数加在一起,形成系统的整体风险暴露度。这种做法进一步突出了风险维度以及不同类型风险间(例如时间、成本、质量)可以相互弥补的特点,同样,这是非常不科学的做法,在实践中应该避免。

如果条件允许的话,分析者应该尽可能地避免使用风险定性分析方法。风险定性分析方法从严格意义上讲不是科学的分析方法。其分析方法本身存在很大的应用局限性,例如使用概率与影响的乘积作为评价风险的标准本身存在很大问题。此外,风险定性分析方法无法对分析过程存在的主观性进行有效的控制,这意味着无法保证和验证分析结果的准确性和一致性。

风险量化分析方法

风险量化分析方法的基本原理

风险量化分析方法也被称作数量风险分析方法或者概率风险分析方法。它首先建立一个数学模型来描述企业经营活动或经营过程,然后为模型中的输入变量指派概率分布,以描述这些变量具有的随机可变性,并且指定随机变量间的相关性关系(如果具有这种关系的话),最后根据数学模型所蕴含的逻辑计算输出变量(即风险结果)的变化范围。在风险量化分析模型中,由于输入变量为随机变量,所以输出变量也是随机变量,其表现形式为风险结果的概率分布。由于针对实际问题建立的概率模型往往比较复杂,利用数学方法进行理论计算难度较大,所以在实践中通常采用计算机模拟的方式来对风险量化模型求解。计算机硬件和软件技术的发展以及界面友好、易于使用的商业风险分析软件(例如Crystal Ball、@Risk、ModelRisk等)的出现极大地推动了风险量化分析方法在企业经营管理中的应用。

风险量化分析方法与风险定性分析方法有很大的不同,甚至在方法上有着本质的区别。企业在经营管理过程中通常使用传统的确定式的计算分析方法。例如,根据企业经营特点和历史数据,给出输入变量的初始单一数值估计(例如产量、需求量、材料单价、设备价格、人工工时和费用等);根据企业外部环境(例如通货膨胀)和内部运营条件(例如技术生产率)的变化,调整输入变量的初始单一数值估计;在调整过的输入变量的单一数值估计基础上,按照指定的方法计算企业经营管理输出变量的单一数值结果(例如项目总成本、投资净现值和内部收益率、资产负债指标等）；根据活动可能遭遇到的风险大小以及国家法律法规规定，在输出变量单一数值结果上加入应急额度（例如成本应急费用、加入风险调整的投资收益率等），形成输出变量的最终结果。

图1.4给出了一个投资项目净现值风险量化分析模型的模拟计算结果。与风险定性分析结果不同，风险量化分析结果不是风险概率和风险影响的某个函数，而是（多个）不同的风险结果相对应的发生概率，每个风险结果及其概率代表一个未来可能发生的情景，情景数目可以达到成千上万个，对于风险情景的统计分析为理解和评价风险的重要性以及随后的风险管理提供了丰富的信息。例如从图1.4中可以看到，通过风险量化分析不仅可以知道NPV（Net Present Value，净现值）的均值、最小值、最大值、变化范围以及其他统计量，而且可以获得NPV大于或者小于某个数值的概率信息。

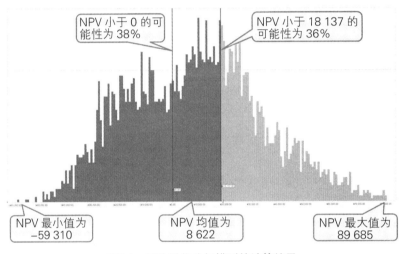

图1.4 风险量化分析模型的计算结果

风险量化分析方法的原理本质上是避免"平均数"陷阱。平均数是一个统计学概念，由一组数据中所有数据之和除以这组数据的个数得出，在日常生活中经常用到，如平均速度、平均身高、平均成绩等。平均数作为一个统计指标反映的只是数据的集中趋势，它无法描述数据的变化范围和离散程度。企业管理者通常以平均数思维方式思考问题和制订计划。从各种管理计划中经常看到平均数形式的数据，例如市场需求量、资金使用量、市场价格、项目工期等。依据业务逻辑和管理需求，这些平均数形式的数据将被进一步组合计算，得出其他平均数形式的目标数据，例如投资回报率、年度总收入、项目总工期等。从风险的角度看，平均数思维在企业管理上有些时候会带来严重的问题。美国斯坦福大学Savage教授曾经说过，使用平均数方式做的管理计划平均上是错的，许多管理上的失败都来自平均数思维。

有些时候，平均数形式的计划数据只在某些特定情景发生的情况下才具有意义。如果管理者没有充分考虑这些特定情景发生的可能性，那么这些计划数据是不正确的甚至在现实中是不存在的。平均数思维方式内含的一个假设是：按照平均数制订计划其结果也是平均数。不幸的是，这个假设在许多情况下是不成立的。当总活动由多个单项活动组成时，基于单项活动的平均数制订的总活动计划经常会落入"平均数陷阱"。在企业管理中要想避免平均数陷阱，就需要考虑管理计划的变化范围，估计每种情景出现的可能性。企业管理者不仅需要一个平均数，而且还要了解这个数据发生的可能性。也可以把这种分析称作"风险量化分析"。平均数意义上的管理计划表面上都是可行的计划，然而管理现实中这些计划又是不可行的。就像一个人在架梯子上房顶之前会通过晃梯子观察梯子的稳固性一样，企业管理者也应该通过风险量化分析方法"晃一晃"管理计划的可行性，避免落入平均数陷阱。

风险量化分析方法的优缺点

要进行风险量化分析，首先需要对风险发生的机制有较为深入的认识，并能够建立相应的数学模型对其加以描述，这意味着风险量化分析相对来讲具有较强的科学性和一致性。数学模型的构建可以考虑多种（甚至成千上万种）可能发生的风险情景，并对风险过程中的不同因素和事件间的相关性进行合理描述。不同于传统的单点确定式估计方法，它们更倾向于"忽视"或者"平均化"风险和不确定性带来的影响，数量风险分析不局限于这样的狭窄视野，而是认识到经营活动具有内在的不确定因素。

借助于数学分析技术，风险量化分析方法可以对模型和变量进行不确定性分析和敏感性分析，这使得它具有展现风险管理措施实施效果的能力，从而有利于把资源集中在那些对于改变风险结果最有效力的变量和因素上，为风险管理节省时间和资源。风险量化分析方法的应用可以更为科学地评价风险的大小，并确定不同风险因素对风险结果影响的相对重要程度，帮助管理者寻找主要的风险驱动因素和事件，并深入理解它们产生作用的机理。

风险量化分析能够向管理者有效地展示活动结果达到预定目标的可能性。同时，利用风险量化分析方法进行敏感性分析允许对风险模型进行压力测试，使风险管理者能够深入理解企业活动可能遭受到的极端风险影响压迫力，与此同时，能够帮助企业管理者深入分析风险管理措施的执行对风险结果及其可能性的管理和减少效果。

此外，数学模型的构建相当于建立了一个信息交流平台，在这个平台上不同的利益相关者之间可以就风险和不确定性问题进行沟通和交流，有助于营造一个开放的风险讨论环境，允许对模型假设进行深入讨论，这对于深入理解和管理风险具有非常重要的意义，进一步提高了风险分析结果的科学性和一致性。

然而在分析过程中增加了科学的元素的同时，风险量化分析方法也具有很大的缺点和应用局限性。第一，风险量化分析方法要求较多的信息。如果没有充分的信息，那么分析结果的准确性必将受到影响。在风险量化分析方法下，分析者需要指定数学模型中风险变量的概率分布，通常通过两种方式完成这项任务：（1）从历史数据中拟合概率分布；（2）从专家意见中导出概率分布。无论哪种形式，风险量化分析方法要求的信息量都要大于风险定性分析方法。第二，数学模型很难充分反映现实世界的不确定性、复杂性和价值模糊性。一个数学模型往往是对现实世界的一种简化的描述，完全与现实相一致的数学模型是不存在的。在有些领域，应用数学模型来描绘企业活动或者活动过程是比较成熟的，例如投资的净现值分析和项目的进度和费用分析等。尽管它们也是对企业活动的一种简化的描述，但是这种描述已经得到了大部分使用者的认可。然而在有些领域，人们还不是非常认可构建数学模型来对现实进行描述，认为它们过于简化，无法充分反映现实世界的复杂和模糊关系。这种不信任和不认可导致风险量化分析方法的应用大打折扣。第三，风险量化分析方法过多地关注数学模型的使用，一定程度上忽略了社会、文化、政治因素以及个人经历和情绪对风险的觉察、判断和行为的影响。数学作为一种符号语言使得风险分析活动更多地具有"中立"和"客观"的特征，因此数学模型的使用使得风险分析更倾向于是一种"科学"意义上的分析。然而，大量风险研究成果已经表明，人们对于风险的理解往往具有不同于"客观理性"的"主观觉察性"。风险的主观觉察性意味着人们对于风险的认知方式并非集中在传统的概率和影响维度上，而是包含了更多的维度，例如受到风险的自愿性、风险结果的恐怖性以及风险结果与利益分配上的公平性等等。具体哪个维度是人们用来理解风险的维度依托于人们所处的环境、背景以及个人经历等因素。风险量化分析方法对此还没有很好的处理方法。第四，风险量化分析方法中构建的数学模型及其参数在较大的不确定性条件下容易受到人为操纵。在较大不确定性条件下，风险量化分析方法的分析结果也具有较大的不确定性，数学模型的计算准确性并不能代表数学模型本身是否准确地反映了现实世界的不确定性。人为地设置或者改造数学模型可以得出满足政治目的的风险分析结果，而且这种"人为操纵性"在所谓的"科学、客观、中立"的风险量化分析光环下不易察觉。

风险量化分析方法的应用建议

尽管风险量化分析相对于风险定性分析需要耗费更多的时间和资源，但是它毕竟具有相对较高的分析准确性和客观性。所以，如果条件允许，还是应该尽量增加风险量化分析在企业管理实践中的应用。一些应用建议如下：

可以首先在几个相对比较成熟的领域推行风险量化分析，例如投资财务风险量化分析、项目费用和进度风险量化分析等。在这些领域，风险量化分析应用涉及的数学模型和分析技术都已经过充分的讨论并得到了同行业的认可，借鉴国内外成熟经验有利于避免产生不必要的误用。

风险量化分析需要外部独立专家进行同行评审以后才能使用。尽管数学模型的构建和计算可以产生较为准确而且信息丰富的分析结果，但是如果模型本身不能准确地真实地反映风险过程，那么风险量化分析结果必将出现问题甚至具有误导性。通过聘请外部独立专家对风险量化分析进行同行评审会大大增强分析结果的稳健性。

决定风险量化分析结果质量的一个重要影响因素是模型输入变量的概率分布。如果输入变量的概率分布不准确，那么就会造成"垃圾进，垃圾出"的状况。因此，在应用风险量化分析方法时，企业应该指派专人对输入变量的概率分布进行严格的审查和备案，并保证在使用中具备可复制性和应用一致性。

风险量化分析方法在企业管理中主要的应用领域包括（但不限于）：

项目管理
- 成本和进度不确定性及应急额度分析
- 关键风险驱动因素分析
- 风险管理措施的效果分析

资本投资
- 财务收益不确定性分析
- 兼并或并购后未来收益的不确定性分析
- 资金链稳健性分析
- 贷款或资金需求的不确定性分析
- 汇率和利率变化对投资收益的不确定影响分析
- 项目外包对投资收益的不确定影响分析
- 投标报价方案的选择和分析

生产管理
- 制订合理的库存策略，以应对外界需求的不确定
- 制订合理的生产水平，以应对外界需求的不确定
- 预测和防止生产瓶颈的出现
- 评价合理的生产能力扩建水平
- 合理确定工作人数和人员安排，以最小化成本和最大化效率

外部环境
- 外部风险因素之间的相关性分析（例如：油和气价格、低需求和低价格）
- 依据历史数据预测未来价格走势的可信性
- 政治风险带来的不确定影响
- 基础设施和设备的可靠性分析

产品销售
- 分析销售量的不确定性对企业利润的影响
- 确定最佳分销地点以最小化成本和最大化销售
- 确定最佳供应链模型最小化企业成本和最大化效率

运输
- 运输时间和成本的不确定性分析
- 确定合理的运输价格策略和水平
- 分析备选方案带来影响的不确定性

Chapter Two

操作方法

在 Excel 下使用 @Risk 和 DecisionTools

本章内容主要包括Excel的一些常用函数和基本操作。为了能够更有效地掌握本章内容，您需要了解一些最基本的Excel使用常识，例如Excel中的行、列、名称、公式、相对引用、绝对引用等等。本章不是一个完全意义上的Excel使用指南，如果你有此需要，请参阅Excel操作手册或者其他相关书籍。

本章介绍的内容是使用Excel进行风险建模与分析时经常用到的函数和操作。因为@Risk、Crystal Ball和ModelRisk等软件都是Excel的插件软件，它们需要在Excel的软件环境内借用Excel函数建立模型，再利用这些软件本身的蒙特卡罗模拟和统计分析功能对模型进行计算分析，所以熟悉Excel的常用函数和基本操作对于此类风险建模是十分必要的。许多人无法建立有效的风险分析模型，其原因在于不熟悉Excel的函数使用和计算方式。

基本表格操作

这里介绍一些能够提高Excel使用效率的操作方法，例如选择区域、复制和粘贴、处理绝对和相对地址引用、插入和删除行或列等等。大多数人知道如何利用Excel做这些事情，但是操作效率不一定很高。尽管本节内容看起来比较初级，但是请你坚持读下去，你会发现有些功能和操作你其实并不知道。

移动到表格的左上角

操作要求：在工作中，你经常需要从表格中部回到表格的左上角位置，即单元格A1。

操作方法：无需利用鼠标滚轮和Excel滑动条回到单元格A1，只要同时按住Ctrl+Home两键，光标即可移动到Excel表格的左上角"家"的位置（见图2.1）。

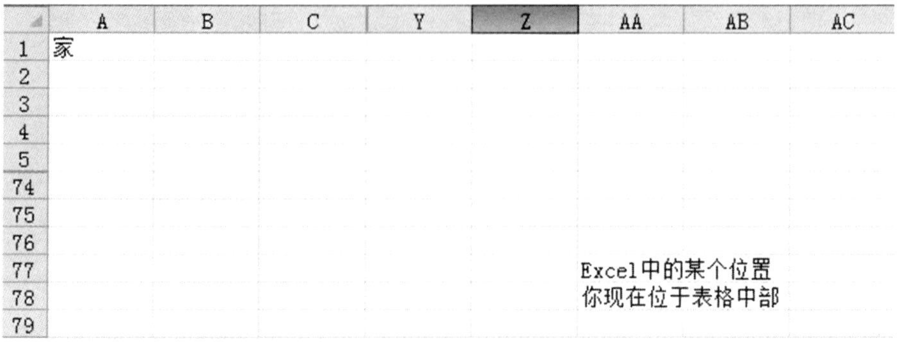

图2.1　移动到表格的左上角

移动到表格中某区域的边缘单元格

操作要求：在工作中，你可能需要移动光标到某区域的边缘单元格。如果区域比较大，那么频繁利用鼠标滚轮和Excel滑动条会很没有效率。

操作方法：按住Ctrl键（或End键），然后再按住相应的方向键（上、下、左、右），光标会自动移动到该区域的边缘单元格（见图2.2）。

	A	B	C	D	E	F	G	H	I	J
1										
2		1	1	1	1	1	1	1		
3		1	1	1	1	1	1	1		
4		1	1	1	1	1	1	1		
5		1	1	1	1	1	1	1		
6		1	1	1	1	1	1	1	1	1
7		1	1	1	1	1	1	1	1	1
8		1	1			1	1	1		
9		1	1			1	1	1		
10		1	1			1	1	1		
11		1	1			1	1	1		
12		1	1			1	1	1		
13		1	1	1	1	1	1	1		
14		1	1	1	1	1	1	1		
15		1	1	1	1	1	1	1		
16		1	1	1	1	1	1	1		
17		1	1	1	1	1	1	1		
18		1	1	1	1	1	1	1		
19		1	1	1	1	1	1	1		
20		1	1	1	1	1	1	1		
21		1	1	1	1	1	1	1		
22		1	1	1	1	1	1	1		
23										

图2.2　移动到表格中某区域的边缘单元格

注意：Ctrl+方向键操作依赖于你的初始位置以及区域中的非空单元格位置。如果区域中没有空单元格，那么组合操作会带你到达该区域该方向上的最后一个非空单元格。也就是说，如果区域中没有空单元格，该操作会带你到达该区域的边缘。如果你开始时位于一个空单元格，那么操作会带你到达第一个非空单元格。

分割屏幕

操作要求：在工作中，你需要分割屏幕，以便看到两个或以上屏幕，获取更多的信息。分割屏幕包括垂直或者水平分割。

操作方法：点击Excel右侧水平滑动条（右下角）的“屏幕分割柄”来垂直分割屏幕，即形成左右两个屏幕；单击Excel右侧垂直滑动条（右上角）的“屏幕分割柄”来水平分割屏幕，即形成上下两个屏幕。向左或者向下拖动到适合的位置。（当你的鼠标变成双杠箭头时，你就找到屏幕分割柄了。）双击屏幕分割柄，被分割的屏幕取消，回到原始状态。

屏幕分割后产生两个"子屏幕"（如果两个方向分割，产生四个）。调整每个子屏幕的滑动条，观察屏幕中表格区域的变化（见图2.3）。

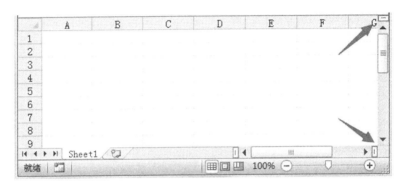

图2.3　屏幕分割柄的位置

选择一个区域

操作要求：在工作中，你经常需要选择一个区域，然后对整个区域进行操作（例如，键入公式、格式化、删除内容等）。因此，能够简便快捷地选择一个区域是非常高效的。如果整个区域都可以在屏幕上显示，那么操作就会非常简单。但如果一个屏幕装不下整个区域，那么操作起来就比较麻烦。使用鼠标单击一个单元格，然后按住左键拖动选择区域（有些用户用此方法操作）显得有些笨拙。有些时候拖动得过快超出了区域范围，有些时候又太慢，工作效率低下。

操作方法：

1. 当需要在屏幕内选择一个区域时，点击区域的一角，按住Shift键，然后点击区域的另一个对角。

2. 当需要选择大于屏幕的一个区域时，点击区域的一角，然后按住Shift键，类似于之前的操作方法，使用Ctrl+方向键组合键，选择要求的区域。或者，分割屏幕，使得一个子屏幕显示区域的左上角，另外一个子屏幕显示右下角。点击区域的左上角，按住Shift键，点击位于另一子屏幕的右下角，就可以选择要求的区域（见图2.4）。

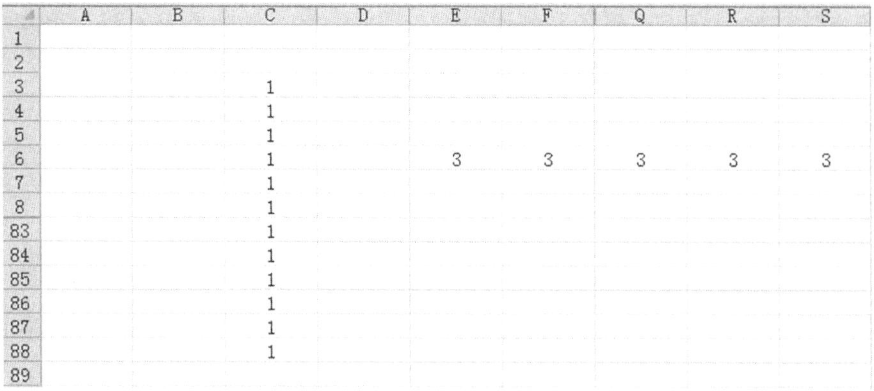

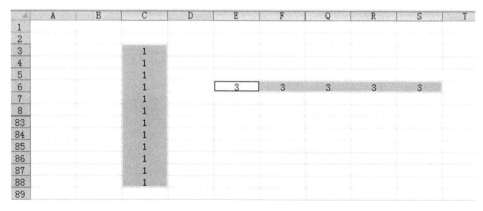

图2.4 选择大于屏幕的一个区域

选择多个区域

操作要求：如果你需要选择多个区域并设定统一格式（例如货币格式），那么最有效的方式就是选择多个区域，然后一次性设定要求的格式。

操作方法：选择第一个区域，按住Ctrl键，选择第二个区域，继续按住Ctrl键，选择第三个区域，依此类推。

例如，对于图2.4，可以点击单元格C3，按住Shift+Ctrl+向下键，选择区域C3:C88，然后按住Ctrl键，单击单元格E6，按住Shift+Ctrl+向右键，选择区域E6:S6，这时同时选择了两个不同的区域（见图2.5）。

图2.5 选择不同的区域

复制和粘贴

操作要求：复制和粘贴是Excel使用中最常用到的操作，能够提高操作效率，节省大量时间。

操作方法：使用键盘快捷键复制和粘贴，选择需要复制的区域，按住组合键Ctrl+c（复制），选择需要粘贴的区域，按住组合键Ctrl+v（粘贴）。

注意：按住组合键Ctrl+c进行复制后，被复制的区域出现闪烁的虚线框，这意味着被复制的区域内容停留在剪贴板上，等待下一次粘贴。如果不想粘贴，那么按下Esc退出键（位于键盘左上角）清除剪贴板内容，虚线框消失。

复制粘贴单元格内容到整行或整列（使用组合键）

操作要求：在一个单元格中键入公式，复制粘贴这个单元格内容到整行或整列。

操作方法：选择需要粘贴的区域（如果区域过大，那么使用上面介绍的快捷操作方法），在区域的开始单元格输入相应公式，然后按下组合键Ctrl+Enter。

例如，假设单元格B2到B8分为1、2、3、4、5、6、7，同样，单元格C2到C8也分为1、2、3、4、5、6、7，现在希望在单元格D2:D8计算B列和C列相对应单元格的乘积。首先选择区域D2:D8，然后输入公式"=B2*C2"，按下组合键Ctrl+Enter，Excel在单元格D2计算B2*C2等于1，在单元格D3计算B3*C3等于4，以此类推（见图2.6）。

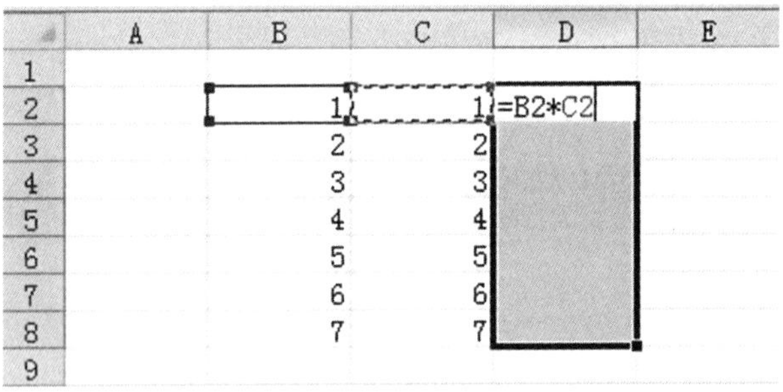

图2.6 复制粘贴单元格内容到整行或整列

使用组合键Ctrl+Enter可以在整个区域中复制粘贴你需要的内容（Excel会依据单元格的变化自动调整相对地址），所以操作非常有效率。这个操作不仅适用于输入公式，而且可以输入固定数值，Excel将复制粘贴该数值到选择区域中所有单元格。

复制粘贴单元格内容到整行或整列（使用填充柄）

操作要求：在一个单元格中键入公式，复制粘贴这个单元格内容到整行或整列。

操作方法：选择需要粘贴的区域，在区域的开始单元格输入相应公式，将光标放在该单元格的右下角，当光标变成一个"+"号（称作填充柄）时，按住鼠标左键，拖动选择区域，Excel将自动复制开始单元格内容，粘贴填充到区域中的其他单元格。

注意：也可以使用鼠标双击填充柄，Excel将自动智能完成复制粘贴工作。这个操作使用Excel内置的智能功能，它能够依据公式智能地找到B列和C列中的区域，并能"猜测"出与之关联的D列中需粘贴的区域，并为你自动完成复制粘贴工作。

■ 使用选择性粘贴功能进行复制粘贴

操作要求：区域中单元格包含公式和计算后的数值，需要去除公式但保留数值。

操作方法：选择带有公式的区域，按下组合键Ctrl+c复制区域内容，选择你希望粘贴的区域（它应该与你复制的区域大小一致），然后选择屏幕左上角的"剪贴板"功能区中的"粘贴"下拉按钮，点击"选择性粘贴"按钮，选择"数值"（如图2.7所示）。

图2.7　使用选择性粘贴功能进行复制粘贴

注意：粘贴下拉按钮中给出"粘贴数值"功能选项按钮，见图2.8中的"123"。点击"123"选项按钮，即可完成在选择的区域粘贴数值的操作。

你也许想试验一下粘贴下拉按钮中的其他选项。例如，如果你有一行文本，你想复制它们并以列的形式在表格中的其他区域粘贴，那么你可以使用"转置"选项按钮。如果你想只复制并粘贴某区域中的公式，那么选择下拉按钮中的"公式"选项。其他选项在实际工作中也会经常用到，也可以花时间练习一下。

图2.8 粘贴下拉按钮中的粘贴数值选项按钮

剪切和粘贴

操作要求:剪切区域内容,粘贴到另一个区域。

操作方法:选择需要剪切的区域,按下组合键Ctrl+x(剪切),选择需要粘贴的另一区域的左上角单元格,按下组合键Ctrl+v(粘贴)。(Excel"智能"地知道粘贴区域必须和剪切区域大小一致。)

注意:与其他的复制粘贴功能一样,可以使用功能区按钮(屏幕左上角)来取代键盘快捷键。

利用绝对/相对地址引用计算生产总成本

Excel在公式中使用$符号完成绝对和相对地址引用操作。当你复制粘贴公式到其他区域时,绝对和相对地址引用能够影响区域计算结果。绝对/相对引用在Excel表格操作中是非常重要的功能,正确地使用可以提高工作效率。在使用时需要记住两件事:(1)公式中的$符号只在复制或者粘贴时起作用,它们在公式中没有其他作用。例如,公式"=5*B3"和公式"=5*$B$3"得到的结果是一样的。只有当你想复制粘贴这些公式至其他区域时,它们才起作用。(2)无需手动键入$符号,使用F4键可以完成这一任务。(多按几次F4,观察效果。)

操作要求:图2.9中的B2、B3给出生产固定成本和可变成本,B6:E6给出1—4月份的生产量,要求利用绝对或相对地址引用进行复制粘贴,计算生产总成本。总成本=固定成本+可变成本×生产量。

	A	B	C	D	E	F
1						
2	固定成本	65				
3	可变成本	1.5				
4						
5	月份	1月	2月	3月	4月	
6	生产量	240	278	302	331	
7	总成本	425				
8						

B7 fx =$B$2+$B$3*B6

图2.9 利用绝对或相对地址引用复制粘贴计算总成本

操作方法：选择单元格B7，键入公式"=B2+B3*B6"，计算1月的生产总成本。在fx右侧的公式栏中选择B2（或者B2前位置），按下F4键，使得B2变成$B$2（绝对地址），同样将B3变成$B$3，将B6变成B$6（相对地址，复制粘贴时列可随着单元格变化而变化，但是行不会随着单元格变化而变化）。复制单元格B7，选择区域C7:E7并粘贴，可以计算出2—4月的生产总成本（见图2.9）。

利用绝对/相对地址引用计算销售总收入

操作要求：图2.10给出销售价格和销售量，要求利用绝对或相对地址引用进行复制粘贴，计算不同销售价格和销售量下的销售总收入。总收入=销售价格×销售量。

操作方法：选择单元格C5，键入公式"=B5*C4"，计算销售价格为1和销售量为200情景下的销售总收入。在fx右侧的公式栏中选择B5（或者B5前位置），按下F4键，使B5变成$B5（相对地址，复制粘贴时列不会随着单元格变化而变化），同样将C4变成C$4（相对地址，复制粘贴时行不会随着单元格变化而变化）。复制单元格C5，选择区域C5:F8并粘贴，可以计算出不同销售价格和销售量下的销售总收入。

C5 fx =$B5*C$4

	A	B	C	D	E	F
1	计算不同价格和销售量下的总收入					
2						
3				价格		
4			1	1.5	2	2.5
5		200	200			
6	销售量	300				
7		400				
8		500				
9						

图2.10 利用绝对/相对地址引用计算销售总收入

插入、删除行或列

操作要求：在表格中插入、删除行或列。删除行或列不同于删除行或列中的内容（使单元格内容为空），删除行或列意味着完全清除它们。

操作方法：插入空行时，选择一行，按住鼠标左键，向下拖动并选择希望插入的空行数（例如希望插入3行空行，就向下拖动3行）。点击"插入"下拉按钮，选择"插入工作表行"（或者直接点击鼠标右键选择菜单中的"插入"）。"插入"下拉按钮位于"开始"选项卡的"单元格"功能区上，而不是在"插入"选项卡上。

删除行时，选择你希望删除的行。点击"删除"下拉按钮，选择"删除工作表行"（或者直接点击鼠标右键选择菜单中的"删除"），见图2.11。

图2.11 插入、删除行或列

同样的操作方法适用于插入或删除列。

注意：插入的行位于你选择的行号的上面。例如，如果选择了行8至行11，选择插入，那么将在行7和行8间插入4个空行。

序列填充

操作要求：以序列的方式填充一列区域。例如单元格A2填入1，自A2起向下每个单元格分别填入2、3、…，直至1 000。

操作方法：在第一个单元格中键入第一个值（例如A2中键入1），选择该单元格（即A2），再选择"编辑"功能区中的"填充"下拉按钮，然后选择"系列"按钮，得到一个对话框。改变"序列产生在行"为"序列产生在列"，确定"类型"为"等差序列"，"步长值"为1，"终止值"为1 000，最后点击"确定"（如图2.12所示）。

操作方法：在 Excel 下使用 @Risk 和 DecisionTools

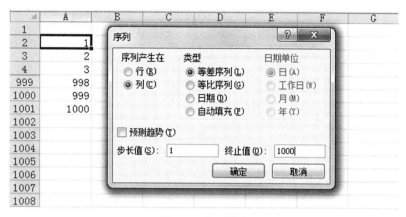

图2.12　序列填充

自动求和

操作要求：快速计算行或者列的总和。

操作方法：选择区域，点击Excel"开始"选项卡中的"编辑"功能区上的求和按钮（即"∑自动求和"按钮），Excel将自动在该区域下方计算区域每列数据之和。例如，在图2.13a中，选择区域B2:E5，点击自动求和按钮，Excel将自动在B6:E6中计算每列数据之和。

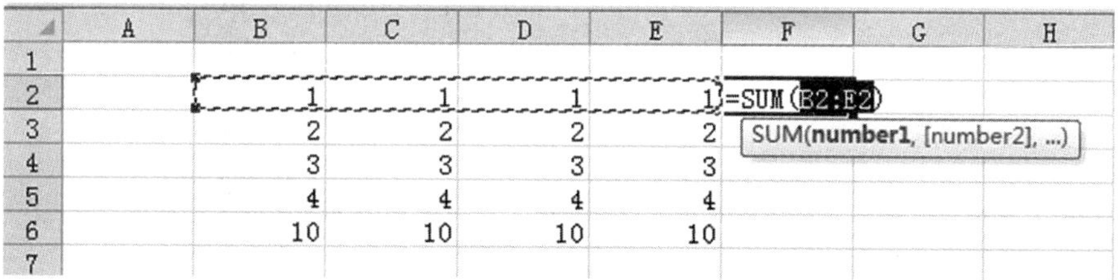

图2.13a　自动求和

注意：如果你只想对区域中某一行（或者列）的数据进行求和，那么可以选择该行下方单元格（或者该列右侧单元格），点击自动求和按钮，Excel将智能寻找待求和的区域数据，以闪烁的虚线标注，显示求和公式并等待你"批准"，这时你按下Enter键确认，Excel将自动生成数据之和。（见图2.12中的F2单元格）

自动求和按钮位于"开始"选项卡的"编辑"功能区，点击按钮的下拉菜单，还可以选择计算其他统计量，例如平均值、计数、最大值、最小值。

区域转置

操作要求：将区域内容转置显示。例如，需要把一些行转变成列，或者一些列转变成行显示。

操作方法：选择希望转置的区域，按下组合键Ctrl+c复制内容，然后选择希望存放转置内容的区域的左上角，点击"粘贴"下拉按钮中的"转置（T）"。例如，在图2.13a中，选择区域C2:F7，按下组合键Ctrl+c，选择单元格C9，点击"转置（T）"按钮，Excel自动完成转置显示工作，见图2.13b。

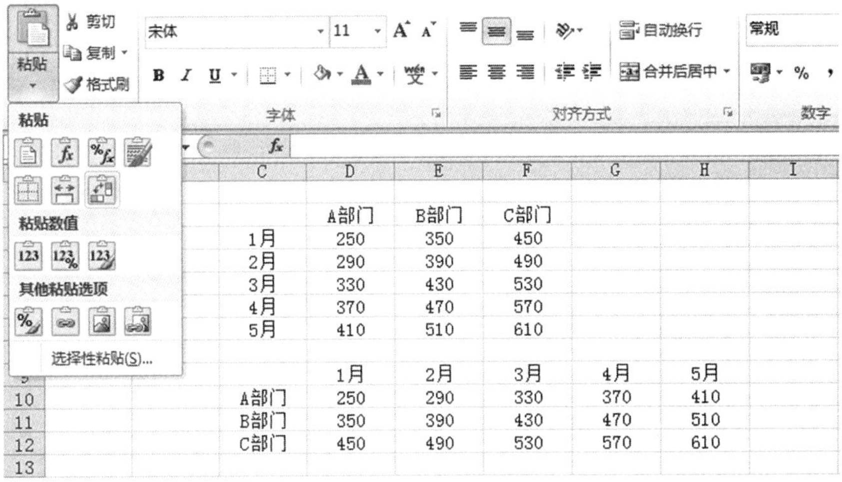

图2.13b　区域转置

注意：需要确保转置后区域具有足够大的空间。选择单元格C9作为转置后区域的左上角，那么区域C9:H12的内容将会被覆盖替换。

■ 定义区域名称

操作要求：给表格中区域定义名称。例如定义单元格C3为"收益"、C4为"成本"，那么输入公式"=C3-C4"的时候就可以写成"=收益-成本"。

操作方法：选择你希望定义名称的区域，在表格左上角的"名称框"键入名称（名称框在fx左侧）。例如，在图2.14中，选择区域B3:E9，在名称框中输入"基本数据"，按下回车键。

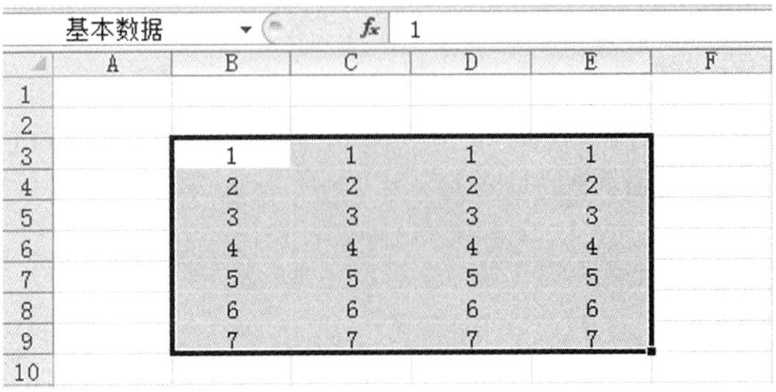

图2.14　定义区域名称

注意：当你在名称框键入名称后，确保按下回车键，以保留名称。有时键入名称后会忘记按下回车键，结果你会发现名称没有定义成功。另外，区域名称不分大小写，所以，Excel认为Cost、COST、cost等名称代表同一个区域。

▣ 删除区域名称

操作要求：删除已经定义的区域名称。

操作方法：点击"公式"选项卡中的"定义的名称"功能区的"名称管理器"按钮，它将展示所有已定义的名称。选择你想删除的名称，然后点击"删除"按钮，见图2.15。

图2.15 删除区域名称

▣ 修改区域名称

操作要求：编辑、修改区域名称。

操作方法：点击"公式"选项卡中的"定义的名称"功能区的"名称管理器"按钮，选择你想编辑、修改的名称，然后点击"编辑"按钮，见图2.15。

注意：假如一个区域的名称为"成本"，你想重新命名为"单位成本"。选择这个区域，名称框将显示成本。如果在名称框内键入单位成本，那么这个区域将会有两个名字：成本和单位成本。这没有什么问题，但是如果你希望这个区域只有一个名字，那么你需要按照上述方法删除不需要的名称。

▣ 根据临近单元格内容定义名称

操作要求：根据临近单元格内容定义名称，不用手动输入名称。

操作方法：选择需命名的区域以及邻近包含文字的区域，然后点击名称的定义功能区中的"根据所选内容创建"按钮。在出现的对话框中选择正确的选项,然后点击"确定"。例如,在图2.16中,选择区域B1:E8,点击"根据所选内容创建"按钮,在新的弹出框中"首行"和"最左列"复选框前划勾,点击"确定"。点击"名称管理器",查看Excel自动创建的区域名称。

注意:Excel会试图(经常成功)猜测你想要使用哪个邻近单元格中的文字来定义名称。如果Excel没有正确地按照你的想法定义,那么你可以重新按照前面介绍的方法定义,如图2.16。

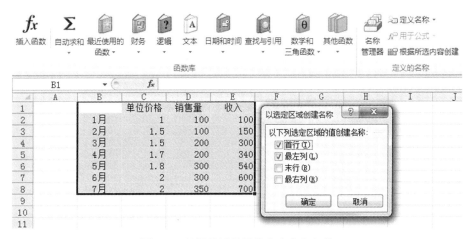

图2.16 根据临近单元格内容定义名称

Excel常用函数

Excel内置大量函数,熟练掌握这些函数用法对于风险建模十分必要。在这一节中,我们将介绍一些常用函数。这里,为了突出显示,Excel函数名称用大写字母表示。其实Excel函数在使用中不区分大小写,例如在Excel应用中SUM和sum表示同一个函数。

SUM函数

SUM函数大概是Excel中最常用的函数之一了,它可以对一个或者多个区域中的数值求和。

函数用法:键入公式"=SUM(区域)",这里区域可以是任何区域,对区域中的数值求和。

使用说明:当使用SUM函数对多个区域求和时,区域间以逗号相隔。(这同样适用于COUNT、COUNTA、AVERAGE、MAX、MIN等函数。)例如,"=SUM(B5, C10:D12, Revenues)"在Excel中是符合函数语法的,这里Revenues是一个区域的名称。函数结果返回这三个区域所有数值的和。

注意：如果区域中包含非数值字符，那么在计算时将被忽略。

COUNT和COUNTA函数

COUNT函数计算区域内所有包含数值的单元格个数。COUNTA函数计算区域内所有非空单元格的个数。例如，如果单元格A1、A2、A3分别包含：月份、1、2，那么"=COUNT(A1:A3)"返回2，而"=COUNTA(A1:A3)"返回3。

函数用法：键入公式"=COUNT(区域)"，其中区域可以是任意区域，返回数值单元格个数。

键入公式"=COUNTA(区域)"，其中区域可以是任意区域，返回区域内非空单元格个数。

例如，在图2.17中，在单元格F2中使用函数COUNTA计算区域C3:C10的单元格个数，为8个。而在单元格F3中使用函数COUNT计算区域C3:C10的单元格个数，为7个，因为单元格C6不是数值，被忽略。

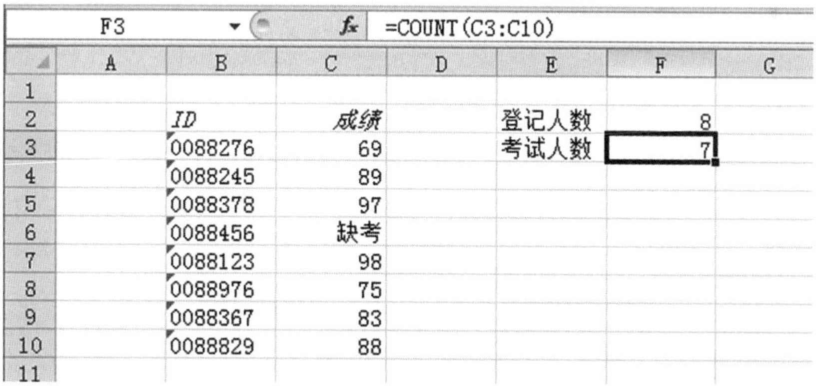

图2.17　COUNT和COUNTA函数

AVERAGE和AVERAGEA函数

AVERAGE和AVERAGEA函数用于计算区域内所有数值的平均值。

函数用法：键入公式"=AVERAGE(区域)"，其中区域可以是任意区域，返回区域内所有数值的平均值。

键入公式"=AVERAGEA(区域)"，其中区域可以是任意区域，返回区域内所有参数的平均值，其中，字符串和False相当于0，True相当于1。

例如，在图2.18中，在单元格E6中使用函数AVERAGE计算区域C3:C10的平均分，为85.57143，这是因为AVERAGE函数忽略区域内非数值参数（字符型或空单元格等），这样Excel求和后除以7得到平均值。而在单元格E8中使用函数AVERAGEA计算区域C3:C10平均分，为74.875，这是因为AVERAGEA函数将“缺考”算作0分，这样尽管此时Excel对区域C3:C10求和结果相同，但是由于人数为8，所以平均分减少。

E8　　f_x　=AVERAGEA(C3:C10)

	A	B	C	D	E	F	G
1							
2		*ID*	*成绩*		登记人数	8	
3		0088276	69		考试人数	7	
4		0088245	89				
5		0088378	97		参考人数平均分		
6		0088456	缺考		85.57143		
7		0088123	98		所有人数平均分（缺考算0分）		
8		0088976	75		74.875		
9		0088367	83				
10		0088829	88				
11							

图2.18　AVERAGE和AVERAGEA函数

注意：统计学上，平均值也被称为均值（即MEAN）。在Excel中没有MEAN函数，所以，如果你想使用MEAN，直接使用AVERAGE即可。

MIN和MAX函数

MAX函数返回区域内最大的数值。MIN函数返回区域内最小的数值。

函数用法：键入公式“=MAX(区域)”或者“=MIN(区域)”，其中区域可以是任意区域。返回区域中的最大或者最小数值。

例如，在图2.19中，分别使用函数MIN和MAX在单元格B6、B7、C6、C7中计算1月和2月的最小销售量和最大销售量，结果在B6:C7中显示。

B6　　f_x　=MIN(B2:G2)

	A	B	C	D	E	F	G
1	销售代表	小汪	小李	小张	小赵	小韩	小孙
2	1月	3700	2400	2300	3000	3800	3700
3	2月	2600	2200	2400	2800	3600	2300
4							
5		最小销售量	最大销售量				
6	1月	2300	3800				
7	2月	2200	3600				
8							

图2.19　MIN和MAX函数

SUMPRODUCT函数

SUMPRODUCT函数用于计算两个或多个同样大小区域相对应的数值乘积之和。

函数用法：键入公式"=SUMPRODUCT(区域1,区域2)"，其中"区域1"和"区域2"大小需一致。例如，有两列数据，每列有10个单元格；或者有两个4行10列数据。公式返回两个区域中相对应数值乘积之和。SUMPRODUCT函数还可以计算多于两个的区域数值乘积之和，区域间使用逗号分隔，每个区域大小一致即可。

例如，在图2.20中，在单元格F2中计算区域B2:D4（单位运输成本）和区域B7:D9（运输量）的数值乘积之和，即总运输成本。如果通过直接键入公式而不是使用函数SUMPRODUCT计算，那么需要键入很长的公式才能完成此工作。

	A	B	C	D	E	F	G
1	单位运输成本	城市1	城市2	城市3		总运输成本	
2	工厂1	1.25	1.35	1.55		1609.5	
3	工厂2	1.15	1.45	1.25			
4	工厂3	1.35	1.45	1.15			
5							
6	运输量	城市1	城市2	城市3			
7	工厂1	155	180	0			
8	工厂2	250	130	185			
9	工厂3	0	210	140			

图2.20　SUMPRODUCT函数

IF函数

IF函数非常有用，使用起来既简单又复杂，需要用心掌握。

函数用法：键入公式"=IF(条件, 表达式1, 表达式2)"，其中条件可以是任何逻辑关系，只要结果为true或false即可，表达式1定义如果条件结果为true时公式返回值，表达式2定义如果条件结果为false时公式返回值。

例如，公式"=IF(A1<5,10,"NA")"表示：如果单元格A1的值小于5，那么返回10，否则返回NA。在IF函数中，如果表达式为字符型（而不是数值型），那么应该加上双引号。

图2.21给出一个查点当前产品库存并决定是否订购产品以及订购量的例子。在单元格C5输入公式"=IF(B5<=50,"是","否")"，在单元格D5输入公式"=IF(C5="是",200–B5,0)"，复制C5并粘贴到B6:B8，复制D5并粘贴到D6:D8即可得到结果。

```
         C5          ▼  (     fx   =IF(B5<=50,"是","否")
   A          B           C              D        E      F
1  对每种产品，如果目前库存小于等于50，那么需要订购产品使其库存达到200
2  否则，不订购产品。
3
4  产品       库存       是否订购（是或者否）？    订购数量
5    1        100          否                      0
6    2         40          是                    160
7    3         20          是                    180
8    4         70          否                      0
9
```

图2.21　IF函数

■ IF函数嵌套AND函数

有些时候在IF函数中需要使用更为复杂的条件判断（例如AND或者OR）。

函数用法：键入公式"=IF(AND(条件1,条件2),表达式1,表达式2)"。如果条件1和条件2结果都为真，那么公式返回表达式1；否则，返回表达式2。

注意：AND函数后面是一个括号，括号中是条件，条件间以逗号相隔。条件不局限于两个。

图2.22给出一个依据股票价格涨跌情况决定是否卖股票的例子。由于需要依据连续3天股票价格涨跌情况进行判断，所以单元格C4和C5为空。在单元格C6输入公式"=IF(AND(B4="涨",B5="涨",B6="涨"),"卖","不卖")"，复制单元格C6内容，并粘贴在C7:C9，即可得到所求结果。

```
         C6          ▼  (     fx   =IF(AND(B4="涨",B5="涨",B6="涨"),"卖","不卖")
   A      B         C           D       E      F      G      H
1  如果价格连续涨三天，投资者就会决定卖股票
2
3  天    价格变化   卖还是不卖？
4   1     涨
5   2     跌
6   3     涨        不卖
7   4     涨        不卖
8   5     涨        卖
9   6     跌        不卖
10
```

图2.22　IF函数嵌套AND函数

■ IF函数嵌套OR函数

函数用法：键入公式=IF(OR(条件1,条件2),表达式1,表达式2)。如果条件1或者条件2任何一个（或者两个一起）为真，那么公式返回表达式1；否则返回表达式2。OR函数中的条件数不局限于两个。

图2.23给出一个IF函数嵌套OR函数的例子。如果学生有一门考试成绩在95分以上，则奖励其总分的1%。在单元格F5输入公式 “=IF(OR(B5>=95,C5>=95,D5>=95,E5>=95),SUM(B5:E5)/100,0)”，复制F5内容，并粘贴到F6:F10，即可得到奖励结果。

F5 =IF(OR(B5>=95,C5>=95,D5>=95,E5>=95),SUM(B5:E5)/100,0)

	A	B	C	D	E	F	G	H	I
1	任何学生如果他在一门功课的成绩大于等于95分，那么他将获得								
2	总分的1%作为奖励								
3									
4	学生	考试1	考试2	考试3	考试4	奖励			
5	1	87	83	83	80	0			
6	2	77	72	74	97	3.2			
7	3	80	95	79	75	3.29			
8	4	82	87	96	88	3.53			
9	5	78	94	81	79	0			
10	6	75	83	80	72	0			
11									

图2.23　IF函数嵌套OR函数

VLOOKUP函数

当需要把一个值与一系列值进行比较并根据比较结果分配一个正确的“答案”时，LOOKUP函数是非常有用的。例如，一个纳税表，表中针对不同收入给出不同的税率，这时你可以使用LOOKUP函数根据纳税人的收入水平选择合适的税率。有两种类型的LOOKUP函数，垂直（VLOOKUP）和水平（HLOOKUP）。两者的使用方法相同，区别在于：一个是垂直搜索，另一个是水平搜索。这里只介绍VLOOKUP函数，对于HLOOKUP函数读者可以自己去理解和练习。另外，VLOOKUP相对于HLOOKUP应用更广泛一些。

VLOOKUP函数有四个主要参数：（1）比较值；（2）查找表格，其中与比较值进行比较的数值位于查找表格的最左列；（3）函数返回值在查找表格中所在的列数；（4）精确匹配还是大致匹配。VLOOKUP函数的第四个参数为可选择项。因为VLOOKUP函数经常在一列中向下复制粘贴，因此第二个参数（即查找表格）经常采用绝对地址引用的形式。一个简便的方法是为查找表格定义一个名称（区域名称一直被看作是绝对地址引用）。

查找表格的第一列（用于与比较值进行比较的数值列）经常按照升序排列。这样，第四个参数就可以被省去。例如，你想根据学生的数值成绩分配相对应的字母基点：60以下为F；大于等于60但是小于70为D；大于等于70但是小于80为C；大于等于80但是小于90为B；大于等于90为A。图2.24展示如何完成此项操作。查找表格中的比较列与0（最小的可能分数）、60、70、80、90进行比较。定义区域E2:F6的名称为table。点击C2，输入 “=VLOOKUP（B2，table，2）”，观察函数的用法：Excel会将67与查找表第一列中数值进行比较，它会找到小于67的数值中最大的那个值（即60），然后返回查找表第二列中对应的那个数据（即D）。

C2 =VLOOKUP(B2, table, 2)

	A	B	C	D	E	F
1	学生	分数	绩点		查找表	
2	1	67	D		0	F
3	2	72	C		60	D
4	3	77	C		70	C
5	4	70	C		80	B
6	5	66	D		90	A
7	6	81	B			
8	7	93	A			
9	8	59	F			
10	9	90	A			
11						

图2.24　VLOOKUP函数

函数用法：建立一个至少2列的查找表，第一列数值按升序排列，并且给表格区域定义一个名称。在结果输出位置键入公式“=VLOOKUP(值,查找表,列)”。

练习1：在图2.25的列E和F中建立一个查找表，在列C中通过VLOOKUP函数计算订货量对应的总成本。假定商场有一个购买数量+折扣计划：购买量小于300，单位价格为3元；大于等于300但是小于400，单位价格为2.5元；大于400，单位价格为2元，计算公式及结果如图2.25所示。

C2 =VLOOKUP(B2, $E$2:$F$4, 2)*B2

	A	B	C	D	E	F
1	订单	订货量	总成本		查找表	
2	1	373	932.50		0	3.00
3	2	475	950.00		300	2.50
4	3	459	918.00		400	2.00
5	4	441	882.00			
6	5	238	714.00			
7	6	349	872.50			
8	7	344	860.00			
9	8	203	609.00			
10						

图2.25　VLOOKUP函数练习1

注意：有时查找表的第一列数值没有按照升序排列。这是可以的，但是需要定义第四个参数为FALSE。此时，VLOOKUP寻找准确的匹配，如果没有准确匹配出现，那么函数返回错误。

练习2：在图2.26的C列中使用VLOOKUP函数为每个学生寻找正确的基点。

注意：查找表中的基点列按“自然”顺序排列，而没有使用升序，所以VLOOKUP函数中应该使用第四个参数，参数值为FALSE。

```
         C2           fx   =VLOOKUP(B2,$E$2:$F$9,2,FALSE)
    A       B      C      D       E        F         G
1  学生    成绩    基点           成绩     基点
2  黎明     B        3            A         4
3  张学友   A-      3.7           A-       3.7
4  刘德华   C+      2.3           B+       3.3
5  郑伊健   B-      2.7           B         3
6  张曼玉   B+      3.3           B-       2.7
7  钟楚红   A        4            C+       2.3
8  林青霞   C        2            C         2
9                                C-       1.7
10
```

图2.26　VLOOKUP函数练习2

■ 插入函数fx按钮

如果你没有使用过这个按钮，在公式框的左侧可以找到它。点击fx按钮，将列出Excel中所有函数（分目录），而且会引导你使用那些函数。例如，假设你知道Excel中有一个可以计算贷款分期还款额的函数，但是你不确定它的名字，那么可以按照下列方法寻找。

使用方法：选择需要插入函数的空单元格，点击fx按钮，然后选择合适的函数目录（本例中为财务）。在目录中浏览函数列表，选择正确的函数（本例中为PMT）。可以点击"有关该函数的帮助"，或者点击"确定"按钮，并键入相应的参数（本例中为利率、期数、本金，若本金设为负则每期还款额为正数）。

例如，在图2.27中使用插入函数帮助你决定单元格B6中的函数。

注意：目前每月支付款显示为负数，如果希望每月支付额显示为正数，那么可以在PMT函数中贷款额B3前面加一个负号"–"。

```
         B6           fx   =PMT(B4/12,B5,B3)
    A              B            C      D      E
1  李先生贷款买车，请计算他每月支付给银行的金额：
2
3  贷款          25,000
4  每年利率       5.90%
5  贷款期（月）     36
6  每月支付      -759.42
7
```

图2.27　插入函数fx按钮

■ DATATABLE

数据表（DATATABLE），也叫模拟运算表，使用它可以观察当一个或两个关键自变量变化时，一个或者多个因变量的变化情况。有两种类型的数据表：单向数据表和双向数据表。单向数据表适用于有一个自变量和任意多个因变量。双向数据表适用于有两个自变量，但是只能有一个因变量。下面将介绍两个数据表的用法。

假设李先生花20 000元买了一辆车，首付5 000元，剩下金额从银行贷款，贷款期为36个月，年利息为6.5%。有两个因变量：每月还款额、还款结束后支付的利息总和。这两个因变量受两个自变量的影响：首付金额、年利率。

我们先看看单向数据表的使用。图2.28给出一个有一个因变量（每月还款额）和一个自变量（年利率）的例子。其中每月支付还款使用了公式"=PMT(B4/12,B5,-B3)"，总利息使用了公式"=B7*B5-B3"。在E3中引用因变量（即每月还款额）。因为B7中计算的每月还款额已经使用了PMT函数，所以在E3中键入"=B7"即可。从D4开始键入利率的数值序列。选择整个数据表，即区域D3:E8。然后，点击"数据"选项卡中的"数据工具"功能区中的"模拟分析"并在下拉菜单中选择"模拟运算表"按钮。在出现的对话框中，在"输入引用列的单元格"中键入B4（即利率）。因为没有引用行，所以"输入引用行的单元格"为空。

	A	B	C	D	E
1	汽车价格	20000		数据表	
2	首付	5000		利率	每月还款
3	贷款额	15000			459.74
4	年利率	6.50%		6.00%	456.33
5	贷款期（月）	36		6.25%	458.03
6				6.50%	459.74
7	每月支付还款	459.74		6.75%	461.44
8	总利息	1550.46		7.00%	463.16

图2.28　单向数据表练习：一个输出变量

Excel的模拟运算表计算过程是这样的：Excel首先从D列中提取数值，用它们取代指定的输入列单元格（即B4），然后使用这个值作为新利率再计算E3中的公式，在数据表的相应位置记载计算结果。因为输入变量（利率）在表中以列的形式显示，所以你应该选择输入列单元格。请再阅读上述计算过程几遍，直到你清晰理解了整个过程。

在单向数据表中也可以包含多个输出变量。例如，当输入变量为利率时，可以有两个输出变量：每月还款和总利息。数据表的创建过程相同，只不过数据表区域变为D3:F8，见图2.29。

	B8	▾	fx	=B7*B5-B3	
	A	B	C	D	E	F
1	汽车价格	20000		数据表		
2	首付	5000		利率	每月还款	总利息
3	贷款额	15000			459.74	1550.46
4	年利率	6.50%		6.00%	456.33	1427.85
5	贷款期（月）	36		6.25%	458.03	1489.08
6				6.50%	459.74	1550.46
7	每月支付还款	459.74		6.75%	461.44	1611.98
8	总利息	1550.46		7.00%	463.16	1673.63

图2.29 单向数据表练习：两个输出变量

双向数据表允许变化两个输入变量，一个在列，另一个在行，在表中观察相应的单个输入变量的变化。图2.30给出一个使用双向数据表分析购车贷款每月还款额的例子。假设年利率和首付额同时变化，输出变量为每月还款额。

	E4	▾	fx	{=TABLE(B2,B4)}		
	A	B	C	D	E	F	G
1	汽车价格	20000					
2	首付	5000			数据表		
3	贷款额	15000		459.74	4000	5000	6000
4	年利率	6.50%		6.00%	486.75	456.33	425.91
5	贷款期（月）	36		6.25%	488.57	458.03	427.49
6				6.50%	490.38	459.74	429.09
7	每月支付还款	459.74		6.75%	492.21	461.44	430.68
8	总利息	1550.46		7.00%	494.03	463.16	432.28
9							

图2.30 双向数据表练习

在D3中键入公式"=B7"，引用每月支付还款值。在D4:D8输入利率变化值，在E3:G3输入首付额变化值。然后点击"数据"选项卡中的"数据工具"功能区中的"模拟分析"并在下拉菜单中选择"模拟运算表"按钮，在出现的对话框中，在输入引用行的单元格中键入B2，在输入引用列的单元格中键入B4，即得到所求结果。

注意： 因为首付额的变化序列位于E3:G3，所以行输入变量为B2；因为利率的变化序列位于D4:D8，所以列输入变量为B4。Excel替代B2为每个首付值，替代B4为每个利率值，再计算D3，在表格E4:G8中相应位置记载计算结果。

MEDIAN函数

MEDIAN函数返回一列数中的"中间"值，也就是说一半数值位于其上，一半数值位于其下。准确地讲，当这一列数以升序排列时，如果有奇数个数字，那么它返回中位数；如果有偶数个数字，它返回中间两个数字的平均值。Excel将在函数中自动处理这些操作。

函数用法：键入公式"=MEDIAN(数据区域)"，数据区域可以是包含数字的任何区域。

注意：如果区域包含文本或者空单元格，那么在计算时会忽略。这同样适用于其他统计函数。

例如，在图2.31中，计算数组A1:A10的中值，在单元格D1中输入公式"=MEDIAN(A1:A10)"，即得到数据中值。

	A	B	C	D	E
1	33		中值Median	4.5	
2	3		平均值Mean	10.9	
3	0		众数Mode	3	
4	1				
5	4				
6	14				
7	5				
8	41				
9	3				
10	5				

图2.31　MEDIAN函数

MODE.SNGL函数

Mode指一列数中的最可能值，也就是说它出现的次数最多。如果没有数据出现2次或以上，那么这个函数没有什么用处。然而，当需要统计哪个品种出现的次数最多时，这个函数则非常有用，可以使用它选出哪件商品销量最大，哪本书销量最多等等。

函数用法：键入公式"=MODE.SNGL(数据区域)"，其中数据区域可以是包含数值的任意区域。

注意：MODE还有另外一个函数MODE.MULT，用于返回一组数据或数据区域中出现频率最高或重复出现的数值的垂直数组，感兴趣的读者可以自己去查看用法和练习。

例如，在图2.31中，计算数组A1:A10的最可能值，在单元格D1输入公式"=MODE.SNGL(A1:A10)"，即得到所求结果。

QUARTILE函数

在工作中经常需要对一列数据进行排序。例如，你参加了一门考试，希望知道自己在全部考生成绩中的百分比位置。如果你占据85百分位，那么所有考生中85%的人成绩在你之后，只有15%的人成绩在你之前。Excel有两个函数能够完成此项操作：PERCENTILE函数和QUARTILE函数，QUARTILE函数比较容易理解。想象有1 000个分数，对其排序，从低到高，然后把它们分成4个小组，每组250个分数。第1个小组包含分数最低的250个分数，第2个小组包含剩下分数中最低的250个分数，以此类推。第1、2、3个四分位数是这些组的分界点。例如，25%的分数低于第1个四分位数，75%的分数高于第3个四分位数。

注意： 从定义上看，第2个四分位数为中值。

函数用法： 键入公式"=QUARTILE(数据区域,k)"，其中k为0、1、2、3或4。例如，如果令k等于3，那么将得到区域中数据的第3个四分位数。

注意： 在Excel中，QUARTILE函数有两种形式：QUARTILE.INC和QUARTILE.EXC。其中，QUARTILE.INC函数在计算时将数组的最小值设定为QUARTILE.INC(数据区域,0)，将数组的最小值设定为QUARTILE.INC(数据区域,4)，并在计算k=1、2、3时将数组的最小值和最大值排除在外。在使用QUARTILE.EXC时，k只能选择1、2和3，并在计算中将数组的最小值和最大值包含在内。

例如，在图2.32中，对区域D2:E6分别使用函数QUARTILE.INC和QUARTILE.EXC函数计算数组的四分位数，并观察它们的区别。

	A	B	C	D	E
1	46.21		k	QUARTILE.INC	QUARTILE.EXC
2	73.26		0	46.21	#NUM!
3	76.12		1	77.34	75.405
4	80.99		2	84.32	84.32
5	82.41		3	102.37	108.125
6	86.23		4	129.72	#NUM!
7	89.69				
8	106.6				
9	112.7				
10	129.72				
11					

图2.32　QUARTILE函数

PERCENTILE函数

PERCENTILE函数可以计算任意百分位数，以小数形式表达，返回给定数据中的一个数值，使得数据中低于此数值的百分比为给定的百分位。例如，我们给定百分位10%（0.1），若PERCENTILE返回45，那么我们知道数据中10%的数据低于45，90%的数据大于或等于45。

函数用法： 键入公式"=PERCENTILE(数据区域,K)"，其中K代表以小数形式表示的百分位。

与QUARTILE函数用法一致，PERCENTILE函数也包括两种形式：PERCENTILE.EXC和PERCENTILE.INC。其中，PERCENTILE.INC在计算时将数组的最小值设定为PERCENTILE.INC(数据区域,0)，将数组的最大值设定为QUARTILE.INC(数据区域,1)，并在计算0<K<1时将数组的最小值和最大值排除在外。在使用QUARTILE.EXC时，K不能等于0或1,在计算中将数组的最小值和最大值包含在内。

例如，图2.33给出了两种形式的PERCENTILE函数的使用区别。

	A	B	C	D	E
1	46.21		K	PERCENTILE.INC	PERCENTILE.EXC
2	73.26		0.0	46.21	#NUM!
3	76.12		0.1	70.555	48.915
4	80.99		0.2	75.548	73.832
5	82.41		0.3	79.529	77.581
6	86.23		0.4	81.842	81.558
7	89.69		0.5	84.32	84.32
8	106.6		0.6	87.614	88.306
9	112.7		0.7	94.763	101.527
10	129.72		0.8	107.82	111.48
11			0.9	114.402	128.018
12			1.0	129.72	#NUM!

图2.33 PERCENTILE函数

RANK函数

RANK函数能够给出一列数的顺序位置。它通过对数据进行升序或者降序排序，得到其位置。虽然也可以使用菜单中的排序按钮来完成此项工作，但是，有些时候我们不想对数据排序，只是想得到某个数值在数据中的位置，这时我们就可以使用RANK函数。

函数用法：键入公式"=RANK(value,datarange,order)"，其中，order是可选参数。如果order为0（或者缺省），那么第一位置对应于数据中最大值，即降序；如果order为1，那么第一位置对应于数据中最小值，即升序。

例如，在图2.34中，使用RANK函数在区域B2:B11给出对应数据在数组A2:A11中的位置（降序）。

B2　fx =RANK(A2,$A$2:$A$11)

	A	B
1	数据	排位
2	55	6
3	66	4
4	76	1
5	34	10
6	55	6
7	68	3
8	75	2
9	44	8
10	38	9
11	58	5

图2.34 RANK函数

LARGE函数

LARGE和SMALL在Excel中不如前面介绍的函数常用，但是有些时候它们也是非常有用的。例如，有250个数据，我们希望取出前10个最大的数据。那么我们可以使用LARGE函数找到它们，只要在参数中定义1到10就可以了。同样，我们可以使用SMALL函数找到数据中最小的10个数。这里我们只介绍LARGE函数，SMALL函数的用法与LARGE函数一致。

函数用法：键入公式“=LARGE(datarange,k)”，其中k是从1到数据总数的整数值。公式返回数据区域中第k大的数据。

例如，图2.35使用LARGE函数在区域D2:D11中给出数组A2:A11中对应位置的第k大数。

D2 | fx | =LARGE($A$2:$A$11,C2)

	A	B	C	D	E
1			位置	数据	
2	679.02		1	1635.72	
3	1208.42		2	1271.38	
4	1635.72		3	1208.42	
5	729.63		4	1175.68	
6	1036.08		5	1048.93	
7	716.62		6	1036.08	
8	972.92		7	972.92	
9	1175.68		8	729.63	
10	1271.38		9	716.62	
11	1048.93		10	679.02	

图2.35　LARGE函数

STDEV.S函数

Excel有很多统计测量数据可变性的函数，其中最常用的是样本标准差函数STDEV.S。Excel中还有与其相似的函数STDEV.P，它用来计算总体的标准差。总体标准差与样本标准差的区别这里不做解释，感兴趣的读者可自行去了解。对于大样本数据，例如超过100个样本，样本和总体统计量基本相同。这里我们只介绍标准差，方差的用法与标准差一致。

方差是所有数据偏离其均值的部分的平方和的均值，标准差是方差的平方根。两者都是测量数据可变性的，但是标准差更容易理解，它具有与原始数据一致的量纲。另外，许多数据集具有这样的特性：大约68%的数据在其均值的正负1个标准差范围之内，大约95%的数据在其均值的正负2个标准差范围之内，几乎所有的数据在其均值的正负3个标准差范围之内。（这些法则对于对称的类似于钟形的曲线分布特别适用。）

函数用法：键入公式“=STDEV.S(datarange)”，其中datarange为数据位置，这等于“=SQRT(VAR(datarange))”，即方差的算术平方根。

例如，图2.36使用函数STDEV.S在单元格D3中计算数组A1:A10的样本标准差。

```
         D3          ▼  (     fx  =STDEV.S(A1:A10)
    A          B       C        D          E
1  1034.44            均值     939.629
2   877.35            方差    54384.94
3   794.42           标准差   233.2058
4   828.45
5   765.9
6  1088.95
7   786.05
8  1523.02
9   920.48
10  777.23
```

图2.36　STDEV函数

PMT函数

PMT用于计算一笔贷款的每月等值偿还额。输入参数为年利率、贷款期、贷款数量（本金），PMT函数会自动计算每个月应该偿还的金额，所有金额在经过利率的时间价值等值计算后等于所贷金额（本金）。每月偿还金额中包含两部分内容：偿还的本金和偿还的利息。

函数用法：键入公式"=PMT(利率,贷款期,本金)"。因为函数设计上的原因，如果希望计算结果返回一个正值，那么应该键入一个负的本金（因为对于银行来讲，还款额意味着正现金流，而贷款额则意味着负现金流。）利率的给定应该对应于贷款期。如果贷款期单位为月，那么利率应该等于年利率/12。如果贷款期单位为年，那么直接使用年利率即可。

例如，在图2.37中，假设你从银行贷款30 000元买了一辆车，年利率为6.75%，贷款期为36个月。在B4中计算每月还款额。然后在区域E3:E6使用数据表观察还款期变化为24、36、48、60个月时，每个月还款额的变化，所得结果如E列所示。

```
         B4          ▼  (     fx  =PMT(B2/12, B3, -B1)
    A          B       C        D          E
1  本金       30,000            数据表
2  年利率     6.75%                      922.89
3  贷款期（月）   36              24    1339.78
4  每月还款   922.89              36     922.89
5                                 48     714.91
6                                 60     590.50
```

图2.37　PMT函数

NPV函数

财务计算大多考虑货币的时间价值。将来挣到的1元钱价值上要小于目前的1元钱，因为现在的1元钱在未来可以获得利息。为了考虑货币的时间价值，我们需要把未来现金流

折现。如果我们有一个未来的现金流入和流出数据，所有这些数据经过折现后的数据之和称之为净现值，即NPV。如果每期现金流入和流出发生在有规则的时间点上（例如每年的年末），那么我们可以使用Excel中的NPV函数来计算数据的净现值。

函数用法：键入公式"=NPV(rate,cashstream)"。这里，rate为折现率，即公司认为这笔钱应该得到的回报率，在使用上等同于利率。cashstream为未来发生在每期期末的现金流入和流出，开始于第1期。

注意：如果在第1期期初（即第0期期末）有现金流入或者流出，那么该值应该放在NPV函数的外面，因为它发生在现在，不需要折现。

例如，在图2.38中，假设公司在第1年初投资100 000元，然后在第1年年末到第5年年末收到现金流入见图中区域B6:F6。在单元格B8输入公式"=NPV(B1,B6:F6)"计算此项目净现值NPV。

	A	B	C	D	E	F
			fx	=NPV(B1, B6:F6)		
1	折现率	12%				
2	初始投资	100000				
3						
4	每年年末的现金流					
5	年	1	2	3	4	5
6	现金流	20000	35000	50000	45000	35000
7						
8	NPV	129806				
9						

图2.38　NPV函数

XNPV函数

如果公司的现金流入和流出发生时间不规则，例如1月5日、5月30日、7月1日等。那么就不能使用NPV函数来计算净现值了。对此情况，Excel提供了一种简单的方法，即使用XNPV函数计算净现值。这个函数实际上利用了Excel中的分析工具库。也许你的Excel没有装载它们。点击Excel的"文件"选项卡，点击"选项"，选择"加载项"，选择"Excel加载项"，选择"转到"，如果分析工具库没有被选上，那么选上它。然后，就可以使用XNPV函数了。

函数用法：键入公式"=XNPV(discountrate,cashvalues,dates)"，其中discountrate与NPV中的折现率意义相同，cashvalues表示一系列现金流入和流出，dates表示现金流入和流出发生的日期。

一般来讲，第一个现金流是流出，其后的现金流是流入。在本例中，最初的现金流是流出（初始投资），它应该被包含在XNPV中（加负号），其他现金流将会被折现到这个最初现金流发生的日期。

例如，在图2.39中，区域B4:F5给出一个项目的现金流及发生日期，在单元格B7输入公式"=XNPV(B1,B5:F5,B4:F4)"，计算该项目的净现值。

	A	B	C	D	E	F
1	折现率	12%				
2						
3	现金流					
4	日期	2015/1/1	2015/5/25	2015/9/15	2015/1/15	2015/6/30
5	现金流	-85000	22500	31000	65500	55000
6						
7	NPV	82364.99				
8						

图2.39　XNPV函数

IRR函数

投资意味着在开始的时候投入一笔钱，将来得到某种回报。一个项目的净现值NPV会随着折现率的变化而发生变化。事实上，如果折现率足够大，NPV肯定会是一个负数，也就是说在该折现率下，将来的回报不足以抵消目前的成本。这个使得NPV由正变负的折现率就称为内部收益率（IRR），即NPV等于0时的折现率。公司财务通常十分关注IRR值，一般会为IRR设立一个"门槛"来判断投资的可行性。如果NPV为正，那么值得投资。如果NPV为负，那么不值得投资。同样道理，如果IRR大于公司的"门槛"，那么值得投资。

Excel提供IRR函数，用以自动计算投资的IRR。手动计算IRR相当繁琐。类似于NPV函数，Excel假定最初投资发生在第1年年初，其他现金流发生在每年年末。

函数用法：键入公式"=IRR(cashstream,rateguess)"，其中cashstream是一个现金流，最初投资应该为负数，rateguess是对IRR的一个初始猜测。使用初始猜测值是因为Excel需要从最初猜测开始不断优化寻找最佳的IRR值。一般来讲，不使用猜测也能够得到最佳答案，除非现金流数据不规则，见图2.40。

	A	B	C	D	E	F
1	现金流（初始现金流为投资）					
2						
3	0	1	2	3	4	5
4	-100000	35000	45000	40000	25000	10000
5						
6	IRR	19.81%				
7						

图2.40　IRR函数

INDEX函数

INDEX函数可用于在一个方形区域内找到特定单元格的值。你能够根据单元格索引来找到需要的值，需要指定一个行索引和列索引。例如，一个具有10行和20列的区域，索引4,8指代该区域的行4和列8。

函数用法：键入公式“=INDEX(range,r_index,c_index)”，其中，r_index是一个整数（行），c_index是一个整数（列）。例如，公式“=INDEX(D11:F20,4,2)”返回E14，即该区域的第4行和第2列。

如果区域是一个单列区域，那么c_index可以省略，例如“=INDEX(range,r_index)”返回区域的第r行的值。同样道理，如果区域是一个单行区域，那么可以只包括c_index参数，例如公式“=INDEX(B10:E10,3)”返回单元格D10，即区域的第3个单元格。

例如，在图2.41中，区域B2:D4给出不同工厂在不同城市的单位运输成本。给定工厂1和城市2，在单元格B10输入公式“=INDEX(B2:D4,B8,B9)”，找出相对应的单位运输成本。

B10 =INDEX(B2:D4, B8, B9)

	A	B	C	D	E
1	单位运输成本	城市1	城市2	城市3	
2	工厂1	1.25	1.35	1.55	
3	工厂2	1.15	1.45	1.25	
4	工厂3	1.35	1.45	1.15	
5					
6	从工厂1到城市3的运输成本				
7					
8	工厂	1			
9	城市	2			
10	单位运输成本	1.35			
11					

图2.41　INDEX函数

MATCH函数

使用MATCH函数可以找到一个区域内满足一个给定值的单元格。假设需要确定订单数量来最大化利润，键入一个连接订单数量与利润的公式，然后建立一个不同订单数量对应利润的数据表。MATCH函数可以简便地找到最大利润所在的单元格。

函数用法：键入公式“=MATCH(value,range,0)”。它返回range内匹配value的那个单元格的索引值。例如，如果匹配发生在区域的第三个单元格，那么它返回3。最后一个参数为0，意味着我们需要准确匹配。如果没有准确匹配，那么公式返回错误值。当参数为+1或者-1时，MATCH函数可以进行不准确匹配。更多详细信息请查阅帮助文件。

下面的例子展示将MATCH与INDEX联系在一起使用。图2.42给出一个利润与订货数量的关系，不同数量导致不同利润。在单元格B9中输入公司“=MAX(B3:B7)”，找到最大的利润是5 640元，现要求出对应的订货数量。在单元格B10中输入公式“=INDEX(A3:A7,MATCH(B9,B3:B7,0))”。MATCH的作用是为INDEX提供行索引。也就是说，我们已知最佳订货数量位于A3:A7的某个地方，现在需要知道它的索引号。于是我们使用MATCH发现利润最大值所在B3:B7中的位置为第3位，即使用公式“=INDEX(A3:A7,3)”计算最佳订货数量，如图2.42所示。

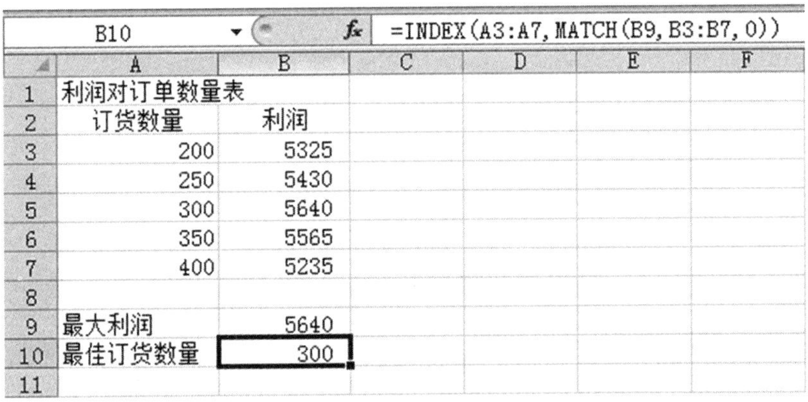
B10 =INDEX(A3:A7,MATCH(B9,B3:B7,0))

	A	B	C	D	E	F
1	利润对订单数量表					
2	订货数量	利润				
3	200	5325				
4	250	5430				
5	300	5640				
6	350	5565				
7	400	5235				
8						
9	最大利润	5640				
10	最佳订货数量	300				
11						

图2.42　MATCH函数

OFFSET函数

OFFSET函数允许相对于一个单元格引用一个区域（或者单元格）。

函数用法： 键入公式“=OFFSET(cell,r_offset,c_offset,height,width)”。这里，r_offset和c_offset需要是整数。高度height和宽度width是两个可选的正整数，其缺省值为1。这个公式返回一个具有height个行和width个列的区域的引用。该区域左上角单元格为，自cell向下偏移r_offset行（如果为正数）或者向上偏移r_offset行（如果为负数），向右偏移c_offset列（如果为正数）或者向左偏移c_offset列（如果为负数）后，所得单元格。

例如，公式“=OFFSET(A1,2,3,4,1)”返回区域D3:D6。它是一个4行1列的区域，左上角单元格为D3，即从A1向下偏移2行，向右偏移3列所得。另一个例子：公式“=OFFSET(F4,0,–3)”指向单元格C4。最后两个参数缺省，它从F4向左偏移3列。

在图2.43的区域B3:J4给出不同月份对应的销售量，但是零售商需要在几个月后才能付款，单元格B1给出支付延迟的时间。在区域D5:L5中输入公式“=OFFSET(D4,0,–$B$1)”，按下回车键，给出考虑支付延迟时间的销售量数据。

	A	B	C	D	E	F	G	H	I	J	K	L
1	支付延迟	2										
2												
3	月份	10月	11月	12月	1月	2月	3月	4月	5月	6月	7月	8月
4	销售	3200	4600	5500	2500	3300	4200	2900	4500	2750		
5	收据			3200	4600	5500	2500	3300	4200	2900	4500	2750
6												

D5 =OFFSET(D4, 0, -$B$1)

图2.43 OFFSET函数

不使用OFFSET函数的话，我们需要在单元格中加入一个连接两个月前销售的连接。例如，1月收据等于C4。如果零售商决定延迟3个月支付，那么我们需要重新键入适合的连接。而OFFSET的使用可以避免使用这种连接。

Chapter Three

蒙特卡罗模拟及案例

人们经常开展试验性活动，其目的在于找出一个目标系统（包括事物或者活动）的规律，并在此基础上预测其未来的发展和变化，以便为决策及政策的选择提供辅助信息。如果条件允许的话，可以直接对真实的系统进行试验来获取知识。但是，有时对真实系统做试验可能带来的不良后果的代价巨大且不可容忍，因此是不现实和不可行的。例如，一个管理者想知道一套经济改革措施的推行会给国家和社会发展带来什么样的影响，直接大规模推行和实施该套措施是一个很危险的决策，可能对国家社会经济系统带来不可逆的不良结果，这是管理者不想看到的。因此，管理者往往希望借助于对非真实系统（即模拟替代系统）的试验来获取事物知识和活动规律，分析过程和结果的不确定性。总体上说，针对非真实系统的试验可以进一步分为两种：物理模型试验和数学模型试验。前者构造一个类似于真实系统的物理模型，对这个模型进行各类试验活动，观察试验结果并分析其背后的机制；后者建立一个数学模型描述事物或者活动的内在逻辑，通过数学计算得出关注的模型结果。数学模型相对于物理模型具有一定的优势，例如成本低、试验误差小、分析技术和工具多等。

当数学模型比较大、复杂并且包含多个随机变量的时候，直接通过数学公式计算获取模型结果通常比较困难。这时可以借助计算机模拟分析方法对模型进行求解。蒙特卡罗模拟（Monte Carlo Simulation）就是一种计算机模拟分析方法。它可以对包含随机变量的数学模型进行分析和求解。蒙特卡罗抽样是蒙特卡罗模拟方法的技术核心，它依据模型输入变量的概率分布随机抽取样本，代入数学模型中计算输出变量结果，并通过增加样本量提高计算结果的精确度。

作为一种计算机模拟方法，蒙特卡罗模拟在实践中的应用离不开计算机硬件和软件技术的发展。计算机硬件技术的快速发展提高了计算速度，使得在普通个人计算机和笔记本电脑上对大型随机数学模型进行模拟计算成为可能，这推动了蒙特卡罗模拟方法在工业实践中的应用。与此同时，商业软件的推出，特别是面向非科学计算的商业软件的出现，极大地促进了蒙特卡罗模拟方法在管理科学和企业管理中的实践应用。例如，美国Palisade公司于1988年推出了基于Excel的插件式软件@Risk。这款商业软件的推出使得管理者和决策者可以在办公软件Excel上进行蒙特卡罗模拟抽样，极大地促进了蒙特卡罗模拟在非科学计算和管理类模拟计算中的应用。到目前为止，世界上许多大学的MBA和管理科学类课程都在使用@Risk进行风险分析与决策分析教学。除了@Risk，还有一些具有类似或者相似功能的软件产品可以在Excel界面上进行蒙特卡罗模拟抽样，例如Crystal Ball、ModelRisk、Risk Simulator、Risk Solver等。许多世界500强企业也在企业管理中使用这些软件分析和预测各类企业管理活动的效果和结果，例如开发新产品、生产线扩大、市场扩张、生产成本削减、生产地点选址等。

在本书中，我们不再深入介绍与蒙特卡罗模拟抽样相关的计算原理，例如随机数的产生方法、抽取样本的随机性检验、方差减少技术等。同时，也不再详细介绍和讨论商业软件自带函数产生的随机数质量。事实上，利用这些软件进行蒙特卡罗模拟分析，使用者已经不需要自己去产生基础随机数。另外，因为这些软件均采用世界上公认的数学算法产生随机数，所以分析者也基本上不用费心关注随机数的质量。在本章接下来的内容中，将通过四个例子展示蒙特卡罗抽样的基本形式和方式，进而了解蒙特卡罗模拟方法的优点以及在解决问题中的使用方法。在这四个例子中，我们使用Palisade DecisionTools Suite套件中的@Risk软件进行模拟抽样分析，同时还会介绍和使用Excel自身提供的一些随机抽样函数及其用法。

案例1：在正方形区域内随机产生散点

在坐标象限Ⅰ中，选取横坐标轴0—1区域和纵坐标轴0—1区域形成一个面积为1的正方形。在这个正方形区域内，随机产生一个散点，使它以等可能性随机出现在区域内任何一个位置。

为了随机产生案例1中要求的散点，先分别定义两个随机变量X和Y，使它们都服从[0,1]均匀分布，即对X和Y的随机抽样值均等可能地出现在[0,1]区间的任何位置。从X和Y中分别随机抽取一个样本x和y，以x值为横轴坐标点，y值为纵轴坐标点，形成一个散点。因为X和Y都服从[0,1]均匀分布，因此由它们的抽样值形成的散点可以随机出现在指定正方形区域内的任何位置。

图3.1展示了案例1的分析模型。

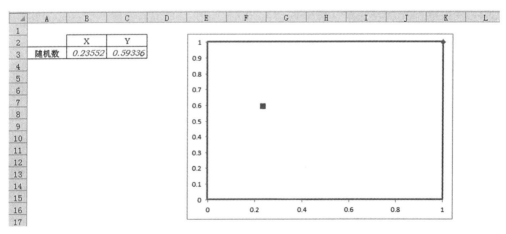

图3.1　蒙特卡罗模拟展示案例1分析模型

可以按照以下步骤开发这个模型。

第一步：产生[0,1]均匀分布随机数

1. 在单元格B3中输入公式"=RAND()"，用以产生一个服从[0,1]均匀分布的随机数。RAND为Excel函数，返回大于或等于0且小于1的均匀分布随机数。

2. 在单元格C3中输入公式"=RAND()"，产生另外一个服从[0,1]均匀分布的随机数。

第二步：正方形区域

1. 点击Excel功能区上的"插入"→"图表"→"散点图"→"仅带数据标记的散点图"，窗口将产生一个空白的图表区。

2. 选择空白的图表区，右键选择"选择数据"，出现一个新页面，见图3.2。在"X轴系列值"处选择单元格$B$3，在"Y轴系列值"处选择单元格$C$3，点击"确定"，回到Excel插入散点图的"选择数据源"页面，点击"确定"，回到Excel工作表，这时出现一个新插入散点图，见图3.2。

图3.2　Excel插入散点图的编辑数据系列页面

3. 分别点击新插入散点图上的"图例"和"网格线"，右键选择"删除"（或者按下键盘上的Delete键），这样可以使图形页面更整洁。

4. 单击散点图上的"水平（值）轴"，右键选择"设置坐标轴格式"，产生一个新页面，见图3.3。在图3.3中的"最小值"处选择"固定"，并在空白处输入"0"；在"最大值"处选择"固定"，并在空白处输入"1"。点击"关闭"，回到Excel页面。这样做的目的在于：在使用@Risk进行蒙特卡罗模拟抽样时，散点图不会因为Excel针对每次抽取的样本数值自动调整坐标轴长度而发生"抖动"现象。

5. 同样道理，单击"垂直（值）轴"，右键选择"设置坐标轴格式"，产生一个新页面。在"最小值"处选择"固定"，并在空白处输入"0"；在"最大值"处选择"固定"，并在空白处输入"1"。点击"关闭"，回到Excel页面。

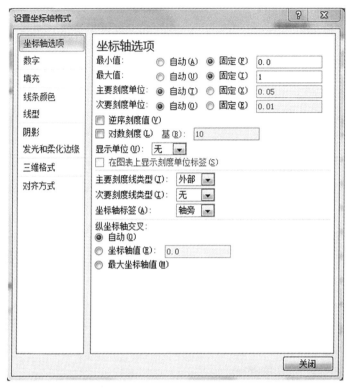

图3.3　Excel散点图中设置坐标轴格式页面

第三步：蒙特卡罗抽样设置

点击@Risk中"Simulation"（模拟）功能区上的左数第5个按钮，使它变成亮黄色，见图3.4中方框。按钮变成亮黄色表明此时@Risk会以"Demo Mode"（演示）模式运行。在Demo Mode模式下，@Risk会要求Excel在每次模拟抽样后更新工作表内容。如果有某个单元格的数值发生改变，那么该单元格会更新展示最新数值。

图3.4　指定@Risk模拟抽样设置后的功能区

在@Risk功能区上的"Iterations"（抽样）处的下拉菜单中选择"5000"，表明要进行模拟抽样5 000次。点击@Risk功能区上的"Start Simulation"（开始模拟），开始模拟，这时出现一个新页面，见图3.5。

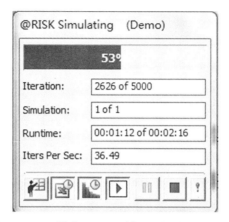

图3.5　Demo模式下@Risk模拟运行过程展示页面

图3.5给出了Demo模式下@Risk模拟运行的进程，页面显示：当下@Risk共进行1次模拟，已经进行了2 626次抽样，预计运行时间为2分16秒，已经运行1分12秒，平均每秒进行36.49次抽样。在模拟运行过程中观察Excel工作表中的散点图，会发现红色散点随机出现在指定的正方形区域内。如果想中途停止模拟抽样，点击图3.5最下方右数第2个按钮，停止抽样，并回到Excel页面。

在案例1的模型中我们没有通过@Risk指定输入变量和输出变量，只是利用了它的抽样功能进行模拟抽样。在Demo模式下，@Risk会要求Excel在每次抽样后更新工作表内容。由于Excel的RAND函数在每次计算时都会产生一个新的符合[0,1]均匀分布的随机数，所以当@Risk进行一次抽样后，Excel会更新单元格B3和C3中由RAND函数产生的随机数数值，这样就可以看到图3.1中散点在@Risk的抽样过程中不断随机出现在正方形方框中的任意位置。

案例2：判断随机变量的最优分布

假设有两个随机变量 A 和 B，分别服从[0,1]均匀分布，那么很容易理解这两个变量之和 C 也是一个随机变量。依据它们的概率分布，随机从变量 A 和 B 中各抽取1 000个样本，相加后形成1 000个 C 的随机样本。请判断随机变量 C 服从什么分布。

如果你不熟悉概率统计理论，那么可能不太容易通过数学公式直接推导出随机变量 C 的概率分布。不过，使用蒙特卡罗模拟方法可以十分简单地解决此问题，并且解决过程容易理解，无论使用Excel还是使用@Risk都可以很方便地得到问题的答案。

图3.6展示了案例2的分析模型下载。可以按照以下步骤开发这个模型。

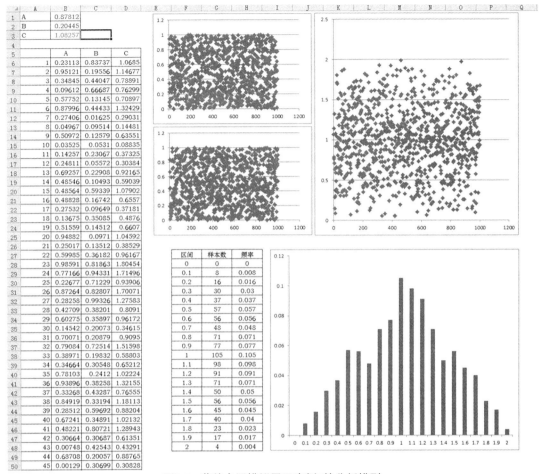

图3.6 蒙特卡罗模拟展示案例2的分析模型

第一步：产生[0,1]均匀分布随机数

1. 在单元格B6中输入公式"=RAND()"，产生一个服从[0,1]均匀分布的随机数，用以表示随机变量A的一个抽样。

2. 在单元格C6中输入公式"=RAND()"，产生另外一个服从[0,1]均匀分布的随机数，用以表示随机变量B的一个抽样。

3. 复制区域B6:C6，选择区域B7:C1005粘贴，形成随机变量A和B的其他999个抽样。

第二步：生成两个[0,1]均匀分布之和

1. 在单元格D6中输入公式"=B6+C6"，计算两个服从[0,1]均匀分布的随机数之和，用以表示随机变量C的一个样本。

2. 复制单元格D6，选择区域D7:D1005粘贴，产生随机变量C的其他999个样本。

第三步：绘制散点图

1. 点击Excel功能区上的"插入"→"图表"→"散点图"→"仅带数据标记的散点图"，在Excel工作表中插入一个空白图表。右键点击并选择"选择数据"，出现一个新页面，见图3.7。

图3.7　Excel插入散点图的选择数据源页面

2. 点击图3.7中的"添加"按钮，出现一个新页面，见图3.8。在"X轴系列值"处选择区域"$A$6:$A$1005"，在"Y轴系列值"处选择区域"$B$6：$B$1005"，点击"确定"，回到图3.7页面，点击"确定"回到Excel页面，形成一个随机变量A的1 000个抽样的散点图，见图3.6右侧上方小图。

图3.8　Excel插入散点图的编辑数据系列页面

3. 点击Excel功能区上的"插入"→"图表"→"散点图"→"仅带数据标记的散点图"，在Excel工作表上插入一个空白散点图。右键点击并选择"选择数据"，出现一个新页面。在新页面上点击"添加"按钮，并在新出现的页面上的"X轴系列值"处选择区域"$A$6:$A$1005"，在"Y轴系列值"处选择区域"$C$6:$C$1005"，点击"确定"，回到图3.7页面，点击"确定"回到Excel页面，形成一个随机变量B的1 000个抽样的散点图，见图3.6右侧上方小图。

4. 点击Excel功能区上的"插入"→"图表"→"散点图"→"仅带数据标记的散点图",在Excel工作表上插入一个空白散点图。右键点击并选择"选择数据",出现一个新页面。在新页面上点击"添加",并在新出现的页面上的"X轴系列值"处选择区域"\$A\$6:\$A\$1005",在"Y轴系列值"处选择区域"\$D\$6:\$D\$1005",点击"确定",回到图3.7页面,点击"确定"回到Excel页面,形成一个随机变量C的1 000个样本的散点图,见图3.6右侧上方大图。

第四步:绘制频率图

1. 在区域F28:F48中输入"0,0.1,0.2,…,1.8,1.9,2",表示用于制作频率图的区间点。因为两个[0,1]均匀分布之和的最小值为0,最大值为2,所以可以将频率图区间范围设定在0和2之间。以0.1为间隔,形成21个频率图的区间点。

2. 选择区域G28:G48,键入公式"=FREQUENCY(D6:D1005,F28:F47)",计算指定区间下随机变量C的频数。FREQUENCY是一个Excel函数,功能在于以一列垂直数组返回一组数据的频率分布。同时按下Ctrl+Shift+Enter键,得到随机变量C的1 000个样本在各区间内的频数,见图3.6右侧下方表。注意:此处D6:D1005为用于计算频数的数组,F28:F47为数据接收区间。可以看到数据接收区间F28:F47在数量上比区域G28:G48少一个单元格,这是因为FREQUENCY函数本身在设计上指定:返回频数数组中多出来的1个元素为数据接收最高区间之上的数值个数。这样,单元格G48中的数值"4"为随机变量C的1 000个样本中大于1.9(即F47中的数值)的数目。

3. 在单元格H28中输入公式"=G28/1000",计算随机变量C的样本中小于等于0的样本的频率。

4. 复制单元格H28,选择区域H29:H48粘贴,形成其他区间对应的随机变量C的样本频率。

点击Excel功能区上的"插入"→"图表"→"柱形图"→"簇状柱形图",在Excel工作表上插入一个空白的柱形图。右键点击并选择"选择数据",出现一个新页面,见图3.9。在新页面上点击"添加"按钮,并在新出现的页面上的"系列值"处选择区域"\$H\$28:\$H\$48",点击"确定",回到图3.9页面。在"水平(分类)轴标签"处点击"编辑",在"轴标签区域"处选择"F28:F48",点击"确定",回到图3.9页面。点击"确定"回到Excel页面,形成一个随机变量C的1 000个抽样的频率柱形图,见图3.6右侧下方图。

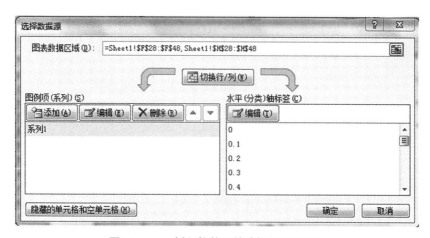

图3.9 Excel插入柱状图的选择数据源页面

从图3.6中的散点图可以看到,随机变量 A 和随机变量 B 的1 000个抽样基本"均匀覆盖"了横坐标轴1—1000、纵坐标轴0—1的矩形区域,这显示了利用RAND函数产生的[0,1]均匀分布样本的随机性质量较好。随机变量 C 的散点图具有不同的特点,它在靠近0和2的边界处的样本较少,靠近中部的样本较多。从图3.6中提供的频率图可以更为清晰地看到,变量 C 的样本频率呈现出中部高、两边低的三角形形状。

为了加深理解和认识,我们使用@Risk软件产生两个服从[0,1]均匀分布随机数,在此基础上计算两个随机数之和,并利用@Risk进行分布拟合,选择与样本相匹配的概率分布函数。

在单元格B1中输入公式"=RiskUniform(0,1)"定义一个符合[0,1]均匀分布的变量。RiskUniform为@Risk函数,返回符合[0,1]均匀分布的随机数。类似地,在单元格B2中输入公式"=RiskUniform(0,1)",定义另一个符合[0,1]均匀分布的变量。在单元格B3中输入公式"=B1+B2",计算两个服从[0,1]均匀分布的随机数之和。选择单元格B3,点击@Risk功能区上的"Add Output",在新出现的页面中选择"OK",定义@Risk模型的输出变量,其缺省名称为"C"。

在@Risk功能区上"Iterations"处的下拉菜单中选择"5000",表示抽样数目为5 000。点击@Risk功能区上的"Start Simulation",开始模拟。模拟结束后,点击@Risk中"Reswlts"功能区上的"Browse Results"(浏览结果)按钮,出现一个新的页面,见图3.10。图3.10给出了随机变量 C 的模拟结果概率密度图。从中可以看到,随机变量 C 的最小样本值为0.0146,最大样本值为1.98,均值为1。其形状与图3.6给出的频率图类似,呈现出较明显的三角形形状。

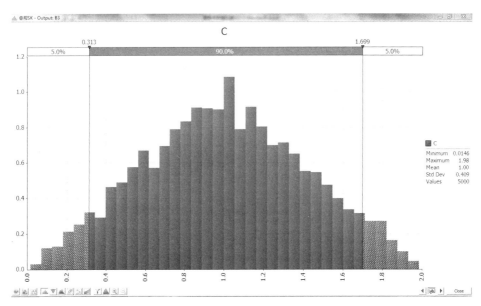

图3.10　@Risk的输出变量C的概率密度图

点击图3.10最下方右数第三个按钮"Fit distributions to this Simulated Result"（模拟结果拟合概率分布），出现一个新页面，见图3.11。图3.11显示了待进行分布拟合的数据集为变量C的模拟样本数据，类型为连续型样本数据。

图3.11　@Risk的分布拟合数据页面

点击图3.11中"Distributions to Fit"分页面，见图3.12。图3.12显示了拟合方法为参数估计，以及多个待拟合的概率分布名称。

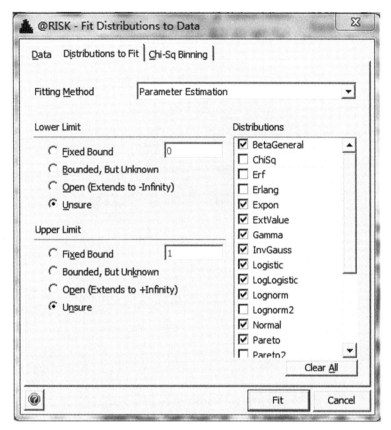

图3.12 @Risk的分布拟合的概率分布页面

点击图3.12中的"Fit"，@Risk开始针对变量C的样本进行分布拟合，图3.13给出了拟合结果。图3.13最左侧显示了不同拟合分布的卡方统计量，并按照从小到大排序。卡方统计量值越小表明拟合优度越高。三角分布的卡方统计量值为57.3376，最小并且排在第1位。图3.13中部给出了变量C的模拟样本概率密度图，图中直线表示拟合出的三角分布的理论形状。图3.13的最右侧给出了变量C的样本数据和拟合三角分布的理论数据。图3.13的最上部给出了拟合出的三角分布的三个参数：最小值为0.0045771，最可能值为0.99337，最大值为2.0017。

理论上可以证明两个[0,1]均匀分布之和为一个最小值为0、最可能值为1、最大值为2的三角分布（感兴趣的读者可以自己尝试推导）。从图3.10和图3.13都可以看出，利用蒙特卡罗模拟方法得到的变量C的样本频率与理论推导出的计算结果差别不大，这显示了蒙特卡罗模拟计算结果的精确程度。

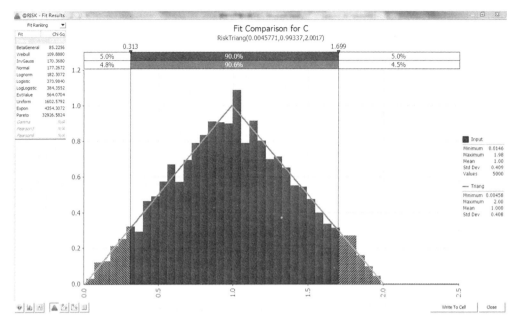

图3.13 @Risk分布拟合结果页面

案例3：计算相遇概率

两人某天在下午1:00到2:00间独立、随机地到达某地会面，先到者等候20分钟后离去。求这两人能相遇的概率。

两人独立随机地到达某地会面，如果两个人到达的时间差小于1/3小时（即20分钟），那么两人能够会面，否则不能会面。这是一个典型的服从伯努利分布（二项式分布的一种）的随机变量的表现形式。可以把两人会面理解为"成功"，不能会面理解为"失败"，那么两人能相遇的概率即为成功的概率。这个问题的建模思路如下：首先定义两人到达某地的时间分别服从[0,1]均匀分布，然后利用蒙特卡罗模拟对两个均匀分布随机抽样。计算两个抽样样本之差的绝对值，并与1/3相比较。如果差值小于1/3，那么返回1，否则返回0。由伯努利分布的性质可以知道，成功的概率的极大似然估计等于样本均值。

图3.14展示了案例3的分析模型，读者可以按照以下步骤开发这个模型。

	A	B	C	D		F	G
1	模拟次数	第一人	第二人	两人碰面			
2	1	0.99568	0.65619	0		碰面概率	0.55625
3	2	0.47702	0.98998	0			
4	3	0.00917	0.75043	0		标准答案	0.55556
5	4	0.10525	0.46711	0			
6	5	0.55219	0.97758	0			
7	6	0.80485	0.69198	1			
8	7	0.90717	2E-05	0			
99995	99994	0.88765	0.44109	0			
99996	99995	0.26565	0.12505	1			
99997	99996	0.12206	0.92608	0			
99998	99997	0.81598	0.05944	0			
99999	99998	0.59563	0.96272	0			
100000	99999	0.99271	0.24192	0			
100001	100000	0.59851	0.37707	1			
100002							

图3.14 蒙特卡罗模拟展示案例3的分析模型

第一步：生成[0,1]均匀分布随机数

1. 在单元格B2中输入公式"=RAND()"，产生一个服从[0,1]均匀分布的随机数，用以表示第一人随机到达某地的时间。

2. 在单元格C2中输入公式"=RAND()"，产生一个服从[0,1]均匀分布的随机数，用以表示第二人随机到达某地的时间。

3. 复制区域B2：C2，选择区域B3：C100001粘贴，形成其他99 999次随机抽样样本。

第二步：生成两人碰面样本

1. 在单元格D2中输入公式"=IF(ABS(B2−C2)<=1/3,1,0)"。用IF条件语句定义两个人碰面这个随机变量的一个样本：如果两人碰面，返回1；否则返回0。其中，ABS为Excel函数，用于返回给定数值的绝对值。

2. 复制单元格D2，选择区域D3:D100001粘贴，形成其他99 999次两人碰面结果样本。

第三步：计算碰面概率

在单元格G2中输入公式"=AVERAGE(D2:D100001)"，计算样本平均值。

从图3.14中可以看到，样本平均值等于0.55625。实际上，此问题可以在理论上计算解析解，其结果为0.55556，即5/9。比较样本平均值和理论值，可以看到两者差别不大，差值为0.00069。如果想得到更为精确的结果，可以增加蒙特卡罗模拟抽样的次数。

这个例子向我们展示，使用蒙特卡罗模拟抽样方法可以以非数学公式推导的方式得到计算结果。只要理解并正确建立变量间的计算逻辑，使用蒙特卡罗模拟抽样方法可以得到近似且精确度比较高的计算结果。

案例4：估算飞机燃油成本概率分布

一家航空公司正在估算飞机每小时飞行燃油成本。每小时飞行燃油成本的大小受多种因素的影响，包括负载重量、飞行时间（距离上一次大修理的时间）、天气条件等。基于历史数据，航空公司发现在正常负载下每飞行小时燃油成本变化范围具有一定的规律：最小值为2 530元，最可能值为2 790元，最大值为3 200元。飞机在飞行过程中遇到恶劣天气的概率为0.29。依赖于天气条件的不同，每飞行小时燃油成本将会出现最小值500元，最可能值1 000元，最大值1 500元的额外成本增加。根据以上数据，估算飞机每小时飞行燃油成本的概率分布和变化范围。

基于历史数据，航空公司已经得出了正常条件下的飞行燃油成本变化范围的最小值、最可能值、最大值。知道了这三个数据就可以定义一个三角分布来描述飞行燃油成本的可变性。基于历史数据，航空公司也已经得到了飞机在遇到恶劣天气时导致的燃油成本增加的最小值、最可能值和最大值。这样，基于同样道理也可以定义一个三角分布对此加以描述。对于恶劣天气出现的随机性，可以定义一个伯努利分布来加以描述，即恶劣天气出现的概率为0.29，如果恶劣天气出现，返回1；否则返回0。

图3.15展示了案例4的分析模型，读者可以按照以下步骤开发这个模型。

	A	B	C	D
1	正常每飞行小时燃油成本		2840	
2		最小值	2530	
3		最可能值	2790	
4		最大值	3200	
5				
6	恶劣天气出现的概率		0	
7			29%	
8				
9	恶劣天气导致额外成本增加		1000	
10		最小值	500	
11		最可能值	1000	
12		最大值	1500	
13				
14	每飞行小时燃油成本估计		2840	
15				
16	两部分成本直接相加		3840	
17				

图3.15　蒙特卡罗模拟展示案例4的分析模型

第一步：计算正常每飞行小时燃油成本

在单元格C1中输入公式"=RiskTriang(C2,C3,C4)"，定义一个三角分布描述正常条件下每飞行小时燃油成本。RiskTriang为@Risk函数，用来定义三角分布，三个参数分别对应最小值、最可能值和最大值。

第二步：计算恶劣天气出现的概率

在单元格C6中输入公式"=RiskBinomial(1,C7)"，定义恶劣天气出现的概率。RiskBinomial为@Risk函数，用来定义二项分布，第1个参数定义试验次数，第2个参数定义试验成功概率。@Risk5.7中没有提供伯努利分布函数，但是可以用试验次数为1次的二项式分布代替产生伯努利分布随机数。

第三步：计算恶劣天气导致额外成本增加值

在单元格C9中输入公式"=RiskTriang(C10,C11,C12)"，定义一个三角分布来描述恶劣天气出现情况下导致的额外成本增加。

第四步：每飞行小时燃油成本估计

1. 在单元格C14中输入公式"=C1+C6*C9"，估计每飞行小时燃油成本，其计算逻辑是：每飞行小时燃油成本=正常每飞行小时燃油成本+恶劣天气出现的概率×恶劣天气导致额外成本增加。

2. 在单元格C16中输入公式"=C1+C9"，表示不考虑恶劣天气出现概率直接把正常条件下每飞行小时燃油成本和恶劣天气导致额外成本相加。此计算本身没有意义，这里只是用于后面对模拟计算结果的分析和比较。

第五步：定义输出变量

1. 选择单元格C14，点击@Risk功能区上的"Add Output"，定义模型输出变量。
2. 选择单元格C16，点击@Risk功能区上的"Add Output"，定义模型输出变量。

在@Risk中"Simulation"功能区上"Iterations"处的下拉菜单中选择"5 000"，表示抽样数目为5 000。点击@Risk中"Simulation"功能区上的"Start Simulation"，开始模拟。模拟结束后，选择单元格C16，点击@Risk中"Simulation"功能区上的"Browse Results"，出现一个新的页面，见图3.16。

从图3.16可以看到，不考虑恶劣天气出现概率直接把两部分成本相加得到的模拟结果的概率密度图：最小值为3 119.10元，最大值为4 588.08元，均值为3 840元。这个结果接近于直接把两个三角分布对应的参数相加得到的结果，即Triang(2 530,2 790,3 200)+Triang(500,1 000,1 500)=Triang(3 030,3 790,4 700)。

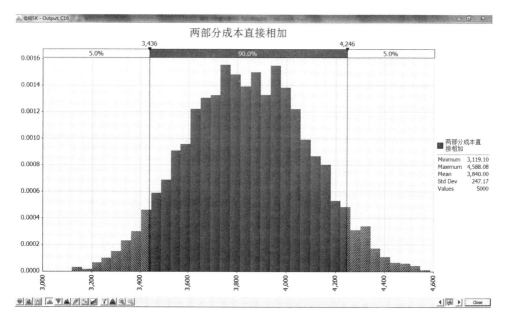

图3.16 两部分成本直接想加模拟结果

点击图3.16最下方左数第6个按钮"Add Overlay to Graph"→"Add Overlay",新出现一个页面,见图3.17,选择单元格$C$14,点击"确定",这时在图3.16之上叠加一个具有正确逻辑的燃油成本估计,见图3.18。从图3.18可以看到,正确计算逻辑下燃油成本估计的模拟结果呈现出两个峰形,左侧峰形是正常条件下每飞行小时燃油成本,右侧峰形为恶劣天气出现后导致的燃油成本增加后的结果。通过叠加两个模拟结果的概率密度,可以清晰地看到两部分成本直接相加与正确计算逻辑下燃油成本估计的模拟结果的区别。把两部分成本直接相加作为每小时燃油成本的估计会导致成本高估的结果。

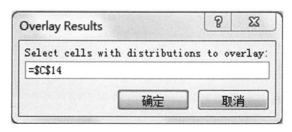

图3.17 选择加入叠加图的概率分布

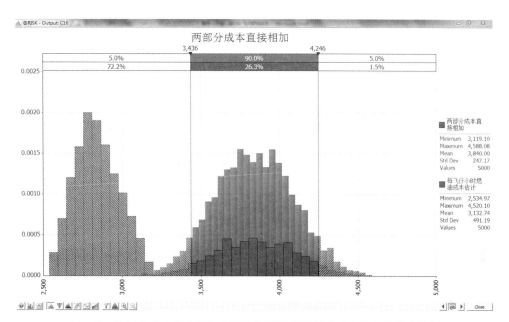

图3.18 两部分成本直接相加与正确计算逻辑下燃油成本估计的模拟结果

这个例子告诉我们，通过蒙特卡罗模拟方法对企业管理活动进行分析时，分析师可以不具备较多的概率统计知识。只要建立正确的逻辑关系并利用软件自动化模拟抽样计算就可以得出正确的分析结果。此外，利用在蒙特卡罗模拟样本基础上绘制的图形可以使得对不同结果的比较变得更为清晰且方便。

第二部分 数理基础篇

Chapter Four

数豆子游戏

概率赌博游戏一

在15、16世纪的欧洲，有些贵族会花钱聘请数学家对如何在概率赌博游戏中获胜进行研究，这在一定程度上推动了风险分析技术的发展，许多目前用于风险分析中的概率方法起源于古代对赌博游戏获胜可能性的计算研究（Bernstein，1996）。虽然概率数学方法可以保证得到完全准确的计算结果，但是随着赌博游戏规则的复杂化，对相应概率的数学计算也将变得更加复杂、繁琐。如果依据赌博游戏的规则建立模型，描述游戏本身蕴含的随机性，那么使用计算机和软件可以自动化处理计算过程，从而避免复杂的数学计算。尽管模拟结果只是近似结果，但是只要保证模型逻辑的正确性，就可以通过一定的技术处理保证模拟结果的准确性。下面我们通过一个案例来展示如何使用@Risk在Excel中建立数量风险分析模型计算概率赌博游戏获胜的概率。

案例描述

电视剧《旱码头》有一处故事情节：王新成是山东周村一个土财主，霸占当地各种商业资源，欺压百姓。上海富商杨立俊想关掉王新成的赌场以杀杀他的威风，于是他与王新成玩"数豆子"游戏：从袋子中舀出一小碗豆子，数豆子个数。如果豆子数目为单数，那么杨立俊赢；否则，王新成赢。第一局，赌金为1万两银子，第二局赌金为2万两银子，第三局赌金为4万两银子，第四局赌金为8万两银子，依此类推，直到一方输光全部赌资为止。王新成有赌资20万两银子，杨立俊有赌资80万两银子。杨立俊在去赌场之前判定自己赢的可能性大，但不确定需要赌多少局才能获胜。

问题

请判断杨立俊赢的概率有多大？最多需要多少局才能获胜？

解决方法和步骤

数豆子游戏是一个多局游戏，局与局之间在概率上相互独立。我们对每一局建立一个模拟模型，每局结束后计算剩余赌资，从而形成下一局局初赌资。当任何一方的剩余赌资为负时，赌博结束。这里，暂不考虑每局剩余赌资小于下一局盘面赌资时停止游戏这种情景。我们假定每次从袋子中取出豆子数目为单数或者双数的概率皆为0.5。

图4.1展示了数豆子游戏模拟分析的完整模型，读者可以按照以下步骤开发这个模型。

	A	B	C	D	E	F	G	H
1	数豆子游戏							
2								
3	杨立俊赌资	80	万		赌博局数	7		
4	王新成赌资	20	万		杨立俊获胜概率	1		
5								
6								
7	局数	赌金	随机数	杨立俊获胜？	杨立俊赌资	王新成赌资	需要赌局数	
8	1	1	0.13747	1	81	19		
9	2	2	0.41406	1	83	17	0	
10	3	4	0.9034	0	79	21	0	
11	4	8	0.726	0	71	29	0	
12	5	16	0.39768	1	87	13	0	
13	6	32	0.51489	0	55	45	0	
14	7	64	0.04995	1	119	-19	7	
15	8	128	0.16535	1	247	-147	7	
16	9	256	0.34777	1	503	-403	7	
17	10	512	0.80739	0	-9	109	7	
18	11	1024	0.5359	0	-1033	1133	7	
19	12	2048	0.10233	1	1015	-915	7	
20	13	4096	0.13928	1	5111	-5011	7	
21	14	8192	0.94459	0	-3081	3181	7	
22	15	16384	0.41418	1	13303	-13203	7	
23	16	32768	0.92751	0	-19465	19565	7	
24	17	65536	0.75081	0	-85001	85101	7	
25	18	131072	0.66379	0	-216073	216173	7	
26	19	262144	0.58656	0	-478217	478317	7	
27	20	524288	0.6944	0	-1002505	1002605	7	
28								

图4.1 数豆子游戏模拟分析模型

第一步：赌博局数

在区域A8:A27输入"1，2，3，…，20"，表示赌博局数。实际上通过后面的分析可以看出预先输入20局是不必要的，但是我们在初始开发模型时指定一个较大的局数可以保证模拟得到的赌博游戏结束所需局数不会超出这个事先给定的局数。

第二步：计算赌金

1. 在单元格B8中输入"1"，表示第1局的赌金为1万两；

2. 在单元格B9中输入"=2*B8"，表示第2局的赌金为第1局的2倍，即2万两；

3. 复制B9，选择区域B10：B27粘贴，形成20个赌局每局对应的赌金。

第三步：生成每局随机数

1. 在单元格C8中输入公式"=RiskUniform(0,1)"。RiskUniform是一个@Risk函数，返回符合均匀分布的随机数，用来描述第1局从袋子中拿出豆子的数目为单数或者双数的随机可变性，设定若其小于等于0.5则取出豆子为单数。也可以直接点击@Risk "Model" 功能区中的"Define Distributions"（定义分布），在出现的页面中选择"Continuous"（连续）分页，找到"Uniform"分布，点击"Select Distribution"（选择分布），在分布参数Min处输入0，Max处输入1，点击"OK"，生成随机数。

2. 复制C8，选择区域C9:C27粘贴，生成在其他19场赌局中每局对应的从袋子中拿出豆子的数目为单数或者双数的随机数。

第四步：判断胜负

1. 在单元格D8中输入公式"=IF(C8<=0.5,1,0)"。因为我们已经假定从袋子中拿出豆子的数目为单数或者双数的概率相同，所以这个公式指定：如果C8中产生的随机数小于等于0.5（即豆子数目为单数），那么结果为1，表示杨立俊获胜；否则（即豆子数目为双数）结果为0，表示王新成获胜。

2. 复制D8，选择区域D9:D27粘贴，形成其他19场赌局中每局杨立俊获胜或失败的结果。在本例中，由于赌局之间相互独立，所以我们可以通过这种方式直接建立模型。如果赌局之间不是相互独立的，那么在建模时需要考虑加入相关性的逻辑。

第五步：计算赌资

1. 在单元格E8中输入公式"=IF(D8=1,$B$3+B8,$B$3−B8)"。这个公式得到如下结果：如果第1局杨立俊获胜，那么他的赌资在最初的80万元的基础上加上本次赌资1万元；否则，在80万元的基础上减去本次赌资1万元。

2. 在单元格F8中输入公式"=IF(D8=0,$B$4+B8,$B$4−B8)"。这个公式得到如下结果：如果第1局杨立俊获胜，那么王新成的赌资在最初的20万元的基础上减去本次赌资1万元；否则，在20万元的基础上加上本次赌资1万元。

3. 在单元格E9中输入公式"=IF(D9=1,E8+B9,E8−B9)"。这个公式得到如下结果：如果第2局杨立俊获胜，那么他的赌资在第1局局末剩余赌资的基础上加上本次赌资2万元；否则，在第1局局末剩余赌资的基础上减去本次赌资2万元。

4. 在单元格F9中输入公式"=IF(D9=0,F8+B9,F8−B9)"。这个公式得到如下结果：如果第2局杨立俊获胜，那么王新成的赌资在第1局局末王新成剩余赌资的基础上减去本次赌资2万元；否则，在第1局局末王新成剩余赌资的基础上加上本次赌资2万元。

5. 复制区域E9:F9，选择区域E10:F27粘贴，得到赌博游戏进行到20局时双方各自的赌资数量。

第六步：计算需要赌局数

1. 赌博是否继续取决于赌博双方是否还有剩余赌资。如果其中一方赌资为负，那么赌博结束。由于第1局的赌资为1万元，所以不管结果如何，赌博都将继续。

2. 在单元格G9中输入公式"=IF(OR(E9<0,F9<0),A9,0)"。这个公式描述的逻辑为：如果在第2局杨立俊和王新成任何一方赌资为负，那么整个赌博需要的赌局数为A9对应的赌局数，即2；否则，结果为0，代表赌博还将继续。实际上，我们知道不管第2局的结果

如何，赌博都将继续。不过在此处设为"0"，有利于简化后面对需要赌局数的计算。

3. 在单元格G10中输入公式"=IF(G9>0,G9,IF(OR(E10<0,F10<0),A10,0))"。这个公式描述的逻辑如下：如果上一局（即第2局）"需要赌局数"的结果G9大于0，那就意味着赌博已经结束，所以整个赌博需要的赌局数等于上一局计算出来的需要赌局数G9；如果G9不大于0（即等于0），那么查找这一局中杨立俊和王新成任何一方是否存在赌资为负。如果至少有一方赌资为负，那么赌博结束，整个赌博需要的赌局数为A10对应的赌局数；否则，结果为"0"，代表赌博还将继续。

4. 复制G10，选择区域G11:G27粘贴。这样，通过这种方式可以得到：如果在某一局赌博结束，那么整个赌博所需局数等于该局局数。因为赌博已经结束，所以随后各局对应的所需赌局数也等于该局的局数；否则的话，赌博继续，所需赌局数为0。

5. 在单元格F3中输入公式"=MAX(G8:G27)"。因为赌博结束后"需要赌局数"不再增加而是等于赌博结束时对应的局数，所以这个公式可以得出一次模拟中整个赌博的局数。

第七步：计算杨立俊获胜概率

在单元格F4中输入公式"=IF(OFFSET(E7,F3,0)>OFFSET(F7,F3,0),1,0)"。在赌博结束时，如果杨立俊的剩余赌资大于王新成的剩余赌资，那么意味着杨立俊最终获胜。我们使用Excel中的OFFSET函数来查找"赌博局数"对应的赌局中杨立俊和王新成的剩余赌资。在OFFSET函数中，将参照单元格设置从为E7起下数F3行（即"赌博局数"对应的赌局数），列不变对应的单元格，可以找到赌博结束时杨立俊的剩余赌资；将参照单元格设置为从F7起下数F3行，列不变对应的单元格，可以找到赌博结束时王新成的剩余赌资。使用IF函数，如果杨立俊的剩余赌资大于王新成的剩余赌资，那么杨立俊获胜，结果为1；否则结果为0。这样，"杨立俊获胜概率"对应的随机变量服从伯努利分布，成功为1，失败为0，成功概率的最大似然估计等于模拟样本均值。

第八步：指定输出变量

1. 选择单元格F3，点击@Risk "Model"功能区中的"Add Output"。@Risk会直接选择E3中的文字作为指定输出变量的缺省名称。点击"OK"，F3中的公式由原来的"=MAX(G8:G27)"变成现在的"=RiskOutput()+MAX(G8:G27)"，这样指定"需要的赌局数"为模型的输出变量。在缺省的时候，@Risk不显示指定输出变量的名称。当为输出变量指定了新的名称时，@Risk会在"RiskOuput()"的括号中显示指定的新名称。

2. 同样道理，选择单元格F4，点击@Risk "Model"功能区中的"Add Output"，点击"OK"，指定"杨立俊获胜"为模型的另一个输出变量。

结果解读

在@Risk功能区上的"Iterations"处的下拉菜单中选择"5000",定义抽样数为5 000次,然后,点击@Risk"Simulation"功能区中的"Start Simulation"。这时,@Risk会在模拟前产生一个警示页面,见图4.2。警示页面给出的信息是,因为OFFSET或者INDIRECT之类的Excel函数返回的结果是动态结果,所以@Risk在模拟时无法有效地查找和记录影响这些函数结果的@Risk输入变量,因此无法做"Smart Sensitivity Analysis"(智能敏感性分析)。我们可以忽略这则信息,点击"是(Y)"开始模拟。

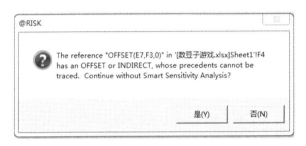

图4.2　模拟前@Risk给出的警示页面

图4.3展示了模型输出变量F3(即需要的赌局数)的概率质量函数图(因为随机变量是离散型)。从图4.3中可以看到,整个赌局需要的最小赌局数为5,最大赌局数为8。其中,赌局为5局的概率为0.1866,6局的概率为0.2564,7局的概率为0.3876,8局的概率为0.1694。

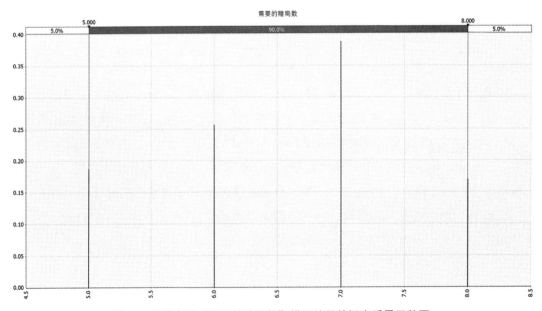

图4.3　输出变量"需要的赌局数"模拟结果的概率质量函数图

图4.4展示了输出变量F4（即杨立俊获胜）的概率质量函数图。因为F4描述的随机变量服从伯努利分布，所以可以使用模拟样本均值描述杨立俊获胜的概率。从图4.4中可以看出，获胜的概率为0.7248。杨立俊获胜的概率较高的原因在于他的初始赌资高于王新成，所以他在去赌场之前就已经判定自己获胜的概率大于王新成。如果我们改变杨立俊的初始赌资为60万两银子，重新模拟，那么会发现杨立俊获胜的概率变成0.7020。

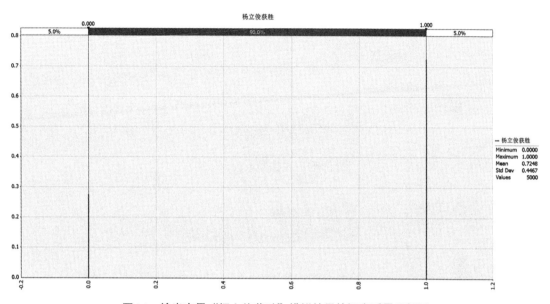

图4.4　输出变量"杨立俊获胜"模拟结果的概率质量函数图

练习

请读者自行分析下面两个问题：
1. 如果王新成第一局获胜，那么需要的赌局数和杨立俊获胜的概率分别是多少？
2. 如果王新成前5局都获胜，那么需要的赌局数和杨立俊获胜概率又分别是多少？

Chapter Five

轮盘赌游戏策略分析

概率赌博游戏二

轮盘赌游戏器具包括：轮盘、相等大小具有不同数字和颜色的小槽、可以掉入小槽的小球、赌桌。小槽上的数字为1到36，以及0和00。标有1到36数字的小槽具有红和黑两种颜色，标有0和00数字的小槽的颜色为绿色或者其他颜色。颜色和数字的组合可以形成多种不同的赌博选项。赌场交易员负责控制游戏，包括转动轮盘和发球。玩家把赌金放在赌桌上不同的区域（见图5.1）。赌金放好后，赌场交易员转动轮盘，并使小球掉入轮盘上的一个数字小槽内。交易员在赌桌上标出小球落入的小槽位置。把赌金放入正确位置的玩家按照游戏规则拿到获胜金额，没有放入正确位置的玩家输掉赌金。一般来讲，轮盘赌的游戏规则是"$n:1$"方式。也就是说，一旦获胜，玩家将在最初赌金基础上获得额外n倍的赌金报偿。例如，35：1的获胜报偿意味着：如果赌金为1元钱，玩家获胜的话将会获得36元（35元加上1元）。轮盘赌的赌博选项及报偿比例见表5.1。

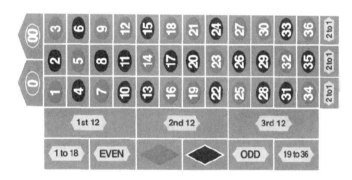

图5.1　轮盘赌赌桌布局形式

表5.1　轮盘赌赌博选项和报偿比例

赌博选项	报偿	赌博选项	报偿
一个数	35：1	12个数（行）	2：1
两个数	17：1	12个数（组）	2：1
三个数	11：1	1—18	1：1
四个数	8：1	19—36	1：1
五个数	6：1	红或黑	1：1
六个数	5：1	奇数或偶数	1：1

轮盘赌的游戏策略有很多，很多玩家认为，采用组合策略或者固定模式策略等进行

游戏，能够以更大的可能性赢。在组合策略中，玩家可以在每局游戏中将赌金按照某种比例投放在不同的区域，以期望获得更好的回报。玩家也可以按照某种固定的策略模式进行多局游戏（假定这种投放赌金策略是"最佳游戏策略"，会获得更好的回报），例如"不输"策略（即"翻倍赌"策略，规则见下文游戏策略二）（Seal和Przasnyski，2005）。

然而，所谓的最佳策略确实能够保证玩家不输吗？下面我们将使用@Risk在Excel中建立一个模拟模型来分析不同的游戏策略下的玩家输赢情况，从而验证所谓的最佳游戏策略的真实性。

案例描述

为了分析方便，我们设计一个简化的轮盘赌游戏。游戏只考虑5种赌博选项：
（1）赌一个数，报偿比例为35：1；
（2）赌偶数，报偿比例为1：1；
（3）赌奇数，报偿比例为1：1；
（4）赌数字1—6，报偿比例为5：1；
（5）赌数字13—24，报偿比例为2：1。
玩家采用两种游戏策略：组合策略和固定模式策略。

游戏策略一为组合策略，规则如下：

每次赌金为15元，赌金在赌博选项上的分布为：1元钱赌一个数（例如17）、2元钱赌偶数、3元钱赌奇数、4元钱赌数字1—6、5元钱赌数字13—24。

游戏策略二为固定模式策略，规则如下：

最初赌金为2元钱，赌偶数。如果赢，继续赌2元偶数；如果输，将赌金增加为4元钱，继续赌偶数。如果赢，那么改为2元钱继续赌偶数；如果输，赌金变为8元继续赌偶数。如果赢，改为2元继续赌偶数；如果输，赌金变为16元继续赌偶数。以此类推，直至游戏结束。

假设玩家的初始赌金为1 000元，并在240局游戏后停止赌博。

问题

1.计算采用游戏策略一时玩家最后的赌金。
2.计算采用游戏策略二时玩家最后的赌金，并验证此策略是否能保证"不输"。

解决方法和步骤（问题1）

下面对问题1"计算采用游戏策略一时玩家最后的赌金"的解决方法进行分析。

轮盘赌游戏的模拟分析不是十分复杂。我们可以使用@Risk软件函数产生随机数，表示每局轮盘赌小球落入的小槽位置。根据游戏规则，计算玩家每局的输赢回报，以及累积的输赢回报情况。图5.2展示了游戏策略一下的轮盘赌模拟分析的完整模型，读者可以按照以下步骤开发这个模型。

	A	B	C	D	E	F	G	H	I	J
1	基本模型									
2			输入数据							
3	玩家最初赌金				¥1,000					
4	幸运数				17					
5	幸运数赌金				¥ 1	35		概率	回报+赌金	
6	赌偶数				¥ 2	1		0.0263	¥ 36	
7	赌奇数				¥ 3	1		0.4737	¥ 4	
8	赌1-6				¥ 4	5		0.4737	¥ 6	
9	赌13-24				¥ 5	2		0.1579	¥ 24	
10	玩家每轮总赌金支出				¥ 15			0.3158	¥ 15	
11								每轮期望获胜收益	¥ 14.21	
12			支付给玩家的回报和赌金					每轮期望净获胜收益	¥ -0.79	
13	局数	球	结果为17	结果为偶数	结果为奇数	结果为1-6	结果为13-24	回报总额	玩家累积金额	
14									¥ 1,000	
15	1	21	¥ -	¥ -	¥ 6	¥ -	¥ 15	¥ 21	¥ 1,006	
16	2	5	¥ -	¥ -	¥ 6	¥ 24	¥ -	¥ 30	¥ 1,021	
17	3	10	¥ -	¥ -	¥ 4	¥ -	¥ -	¥ 4	¥ 1,010	
18	4	32	¥ -	¥ 4	¥ -	¥ -	¥ -	¥ -	¥ 999	
251	237	10	¥ -	¥ -	¥ 4	¥ -	¥ -	¥ 4	¥ 584	
252	238	2	¥ -	¥ 4	¥ -	¥ 24	¥ -	¥ 28	¥ 597	
253	239	1	¥ -	¥ -	¥ 6	¥ 24	¥ -	¥ 30	¥ 612	
254	240	11	¥ -	¥ -	¥ 6	¥ -	¥ -	¥ 6	¥ 603	
255										

图5.2　游戏策略一下的轮盘赌模拟分析模型

第一步：输入数据

1. 在单元格E3中输入"1 000"，表示玩家最初赌金为1 000元。

2. 在单元格E4中输入"17"，表示玩家选择的幸运数（即赌一个数字）为17。

3. 在区域E5：E9中分别输入"1，2，3，4，5"，表示5种赌博选项下的赌金投放数额。

4. 在区域F5：F9中分别输入"35，1，1，5，2"，表示相对应的赌博选项下获胜时的报偿比例。

5. 在单元格E10中输入公式"=SUM(E5:E9)"，表示每局玩家的赌金总额为15。

第二步：期望获胜收益

1. 在单元格H5中输入公式"=1/38"，表示幸运数出现的概率。

2. 在单元格H6和H7中分别输入公式"=18/38"，表示偶数或者奇数出现的概率。

3. 在单元格H8中输入公式"=6/38"，表示1—6间数字出现的概率。

4. 在单元格H9中输入公式"=12/38"，表示13—24间数字出现的概率。

5. 在单元格I5中输入公式"=E5*F5+E5"，表示幸运数出现时玩家获胜获得的总回报。

6. 复制I5，选择区域I6：I9粘贴，形成其他赌博选项下的玩家获胜获得的总回报。

7. 在单元格I10中输入公式"=SUMPRODUCT(H5:H9,I5:I9)"，表示每局期望获胜收益。SUMPRODUCT是一个Excel函数，返回相应的数组或区域乘积的和。

8. 在单元格I11中输入公式"=I10−E10"，表示每局期望净获胜收益，即期望获胜收益减去支出。由I11可以看到，玩家每局的期望净获胜收益为−0.79元。

第三步：玩家的赌金与回报

1. 在单元格I14中输入公式"=E3"，表示玩家的初始赌金为1 000元。

2. 在单元格B15中输入公式"=RiskIntUniform(1,38)"，表示每局小球落入的小槽的数字。RiskIntUniform是一个@Risk函数，它有两个参数：一个是最小值，另一个是最大值。它以等可能性返回最小值和最大值之间的整数。返回37或38时，代表小球落入0和00的情况。

3. 在单元格C15中输入公式"=IF(B15>36,0,IF($E$4=B15,$F$5*$E$5+$E$5,0))"，计算赌幸运数出现的结果。计算逻辑如下：如果小槽数字大于36（即落入0或者00），那么此局下注没有回报。否则，如果小槽数字等于幸运数，那么此局获胜，总回报等于投注赌金加上赌金乘以回报率；如果小槽数字不等于幸运数，那么输掉此局，总回报为0。

4. 在单元格D15中输入公式"=IF(B15>36,0,IF(ISEVEN(B15)=TRUE,$F$6*$E$6+$E$6,0))"，计算赌偶数出现的结果。计算逻辑如下：如果小槽数字大于36（即落入0或者00），那么此局下注没有回报。否则，如果小槽数字为偶数（此处ISEVEN为Excel函数，如果数字为偶数返回"TRUE"，否则返回"FALSE"），那么此局获胜，总回报等于投注赌金加上赌金乘以回报率；如果小槽数字不是偶数，那么输掉此局，总回报为0。

5. 在单元格E15中输入公式"=IF(B15>36,0,IF(ISODD(B15)=TRUE,$F$7*$E$7+$E$7,0))"，计算赌奇数出现的结果。计算逻辑如下：如果小槽数字大于36（即落入0或者00），那么此局下注没有回报。否则，如果小槽数字为奇数（此处ISODD为Excel函数，如果数字为奇数返回"TRUE"，否则返回"FALSE"），那么此局获胜，总回报等于投注赌金加上赌金乘以回报率；如果小槽数字不是奇数，那么输掉此局，总回报为0。

6. 在单元格F15中输入公式"=IF(B15>36,0,IF(B15>6,0,$F$8*$E$8+$E$8))"，计算赌1—6间数字出现的结果。计算逻辑如下：如果小槽数字大于36（即落入0或者00），那么此局下注没有回报。否则，如果小槽数字大于6，那么输掉此局，总回报为0；否则，数字落入1—6之间，此局获胜，总回报等于投注赌金加上赌金乘以回报率。

7. 在单元格G15中输入公式"=IF(B15>36,0,IF(B15<13,0,IF(B15>24,0,$F$9*$E$9+$E$9)))"，计算赌13—24间数字出现的结果。计算逻辑如下：如果小槽数字大于36（即

落入0或者00），那么此局下注没有回报。否则，如果小槽数字小于13，那么输掉此局，总回报为0。否则，如果数字大于24，那么输掉此局，总回报为0。否则，小槽数字落入13-24之间，此局获胜，总回报等于投注赌金加上赌金乘以回报率。

8. 在单元格H15中输入公式"=SUM(C15:G15)"，计算回报总额。

9. 在单元格I15中输入公式"=I14-$E$10+H15"，计算玩家累积金额，等于上一局累积金额减去此局总投注，再加上此局总回报金额。

10. 复制区域B15:I15，选择区域B16:I254粘贴，形成其他239局玩家回报结果。

第四步：输出变量

选择单元格I254，点击@Risk功能区上的"Add Output"，定义240局游戏后玩家的累积回报为模型的输出变量。

结果解读（问题1）

在@Risk功能区上"Iterations"处的下拉菜单中选择"5000"，指定抽样数为5 000，然后点击@Risk"Simulation"功能区中的"Start Simulation"，开始模拟分析。点击@Risk功能区上的"Browse Results"，出现一个新的页面展示模拟结果，见图5.3。

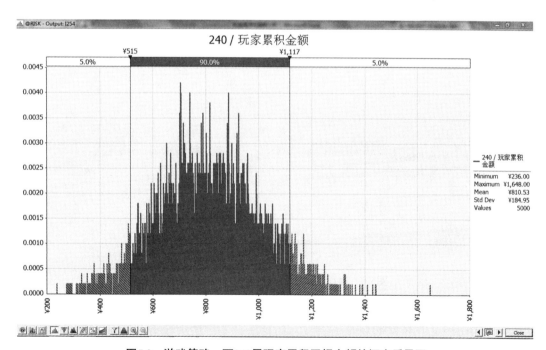

图5.3　游戏策略一下240局玩家累积回报金额的概率质量图

图5.3展示了240局玩家累积回报金额的概率质量图，此处@Risk自动判断模拟输出结

果为离散数值，因此以概率质量图对此加以展示。从图5.2可以看到，240局玩家累积回报金额的最小值为236元，最大值为1 648元，均值为810.53元，标准差为184.95元，以90%的置信概率落入区间515元与1 117元之间。

事实上，我们可以通过计算得出240局玩家累积回报金额的期望值。在单元格I10，我们已经计算出每局期望获胜收益等于14.21元，这样，每局期望净获胜收益为14.21元减去15元，等于-0.79元。进行了240局游戏，总的期望净获胜收益为-0.79乘以240，等于-189.47元。因为玩家最初赌金为1 000元，所以240局玩家累积回报金额的期望值为1 000减去189.47，等于810.53元。

解决方法和步骤（问题2）

下面分析问题2“计算采用游戏策略二时玩家最后的赌金，并验证此策略是否能保证‘不输’。”

与游戏策略一不同，游戏策略二只赌偶数，不过在每局赌金投注上有所变化。图5.4展示了此策略下的游戏完整模型，读者可以按照以下步骤开发这个模型。为了建模和分析上的一致，游戏策略二保留了部分游戏策略一中的模型结构。

	A	B	C	D	E	F	G	H	I	J	K	L	M	N
1	翻倍赌偶数模型													
2				输入数据			翻倍乘子							
3	玩家最初赌金					¥1,000	2			累积金额	游戏局数	出局概率		
4	幸运数					17			40	¥ 1,038	500	0		
5	幸运数赌金					¥ 1	35		80	¥ 1,066	500	0		
6	赌偶数					¥ 2	1		120	¥ 1,034	500	0		
7	赌奇数					¥ 3	1		160	¥ 1,118	500	0		
8	赌1-6					¥ 4	5		200	¥ 1,172	500	0		
9	赌13-24					¥ 5	2		240	¥ 1,178	500	0		
10	玩家每轮总赌金支出					¥ 15								
11											游戏总局数	游戏总轮数	平均每局轮数	
12					支付给玩家的回报和赌金						105	240	2.285714286	
13	轮数	赌金	球	结果为17	结果为偶数	结果为奇数	结果为1-6	结果为13-24	回报总额	玩家累积金额	游戏局数标记	每局游戏中的轮数	输掉全部赌金时（出局）的轮数	
14										¥ 1,000	1		500	
15	1	¥ 2	14		¥ 4					¥ 1,002	1	1	500	
16	2	¥ 2	38		¥ -					¥ 1,000	0	1	500	
17	3	¥ 4	34		¥ 8					¥ 1,004	1	2	500	
18	4	¥ 2	10		¥ 4					¥ 1,006	1	1	500	
251	237	¥ 2	1		¥ -					¥ 1,206	0	1	500	
252	238	¥ 4	25		¥ -					¥ 1,202	0	2	500	
253	239	¥ 8	37		¥ -					¥ 1,194	0	3	500	
254	240	¥ 16	17		¥ -					¥ 1,178	0	4	500	
255														

图5.4 游戏策略二下的轮盘赌模拟分析模型

第一步：玩家的赌金和回报

1. 在单元格J14中输入公式“=F3”，表示玩家初始赌金为1 000元。

2. 在单元格B15中输入公式“=F6”，表示第一局赌金为2元。

3. 在单元格C15中输入公式“=RiskIntUniform(1,38)”，表示每局小球落入的小槽的数字。

4. 在单元格E15中输入公式"=IF(C15>36,0,IF(ISEVEN(C15)=TRUE,($G$6+1)*B15,0))",计算赌偶数出现的结果。计算逻辑如下：如果小槽数字大于36（即落入0或者00），那么此轮下注没有回报；如果小槽数字为偶数，那么此轮获胜，总回报等于投注赌金加上赌金乘以回报率；如果小槽数字不是偶数，那么输掉此轮，总回报为0。

5. 在单元格J15中输入公式"=J14−B15+E15",计算第1局玩家回报累积金额，等于上一轮（即初始赌金）减去本轮投注赌金，再加上本轮回报。

6. 在单元格B16中输入公式"=IF(E15>0,$F$6,IF(J15>=B15*$G$3,B15*$G$3,0))",形成第2轮玩家的投注金额。投注逻辑如下：如果上一轮游戏获胜，那么本轮投注2元；否则，如果上一轮末玩家累积金额大于上一轮投注金额乘以翻倍乘子（即2），这意味着玩家还有足够的赌金投注本轮游戏，那么投注金额为上一轮投注金额乘以翻倍乘子，否则本轮投注金额为0。

7. 复制区域C15:J15，选择区域C16:J16粘贴，形成第2局游戏的小槽数字、回报金额和玩家累积金额。

8. 复制区域B16:J16，选择区域B17:J254粘贴，形成其他各轮游戏的小槽数字、回报金额和玩家累积金额。

第二步：游戏总局数和总轮数

1. 在单元格K14中输入"1"，表示初始局数为1。

2. 选择单元格K15中输入公式"=IF(E15>0,1,0)"，表示如果E15大于0（即游戏第1轮结果为偶数），那么返回1表示将另开一个新局，否则返回0表示将继续此局。

3. 复制单元格K15，选择区域K16:K254粘贴，形成其他各轮游戏是继续上一局还是另开新局的标记。

4. 在单元格L15中输入公式"=IF(B15>0,IF(K14,1,L14+1),0)"，表示第1轮游戏在第1局中的轮数为1。

5. 在单元格L16中输入公式"=IF(B16>0,IF(K15,1,L15+1),0)"，表示如果此局的投注金额不大于0，那么玩家出局，游戏总轮数归0；否则如果K15不等于0，那么返回1表示另开新局；否则如果K15等于0，那么表明本轮没有另开新局，在本局游戏的轮数上加1。

6. 复制单元格L16，选择区域L17:L254粘贴，形成其他每轮在相应的游戏局中的轮数。

7. 在单元格K12中输入公式"=SUM(K14:K254)"，计算游戏总局数。

8. 在单元格L12中输入公式"=COUNTIF(B15:B254,">0")"，计算游戏进行的总轮数。COUNTIF为Excel函数，计算符合一定条件的区域中的单元格的数目。

9. 在单元格M12中输入公式"=L12/K12"，计算平均每局轮数。

10. 在单元格M14中输入"500"，给定一个较大的数值。这个数值要大于240，因为我们后面要计算输掉全部赌金出局时的轮数。

11. 在单元格M15中输入公式"=IF(M14<>500,M14,IF(AND(B15=0,SUM(B14:B15)>0),A15−1,500))",计算第1轮是否出局。计算逻辑如下：如果上一轮出局轮数不等于500，即表明已经有出局轮数，那么此处继续返回上一轮出局轮数；否则如果本轮投注金额等于0而且上一轮投注金额大于0的话，返回本轮的轮数减去1，否则返回500表示还没有出局。

12. 复制单元格M15，选择区域M16:M254粘贴，计算每轮游戏是否出局。

第三步：不同轮数下的玩家累积金额、游戏局数和出局概率

1. 在区域I4:I9中分别输入"40、80、120、160、200、240"，表示不同的游戏轮数。

2. 在区域J4:J9中输入公式"=J54、=J94、=J134、J174、J214、J254"，返回当游戏轮数为I4：I9中相应数值时的玩家累积金额。

3. 在区域K4:K9中输入公式"=MIN(M14:M54)、=MIN(M14:M94)、=MIN(M14:M134)、=MIN(M14:M174)、=MIN(M14:M214)、=MIN(M14:M254)"，计算当游戏轮数为I4：I9中相应数值时的游戏局数。

4. 在区域L4：L9中输入公式"=IF(K4=500,0,1)、IF(K5=500,0,1)、IF(K6=500,0,1)、IF(K7=500,0,1)、IF(K8=500,0,1)、IF(K9=500,0,1)"，计算当游戏轮数为I4:I9中相应数值时的出局概率。

第四步：输出变量

1. 选择单元格K12，点击@Risk功能区上的"Add Output"，定义游戏总局数为模型输出变量。

2. 选择单元格L12，点击@Risk功能区上的"Add Output"，定义游戏总轮数为模型输出变量。

3. 选择单元格M12，点击@Risk功能区上的"Add Output"，定义平均每局轮数为模型输出变量。

4. 选择区域J4：J9，点击@Risk功能区上的"Add Output"，定义不同游戏轮数下的累积金额为模型输出变量。

5. 选择区域K4：K9，点击@Risk功能区上的"Add Output"，定义不同游戏轮数下的游戏出局局数为模型输出变量。

6. 选择区域L4：L9，点击@Risk功能区上的"Add Output"，定义不同游戏轮数下的出局概率为模型输出变量。

结果解读（问题2）

在@Risk功能区上的"Iterations"处的下拉菜单中选择"5000"，指定抽样数为5 000，然后，点击@Risk"Simulation"功能区中的"Start Simulation"，开始模拟分析。

图5.5给出了游戏轮数为240时模型输出变量"游戏总局数"的概率质量图。从图5.5中可以看到,游戏总局数的最小值为1,也就是说玩家投注后一直没赢过,直到累积剩余金额不足以支付下一轮赌金。游戏总局数的最大值为141,均值为95.38,标准差为36.96。其中,游戏总局数小于100的可能性为29.4%。

图5.6显示了游戏轮数为240时的实际游戏总轮数的概率质量和累积概率叠加图。从图5.5可以看到,实际游戏总轮数的最小值为8,也就是说玩家开局一直没获胜,直至剩余累积金额小于下一轮赌金。游戏轮数在8次到239次之间接近均匀分布,在8次至239次的累积概率是0.69,在240处具有较高的概率0.31。也就是说,玩家有31%的可能性不能进行到第240轮。

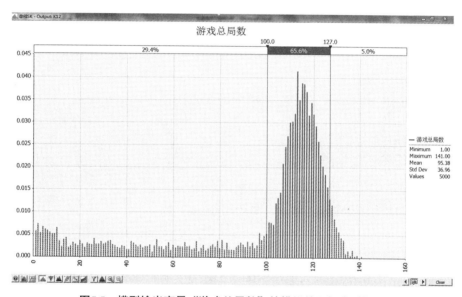

图5.5　模型输出变量"游戏总局数"的模拟结果概率质量图

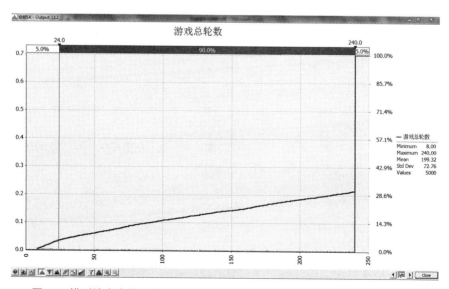

图5.6　模型输出变量"游戏总轮数"模拟结果的概率质量和累积概率叠加图

图5.7给出了平均每局轮数模拟结果的概率质量图。从中可以看到，平均每局轮数最小值为1.66，最大值为8，均值为2.22。有90%的置信概率平均每局轮数落入1.88至2.8之间。

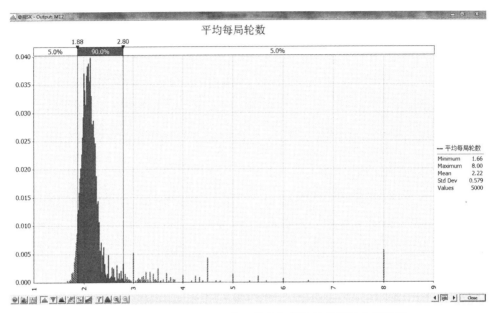

图5.7 模型输出变量"平均每局轮数"模拟结果的概率质量图

表5.2给出了不同游戏轮数下玩家累积金额的统计量。从中可以看到，不同游戏轮数对应的累积金额最小值为0，最大值伴随游戏轮数的增加而逐渐增加，但是均值伴随游戏轮数的增加而逐渐减少，标准差伴随游戏轮数的增加而增加。表5.3进一步给出了伴随着游戏轮数的增加玩家出局的概率也逐渐增加。这些数据表明游戏策略二中所谓的"不输策略"，实际上并不能保证玩家不输，只不过相对于游戏策略一，游戏策略二在240轮后的平均剩余金额要高一些。

表5.2 不同游戏轮数下玩家累积金额的统计量

游戏轮数	最小值	最大值	均值	标准差
40	¥0.00	¥1 062.00	982.4296	178.2051595
80	¥0.00	¥1 104.00	960.3316	293.2122575
120	¥0.00	¥1 152.00	946.3668	359.8660537
160	¥0.00	¥1 192.00	934.6068	409.4894725
200	¥0.00	¥1 234.00	916.6032	456.0665025
240	¥0.00	¥1 280.00	899.356	492.4129496

表5.3 不同游戏轮数下玩家最小出局数和出局概率

游戏轮数	最小出局数	出局概率
40	8	7.54%
80	8	13.02%
120	8	17.56%
160	8	21.58%
200	8	26.44%
240	8	30.70%

Chapter Six

大转轮游戏

概率赌博游戏三

大转轮游戏：概率赌博游戏三

大转轮游戏是一种非常流行的电视综艺节目游戏，在娱乐节目中经常可以看到。大转轮游戏的规则是这样的：一个圆形转轮被平分成20个小格子（或者其他数目的小格子），第1个格子占据[0,0.5)，第2个格子占据[0.05,0.1)，……，第20个格子占据[0.95,1)，数字1与0重合。也有的转轮的格子最大分数为100，这样，第1个格子占据[0,5)，第2个格子占据[5,10)，……，第20个格子占据[95,100)，数字100与0重合。不管分数怎么变化，每个格子占据整个转轮的比例是一样的。在轮子的边缘外有一个指针，玩家转动轮子，轮子停下来的时候指针对着的格子为该玩家此次转动的分数。每个玩家可以有两次转动轮子的机会，当他对第1次转动轮子的分数不满意时，他可以选择再转一次，两次分数合在一起形成他的总转轮分数。然而，如果第2次转轮分数过高，使得两次分数之和超过1，那么他将出局。一般是两个人或者三个人同时参与游戏，合计转轮分数最高者为获胜者，获胜者可以获得奖品或者奖金。

这个游戏吸引人也是比较刺激的地方在于：玩家在第1次转轮后，可以根据分数决定是否转第2次。转第2次后，两次分数相加小于且接近于1固然好，但是分数之和也有可能大于1而导致玩家出局。此外，玩家还要估计其他玩家可能的分数，判断是否需要转动第2次（Willoughby，2010）。那么，这里面是否存在一定的规律，可以用来指导什么时候应该转第2次，什么时候只应该转1次后就停止呢？下面我们将使用@Risk在Excel中建立一个模拟模型来分析其中的规律，比较在不同情况下转动1次和转动2次轮子玩家获胜的概率大小。

案例描述

我们比较两种情形：2个玩家和3个玩家，分析的对象是第1个玩家。第1个玩家在第1次转轮后，得到一个分数，他需要根据这个分数在后面玩家开始转轮之前决定是否转第2次，需要估计转第2次和不转第2次两种情形下哪种选择的获胜概率更大一些。假定如果玩家1和后面玩家分数相同，那么进行决胜局比赛。在决胜局中，玩家不再有两次机会，只转1次，分数高者为赢家。

问题

1. 2人游戏下，针对第1次转轮的分数，玩家1应该采取什么样的策略使得获胜的概率更大？

2. 3人游戏下，针对第1次转轮的分数，玩家1应该采取什么样的策略使得获胜的概率更大？

解决方法和步骤（问题1）

如果玩家1第1转指针对着的格子为第20个格子，即占据[0.95,1)的格子，那么他就不需要考虑是否转第2次了，所以，我们对此情形不再考虑。这样，玩家1第1次转轮可能的分数有19种情形。依次选择并固定一个情形，然后选择"转第2次"和"不转第2次"两种策略，计算并比较相对应的获胜概率。对于第2个玩家，他的策略就比较简单了，如果第1转分数小于玩家1的总分，那么他就必须转第2次。如果两个玩家分数相同，那么进入决胜局。这里，我们假设一个决胜局就可以决定胜负。当然，也存在决胜局两个玩家分数相同而需要进行第2个、第3个或者更多的决胜局的情形，但是这种情形出现的概率相当小，在这里我们对此不做考虑。对于3个玩家的情形，分析原理不改变，只不过需要考虑的获胜情景比2个玩家多出很多。

下面分析问题1"2人游戏下，针对第1次转轮的分数，玩家1应该采取什么样的策略使得获胜的概率更大？"

图6.1展示了2个玩家的大转轮游戏策略分析的完整模型，读者可以按照以下步骤开发这个模型。

图6.1 两个玩家大转轮游戏策略分析模型

第一步：玩家1第1转

1. 在B12:B30区域输入"0.05，0.10，…，0.95"，表示玩家1第1转的可能分数。分数为1的情形不做考虑，因为玩家1此时不需要转第2次。

2. 在单元格B3中输入公式"=RiskSimtable($B$12:$B$30)"。RiskSimtable为@Risk函

数,它将依次选择包含的数值用于模拟计算,即先使B3等于B12,进行一次模拟。然后再使B3等于B13,进行一次模拟,以此类推,直到最后。这样,可以对玩家1第1转的所有可能分数进行最优策略分析。

第二步:玩家1第2转

1. 在D12:D31中输入"0.05, 0.10, …, 0.95, 1.00",表示玩家1第2转的所有可能分数。

2. 在单元格C3输入公式"=RiskDuniform($D$12:$D$31)",表示玩家1第2转的可能分数。RiskDuniform是一个@Risk函数,等概率返回包含的所有离散数值。

第三步:玩家1总分数

在单元格D3中输入公式"=B3+C3",形成玩家1选择转第2次后的总分数。

第四步:玩家2的分数

1. 在单元格B7中输入公式"=RiskDuniform($D$12:$D$31)",表示玩家2第1转的可能分数。

2. 在单元格C7中输入公式"=RiskDuniform($D$12:$D$31)",表示玩家2第2转的可能分数。

3. 在单元格D7中输入公式"=B7+C7",表示玩家2的总分数。

第五步:决战分数

1. 在单元格F3中输入公式"=RiskDuniform($D$12:$D$31)",表示玩家1决胜局的可能分数。

2. 在单元格G3中输入公式"=RiskDuniform($D$12:$D$31)",表示玩家2决胜局的可能分数。

第六步:玩家1获胜情景

1. 在单元格G6中输入公式"=AND(D3<=1,B7<D3,D7>1)",表示玩家1获胜情景1,若返回结果为FALSE,表示玩家1输;如果返回结果为TRUE,表示玩家1赢。这个获胜情景表示的含义是:玩家1总分数小于等于1,玩家2第1转小于玩家1总分数,玩家2总分数大于1。

2. 在单元格G7中输入公式"=AND(D3<=1,B7<D3,D7<D3)",表示玩家1获胜情景2,若返回结果为FALSE,表示玩家1输;如果返回结果为TRUE,表示玩家1赢。这个获胜情景表示的含义是:玩家1总分数小于等于1,玩家2第1转小于玩家1总分数,玩家2总分数小于玩家1的总分数。

3. 在单元格G8中输入公式"=AND(D3<=1,B7=D3,F3>G3)",表示玩家1获胜情景3,若返回结果为FALSE,表示玩家1输;如果返回结果为TRUE,表示玩家1赢。这个获胜情景表示的含义是:玩家1总分数小于等于1,玩家2第1转等于玩家1总分数,玩家2选择不转第2转,决战局玩家2的分数小于玩家1的分数。

4. 在单元格G9中输入公式"=AND(D3<=1,B7<D3,D7=D3,F3>G3)",表示玩家1获胜情景4,若返回结果为FALSE,表示玩家1输;如果返回结果为TRUE,表示玩家1赢。这个获胜情景表示的含义是:玩家1总分数小于等于1,玩家2第1转小于玩家1总分数,玩家2选择转第2次，玩家2总分数等于玩家1总分数，决战局玩家2的分数小于玩家1的分数。

第七步：定义玩家1获胜

1. 在单元格C9中输入公式"=OR(G6:G9)"，表示若G6到G9中定义的任一获胜情景发生，都表示玩家1获胜，若返回结果为FALSE，表示玩家1输；如果返回结果为TRUE，表示玩家1赢。

2. 在单元格D9中输入公式"IF(C9=TRUE,1,0)"，表示如果玩家1获胜，返回1，否则返回0。这样，玩家1获胜实际上服从伯努利分布。

第八步：模型输出变量

选择单元格D9，点击@Risk功能区上的"Add Output"，定义模型输出变量。

第九步：计算玩家1获胜概率

1. 在单元格C12中输入公式"=RiskMean($D$9,A12)"，返回第1次模拟（即RiskSimtable函数选择第1个值0.05进行模拟）中"玩家1赢"的均值。对于服从伯努利分布的随机变量，当样本量比较大时其样本均值近似等于"玩家1赢"的概率。

2. 复制单元格C12，选择区域C13：C30粘贴，计算玩家1第1转其他分数下的"玩家1赢"的概率。在模拟中，函数RiskSimtable会依次选择0.10、0.15直到0.95数值代入B3进行模拟计算，并使用RiskMean函数返回每次模拟后"玩家1赢"的样本均值。

结果解读（问题1）

在@Risk功能区上的"Iterations"处的下拉菜单中选择"10000"，表示抽样次数为10 000，在"Simulations"处键入"19"，表示模拟数为19次，然后，点击@Risk "Simulation"功能区中的"Start Simulation"，开始模拟分析。在模拟过程中，RiskSimtable函数首先选取单元格B12中的数值代入单元格B3开始第1次模拟，在C12处返回该次模拟下的"玩家1赢"的概率。然后，RiskSimtable函数再选取单元格B13中的数值开始第2次模拟，在C13处返回该次模拟下的"玩家1赢"的概率。依此类推，最后，RiskSimtable函数在选取单元格B30中的数值开始第19次模拟，在C30处返回该次模拟下的"玩家1赢"的概率（见图6.1）。

复制区域C12：C30，选择G13：G31，按"粘贴数值"形式粘贴，形成"不管第1转的结果如何，玩家1都会进行第2转"策略下的玩家1获胜的概率。

选择单元格C3，键入"0"取代最初的公式"=RiskDuniform($D$12:$D$31)"，表示玩家1选择"不管第1转的结果如何，都不会进行第2转"的策略。再次点击@Risk功能区上的"Start Simulation"，开始模拟。模拟结束后，区域C12：C30再次返回玩家1的第1转不同分数对应的获胜概率。复制区域C12：C30，选择区域H13：H31，按"粘贴数值"形式粘贴，形成"不管第1转的结果如何，玩家1都不会进行第2转"策略下的玩家1获胜的概率（见图6.1）。

在单元格I13中输入公式"=IF(G13>H13,"2次转轮","2次不转")",利用IF逻辑函数以文本形式表述在第1转分数为0.05的情况下，最优策略应该是"2次转轮"。复制单元格I13，选择区域I14：I31粘贴，形成玩家1的第1转其他分数下的最优策略的文本表述形式（见图6.1）。

从图6.1可以看到，在存在两个玩家的情况下，当玩家1的第1转的分数小于等于0.5的时候，玩家1的最佳策略应该是选择转第2次。否则，当第1转的分数大于0.5的时候，玩家1的最佳策略应该是选择不转第2次。

解决方法和步骤（问题2）

下面，我们分析问题2 "3人游戏下，针对第1次转轮的分数，玩家1应该采取什么样的策略使得获胜的概率更大？"

分析这个问题即分析在3个玩家的情况下，第1个玩家的最佳游戏策略，图6.2展示了游戏策略分析的完整模型，读者可以按照以下步骤开发这个模型。

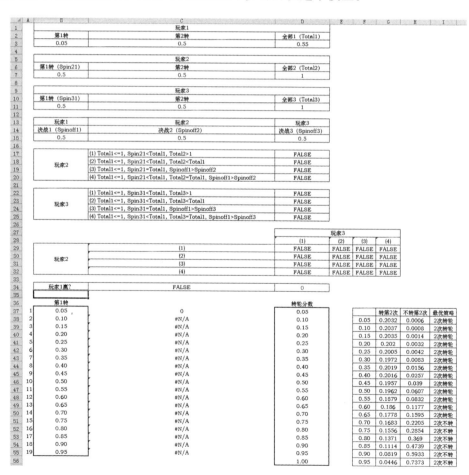

图6.2　三个玩家大转轮游戏策略分析模型

第一步：玩家1的分数

1. 在区域B37：B55输入"0.05，0.10，…，0.95"，表示玩家1第1转的可能分数。

2. 在单元格B3中输入公式"=RiskSimtable($B$37:$B$55)"。

3. 在区域D37：D56中输入"0.05，0.10，…，0.95，1.00"，表示玩家1第2转的所有可能分数。

4. 在单元格C3中输入公式"=RiskDuniform($D$37:$D$56)"，表示玩家1第2转的可能分数。

5. 在单元格D3中输入公式"=B3+C3"，形成玩家1选择转第2次后的总分数。

6. 选择单元格D3，在Excel公式栏fx的左侧单元格位置标识处键入"Total1"；或者点击Excel功能区上的"公式"→"定义名称"→"新建名称"，定义该单元格的名称为"Total1"，见图6.3。

图6.3　定义玩家1全部分数单元格的名称

第二步：玩家2的分数

1. 在单元格B7中输入公式"=RiskDuniform($D$37:$D$56)"，表示玩家2第1转的可能分数。

2. 选择单元格B7，在Excel公式栏fx的左侧单元格位置标识处键入"Spin21"。

3. 在单元格C7中输入公式"=RiskDuniform($D$37:$D$56)"，表示玩家2第2转的可能分数。

4. 在单元格D7中输入公式"=B7+C7"，表示玩家2的总分数。

5. 选择单元格D7，在Excel公式栏fx的左侧单元格位置标识处键入"Total2"。

第三步：玩家3的分数

1. 在单元格B11中输入公式"=RiskDuniform($D$37:$D$56)"，表示玩家3第1转的可能分数。

2. 选择单元格B11，在Excel公式栏fx的左侧单元格位置标识处键入"Spin31"。

3. 在单元格C11中输入公式"=RiskDuniform($D$37:$D$56)"，表示玩家3第2转的可能分数。

4. 在单元格D11中输入公式"=B7+C7"，表示玩家3的总分数。

5. 选择单元格D11，在Excel公式栏fx的左侧单元格位置标识处键入"Total3"。

第四步：决战分数

1. 在单元格B15中输入公式"=RiskDuniform($D$37:$D$56)"，表示玩家1决战局的可能分数。

2. 选择单元格B15，在Excel公式栏fx的左侧单元格位置标识处键入"Spinoff1"。

3. 在单元格C15中输入公式"=RiskDuniform($D$37:$D$56)"，表示玩家2决战局的可能分数。

4. 选择单元格C15，在Excel公式栏fx的左侧单元格位置标识处键入"Spinoff2"。

5. 在单元格D15中输入公式"=RiskDuniform($D$37:$D$56)"，表示玩家3决战局的可能分数。

6. 选择单元格D15，在Excel公式栏fx的左侧单元格位置标识处键入"Spinoff3"。

第五步：玩家1对玩家2的获胜情景

1. 在单元格D17中输入公式"=AND(Total1<=1,Spin21<Total1,Total2>1)"，表示玩家1对玩家2的获胜情景1，若返回结果为FALSE，表示玩家1输；如果返回结果为TRUE，表示玩家1赢。这个获胜情景表示的含义是：玩家1总分数小于等于1，玩家2第1转总分数小于玩家1总分数，玩家2总分数大于1。

2. 在单元格D18中输入公式"=AND(Total1<=1,Spin21<Total1,Total2<Total1)"，表示玩家1对玩家2的获胜情景2，若返回结果为FALSE，表示玩家1输；如果返回结果为TRUE，表示玩家1赢。这个获胜情景表示的含义是：玩家1总分数小于等于1，玩家2第1转总分数小于玩家1总分数，玩家2总分数小于玩家1的总分数。

3. 在单元格D19中输入公式"=AND(Total1<=1,Spin21=Total1,Spinoff1>Spinoff2)"，表示玩家1对玩家2的获胜情景3，若返回结果为FALSE，表示玩家1输；如果返回结果为TRUE，表示玩家1赢。这个获胜情景表示的含义是：玩家1总分数小于等于1，玩家2第1转总分数等于玩家1总分数，玩家2选择不转第2转，决战局玩家2分数小于玩家1的分数。

4. 在单元格D20中输入公式"=AND(Total1<=1,Spin21<Total1,Total2=Total1,Spinoff1>Spinoff2)"，表示玩家1对玩家2的获胜情景4，若返回结果为FALSE，表示玩家1输；如

果返回结果为TRUE，表示玩家1赢。这个获胜情景表示的含义是：玩家1总分数小于等于1，玩家2第1转总分数小于玩家1总分数，玩家2选择转第2次，玩家2总分数等于玩家1总分数，决战局玩家2分数小于玩家1的分数。

第六步：玩家1对玩家3的获胜情景

1. 在单元格D22中输入公式"=AND(Total1<=1,Spin31<Total1,Total3>1)"，表示玩家1对玩家3的获胜情景1，若返回结果为FALSE，表示玩家1输；如果返回结果为TRUE，表示玩家1赢。这个获胜情景表示的含义是：玩家1总分数小于等于1，玩家3第1转总分数小于玩家1总分数，玩家3总分数大于1。

2. 在单元格D23中输入公式"=AND(Total1<=1,Spin31<Total1,Total3<Total1)"，表示玩家1对玩家3的获胜情景2，若返回结果为FALSE，表示玩家1输；如果返回结果为TRUE，表示玩家1赢。这个获胜情景表示的含义是：玩家1总分数小于等于1，玩家3第1转总分数小于玩家1总分数，玩家3总分数小于玩家1的总分数。

3. 在单元格D24中输入公式"=AND(Total1<=1,Spin31=Total1,Spinoff1>Spinoff3)"，表示玩家1对玩家3的获胜情景3，若返回结果为FALSE，表示玩家1输；如果返回结果为TRUE，表示玩家1赢。这个获胜情景表示的含义是：玩家1总分数小于等于1，玩家3第1转总分数等于玩家1总分数，玩家3选择不转第2转，决战局玩家3分数小于玩家1的分数。

4. 在单元格D25中输入公式"=AND(Total1<=1,Spin31<Total1,Total3=Total1,Spinoff1>Spinoff3)"，表示玩家1对玩家3的获胜情景4，若返回结果为FALSE，表示玩家1输；如果返回结果为TRUE，表示玩家1赢。这个获胜情景表示的含义是：玩家1总分数小于等于1，玩家3第1转总分数等于玩家1总分数，玩家3选择转第2次，玩家3总分数等于玩家1总分数，决战局玩家3分数小于玩家1的分数。

第七步：定义玩家1获胜

1. 以玩家1对玩家2的获胜情景为列，以玩家1对玩家3的获胜情景为行，形成一个4乘4的矩阵，矩阵中每个单元格代表一种玩家1战胜玩家2和玩家3的最终获胜的情景。

2. 依次在单元格D29、E29、F29、G29中输入公式"=AND(D17,D22)""=AND(D17,D23)""=AND(D17,D24)""=AND(D17,D25)"。

3. 依次在单元格D30、E30、F30、G30中输入公式"=AND(D18,D22)""=AND(D18,D23)""=AND(D18,D24)""=AND(D18,D25)"。

4. 依次在单元格D31、E31、F31、G31中输入公式"=AND(D19,D22)""=AND(D19,D23)""=AND(D19,D24)""=AND(D19,D25)"。

5. 依次在单元格D32、E32、F32、G32中输入公式"=AND(D20,D22)""=AND(D20,D23)""=AND(D20,D24)""=AND(D20,D25)"。

6. 在单元格C34中输入公式"=OR(D29:G32)"，表示若D29到G32中定义的任一获胜情景发生，都表示玩家1获胜，若返回结果为FALSE，表示玩家1输；如果返回结果为TRUE，表示玩家1赢。

7. 在单元格D34中输入公式"IF(C34=TRUE,1,0)"，表示如果玩家1获胜，返回1，否则返回0。这样，玩家1获胜实际上服从伯努利分布。

第八步：模型输出变量

选择单元格D34，点击@Risk功能区上的"Add Output"，定义模型输出变量。

第九步：计算玩家1获胜概率

1. 在单元格C37中输入公式"=RiskMean($D$34,A12)"，返回第1次模拟（即RiskSimtable函数选择第1个值0.05进行模拟）中"玩家1赢"的均值。对于服从伯努利分布的随机变量，样本量比较大时其样本均值近似等于"玩家1赢"的概率。

2. 复制单元格C37，选择区域C38：C55粘贴，计算玩家1第1转其他分数下的获胜概率。在模拟中，RiskSimtable会依次选择0.10、0.15直到0.95代入单元格B3，并使用RiskMean函数返回每次模拟对应的"玩家1赢"的样本均值。

结果解读（问题2）

在@Risk功能区上的"Iterations"处的下拉菜单中选择"10000"，表示抽样数为10 000，在"Simulations"处键入"19"，表示模拟数为19次，然后，点击@Risk"Simulation"功能区中的"Start Simulation"，开始模拟分析。区域C37:C55处返回玩家1第1转不同分数下采用转2次对应的获胜概率。复制区域C37:C55，选择G38：G56，按"粘贴数值"形式粘贴，形成"不管第1转的结果如何，玩家1都会进行第2转"策略下的"玩家1赢"的概率。

选择单元格C3，键入"0"取代最初的公式"=RiskDuniform($D$12:$D$31)"，表示玩家1选择"不管第1转的结果大小，都不会进行第2转"的策略。再次点击@Risk功能区上的"Start Simulation"，开始模拟。模拟结束后，区域C37:C55再次返回玩家1第1转不同分数对应的获胜概率。复制C37:C55，选择H38:H56，按"粘贴数值"形式粘贴，形成"不管第1转的结果大小，玩家1都不会进行第2转"策略下的"玩家1赢"的概率。

在单元格I38中输入公式"=IF(G38>H38,"2次转轮","2次不转")"，以文本形式表述在第1转分数为0.05的情况下，最优策略应该是"2次转轮"。复制单元格I38，选择I39:I56粘贴，形成玩家1第1转其他分数下的最优策略的文本表述形式（见图6.2）。

从图6.2可以看到，在存在三个玩家的情况下，当第1转的分数小于等于0.65的时候，玩家1的最佳策略应该是选择转第2次。否则，当第1转的分数大于0.65的时候，玩家1的最佳策略应该是选择不转第2次。

07 Chapter Seven

抛硬币游戏

四种统计方法的比较

中心极限定理是概率论中最著名的定理和研究成果之一。根据中心极限定理，大量的独立随机变量之和服从近似于正态分布的概率分布。这样，中心极限定理提供了一种计算独立随机变量之和的概率分布的简单方法。与此同时，中心极限定理给出的结论也使得正态分布在数理统计中具有很重要的地位，具有广泛的应用。然而需要强调的是，利用中心极限定理计算多个随机变量之和是一种近似方法，并非准确意义上的解析解。在本章中，我们利用一个教科书中常见的概率问题来展示：中心极限定理提供的不是准确意义上的概率计算，而是一种近似计算。我们将使用@Risk的概率计算函数以及Excel的模拟运算表来展示这一点。

通过本章的练习，我们将熟悉更多的@Risk函数及其功能，理解中心极限定理的原理和应用。此外我们还将分别使用DecisionTools Suite套件中的Evolver和RiskOptimizer组件展示如何在概率模型做优化计算。

问题

抛掷一枚具有均匀质地的硬币时需要抛掷多少次才能保证：出现字面的频率在0.4与0.6之间的概率不小于90%？

解决方法和步骤（方法1）

我们可以通过第一种方法：中心极限定理，来对此问题进行求解。抛掷一枚均匀硬币，落下后字面朝上的概率假定为0.5。如果定义字面朝上为成功同时以数字1代表，那么可以使用二项分布Binomial(1, 0.5)（即试验次数为1次，成功的概率为0.5）描述这一随机过程，也就是伯努利分布。按照伯努利分布的定义，Binomial(1, 0.5)的均值和标准差皆为0.5。根据中心极限定理，当抛掷硬币的次数为N时，落下后字面朝上的频率是一个随机变量，近似服从均值为0.5、标准差为$0.5/\sqrt{N}$的正态分布。由此我们可以计算出出现字面的频率在0.4和0.6之间的概率不小于0.9所需要的N有多大。

图7.1展示了利用中心极限定理求解硬币抛掷次数的分析模型，读者可以按照以下步骤开发这个分析模型。

	A	B	C	D
1	硬币抛掷次数			
2				
3		抛掷硬币1次	1	
4		均值	0.5	
5		标准差	0.5	
6				
7		抛掷硬币次数N	100	
8		均值	0.5	
9		标准差	0.05	
10		正态分布	0.5	
11		在0.4和0.6之间的概率	0.954499736	
12				

图7.1 利用中心极限定理求解硬币抛掷次数模型

第一步：定义二项分布

在单元格C3中输入公式"=RiskBinomial(1,0.5)"。RiskBinomial是一个@Risk函数，表示二项分布。RiskBinomial(1,0.5)在计算时返回1或者0，其中1表示硬币落下字面朝上，0表示字面朝下。

第二步：二项分布的均值和标准差

1. 在单元格C4中输入公式"=RiskTheoMean(C3)"。RiskTheoMean是一个@Risk函数，用来计算使用@Risk定义的概率分布的理论均值。因为C3处为RiskBinomial(1,0.5)，所以C4返回它的均值0.5。

2. 在单元格C5中输入公式"=RiskTheoStdDev(C3)"。RiskTheoStdDev是一个@Risk函数，用来计算使用@Risk定义的概率分布的理论标准差。因为C3处为RiskBinomial(1,0.5)，所以C5返回它的标准差0.5。

第三步：初始抛掷硬币次数

在单元格C7中输入"100"。这是一个初始抛掷硬币次数，它是多少并不重要，我们建好模型之后会利用Excel的"单变量求解"方法对需要的抛掷硬币次数重新计算。

第四步：定义正态分布

1. 在单元格C8中输入公式"=C4"。根据中心极限定理，N个独立同分布随机变量的平均值近似服从正态分布，其均值等于原分布的均值。

2. 在单元格C9中输入公式"=C5/SQRT(C7)"。根据中心极限定理，N个独立同分布随机变量的平均值近似服从正态分布，其标准差等于原分布的标准差除以$\sqrt{N}$。

3. 在单元格C10中输入公式"=RiskNormal(C8,C9)"。RiskNormal是一个@Risk函数，表示正态分布。RiskNormal(C8,C9)描述了抛掷N次出现字面的频率这一随机变量。

第五步：在0.4与0.6之间的概率

在单元格C11中输入公式"=NORM.DIST(0.6,C8,C9,TRUE)−NORM.DIST (0.4,C8,C9,

TRUE)"。NORM.DIST是Excel自带函数，返回指定平均值和标准差的正态分布函数。此处，NORM.DIST(0.6,C8,C9,TRUE)返回均值为C8、标准差为C9的正态分布在0.6处的累积概率分布值，NORM.DIST(0.4,C8,C9,TRUE)返回均值为C8、标准差为C9的正态分布在0.4处的累积概率分布值。这样，两者之差即为：当抛掷一枚均匀硬币N次时出现字面的频率在0.4与0.6之间的概率。

第六步：需要的抛掷次数

1. 选择Excel功能带上的"数据"功能分页面→选择"数据工具"功能区→点击"模拟分析"按钮→选择"单变量求解"，出现"单变量求解"页面（见图7.2）。

图7.2 单变量求解页面

2. 在"目标单元格"处输入"C11"（或者直接点击单元格C11）。
3. 在"目标值"处输入"0.9"。
4. 在"可变单元格"处输入"C7"（或者直接点击单元格C7）。
5. 点击"确定"。Excel会根据为单元格C11设定的目标值0.9去调整C7（即调整抛掷硬币次数N），以使得单元格C11的值尽量接近指定的目标值。

结果解读（方法1）

图7.3给出了使用"单变量求解"计算后的结果。可以看到，计算后单元格C11的值为0.900020077，尽管不等于0.9，但这是Excel调整C7后能够得到的最好的结果了。尽管存在数值差别，但是不影响问题的求解。可以看到根据"目标值"调整后C7的值为67.64659223。再结合正态分布的性质，说明，只要抛掷硬币次数大于等于68次，就可以保证出现字面的频率在0.4与0.6之间的概率不小于90%。

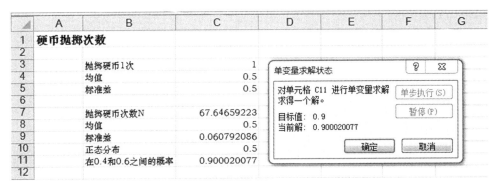

图7.3 使用"单变量求解"计算后的结果

解决方法和步骤（方法2）

中心极限定理提供了一种近似求解方法，但不是准确意义上的概率求解方法。这里，我们直接使用概率方法对本案例中问题进行求解，来观察一下计算结果是否与中心极限定理的近似求解结果一致。概率计算的求解思路是：当抛掷硬币的次数为N时，出现字面的次数n服从二项分布Binomial(N,0.5)，这样可以直接计算$0.4<n/N<=0.6$的概率。通过依次计算N从1到90下的$0.4<n/N<=0.6$的概率，我们可以观察到保证出现字面的频率在0.4与0.6之间的概率不小于90%的最小的N是多少。

图7.4展示利用概率计算方法求解硬币抛掷次数的分析模型下载。可以按照以下步骤开发这个分析模型：

第一步：定义二项分布

1. 在单元格C3中输入"90"。这是一个初始抛掷硬币次数，它是多少并不重要，建好模型后会利用Excel的"模拟运算表"依次对N取不同值计算。

2. 在单元格C4中输入"=RiskBinomial(C3,0.5)"。抛掷一次硬币字面朝上的次数服从Binomial(1,0.5)，那么抛掷N次硬币字面朝上的次数服从Binomial(N,0.5)。

第二步：在0.4与0.6之间的概率

1. 在单元格C5中输入公式"=RiskTheoXtoP(C4,0.4*C3)"。RiskTheoXtoP是一个@Risk函数，用来计算使用@Risk定义的概率分布在某一点上的理论累积概率。因为C4处为Binomial(N,0.5)，所以C5返回它在0.4×90=36处的累积概率。

2. 在单元格C6中输入公式"=RiskTheoXtoP(C4,0.6*C3)"。该公式返回Binomial(N,0.5)在0.6×90=54处的累积概率。

3. 在单元格C7中输入公式"=C6-C5"。该公式返回$P(0.4N<n<=0.6N)$（即$P(0.4<n/N<=0.6)$）的值。

第三步：模拟运算

1. 在单元格C10中输入公式"=C7"。

	A	B	C	D
1	硬币抛掷次数			
2				
3		硬币抛掷次数N	90	
4		正面次数n	45	
5		P(0.4N)	0.036274766	
6		P(0.6N)	0.977701238	
7		P(0.4N<n<=0.6N)	0.941426472	
8				
9		硬币抛掷次数	P(0.4N<n<=0.6N)	
10			0.941426472	
11		1	0	
12		2	0.5	
13		3	0	
14		4	0.375	
71		61	0.876268557	
72		62	0.902045559	
73		63	0.870082077	
74		64	0.896578122	
75		65	0.891143036	
76		66	0.891143036	
77		67	0.913562766	
78		68	0.885745693	
79		69	0.908813509	
80		70	0.904076369	
81		71	0.904076369	
82		72	0.923630845	
83		73	0.899356322	
84		74	0.919493143	
85		75	0.915353907	
86		76	0.915353907	
87		77	0.932450749	
88		78	0.911217575	
89		79	0.928836591	
90		80	0.925211846	
91		81	0.925211846	
92		82	0.940191662	
93		83	0.921580375	
94		84	0.937027743	
95		85	0.933847403	
96		86	0.933847403	
97		87	0.946996887	
98		88	0.930653956	
99		89	0.944221672	
100		90	0.941426472	
101				

图7.4　利用概率计算方法求解硬币抛掷次数模型

2. 选择区域B10:C100，然后选择Excel功能带上的"数据"功能分页面→选择"数据工具"功能区→点击"模拟分析"按钮→选择"模拟运算表"，出现"模拟运算表"页面（见图7.5）。

3. 在"输入引用列的单元格（C）"处输入"C3"（或者直接点击单元格C3），点击"确定"。模拟运算表是Excel提供的一种快捷手段，它可以通过一步操作计算多个结果，可以查看和比较工作表中某个单元格数值的不同变化所引起的相应结果。这里，它通过依次选择区域B11:B100中的数值取代C3中的抛掷次数，重新计算P(0.4N<n<=0.6N)的值，并显示在C11:C100相对应的位置（见图7.4）。

图7.5 模拟运算表页面

结果解读（方法2）

在图7.4中，C11:C100区域大于等于0.9的单元格的字体已被加粗。可以看到，当抛掷硬币次数为62、67，69—72、74—90时出现字面的频率在0.4与0.6之间的概率不小于90%。从这里我们可以看出，中心极限定理本质上是一种近似求解方法，通过概率计算可以更为准确地展示达到要求所需要的最小抛掷次数，即62次。

解决方法和步骤（方法3）

本案例中问题可以被理解为一个优化问题，即寻找能够保证出现字面的频率在0.4与0.6之间的概率不小于90%的最小抛掷次数。我们可以利用DecisionTools Suite套件中的一个组件Evolver来进行优化计算。Evolver在功能上类似于Excel提供的"规划求解"，不过它具有遗传算法等优化求解技术，因此相对于Excel的规划求解可以解决更为复杂的非线性优化问题。其实，我们在第二种解法中已经对本题进行了"优化处理"：穷举了从1到90所有可能的抛掷次数，从中选择符合条件的最小的抛掷次数。这里，我们不再使用穷举法，毕竟它只适用于离散的、有限数目的计算条件。我们使用确定性优化方法对问题直接求解，寻找最小的符合条件的抛掷次数。

图7.6展示利用确定性优化方法求解硬币抛掷次数的分析，读者可以按照以下步骤开发这个分析模型。

	A	B	C	D
1	硬币抛掷次数			
2				
3		硬币抛掷次数N	90	
4		正面次数n	45	
5		P(0.4N)	0.036274766	
6		P(0.6N)	0.977701238	
7		P(0.4N<n<=0.6N)	0.941426472	
8				
9		优化目标	180	
10				

图7.6 利用确定性优化方法求解硬币抛掷次数模型

第一步：定义二项分布

1. 在单元格C3中输入"90"。这是一个初始抛掷硬币次数。同样，它是多少并不重要，建好模型后会利用Evolver进行优化计算。

2. 在单元格C4中输入"=RiskBinomial(C3,0.5)"，表示抛掷N次硬币字面朝上的次数服从Binomail(N,0.5)。

第二步：在0.4与0.6之间的概率

1. 在单元格C5中输入公式"=RiskTheoXtoP(C4,0.4*C3)"。因为C4处为Binomial(N,0.5)，所以C5返回它在0.4×90=36处的累积概率。

2. 在单元格C6中输入公式"=RiskTheoXtoP(C4,0.6*C3)"。该公式返回Binomial(N,0.5)在0.6×90=54处的累积概率。

3. 在单元格C7中输入公式"=C6−C5"。该公式返回P(0.4N<n<=0.6N)（即P(0.4<n/N<=0.6)）的值。

第三步：定义优化目标

在单元格C9输入公式"=2*C3"。我们的优化目标是寻找符合条件的最小的N（即C3），而同时可调整单元格也是C3。使C9等于C3的2倍，可以把优化目标和可调整单元格分开，同时保持优化目标不变。

第四步：定义优化模型

1. 打开Evolver，点击"Model Definition"，出现Evolver Model优化模型定义页面（见图7.7）。

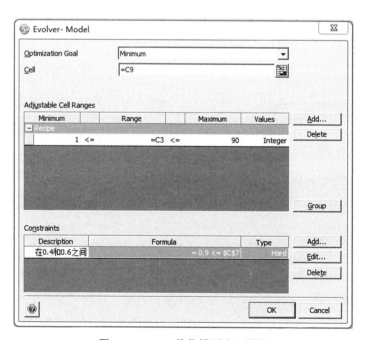

图7.7　Evolver优化模型定义界面

2. 点击"Optimization Goal"下拉菜单,选择"Minimum"。这是因为我们的目的是最小化满足条件的抛掷次数N。

3. 在"Cell"对应的框中输入"=C9"(或者直接点击单元格C9)。

4. "Adjustable Cell Ranges"代表对可调整单元格的定义区域。点击"Add…",出现一个对话框"Select Adjustable cell range"(见图7.8),选择单元格C3,点击"确定",在"Adjustable Cell Ranges"中新增加了一行。

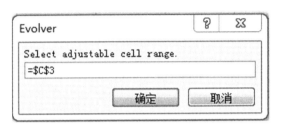

图7.8　Evolver可调整单元格对话框

5. 在"Minimum"对应位置输入"1",在"Maximum"对应位置输入"90"。这表示单元格C3的变化范围在1与90之间。可以增大Maximum的数值,但是本题中我们知道抛掷次数为90时已经可以满足要求了,所以我们直接定义最大值为90。在对实际问题进行优化求解时,可能不知道可调整单元格的变化范围,这时可以有意加宽变化范围,以避免求解区域过于狭窄而得不到最优解。

6. 点击"Values"对应位置上的下拉菜单,选择"Integer"。因为抛掷次数是离散变量,所以定义它只能取整数值。

7. "Constraints"代表对优化问题的限制条件的定义区域。点击"Add…",出现一个"Evolver – Constraint Settings"对话框(见图7.9)。

8. 在"Description"对应的框中输入"在0.4和0.6之间",用来描述需定义的优化限制条件。

9. 在"Constraint Type"处,选择"Hard (Discards Solutions that Do Not Meet the Constraint)"。这意味着该限制条件为一个"硬条件",如果一个优化取值不能保证限制条件成立,那么这个取值就不是一个可行解,将被放弃。

10. 在"Definition"处,"Entry style"对应的下拉菜单中,选择"Simple"的表达形式。

11. 在"Range to Constrain"对应的框中输入"=C7"(或者直接点击单元格C7),在其最左侧框中输入0.9,点击"=C7"左侧的下拉菜单,选择"<=",点击"=C7"右侧的下拉菜单,选择" ",表示模型的优化限制条件为P($0.4N<n\leq0.6N$)≥0.9。最后点击"OK",回到图7.7显示的Evolver界面,点击"OK",模型定义完毕。

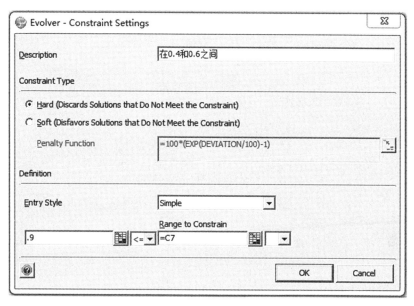

图7.9　Evolver优化限制条件对话框

第五步：定义优化设置

1. 点击Evolver "Optimization" 功能区的 "Settings"，出现一个 "Evolver – Optimization Settings" 优化设置对话框（见图7.10）。

2. 在 "Runtime" 页面，在 "Progress" 的复选框中打勾。该项条件规定，如果在上100次取值中优化结果没得到至少0.01%的改善，优化停止，Evolver认为已经找到最优值。

3. 点击 "OK"，优化设置定义完毕。

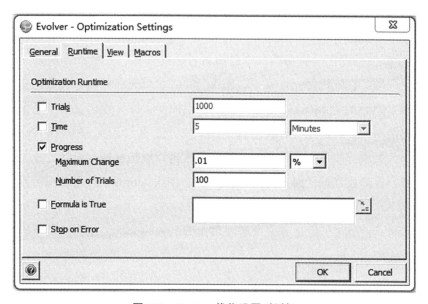

图7.10　Evolver优化设置对话框

第六步：开始优化

点击Evolver“Optimization”功能区的“Start”，开始优化，得到优化结果见图7.11。

	A	B	C	D
1	硬币抛掷次数			
2				
3		硬币抛掷次数N	62	
4		正面次数n	31	
5		P(0.4N)	0.04897722	
6		P(0.6N)	0.95102278	
7		P(0.4N<n<=0.6N)	0.902045559	
8				
9		优化目标	124	
10				

图7.11　Evolver优化结果

结果解读（方法3）

从图7.11中可以看到，使用Evolver做确定性优化分析，得到出现字面的频率在0.4与0.6之间的概率不小于90%条件下最小的抛掷次数是62次。这样，优化分析得到所有概率计算取值中的那个最优值。

解决方法和步骤（方法4）

除了确定性优化方法，本题还可以使用第四种方法：随机优化方法进行求解。DecisionTools Suite套件中的一个组件RiskOptimizer可以进行随机优化计算。RiskOptimizer与Evolver一样都具有优化计算功能，不过前者可以处理输入变量和限制条件具有概率分布形式的优化问题。在随机优化计算中，RiskOptimizer首先在可调整变量的变化区域中找到一个可行解，然后调用@Risk进行蒙特卡罗模拟抽样，计算输出变量的某个统计量（注意：这里不再是单一数值而是统计量）。记录下统计量的大小后，RiskOptimizer会从可调整变量的变化区域中寻找下一个可行解，然后再次进行模拟抽样和统计计算。通过这样的重复计算过程，直到找到最优解。与Evolver一样，RiskOptimizer使用了遗传算法来寻找可行解。

图7.12展示了利用随机优化方法求解硬币抛掷次数的分析模型，读者可以按照以下步骤开发这个分析模型。

	A	B	C	D
1	硬币抛掷次数			
2				
3		硬币抛掷次数N	90	
4		正面次数n	45	
5		P(0.4N)	1	
6		P(0.6N)	1	
7		P(0.4N<n<=0.6N)	0	
8				
9		优化目标	180	
10				

图7.12 利用随机优化方法求解硬币抛掷次数模型

第一步：定义二项分布

1. 在单元格C3中输入"90"。这是一个初始抛掷硬币次数，建好模型后会利用RiskOptimizer进行优化计算。

2. 在单元格C4中输入公式"=RiskBinomial(C3,0.5)"，表示抛掷N次硬币字面朝上的次数服从Binomial(N,0.5)。

第二步：在0.4与0.6之间的概率

1. 在单元格C5中输入公式"=RiskXtoP(C4,0.4*C3)"。RiskXtoP为@Risk函数，返回目标单元格模拟结果在指定目标数值下的累积概率。因为C4处为Binomial(N,0.5)，所以C5返回它在0.4×90=36处的本次（即硬币抛掷次数N等于90时）模拟结果的累积概率。

2. 在单元格C6中输入公式"=RiskXtoP(C4,0.6*C3)"。该公式返回Binomial(N,0.5)在0.6×90=54处的本次（即硬币抛掷次数N等于90时）模拟结果的累积概率。

3. 在单元格C7中输入公式"=C6−C5"。该公式返回P(0.4N<n<=0.6N)（即P(0.4<n/N<=0.6)）的值。

第三步：定义优化目标

在单元格C9中输入公式"=2*C3"。我们的优化目标是寻找符合条件的最小的N（即C3），而同时可调整单元格也是C3。使C9等于C3的2倍，可以把优化目标和可调整单元格分开，同时保持优化目标不变。

第四步：定义优化模型

1. 打开RiskOptimizer，点击"Model Definition"，出现RiskOptimizer Model优化模型定义页面（见图7.13）。

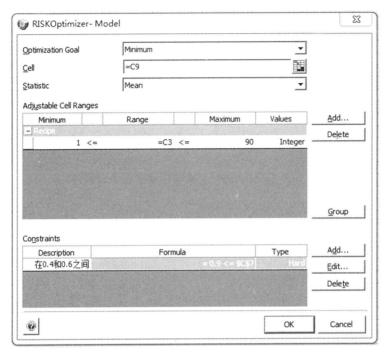

图7.13　RiskOptimizer优化模型定义界面

2. 点击"Optimization Goal"下拉菜单，选择"Minimum"。这是因为我们的目的是最小化满足条件的抛掷次数N。

3. 在"Cell"对应的框中输入"=C9"（或者直接点击单元格C9）。

4. 在"Statistic"对应的下拉菜单中选择"Mean"。这里指定C9的均值作为优化对象。与确定性优化不同，随机优化使用蒙特卡罗模拟技术来处理包含的概率分布的模型问题，这样随机优化模型的目标在有些情况下由确定的数值变成了随机变量的概率分布。本题中的优化目标比较简单，不涉及概率分布问题，不过此处设为均值统计量不影响优化问题的求解。

5. "Adjustable Cell Ranges"代表对可调整单元格的定义区域。点击"Add…"，出现一个对话框"Select adjustable cell range"（见图7.14），选择单元格C3，点击"确定"，在"Adjustable Cell Ranges"中新增加了一行。

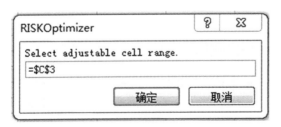

图7.14　RiskOptimizer可调整单元格对话框

6. 在"Minimum"对应位置输入"1",在"Maximum"对应位置输入"90"。这表示C3的变化范围在1与90之间。

7. 点击"Values"对应位置上的下拉菜单,选择"Integer"。因为抛掷次数是离散变量,所以定义它只能取整数。

8. "Constraints"代表对优化问题的限制条件的定义区域。点击"Add…",出现一个"RiskOptimizer – Constraint Settings"对话框(见图7.15)。

9. 在"Description"对应的框中输入"在0.4和0.6之间",用来描述需要定义的优化限制条件。

10. 在"Constraint Type"处,选择"Hard (Discards Solutions that Do Not Meet the Constraint)"。这意味着该限制条件为一个"硬条件",如果一个优化取值不能保证限制条件成立,那么这个取值就不是一个可行解。

11. 在"Definition"处对应的下拉菜单中,选择"Simple"的表达形式。

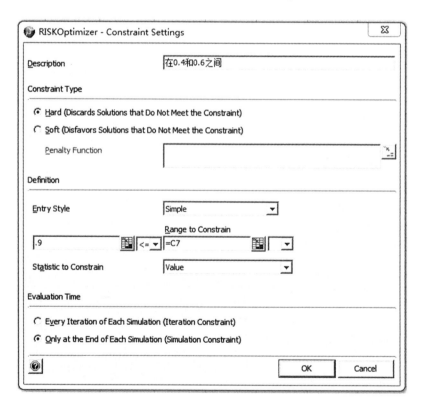

图7.15　RiskOptimizer优化限制条件对话框

12. 在"Range to Constrain"对应的框中输入"=C7"(或者直接点击单元格C7),在其最左侧框中输入0.9,点击"=C7"左侧的下拉菜单,选择"<=",点击"=C7"右侧的下拉菜单,选择""(空白)。

13. 点击选择"Only at the End of Each Simulation(Simulation Constraint)"选项。此选项表明，在随机优化过程中，RiskOptimizer会选择一个可行解并进行模拟抽样计算。在该次模拟结束后，RiskOptimizer会计算模型中定义的所有统计量。在本模型中，RiskOptimizer会计算RiskXtoP(C4,0.4*C3)和RiskXtoP(C4,0.6*C3)两个统计函数，然后计算它们的差值并与0.9相比较。如果小于0.9则放弃这个可行解；否则保留这个可行解，并寻找下一个可行解。

14. 最后点击"OK"，回到图7.13显示的RiskOptimizer界面，点击"OK"，模型定义完毕。

第五步：定义优化设置

1. 点击RiskOptimizer "Optimization" 功能区的"Settings"，出现一个"RiskOptimizer – Optimization Settings"优化设置对话框（见图7.16）。

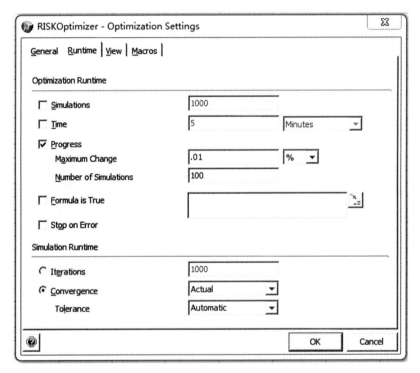

图7.16 RiskOptimizer优化设置对话框

2. 点击"Runtime"页面，在"Progress"的复选框中打勾。该项条件规定，如果在上100次取值中优化结果没得到至少0.01%的改善，优化停止，Evolver认为已经找到最优值。

3. 在"Simulation Runtime"的"Convergence"下拉菜单中选择"Actual"，在"Tolerance"的下拉菜单中选择"Automatic"。这些设置指定由RiskOptimizer来判断每次模拟的抽样数目是否已经"充分多"，达到模拟统计的收敛精度要求，具体判断方法与@Risk相同。

点击"OK",优化设置定义完毕。

第六步:开始优化

点击RiskOptimizer"Optimization"功能区的"Start",开始优化,得到优化结果见图7.17。

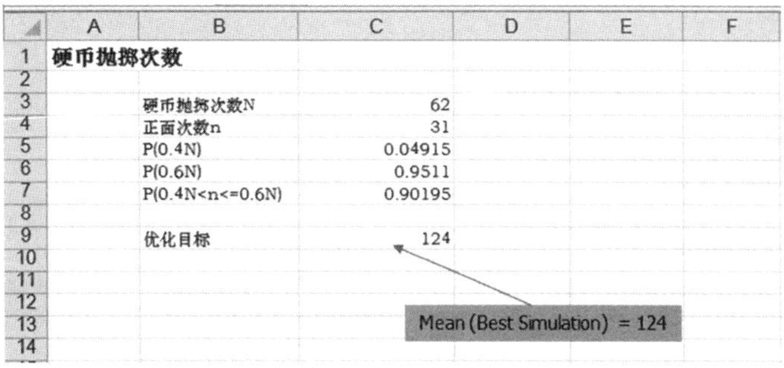

图7.17　RiskOptimizer优化结果

结果解读(方法4)

从图7.17中可以看到,使用RiskOptimizer做随机优化分析,得到出现字面的频率在0.4与0.6之间的概率不小于90%条件下最小的抛掷次数是62次。这与Evolver得出的优化结果一致。不过RiskOptimizer所花费的计算时间要远远大于Evolver。这主要是因为对于简单问题Evolver会很快求出最优解,而RiskOptimizer需要进行蒙特卡罗模拟抽样并观察模拟结果的统计量,在此基础上再寻找下一个可行解,这导致计算时间的增长。

第三部分 实战篇

Chapter Eight

项目成本估计

蒙特卡罗模拟建模

项目成本估计是基于已有信息、利用科学方法和有效数据，估计项目活动未来成本，对所有活动成本求和形成总成本的管理活动。不正确的成本估计会导致项目成本超支、进度延迟、质量低下，同时影响项目组中其他项目的正常运行。项目成本估计是项目管理的核心能力之一。正确的项目成本估计可以提高项目的中标率，为企业有效地管理项目成本和提高经济效益提供信息和决策帮助。

想得到具有较高准确性的项目成本估计结果不是一件容易的事情，受制于许多因素，例如较高的项目新奇性、较少的活动历史数据、较多的项目成本变化驱动因素等。此外，存在于成本估计过程中的一些人为因素也会影响估计结果的准确性，例如管理者过于乐观、管理者不愿意考虑不好的可能情况等。一个好的、可靠的项目成本估计方法应该能够真实地反映项目成本的变化范围、一定程度上保证成本估计过程的科学性和客观性、正确描述和处理项目活动本身存在的不确定变化和外界风险带来的影响。

基于蒙特卡罗模拟的项目成本估计方法目前是国际上较为流行和成熟的成本估计方法。通过蒙特卡罗模拟，可以计算项目成本的变化范围、识别影响项目成本变化的主要活动和因素、确定在一定置信度下的不可预见费水平。下面我们将通过一个案例展示如何使用@Risk进行项目成本估计。在案例中，我们将展示如何设置项目成本项的概率分布、如何计算项目总成本的概率分布、如何识别出主要的成本驱动活动、如何处理变量间的相关性。

案例描述

一个建筑工程项目包含8个成本项，分别是地下工程、地上工程、内部工程、装修与装饰工程、服务工程、外部工程、准备工作、应急管理。这是一个较高水平的项目成本分解结构，实际上每项工程里面还可以继续细分出很多成本子项。

表8.1给出了每个成本项服从的概率分布。其中，对数正态（Log Normal）分布是根据历史数据拟合得出来的，PERT分布和离散（Discrete）分布是根据专家意见得出的。表8.2给出了所有成本项之间的秩相关系数矩阵，这个相关系数矩阵是通过对历史数据进行分析并根据实际情况进行调整形成的（Yang，2005）。

表8.1 项目成本项及其概率分布

成本项	概率分布（单位：百万元/平方米）
地下工程	LogNormal(47.2,30.9)
地上工程	LogNormal(263.6,82.4)
内部工程	LogNormal(63.2,24.4)
装修与装饰工程	Discrete(7,0.2;8,0.5;9,0.2;10,0.1)
服务工程	PERT(150,180,220)
外部工程	PERT(70,85,120)
准备工作	LogNormal(76.4,47.3)
应急管理	LogNormal(21.2,13.2)

表8.2 项目成本项秩相关系数矩阵

秩相关系数	地下工程	地上工程	内部工程	装修与装饰工程	服务工程	外部工程	准备工作	应急管理
地下工程	1.00	--	--	--	--	--	--	--
地上工程	0.33	1.00	--	--	--	--	--	--
内部工程	0.26	0.52	1.00	--	--	--	--	--
装修与装饰工程	0.10	0.26	0.28	1.00	--	--	--	--
服务工程	0.28	0.57	0.64	0.33	1.00	--	--	--
外部工程	0.00	0.00	0.00	0.00	0.00	1.00	--	--
准备工作	0.35	0.37	0.44	0.18	0.39	0.00	1.00	--
应急管理	0.23	0.28	0.34	0.21	0.29	0.00	0.36	1.00

问题

1. 不考虑相关性，估计该项目每平方米总成本的概率分布。
2. 识别影响项目总成本变化较大的成本项。
3. 考虑相关性，估计每平方米项目的总成本的概率分布，并与问题1的结果进行比较。

解决方法和步骤

项目成本估计的建模思路和模型结构比较简单。首先，使用一定的概率分布描述每个成本项的可变性。然后，对所有的成本项求和，形成项目总成本。由于每个成本项是一个服从一定概率分布的随机变量，所以加和之后形成的项目总成本也是服从一定概率分布的随机变量。利用@Risk提供的蒙特卡罗模拟技术，我们可以得到项目总成本的概率分布。

根据表8.2中给出的秩相关系数，我们通过@Risk内含的函数为各个成本项指定相关性关系。秩相关系数也称为Spearman相关系数，它根据样本数据的大小顺序排列位次，即排位（而不是实际数值大小）来判断随机变量间的相关性。一个简化的秩相关系数计算公式如下：

$$\rho = 1 - \left(\frac{6\sum(\Delta R)^2}{n(n^2-1)} \right)$$

其中，n代表变量间样本对的数目；ΔR代表同一对变量样本排位之差。

基于秩相关的蒙特卡罗模拟独立于随机变量的概率分布类型和形状。也就是说，不管随机变量服从什么样的概率分布，基于秩相关的蒙特卡罗模拟都会按照同样的方法从变量的概率分布中随机抽取样本。抽取出来的不同随机变量的样本对符合指定的相关性，同时可以保证抽取的每个随机变量的样本具有事先指定的概率分布的特征。基于蒙特卡罗模拟方法的软件较容易处理由秩相关系数描述的变量相关性，程序如下：

（1）对每个变量，随机抽取N个"位置"随机数；

（2）再排列已经生成的"位置"随机数，使得两个变量间的"位置"随机数对的秩相关系数等于事先给定的数值；

（3）对每个变量，按照事先指定的概率分布随机抽取N个随机数；

（4）对（3）中抽取的随机数排位，并按照排位顺序分配给（2）中经过再排列后的"位置"随机数。这样，两个随机变量的N个随机数对的秩相关系数等于事先给定的数值。

我们首先在不考虑相关性的情况下，估计项目每平方米总成本的概率分布。图8.1展示了不考虑相关性的项目成本估计模型，读者可以按照以下步骤开发这个模型。

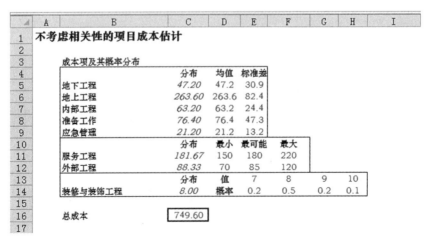

图8.1 不考虑相关性的项目成本估计模型

第一步：成本项的概率分布

1. 在本案例中，地下工程、地上工程、内部工程、准备工作和应急管理都服从对数正态分布。在区域D5:E9中分别输入每个工程对应的对数正态分布的均值和标准差两个参数值。

2. 在单元格C5中键入公式"=RiskLognorm(D5,E5)"。或者在@risk功能菜单上点击"Define Distributions"，从新出来的分布定义页面中选择Lognorm，利用@Risk提供的"Assign Excel References As Arguments"功能分别选择D5和E5作为分布的均值和标准差。

3. 复制单元格C5，选择区域C6：C9粘贴，为地上工程、内部工程、准备工作和应急管理指派对数正态分布。

4. 服务工程和外部工程服从PERT分布。在区域D11:F12输入每个工程对应的PERT分布的最小、最可能、最大三个参数值。

5. 在单元格C11中键入公式"=RiskPert(D11,E11,F11)"。

6. 复制单元格C11，选择单元格C12粘贴，为外部工程指派PERT分布。

7. 装修与装饰工程服从离散分布。在区域E13:H14输入离散分布的每个离散值和对应的概率值。

8. 在单元格C14中键入公式"=RiskDiscrete(E13:H13,E14:H14)"。RiskDiscrete是一个@Risk函数，产生服从离散分布的随机数。它包含两组参数，第一组参数描述离散分布可能的值，第二组参数描述每个值发生的概率。该函数在模拟时会根据事先指定的概率返回相对应的离散分布的值。

第二步：项目总成本

1. 在单元格C16中输入公式"=SUM(C5:C9,C11:C12,C14)"。对所有工程成本求和，形成项目总成本。

2. 选择单元格C16，点击@Risk功能区上的"Add Output"，在新出现的窗口中输入"Total cost"或者你希望指定的名称，点击"OK"指定模型的输出变量。

下面，我们在考虑相关性的情况下再次估计项目每单位平方米总成本的概率分布。在考虑相关性的情况下，每个工程的概率分布和计算项目总成本的方法没有变化，需要做的只是在原有的模型基础上加入指定的变量相关关系。所以，可以在图8.1的Excel工作簿中另起一个新的工作表Cost-with-corr（或者你喜欢的名称），直接复制原有模型并粘贴在新工作表上。可以按照下面的方法和步骤在模型中加入变量相关性。

第三步：相关系数矩阵

1. @Risk的"Define Correlations"功能可以比较容易地指定多个随机变量间的相关关系。点击"Model"功能区的"Define Correlations"按钮，会出现一个新的页面，见图

8.2。其中,Matrix Name处缺省的名称是"NewMatrix1",这里我们为各个工程成本间的相关性矩阵命名为"CostCorrelation"。Description处可以填入对相关性矩阵的文字描述。Location指定Excel工作表中存放相关性矩阵的位置。Instance表明同样的相关性结构可以应用于其他的一套随机变量组,即相关性系数矩阵不变,但是随机变量组可以变化。这个功能可以用于描述具有多期或者具有时间序列特点的随机变量间的相关关系,详细介绍参见@Risk的帮助文件。

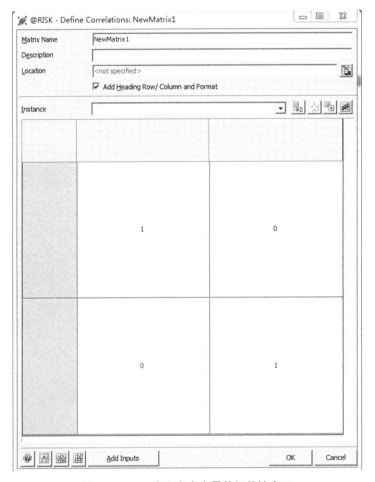

图8.2 @Risk定义多个变量的相关性窗口

2. 点击图8.2中的"Add Inputs",出现一个新的@Risk对话窗口,见图8.3,用于指定相关系数矩阵包含的随机变量。根据表8.2中给定的相关系数矩阵,首先选择地下工程对应的概率分布单元格C5,点击"确定"。这时,地下工程成本作为一个随机变量出现在@Risk定义相关性窗口中,见图8.4。

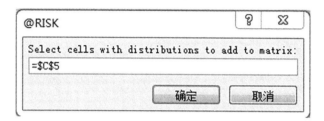

图8.3　@Risk中在相关系数矩阵中加入变量窗口

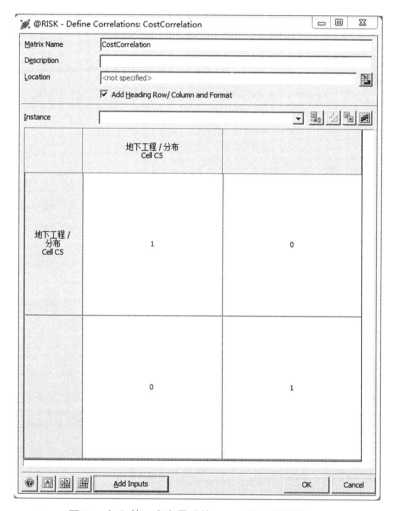

图8.4　加入第一个变量后的@Risk定义相关性窗口

3. 同样道理，依据表8.2中给出的相关系数矩阵，依次选择地上工程、内部工程、装修与装饰工程、服务工程、外部工程、准备工作和应急管理相对应的概率分布单元格，把它们加入到@Risk的相关系数矩阵中，见图8.5。

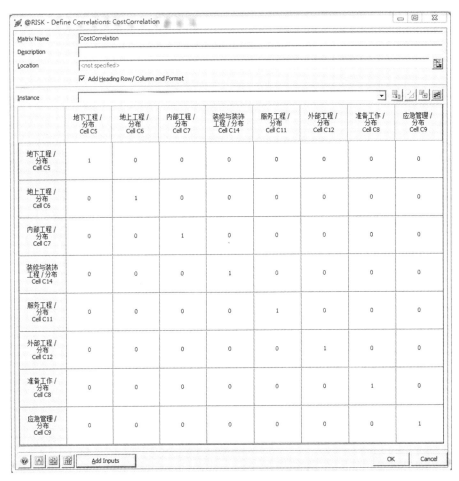

图8.5　加入所有随机变量后的@Risk相关系数矩阵窗口

4. 可以通过两种方式输入相关系数矩阵的各元素值。第一种方式是直接在@Risk的定义相关性窗口上输入变量间的相关系数。对于每对变量，相关系数矩阵有两个地方需要输入同样数值，例如相关系数矩阵中的2排3列和3列2排处的数值应该相同。@Risk允许在其中一个地方输入，另一地方则直接显示同样数值。第二种方式是把相关系数矩阵放在Excel工作表的一个地方，在Excel上输入和编辑各个元素值。第二种方式相比较第一种方式更为方便，这里我们选择第二种方式输入相关系数矩阵。

5. 找到@Risk定义相关性窗口上的"Location"，点击其最右侧的图标，在Excel工作表上选择一个存放相关性矩阵的位置，即相关系数矩阵的最左上角单元格，这里选择单元格J4，点击"确定"。这时，Excel工作表上会出现一个带有变量组的空白相关系数矩阵。根据表8.2提供的数据输入相对应的系数数值即可，建立好的矩阵见图8.6。从图8.6可以看到，矩阵的右上三角为空白，因为相关系数矩阵的右上三角和左下三角对称，所以@Risk在此处省略显示。

@RISK Correlation	地下工程	地上工程	内部工程	装修与装饰工程	服务工程	外部工程	准备工作	应急管理 / 分布 in $C$9
地下工程 / 分布	1							
地上工程 / 分布	0.33	1						
内部工程 / 分布	0.26	0.52	1					
装修与装饰工程	0.1	0.26	0.28	1				
服务工程 / 分布	0.28	0.57	0.64	0.33	1			
外部工程 / 分布	0	0	0	0	0	1		
准备工作 / 分布	0.35	0.37	0.44	0.18	0.39	0	1	
应急管理 / 分布	0.23	0.28	0.34	0.21	0.29	0	0.36	1

图8.6 存放于Excel工作表上的相关系数矩阵

6. 可以在Excel上修改图8.6中的相关系数矩阵中的数值，@Risk在计算时会重新到Excel中相对应的单元格处寻找和调用相关系数。例如当修改地上工程与地下工程的相关系数值为0.63后，@Risk在模拟计算时会找到K6单元格，调用0.63作为两个变量的相关系数。再次点击@Risk的"Define Correlations"功能按钮，在新出现的定义相关性窗口上会发现地上工程与地下工程的相关系数已经改为0.63。

7. 定义完毕相关系数矩阵后，再次选择某个变量的分布单元格，会发现单元格内的公式有所变化，例如地下工程成本分布单元格中的公式由原来的"=RiskLognorm(D5,E5)"变为："=RiskLognorm(D5,E5,RiskCorrmat(CostCorrelation,1))"。公式中新增部分用于描述变量间的相关关系结构，RiskCorrmat表明地下工程与其他随机变量具有相关关系，这个相关关系由CostCorrelation相关系数矩阵指定，地下工程是这个相关系数矩阵的第一个变量。

第四步：观察和验证相关系数矩阵

1. 定义相关性窗口最下方从左数第三个图标（见图8.5）是"Show Scatter Plots for Correlation Matrix"按钮，用于以小散点图的形式展示相关系数矩阵。点击这个按钮，窗口会出现一个新的界面，内含每个变量对应的相关关系散点图，见图8.7。

2. 当你观察散点图时，可能对某个变量对的散点图感兴趣，想详细观察，但是图8.7中展示的散点图太小，这时，可以点击并按住该散点图，直接拖出页面，形成一个单独的大散点图。例如，你对服务工程和地上工程之间的相关关系比较感兴趣，想观测一下它们的散点图，可以单击并按住小散点图，拖出页面，即可形成图8.8中展示的大散点图效果。

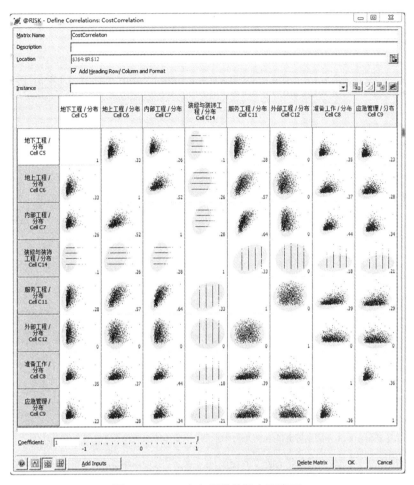

图8.7 @Risk定义相关性散点图窗口

3. 一般来讲，可以通过两种方式得出相关系数矩阵。第一种方式是通过对实际数据的统计分析得出；第二种方式是通过咨询专家的主观判断得出。不管采用哪种方式，一个随机变量间的相关系数矩阵应是一个半正定矩阵，即所有的特征根都大于等于0，而且至少存在一个特征根大于0。相关系数矩阵是非半正定矩阵意味着它具有判断上的不一致性，需要进行重新检验和调整。当受到随机过程中存在的不确定性以及分析者的一些主观因素的影响时，相关系数矩阵很可能会具有不一致性。为此，@Risk提供了检查相关系数矩阵一致性的功能。窗口最下方从左数第四个图标是"Check Matrix Consistency"按钮。点击这个按钮，选择"Check Matrix Consistency"功能，@Risk会自动检查该矩阵是否是半正定矩阵。表8.2给出的相关系数矩阵是半正定矩阵，因此@Risk返回有效矩阵的信息，见图8.9。

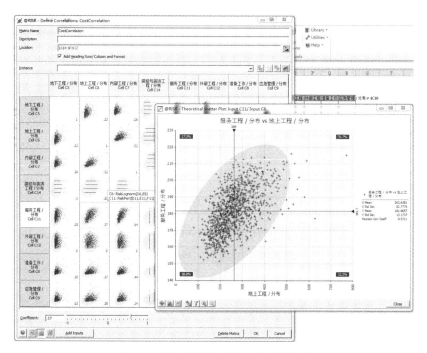

图8.8 @Risk定义相关性大散点图窗口

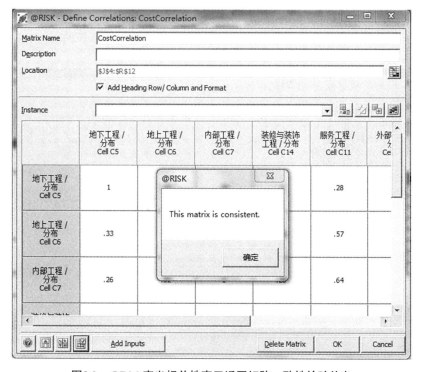

图8.9 @Risk定义相关性窗口返回矩阵一致性检验信息

第五步：考虑相关性的项目总成本

1. 在Cost-with-corr工作表中的单元格C16中输入公式"=SUM(C5:C9,C11:C12,C14)"，对所有工程成本求和，形成项目总成本。

2. 选择单元格C16，点击@Risk功能区上的"Add Output"，在新出现的窗口中输入"Total cost with correlation"或者你希望指定的名称，点击"OK"指定模型的输出变量。

结果解读（问题1）

在@Risk功能区上的"Iterations"处的下拉菜单中选择"5000"，指定抽样数为5 000，然后，点击@Risk"Simulation"功能区中的"Start Simulation"，开始模拟。模拟结束后，返回不考虑相关性和考虑相关性两种情况下的项目总成本概率分布。

下面对问题1"不考虑相关性，估计该项目每平方米总成本的概率分布。"结果进行解读。

点击@Risk结果功能区上的"Browse Results"按钮，会出现一个新窗口，展示了不考虑相关性情况下的项目总成本概率密度图，见图8.10。从图8.10中可以看到，总成本概率密度具有右偏特征，最小值为502.21，最大值为1 322.59，均值为749.77，标准差为104.65，90%的置信区间为[602,940]。

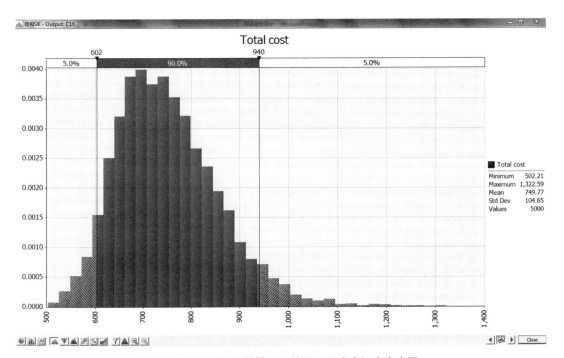

图8.10 不考虑相关性情况下的项目总成本概率密度图

结果解读（问题2）

下面对问题2"识别影响项目总成本变化较大的成本项。"的结果进行解读。

图8.10显示窗口的最下方从左数第5个按钮提供"选择并展示某种飓风图"功能。点击这个按钮，@Risk提供三种形式的飓风图：回归系数（Regression Coefficients）、相关系数（Correlation Coefficients）、映射的回归值（Regression-Mapped Value）。这里，我们选择相关系数形式飓风图来展示对项目总成本变化程度影响较大的子工程，见图8.11。从图8.11可以发现，对项目总成本影响较大的子工程有四个，分别是地上工程、准备工作、地下工程、内部工程。

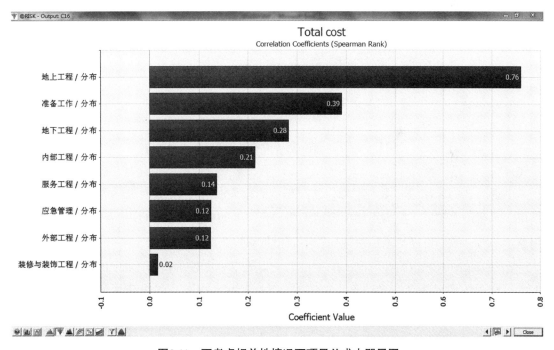

图8.11　不考虑相关性情况下项目总成本飓风图

结果解读（问题3）

下面对问题3"考虑相关性，估计每平方米项目的总成本的概率分布，并与问题1的结果相比较。"的结果进行解读。

图8.12展示了考虑相关性情况下的项目总成本概率密度图。从图8.12中可以看到，与不考虑相关性时项目总成本概率密度类似，考虑相关性情况下的项目总成本概率密度也具有右偏特征，最小值为385.40，最大值为1 810.95，均值为749.88，标准差为151.77，90%

的置信区间为[543,1 029]。

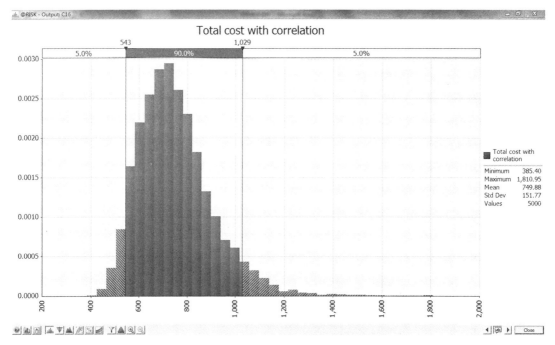

图8.12　考虑相关性情况下的项目总成本概率密度图

下面，我们来比较一下不考虑相关性和考虑相关性情况下的项目总成本。@Risk在其结果展示窗口上提供了叠加不同模拟结果在一张图上的功能"Add Overlay to Graph"。利用这个功能，我们可以清晰形象地比较不同模拟结果之间的差别。

在@Risk的考虑相关性情况下的项目总成本概率密度展示窗口（即图8.12窗口）上，点击窗口最下方左数第6个按钮，会出现一个对话框，用于选择要叠加的概率分布单元格，见图8.13。此时，点击Excel中Cost工作表中的单元格C16，即选择不考虑相关性情况下的项目总成本单元格，点击"确定"，原来的窗口中加入了用不同颜色显示的不考虑相关性情况下的项目总成本概率密度图，见图8.14。

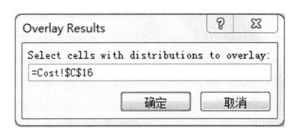

图8.13　选择要叠加的概率分布单元格

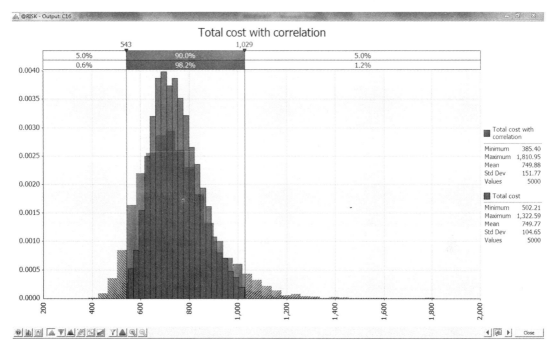

图8.14 不考虑和考虑相关性的项目总成本概率密度叠加图

从图8.14中可以看到，与不考虑相关性的项目总成本相比，考虑相关性的项目总成本具有更大的变化范围，前者的变化范围为[502.21,1 322.59]，后者的变化范围为[385.40，1 810.95]。不考虑相关性的项目总成本概率密度相对于考虑相关性的项目总成本的概率密度，表现出更为"集中"的特征，也就是说，后者比前者具有更大的可变性。从图8.14可以看到，后者比前者有更多地模拟样本出现在靠近分布两端的地方。这一模拟结果与现实是相符合的。本案例中，输入的随机变量间具有正相关关系，这意味着随机变量间的模拟抽样一定程度上会有更多的机会同时出现在每个变量变化范围的"高位"或者"低位"。这样，相对于不考虑相关性，考虑相关性的项目总成本有更少的不同变量的随机抽样加和后形成的"中和"作用，使得其在靠近分布两端的地方具有更高的概率。

下面，我们再以累积概率分布图的形式来观察和比较一下不考虑相关性和考虑相关性两种情况下的项目总成本，见图8.15。从图8.15可以看到，两条曲线在变化区域中间的一个地方出现交叉。在靠近总成本变化区域的低端（即乐观情景）的地方，考虑相关性的项目总成本累积概率分布曲线位于不考虑相关性的项目总成本累积概率分布曲线的左侧，这意味着同样概率下，前者对应的项目总成本要比后者小。在靠近总成本变化区域的高端（即悲观情景）的地方，考虑相关性的项目总成本累积概率分布曲线位于不考虑相关性的项目总成本累积概率分布曲线的右侧，这意味着同样概率下，前者对应的项目总成本要比后者大。这样从累积概率分布图也可以看出，与不考虑相关性的项目总成本相比，考虑相关性的项目总成本具有更大的变化范围。

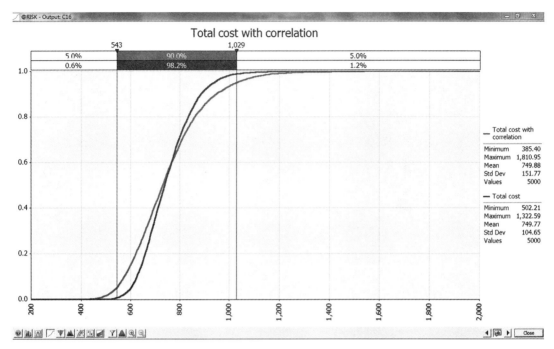

图8.15 不考虑和考虑相关性的项目总成本累积概率分布叠加图

无论是概率密度图形式还是累积概率分布图形式，都不能方便地知道不考虑和考虑相关性的项目总成本不同分位数对应的数值。尽管可以通过移动定界线（图8.14和8.15中的两条竖线）来展示不同的百分位数值，但是这种做法在分布叠加图中就显得非常笨拙了，因为图中每个定界线对应于两个概率分布。实际上，我们可以利用@Risk提供的统计函数直接计算模拟结果的百分位数。

在Excel工作簿上另起一个新的工作表，取名为Comparison。在区域B4：B22处分别输入"5%，10%，15%，…，90%，95%"。在单元格C4中输入公式"=RiskPtoX(Cost!$C$16,B4)"。RiskPtoX是@Risk提供的用于计算模拟结果百分位数的统计函数。它有两个参数，第一个参数代表数据来源，也就是要分析的模拟结果所在的单元格，此处我们选择不考虑相关性（即Cost工作表）情况下的项目总成本单元格。第二个参数代表百分位，此处为B4（即5%）。第一个参数使用了绝对引用，这有利于后面使用复制和粘贴功能在不同单元格对B4单元格进行引用操作。这样，使用公式RiskPtoX(Cost!$C$16,B4)可以计算不考虑相关性情况下的项目总成本模拟计算结果的5%分位数值。同样的道理，在单元格D4中输入公式"=RiskPtoX('Cost-with-corr'!$C$16,B4)"，用于计算考虑相关性情况下的项目总成本模拟计算结果的5%分位数值。在单元格E4中输入公式"=C4−D4"，计算两者之差。复制区域C4:E4，选择区域C5:E22粘贴，计算两种情况下模拟结果的不同分位数值以及它们之间的差值，见图8.16。

	不考虑相关性	考虑相关性	两者之差
5%	602.27	543.14	59.13
10%	626.51	574.63	51.88
15%	646.12	600.36	45.75
20%	660.75	621.88	38.87
25%	674.97	642.93	32.04
30%	686.71	661.18	25.54
35%	699.41	679.61	19.80
40%	711.88	695.71	16.17
45%	725.23	714.19	11.04
50%	738.29	730.77	7.52
55%	750.58	747.32	3.26
60%	765.86	766.04	-0.18
65%	779.19	787.06	-7.87
70%	794.96	808.36	-13.40
75%	812.10	832.55	-20.45
80%	833.89	860.03	-26.14
85%	857.24	897.58	-40.34
90%	885.43	947.45	-62.01
95%	939.54	1029.07	-89.52

图8.16 不考虑和考虑相关性的项目总成本模拟结果百分数比较

项目总成本的85%分位数，在项目风险量化分析中通常是一个非常重要的指标，一般用于计算带有应急费用的项目总成本。从图8.16中，我们可以看到在85%处，不考虑相关性的项目总成本为857.24，考虑相关性的项目总成本为897.58，两者之差为40.34。

85%处存在40.34的差额，说明进行相关性分析的重要性。表8.1中给出地下工程的均值为47.2，如果我们不考虑相关性，那么得到的模拟分析结果要偏小，以这个结果作为项目费用报价，其结果相当于少要了一个地下工程的费用。

练习

制作考虑相关性情况下项目总成本飓风图，观察它是否与不考虑相关性情况下的项目总成本飓风图相同？如果不同，为什么会出现不同？

Chapter Nine

项目关键路径估计

不确定性分析建模

关键路径法是一种重要的用于项目工期估计和计划的分析方法。它是网络图计划方法的一种，基本思想是将项目分解为多个独立的活动，确定每个活动的工期，用逻辑关系（结束—开始、结束—结束、开始—开始、开始—结束）将所有活动连接，形成项目活动网络图，然后根据每个活动的工期以及活动之间的逻辑关系，计算项目总工期。对于一个项目而言，当网络图中的所有活动都完成之后，从项目开始到项目结束最长的活动路线叫做关键路径，关键路径上的项目活动称为项目关键活动。

关键路径计算的基本程序如下：（1）将项目的各个活动看作是消耗时间的节点；（2）用有方向的线标出每个节点与其他节点（即前置活动和后置活动）之间的关系，形成有方向的网络图；（3）使用正推法和逆推法计算每个活动的最早开始时间、最晚开始时间、最早完成时间、最晚完成时间，并计算该活动的时差；（4）时差为零的活动为关键活动，由关键活动组成的有向路径称为关键路径，关键路径上的所有活动的工期之和为项目总工期。

项目关键活动和关键路径具有以下一些特点：（1）关键路径上的活动工期之和就是项目总工期；（2）关键活动的时差为零，工期延迟将会导致项目完工时间的延迟；（3）缩短关键路径上的活动时间，会缩短项目总工期，否则会延长项目总工期。在一定条件下缩短或延迟非关键路径上的活动时间，不见得一定影响项目的总工期。

传统上，关键路径法采用单点、确定式估计，即给出每个活动的工期单点估计值，根据事先指定的活动间逻辑关系便可以直接计算出项目关键路径和项目总工期。然而，大量研究表明，传统的关键路径方法不能有效反映项目总工期大小，计算结果往往过于乐观，即低于实际项目完成时间。导致这种现象的原因之一在于确定式的单点估计法无法全面描述项目活动的工期变化，进而不能正确估计项目总工期的大小。目前，国际上比较通用的做法是把活动时间不确定性纳入项目总工期和关键路径计算中进行不确定性分析，使用蒙特卡罗模拟法进行计算求解。通过蒙特卡罗模拟，可以有效计算项目总工期，识别项目关键路径，判断项目活动落在关键路径上的概率，识别影响项目工期变化的主要活动。下面我们将通过一个案例展示如何使用@Risk进行项目工期估计和关键路径计算。

案例描述

一个项目由14个活动组成：A，B，C，…，N。表9.1给出了每个活动的前置活动和后置活动，以及每个活动的工期估计值。项目计划部门认为单点、确定式项目工期估计不能得到现实的估计结果，希望在单点估计的基础上进一步进行不确定分析。他们为每个项目活动的工期进行了三种情景的估计：乐观、一般和悲观，保留单点、确定式估计结果为一般（最可能）情景估计，同时增加了乐观和悲观情景下的工期估计值，见表9.2（Pinto，2007）。

表9.1 项目活动基本数据

项目活动	前置活动	后置活动	工期（天）
A		C	40
B		D	20
C	A	E	25
D	B	E	25
E	C, D	F, G, H	45
F	E	I, J	60
G	E	K	45
H	E	L	45
I	F	M	35
J	F	M	40
K	G	M	30
L	H	N	32
M	I, J, K	N	20
N	L, M		40

表9.2 项目活动的三点估计值

项目活动	乐观（天）	一般（天）	悲观（天）
A	30	40	60
B	15	20	30
C	15	25	40
D	20	25	40
E	40	45	65
F	30	60	95
G	35	45	60
H	40	45	60
I	30	35	50
J	30	40	60
K	25	30	60
L	28	32	42
M	18	20	25
N	35	40	50

问题

1. 根据表9.1提供的数据，以单点、确定式方法找到项目关键路径并计算项目总工期。
2. 根据表9.2提供的活动工期三点估计值，计算项目总工期的概率分布，并计算每个活动出现在项目关键路径上的概率。
3. 识别对项目总工期的不确定性影响较大的项目活动。

解决方法和步骤

根据表9.1给出的项目活动间的逻辑关系，首先构建项目活动网络图。活动A和活动B没有前置活动，意味着这两个活动都可以作为项目的最早开始活动节点。然而，项目网络图的构建和计算只能有一个项目开始节点。为此，我们构建了一个虚拟的项目开始节点X，此节点为活动A和活动B的前置活动，但不消耗时间。这样，项目开始于节点X，结束于节点N，见图9.1。

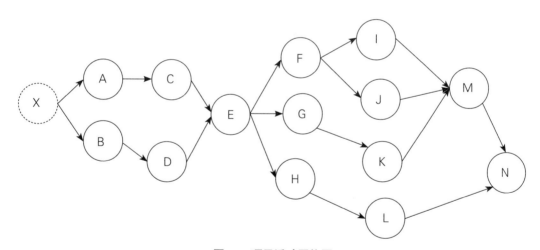

图9.1 项目活动网络图

根据图9.1，采用正推法和逆推法计算每个活动的最早开始时间、最晚开始时间、最早结束时间、最晚结束时间、时差。这里给出正推法和逆推法的简单计算原则，有兴趣的读者可以查阅专业的项目管理书籍。

正推法的计算原则如下：

（1）计算每项活动的最早开始时间时，应以项目开始时间为参照点进行正向推算；

（2）对于最早开始的活动，其最早开始时间为0；

（3）对于中间的某项活动，其活动的最早开始时间必须等于或晚于直接指向这项活动的所有前置活动的最早结束时间中的最晚时间；

（4）根据项目活动的最早开始时间来确定其最早结束时间，最早结束时间 = 最早开始时间 + 活动持续时间。

逆推法的计算原则如下：

（1）计算每项活动的最晚结束时间时，应以项目完成时间为参照点进行逆向计算；

（2）对于最后完成的活动，其最晚结束时间就是项目规定的完成时间；

（3）对于中间的某项活动，其活动的最晚结束时间必须等于或早于该活动直接指向的所有后续活动的最晚开始时间的最早时间；

（4）根据项目活动最迟结束时间来确定其最晚开始时间，最晚开始时间 = 最晚结束时间 – 活动持续时间。

图9.2展示了单点、确定式项目关键路径计算模型，读者可以按照以下步骤开发这个模型。

活动	前置活动	后置活动	工期	最早开始	最早结束	最晚开始	最晚结束	时差
X		A, B	0	0	0	0	0	0
A	X	C	40	0	40	0	40	0
B	X	D	20	0	20	20	40	20
C	A	E	25	40	65	40	65	0
D	B	E	25	20	45	40	65	20
E	C, D	F, G, H	45	65	110	65	110	0
F	E	I, J	60	110	170	110	170	0
G	E	K	45	110	155	135	180	25
H	E	L	45	110	155	153	198	43
I	F	M	35	170	205	175	210	5
J	F	M	40	170	210	170	210	0
K	G	M	30	155	185	180	210	25
L	H	N	32	155	187	198	230	43
M	I, J, K	N	20	210	230	210	230	0
N	L, M		40	230	270	230	270	0

图9.2 单点、确定式项目关键路径计算模型

第一步：虚拟活动X

1. 在单元格E5中输入"0"，用以表示虚拟活动的工期为0，不消耗时间。

2. 在单元格F5中输入"0"。因为X为项目最早开始的活动，所以它的最早开始时间为0。

3. 在单元格G5中输入公式"=E5+F5"，表示活动的最早结束时间等于该活动的最早开始时间加上该活动的工期。

4. 复制单元格G5，选择区域G6:G19粘贴，形成所有活动的最早结束时间。

第二步：正推法计算活动的最早开始时间和最早结束时间

1. 在单元格F6中输入公式"=G5"。对于只有一个前置活动的活动节点，它的最早开始时间直接等于前置活动的最早结束时间。

2. 以此类推，为了计算F7、F8、F9、F11、…、F17的最早开始时间，直接寻找并等同于其前置活动的最早结束时间即可。

3. 在单元格F10中输入公式"=MAX(G8:G9)"。因为活动E的前置活动为C和D，所以它的最早开始时间应等于活动C和活动D的最早结束时间中最晚（也就是最大）的那个数值。

4. 同理，在单元格F18中输入公式"=MAX(G14:G16)"，在单元格F19中输入公式"=MAX(G17:G18)"，以计算两个活动的最早开始时间。

5. 因为N是项目的最后一个活动，所以它的最早结束时间是该项目的最早结束时间。

第三步：逆推法计算活动的最晚开始时间和最晚结束时间

1. 在单元格I19中输入公式"=G19"。因为N是项目的最后一个活动，所以它的最晚结束时间等于该活动的最晚结束时间。

2. 在单元格H19中输入公式"=I19–E19"，即活动的最晚开始时间等于该活动的最晚结束时间减去该活动的工期。

3. 复制单元格H19，选择区域I5:I18粘贴，形成所有活动的最晚开始时间。

4. 在单元格I18中输入公式"=H19"，因为活动M只有一个后置活动，所以其最晚结束时间等于其后置活动的最晚开始时间。

5. 以此类推，在I5到I17中除了I5、I10和I11之外，其单元格对应的活动最晚结束时间，直接寻找并等同于其后置活动的最晚开始时间即可。

6. 在单元格I11中输入公式"=MIN(H14:H15)"，在单元格I10中输入公式"=MIN(H11:H13)"，在单元格I5中输入公式"=MIN(H6:H7)"，用以计算这三个活动的最晚结束时间。

因为X是项目的第一个活动，所以它的最晚开始时间是该项目的最晚开始时间。

第四步：项目活动时差

1. 在单元格J5中输入公式"=I5–G5"，表示活动X的时差等于该活动的最晚结束时间减去最早结束时间。事实上，计算活动的时差也可以采用最晚开始时间减去最早开始时间，其等于前面的计算结果。

2. 复制单元格J5，选择区域J6:J19粘贴，形成所有活动的时差。

图9.3展示了考虑活动工期不确定的项目关键路径计算模型下载。这个模型与单点、确定式计算方法的不同之处在于，使用概率分布替代了单一确定的活动工期。从图9.3中可以看到，每个活动的工期估计都给出了三个情景下（乐观、一般和悲观）的工期估计值，其中一般情景等同于单点、确定式计算中的工期值。可以按照以下步骤开发这个模型：

活动	前置活动	后置活动	工期估计			工期分布	最早开始	最早结束	最晚开始	最晚结束	时差	关键活动?	关键活动概率
			乐观	一般	悲观								
X		A, B	0	0	0	0.0	0.0	0.0	0.0	0.0	0.00	1	1
A	X	C	30	40	60	43.3	0.0	43.3	0.0	43.3	0.00	1	1
B	X	D	15	20	30	21.7	0.0	21.7	20.0	41.7	20.00	0	0
C	A	E	15	25	40	26.7	43.3	70.0	43.3	70.0	0.00	1	1
D	B	E	20	25	40	28.3	21.7	50.0	41.7	70.0	20.00	0	0
E	C, D	F, G, H	40	45	65	50.0	70.0	120.0	70.0	120.0	0.00	1	1
F	E	I, J	30	60	95	61.7	120.0	181.7	120.0	181.7	0.00	1	1
G	E	K	35	45	60	46.7	120.0	166.7	140.0	186.7	20.00	0	0
H	E	L	40	45	60	48.3	120.0	168.3	163.7	212.0	43.67	0	0
I	F	M	30	35	50	38.3	181.7	220.0	186.7	225.0	5.00	0	0
J	F	M	30	40	60	43.3	181.7	225.0	181.7	225.0	0.00	1	1
K	G	M	25	30	60	38.3	166.7	205.0	186.7	225.0	20.00	0	0
L	H	N	28	32	42	34.0	168.3	202.3	212.0	246.0	43.67	0	0
M	I, J, K	N	18	20	25	21.0	225.0	246.0	225.0	246.0	0.00	1	1
N	L, M		35	40	50	41.7	246.0	287.7	246.0	287.7	0.00	1	1
								总工期	287.7				

图9.3 考虑活动工期不确定的项目关键路径计算模型

第一步：不同工期的概率分布

1. 在单元格H6中输入数值"0"。因为X为虚拟活动，所以它的三种情景的工期估计值皆设置为0，不指派概率分布。

2. 在单元格H7中输入公式"=RiskTriang(E7,F7,G7,RiskName(B7))"。这里，我们使用三角分布描述每个活动的工期变化。RiskName为一个@Risk函数，用以指定输入变量的名称，这里我们定义活动的名称为该活动工期随机变量的名称。

3. 复制单元格H7，选择区域H8:H20粘贴，形成所有活动工期的概率分布。

第二步：使用正推法和逆推法计算项目总工期并寻找关键路径

1. 正推法和逆推法的计算方法和确定式估计法一致，这里不再重复。只不过以每个变量的工期分布值（即区域H7:H20中的概率分布显示值）取代上面单点、确定式的活动工期值。由图9.3可以看到，活动A的工期分布显示值为43.3，这是因为@Risk指定当没有运行模拟时概率分布显示值为该分布的期望值。（也可以调整@Risk设置，使得概率分布显示值为你喜欢的某一个统计量，例如众数（Mode）或者中位数（Median）。

2. 在单元格J22中输入公式"=J20"，并点击@Risk的"Add Output"按钮，定义模型的输出变量。

第三步：定义关键活动

1. 在单元格N7中输入公式"=IF(ROUND(M7,1)=0,1,0)"，表示如果活动A的时差为0的话，该活动为关键活动，以1表示；否则为非关键活动，以0表示。由于Excel在计算时会自动进行"四舍五入"，所以当理论上时差为0的时候，Excel单元格也可能返回一个非常小的数（比如0.0000003），使得M7不等于0。为了避免这种情况发生，我们使用Round函数对M7中的数值四舍五入，保留小数后1位，这样可以减少因为Excel本身四舍五入导致的计算误差。

2. 复制单元格N7，选择区域N8:N20粘贴，对其他活动是否为关键活动进行定义。

第四步：定义关键活动概率

在单元格O7中输入公式"=RiskMean(N7)"。RiskMean为@Risk函数，用以返回单元格N7的模拟结果均值。对于单点、确定式计算，项目活动是否是关键活动本身是确定的。但是当进行随机模拟计算的时候，一个项目活动是否落在关键路径上不再是确定的。即使有些活动在绝大部分时间内是关键活动，也可能出现它不在关键路径上的极端情况。因此，我们使用RiskMean函数来计算该活动是关键活动的概率。使用模拟样本的均值作为判断关键活动的概率，其计算逻辑在于我们在第三步中使用IF语句定义了一个服从伯努利分布的变量，而对于伯努利分布来说，成功事件出现的概率的最佳估计等于其样本均值。

复制单元格O7，选择区域O8:O20粘贴，计算其他活动是关键活动的概率。

结果解读（问题1）

在@Risk功能区上的"Iterations"处的下拉菜单中选择"5000"，指定抽样数为5 000，然后，点击@Risk"Simulation"功能区中的"Start Simulation"，开始模拟。模拟结束后，返回考虑活动工期不确定情况下的项目总工期的概率分布以及其他模拟统计量。

下面对问题1"根据表9.1提供的数据，以单点、确定式方法找到项目关键路径，并计算项目总工期。"的结果进行解读。

从图9.2可以看到，单点、确定式方法计算的项目总工期为270天，项目活动X、A、C、E、F、J、M、N的时差为0天，因为X为虚拟变量，所以项目关键路径为：A→C→E→F→J→M→N。

结果解读（问题2）

下面对问题2"根据表9.2提供的活动工期三点估计值，计算项目总工期的概率分布，并计算每个活动出现在项目关键路径上的概率。"的结果进行解读。

从图9.4可以看到，考虑活动工期不确定情况下的项目总工期的最小值为240.68天，最大值为346.03天，均值为289.66天，标准差为16.93天。由图9.5可以看到，项目总工期大于270天的概率为87.1%。由此可见，单点、确定式的计算方法得到的结果过于乐观了。

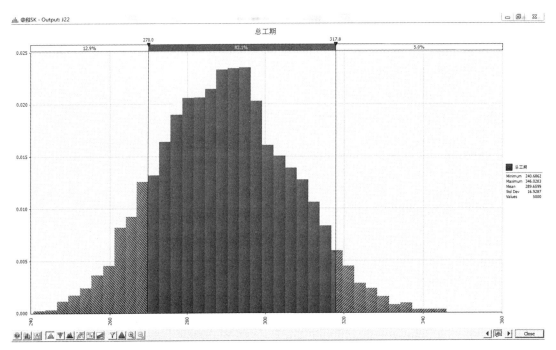

图9.4 考虑活动工期不确定情况下的项目总工期概率密度图

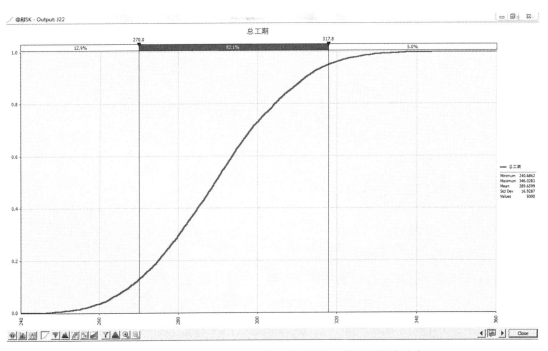

图9.5 考虑活动工期不确定情况下的项目总工期累积概率分布图

活动	前置活动	后置活动	工期估计			工期分布	最早开始	最早结束	最晚开始	最晚结束	时差	关键活动?	关键活动概率
			乐观	一般	悲观								
X		A, B	0	0	0	0.0	0.0	0.0	0.0	0.0	0.00	1	1
A	X	C	30	40	60	43.3	0.0	43.3	0.0	43.3	0.00	1	0.9846
B	X	D	15	20	30	21.7	0.0	21.7	20.0	41.7	20.00	0	0.016
C	A	E	15	25	40	26.7	43.3	70.0	43.3	70.0	0.00	1	0.9846
D	B	E	20	25	40	28.3	21.7	50.0	41.7	70.0	20.00	0	0.016
E	C, D	F, G, H	40	45	65	50.0	70.0	120.0	70.0	120.0	0.00	1	1
F	E	I, J	30	60	95	61.7	120.0	181.7	120.0	181.7	0.00	1	0.8902
G	E	K	35	45	60	46.7	120.0	166.7	140.0	186.7	20.00	0	0.1104
H	E	L	40	45	60	48.3	120.0	168.3	163.7	212.0	43.67	0	0.0002
I	F	M	30	35	50	38.3	181.7	220.0	186.7	225.0	5.00	0	0.2236
J	F	M	30	40	60	43.3	181.7	225.0	181.7	225.0	0.00	1	0.6698
K	G	M	25	30	60	38.3	166.7	205.0	186.7	225.0	20.00	0	0.1104
L	H	N	28	32	42	34.0	168.3	202.3	212.0	246.0	43.67	0	0.0002
M	I, J, K	N	18	20	25	21.0	225.0	246.0	225.0	246.0	0.00	1	0.9998
N	L, M		35	40	50	41.7	246.0	287.7	246.0	287.7	0.00	1	1

总工期 287.7

图9.6 抽取5 000个样本后的关键活动概率模拟均值

图9.6展示了抽取5 000个样本后的关键活动概率模拟均值。从中可以看到：

（1）虚拟活动X、活动E和活动N的概率为1，说明这三个活动不管模拟情景如何，肯定在项目关键路径上。回顾图9.1可以发现，实际上这三个活动是项目关键路径的"必经之路"。

（2）活动A和活动C的关键活动概率都为0.9846。两者数值相同是正确的，因为如果A在关键路径上，那么C肯定也在关键路径上；反之亦然。概率为0.9846说明A和C基本上是关键活动，除非极特别的情况出现。

（3）活动F为关键活动的概率为0.8902、活动G的概率为0.1104、活动H的概率为0.0002，说明在5 000次模拟抽样中，有89%的抽样中F为关键活动，有11%的抽样中G为关键活动，而活动H只在0.02%的抽样中为关键活动。

（4）活动I的关键活动概率为0.2236、活动J的概率为0.6698，二者共同的前置活动为F，而F仅有I和J两个后置活动。I、J两者之和为0.8934，大于F为关键活动的概率0.8902。理论上看，这是不正确的，导致这个错误的原因在于Excel在计算时的四舍五入行为。不过误差很小，对于问题的正确理解不产生影响，因此可以忽略不计。

结果解读（问题3）

下面对问题3"识别对项目总工期的不确定性影响较大的项目活动。"的结果进行解读。

图9.7给出了影响项目总工期不确定性的活动因素飓风图。从中可以看到，活动F对项目总工期的影响是最大的，它与项目总工期的秩相关系数达到了0.72，往下依次是A、E、C、J、N。其他几个活动的影响可以忽略不计。这样，为了有效减少项目总工期的估计的

不确定性，首先应该收集关于F的信息，进一步明确它的工期变化情况。图9.8展示活动F与项目总工期之间的模拟样本的散点图，从中可以看到两者具有较强的相关性趋势，当F的工期增加时，项目总工期也有明显的增加趋势。

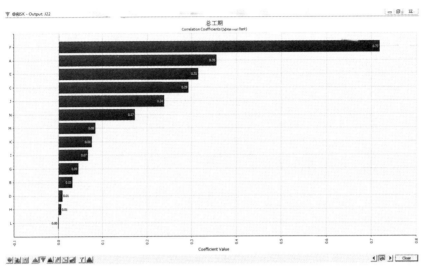

图9.7　影响项目总工期不确定性的活动因素飓风图

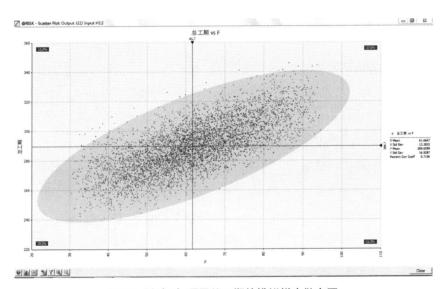

图9.8　活动F与项目总工期的模拟样本散点图

练习

在指派项目活动工期的概率分布时，选择PERT分布取代三角分布，观察项目总工期模拟结果的变化。

Chapter Ten

保险赔付损失计算

复合随机过程建模

一个复合随机过程（Compound Stochastic Process）描述了一种特殊的随机变量：其本身是多个数目的随机变量之和，变量数目本身也是一个随机变量。例如，某一大型商场在某一时间段顾客购买额服从对数正态分布，同时在这一时间段内肯出钱购买商品的顾客数服从泊松分布，那么这一时间段内顾客的购买总额就服从一个复合随机过程。我们用 N 表示肯出钱购买商品的顾客数（随机变量），X 表示每个顾客的购买额（随机变量），N 与 X 相互独立，用 S_c 表示顾客的总购买额（随机变量），可以用式（10-1）计算 S_c：

$$S_c = \sum_{i=1}^{N} X_i. \qquad (10\text{-}1)$$

通过式（10-1）可以清晰地看到，S_c 是 N 个独立同分布的随机变量 X 之和，其中 N 本身也是随机变量。

针对复合随机过程的计算本身并不复杂，但是人们在 Excel 环境下计算复合随机过程经常会发生错误，主要表现在他们会以 $N \times X$ 的形式取代式（10-1）来计算 S_c，我们使用 S_p 来表示 N 与 X 的乘积。那么 S_p 等于 S_c 吗？我们可以计算一下两者的期望和方差，看看两者的区别之处。

$$\mathrm{E}(S_p) = \mathrm{E}(N \times X) = \mathrm{E}(N)\mathrm{E}(X). \qquad (10\text{-}2)$$

$$\mathrm{V}(S_p) = \mathrm{E}\big[(N \times X)^2\big] - \big[\mathrm{E}(N \times X)\big]^2 = \mathrm{E}(N^2)\mathrm{V}(X) + \mathrm{V}(N)\mathrm{E}^2(X). \qquad (10\text{-}3)$$

对于随机变量 S_c，其均值和方差计算如下：

$$\mathrm{E}(S_c) = \mathrm{E}\Big(\sum_{i=1}^{N} X_i\Big) = \mathrm{E}\big(\mathrm{E}(S_c \mid N)\big) = \mathrm{E}\big(N\mathrm{E}(X)\big) = \mathrm{E}(N)\mathrm{E}(X). \qquad (10\text{-}4)$$

$$\mathrm{V}(S_c) = \mathrm{E}\big(\mathrm{V}(S_c \mid N)\big) + \mathrm{V}\big(\mathrm{E}(S_c \mid N)\big) = \mathrm{E}\big(N\mathrm{V}(X)\big) + \mathrm{V}\big(N\mathrm{E}(X)\big) = \mathrm{E}(N)\mathrm{V}(X) + \mathrm{V}(N)\mathrm{E}^2(X)$$

$$(10\text{-}5)$$

由式（10-2）、（10-3）、（10-4）、（10-5）可以看出，S_c 与 S_p 的均值相同，方差不同，所以当以 S_p 取代 S_c 时会导致错误的结果。我们再以上面大型商场顾客购买商品的例子来解释一下两者的不同。如果采用 S_p 形式，那么计算中间有个隐含的假设：所有顾客的购买行为具有完全相关性。设想一下，如果一个顾客进入商场，其购买额为 X_1（X_1 为变量 X 中的一个随机样本），那么 N_1（N_1 为变量 N 中的一个随机样本）个顾客中其他 N_1-1 个人的购买额皆为 X_1。这种假设在现实中很难成立，而且与我们定义的复合随机过程不一致。

我们使用一个具体的例子展示两者的不同。假设大型商场某个时间段肯出钱购买商品的顾客数量服从 $\lambda = 2$ 的泊松分布，购买额服从 $\mu = 8.5$、$\sigma = 1.8$ 的对数正态分布，我们使用 @Risk 分别计算 S_p 和 S_c，两者的计算方法如上所述，其中，S_c 在 Excel 上的具体实现方式将在后面的保险赔付案例中加以详细说明。图10.1和图10.2为两者的概率密度叠加图和累积分布叠加图，从中可以看到，两者具有一定的差别，但是看得不是十分清楚。查看图形右侧的样本统计量可以看到，S_p与S_c的均值差别不大，分别为508 365.87和496 135.28，这与我们上面的理论计算结论一致。但是，S_p的样本最小值和样本最大值（分别为76.41和179 547 777.96）与S_c的样本最小值和样本最大值（分别为22 425.64和156 843 89.01）相比差别很大，S_p的极差范围明显要比S_c大很多。观察标准差也可以看到，两者的标准差分别为280 730 7.52和534 186.80，S_p的标准差要比S_c的标准差大很多，这也反映出S_p比S_c的可变性大很多。导致这种现象的原因在于：对于变量S_p，顾客的购买额具有完全相关性；而对于变量S_c，顾客的购买行为具有独立性，尽管整体上服从同一概率分布。

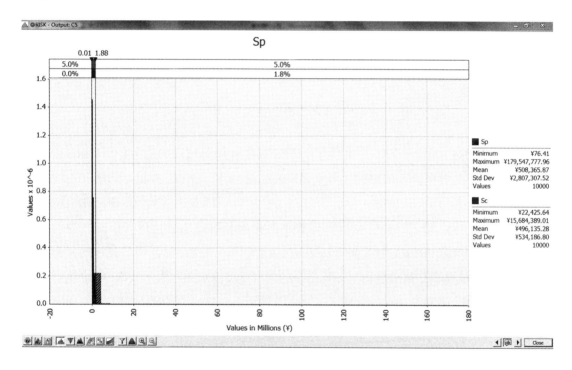

图10.1　S_p与S_c的概率密度叠加图

在基于Excel的风险分析模型中，经常会出现以S_p取代S_c的错误。这其中的部分原因在于Excel计算方式是一种确定式的计算方式。在确定式计算方式下，N和X都是单一确定的数，这时S_p与S_c相同。然而，在概率思维下两者不能等同。使用科学计算软件编制程序计算S_p和S_c时，一般不会犯错。但是许多人不喜欢编程进行计算，也不愿意放弃已习惯的计算工具Excel。这时，可能会造成确定式计算思维和概率式计算思维之间的混淆，应该尽量避免这种计算陷阱，错误地把S_p当作S_c会导致过高地估计变量的可变性。

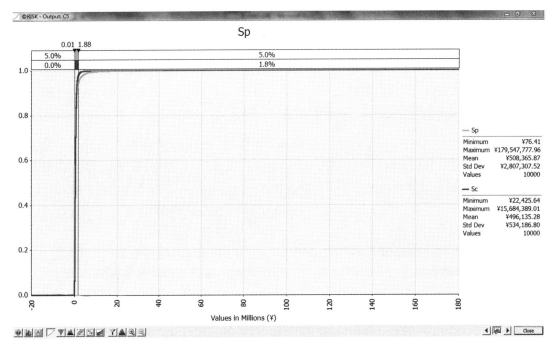

图10.2　S_p 与 S_p 的累积分布叠加图

@Risk在其5.5及以上版本中提供了一个计算复合随机过程的函数RiskCompound。RiskCompound函数包含四个参数，分别是Frequency、Severity、Duductible、Limit。其中，Frequency和Severity与上面分析的复合随机过程中的 N 和 X 含义一致，Deductible和Limit是可选项，用于保险赔偿损失计算中的扣除免赔额和赔付最高限额。我们使用RiskCompound(RiskPoisson(20), RiskLognorm2(8.5,1.8))再次计算上面的复合随机过程例子。以 S_{cr} 表示此随机变量的名称，计算结果的概率密度叠加图和累积概率分布图见图10.3和图10.4。从图10.3和图10.4右侧的统计量可以看到，S_c 与 S_{cr} 的结果比较相近，而 S_p 与它们的结果相差很大。RiskCompound可以计算简单形式的复合随机过程，但是当复合随机过程比较复杂时，RiskCompound将不能正常工作。为此，更为灵活的形式是设计一个只使用标准形式的@Risk概率分布函数，并利用Excel本身的函数来计算复合随机过程。下面，我们通过一个计算保险损失额度的例子来展示结合@Risk和Excel两个软件进行复合随机过程计算的方法。

10 保险赔付损失计算：复合随机过程建模

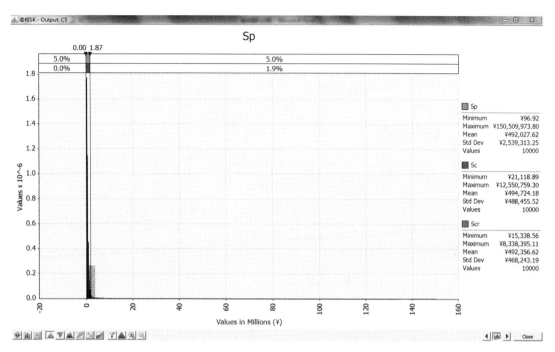

图10.3　S_p、S_c与S_{cr}的概率密度叠加图

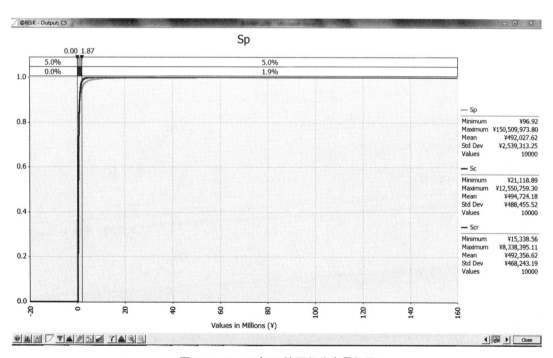

图10.4　S_p、S_c与S_{cr}的累积分布叠加图

案例描述

复合随机过程在保险赔付损失估计中是较常用的计算方法。一般来讲,对于某一保险政策,每年的索赔数量是一个随机变量N,对于每一笔索赔,赔偿额度为随机变量X。假设索赔之间的损失额度X_i独立同分布,并且独立于索赔数量N,那么保险公司的年度损失总额为$S_X=\sum_{i=1}^{N}X_i$。有些时候,保险政策中会包含一个免赔额d,其含义是保险公司在赔偿之前与被保险人事先约定由被保险人自行承担损失的金额数。如果损失额落在规定的数额内,保险公司将不负责赔偿。使用Y_i表示扣除免赔额之后的每笔索赔损失额度,则有:

$$Y_i = \begin{cases} 0 & 若\ X_i \geq d, \\ X_i - d & 若\ X_i > d. \end{cases} \quad (10-6)$$

那么,扣除免赔项后的年度损失总额为$S_Y=\sum_{i=1}^{N}Y_i$。

另外,假设该保险公司希望通过购买再保险来转移部分风险,再保险包含底级限额A和顶级限额L。对于每笔索赔,扣除免赔额后的损失如果落在A与L之间的话,那么多出A的损失部分由再保险公司承担;如果扣除免赔额后的损失大于L,那么多于L的损失部分由保险公司自身承担。由再保险公司承担的损失额度计算公式如下:

$$R_i = \begin{cases} 0 & 若\ Y_i \leq A, \\ Y_i - A & 若\ A < Y_i \leq A+L, \\ L & 若\ Y_i > A+L. \end{cases} \quad (10-7)$$

这样在购买再保险之后,对于每笔索赔保险公司净损失为$Z_i = Y_i - R_i$,保险公司的年度净损失为$S_Z=\sum_{i=1}^{N}Z_i$。

问题

现在假设N服从λ等于20的泊松分布,X服从$\mu=8.5$、$\sigma=1.8$的对数正态分布,d等于1 000,A等于250 000,L等于500 000。利用复合随机过程原理计算:

1. 保险公司的年度损失总额;
2. 保险公司在扣除免赔额之后的年度损失总额;
3. 如果保险公司没有购买再保险,只是在保险政策中规定了最高赔付限额为250 000,那么其年度损失总额为多少?
4. 再保险公司分摊的年度损失总额;
5. 扣除免赔额和再保险公司分摊损失之后的保险公司年度净损失总额。

解决方法和步骤

在Excel环境下，如果不进行编程，那么没有直接计算复合随机过程的方法，只能采取近似的计算方法，思想如下：设置一个充分大的索赔数量上限，这里的充分大是指对于索赔数量服从的泊松分布，其样本值大于这个上限的概率非常低。对于每一次随机抽样，会出现一个索赔数量（例如20个），计算每个索赔相对应的各种损失额，然后计算年度损失总额（对20个索赔对应的损失额求和）。其中，一个关键技术问题是每次抽样出现的索赔数量不是确定的，因此需要有个方法能够动态地根据不同的索赔数量计算损失总额。这里，我们采用Excel提供的引用函数INDEX来解决这个问题。图10.5展示了保险公司年度损失总额的模拟分析模型，读者可以按照以下步骤开发这个模型。

	A	B	C	D	E	F	G	H	I	J
1										
2		索赔数量	20							
3		损失分布	¥ 24,834.77							
4		免赔额	¥ 1,000.00							
5		赔付最高限额	¥ 250,000.00							
6		再保险底级限额	¥ 250,000.00							
7		再保险顶级限额	¥ 750,000.00		序号	年度损失总额	扣除免赔额	赔付最高限额	再保险分摊损失	年度净损失总额
8					1	24834.77084	23834.771	23834.77084	¥ -	¥ 23,834.77
9		年度损失总额	¥ 496,695.42		2	24834.77084	23834.771	23834.77084	¥ -	¥ 23,834.77
10		扣除免赔额	¥ 476,695.42		3	24834.77084	23834.771	23834.77084	¥ -	¥ 23,834.77
11		赔付最高限额	¥ 476,695.42		4	24834.77084	23834.771	23834.77084	¥ -	¥ 23,834.77
12		再保险分摊损失	¥ -		5	24834.77084	23834.771	23834.77084	¥ -	¥ 23,834.77
13		年度净损失总额	¥ 476,695.42		6	24834.77084	23834.771	23834.77084	¥ -	¥ 23,834.77
14					7	24834.77084	23834.771	23834.77084	¥ -	¥ 23,834.77
15					8	24834.77084	23834.771	23834.77084	¥ -	¥ 23,834.77
105					98	24834.77084	23834.771	23834.77084	¥ -	¥ 23,834.77
106					99	24834.77084	23834.771	23834.77084	¥ -	¥ 23,834.77
107					100	24834.77084	23834.771	23834.77084	¥ -	¥ 23,834.77
108										

图10.5 保险公司年度损失总额模拟分析模型

第一步：不考虑免赔额和再保险的年度损失总额

1. 在区域E8：E107中输入"1，2，3，…，100"，代表可能出现的年度索赔数量。在本例中，年度索赔数量服从$\lambda=20$的泊松分布，可以算出年度索赔数量为100次的概率为2.79967E-37，超过100的累积概率可以近似为0，这也就是说年度索赔数量几乎不可能出现大于100次的情况，因此可以认为100充分大了。

2. 在单元格F8中输入公式"=RiskLognorm2(8.5,1.8)"，用于代表每次索赔可能的损失大小。RiskLognorm2为Excel函数，返回服从$\mu=8.5$、$\sigma=1.8$的对数正态分布的随机数。

3. 复制单元格F8，选择区域F9：F107粘贴，形成索赔数量为100时每次索赔可能的损失大小。根据题意，每次索赔的损失大小相互独立，因此这里给出100个RiskLognorm2(8.5,1.8)，它们之间相互独立。

4. 在单元格C9中输入公式"=SUM(F8:INDEX(F8:F107,C2,1))"，用以计算不考虑免赔额和再保险的年度损失总额。其中，INDEX为Excel函数，用以根据C2单元格的数值返回区域F8：F107中某个单元格的引用地址。例如，当C2中索赔数量随机样本值为20时，INDEX(F8:F107, 20,1)将返回F27的引用地址。这样C9的计算结果就为年索赔数量为20时的年损失总额SUM(F8:F27)。通过这样方式，可以动态地计算保险公司的年损失总额。

第二步：扣除免赔项

1. 在单元格G8中输入公式"=IF(F8<=$C$4,0,F8-$C$4)"，表示扣除免赔额1 000情况下的每笔索赔损失；

2. 复制单元格G8，选择区域G9：G107粘贴，形成索赔数量为100次时每次索赔扣除免赔额的损失大小；

3. 在单元格C10中输入公式"=SUM(G8:INDEX(G8:G107,C2,1))"，用以动态地计算保险公司扣除免赔额后的年度损失总额。

第三步：赔付最高限额

1. 在单元格H8中输入公式"=IF(G8<=$C$5,G8,$C$5)"，表示采取最高赔付限额政策并扣除免赔额1 000情况下的每笔索赔损失；

2. 复制单元格H8，选择区域H9：H107粘贴，形成索赔数量为100次时每次索赔的损失大小；

3. 在单元格C11中输入公式"=SUM(H8:INDEX(H8:H107,C2,1))"，用以动态地计算保险公司采取最高赔付限额和扣除免赔额后的年度损失总额。

第四步：再保险分摊损失

1. 在单元格I8中输入公式"=MAX(0,MIN(G8-$C$6,$C$7-$C$6))"，表示再保险公司对每笔索赔承担的损失额。

2. 复制单元格I8，选择区域I9：I107粘贴，形成索赔数量为100次时每次索赔再保险公司承担的损失大小；

3. 在单元格C12中输入公式"=SUM(H8:INDEX(I8:I107,C2,1))"，用以动态地计算再保险公司的年度损失总额。

第五步：年度净损失总额

1. 在单元格J8中输入公式"=G8-I8"，表示保险公司考虑免赔额和再保险的每笔索赔损失额。

2. 复制单元格J8，选择区域J9：J107粘贴，形成索赔数量为100次时每次索赔保险公司的损失大小；

3. 在单元格C13中输入公式"=SUM(H8:INDEX(J8:J107,C2,1))"，用以动态地计算保险公司考虑免赔额和再保险的年度净损失总额。

第六步：模拟输出变量

选择区域C9：C13，点击@Risk的"Add Output"按钮，指定模拟输出变量。

结果解读（问题1-5）

在@Risk功能区上的"Iterations"处的下拉菜单中选择"10000"，指定抽样数为10 000，然后，点击@Risk"Simulation"功能区中的"Start Simulation"。图10.6给出了不考虑免赔额和再保险的年度损失总额概率密度图，图10.7给出了考虑免赔额的年度损失总额概率密度图。

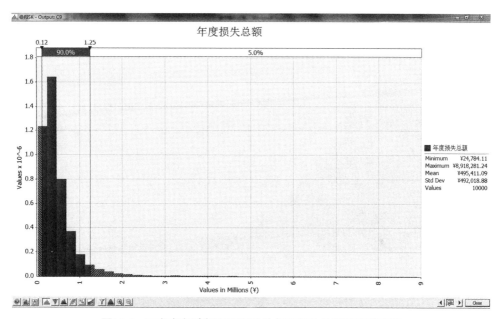

图10.6 不考虑免赔额和再保险的年度损失总额概率密度图

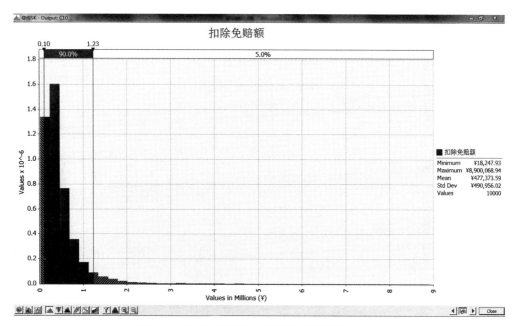

图10.7 考虑免赔额的年度损失总额概率密度图

对比图10.6和图10.7可以看到，由于免赔额比较小，因此考虑免赔额和不考虑免赔额下的年度损失总额差别不大。

图10.8给出了考虑赔付最高限额的年度损失总额概率密度图，图10.9给出了再保险分摊年度损失总额概率密度图，图10.10给出了再保险分摊年度损失总额累积概率分布图。

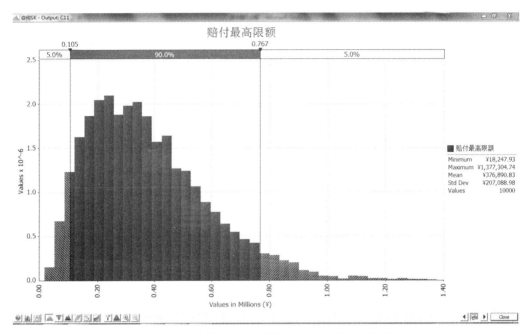

图10.8　考虑赔付最高限额的年度损失总额概率密度图

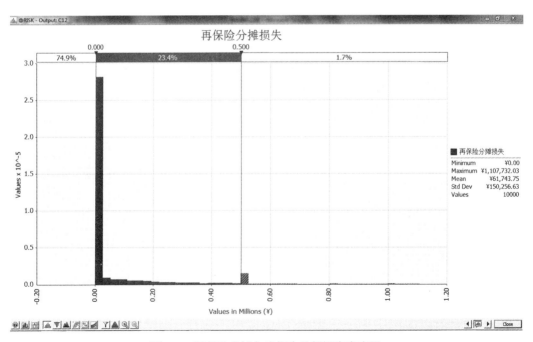

图10.9　再保险分摊年度损失总额概率密度图

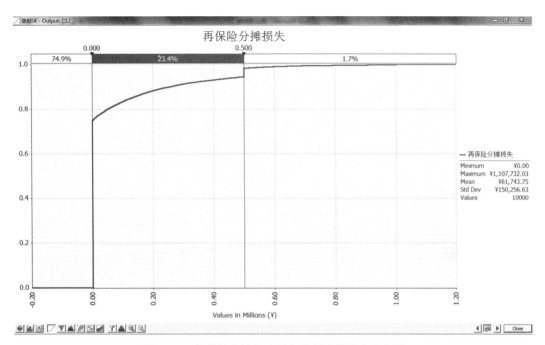

图10.10 再保险分摊年度损失总额累积概率分布图

由图10.9和图10.10可以看到，再保险分摊损失发生的可能性在0.25左右，在再保险分摊损失发生的情景中，再分摊损失额大于500 000的可能性只有0.017。

图10.11给出了考虑免赔额和再保险的年度损失总额概率密度图。

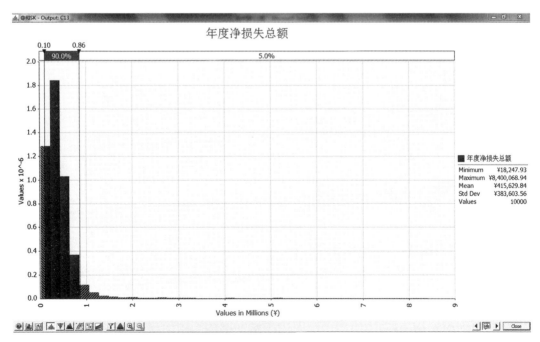

图10.11 考虑免赔额和再保险的年度损失总额概率密度图

图10.12和图10.13分别给出了考虑赔付最高限额和只考虑免赔额的年度损失概率密度叠加图和累积概率分布叠加图。从图中可以看到，考虑赔付最高限额对于减少保险公司的年度损失总额能够起到很大的作用，尽管最小值没有变化，但是赔付最高限额的使用有效降低了高位的赔付额，年度损失总额均值由477 373.59降低到376 890.83。由图10.13可以看到，考虑赔付最高限额方案要明显占优于只考虑免赔额的方案。

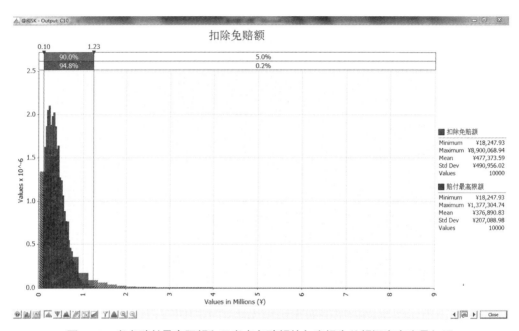

图10.12　考虑赔付最高限额和只考虑免赔额的年度损失总额概率密度叠加图

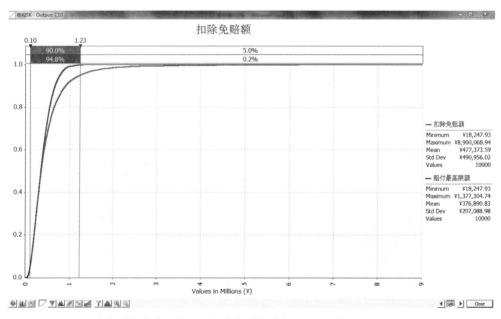

图10.13　考虑赔付最高限额和只考虑免赔额的年度损失总额累积概率分布叠加图

图10.14和图10.15分别给出了考虑再保险和只考虑免赔额的年度损失总额概率密度叠加图和累积概率分布叠加图。从图中可以看到，再保险的使用有效降低了保险公司的年度损失总额，其均值由477 373.59降低为415 629.84。由图10.15可以进一步看出，再保险方案明显优于只考虑免赔额的方案，不过这里没有考虑再保险需要的费用。

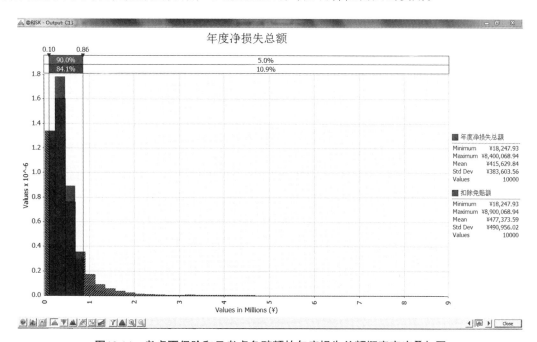

图10.14　考虑再保险和只考虑免赔额的年度损失总额概率密度叠加图

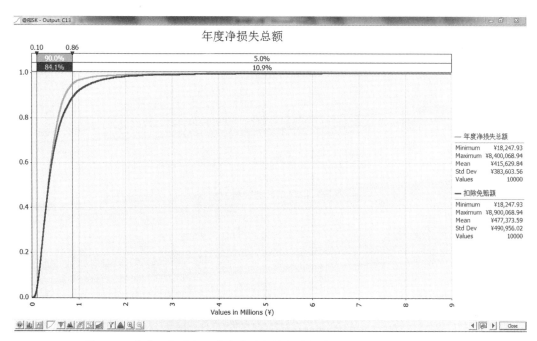

图10.15　考虑再保险和只考虑免赔额的年度损失总额累积概率分布叠加图

本例中采用的复合随机过程计算方法灵活可靠，只要实现设定的最大索赔数量足够大，那么就可以使用Excel的INDEX函数动态地计算不同条件下的保险公司年度损失额度。尽管@Risk提供了计算复合随机过程函数RiskCompound，但是它只能用于简单形式的复合随机过程计算，当计算略为复杂时，RiskCompound将不再适用。

Chapter Eleven

新药开发决策

贝叶斯不确定性建模

新药开发过程具有较高的复杂性和不确定性，而且前期投入非常大，失败率也非常高。许多因素导致了整个过程的不确定性，增加了新药开发决策的难度，例如从动物到人体的试验对象转换效果不确定、剂量—效果关系不确定等等。因为前期研发投入大而且成功率低，所以新药开发决策面临较高风险。为了减少风险发生带来的影响，制药公司通常实行阶段性投资决策，即不一次性投入所有资源，而是阶段性投入，根据收集到的信息不断调整决策，从而减少可能的决策风险。

根据决策理论，不确定性可以分为两种：（1）随机可变性，即系统本身的属性，它不会因为测量和研究活动而发生改变，除非系统的物理属性发生了变化；（2）主观不确定性，即人们对于系统状态估计结果的主观置信度。随着新信息的不断出现，这种主观不确定性会不断减少。随机可变性和主观不确定性合在一起形成了系统状态的整体不确定性，这种不确定性影响和制约着人们预测未来的能力，导致决策风险的发生和有利机会的丧失。

在新药开发过程中，由于缺乏历史数据而新信息不是很多，可能会导致主观不确定性比较高。在这种情况下，一个比较好的做法是：决策者首先以较小的投资进行初步实验，目的在于获取有用的新信息。尽管新信息也不能完全描述系统的不确定性，但是可以利用新信息对系统状态进行再估计。如果再估计结果表明进一步开发具有较高的可行性，那么决策者就可以考虑投入更多的资源。在这一过程中，决策者需要事先进行的工作是：判断即将进行的实验收集到的新信息是否会给决策带来实质性帮助，并确定新信息的决策价值是否超过了收集信息的成本。如果信息的决策价值小于收集信息的成本，那么投入较小的资源来换取新信息的决策就没有必要了。

下面，我们通过一个案例来展示如何使用@Risk来计算新药开发过程中的不完全信息价值，并展示如何利用新信息为决策提供支持和帮助。

案例描述

一种新药已经在100个病人身上做过临床测试，发现有2个病人出现红疹不良反应。药物监管部门规定，只有造成不良反应的比率小于等于4%的药物才可以通过检验。制药公司管理者决定进一步收集信息，以确定出现不良反应的比率，并决定只有对"出现不良反应的比率小于等于4%"的主观置信度大于等于95%时，才进一步开发此药物，否则停止该药物的开发活动。假设进一步开发此药物的成本为180万元，如果药物投入市场后出现红疹的不良反应实际比率小于等于4%，即达到国家药物监管部门规定标准，那么公司可以获得净利润350万元。收集信息意味着对更多的病人做临床测试,测试费用为0.15万元/人(Vose, 2008)。

问题

请判断应该进一步在多少病人身上做临床测试,可以使得期望利润达到最大?

解决方法和步骤

根据案例描述,制药公司面临的决策形势如下:药物已经对100个病人做过临床测试,出现红疹的不良反应人数为2人。根据这些信息,出疹率小于等于4%的置信度无法达到公司要求的95%,于是公司考虑再选择一些病人做临床测试。根据新出疹人数,并结合以前的信息,重新估计出疹率。由于测试费用比较昂贵,所以公司需要确定再测试多少人可以获得足够多的信息,并需要在信息价值和信息成本之间做出优化选择。图11.1给出了制药公司新药开发决策要素的影响图。

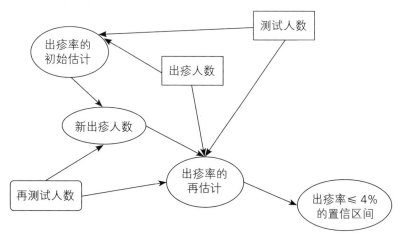

图11.1 新药开发决策要素影响图

这个案例中一个关键技术问题是:如何根据测试人数和出现红疹不良反应人数来估计新药物的出疹率?根据题意可知,新药导致病人出现红疹这一随机过程服从出疹率为p的二项分布。尽管p本身是一个固定的数值,但是根据已知的测试人数和出疹人数,只能给出出疹率的主观估计不确定分布,那么如何根据测试人数和出疹人数确定这个不确定分布呢?此外,如何根据再测试人数和新出疹人数来重新估计出疹率的不确定分布呢?实际上,通过贝叶斯定理可以知道,二项分布成功率p的估计服从Beta分布,这给我们提供了一个解题的方法和工具。下面给出部分证明过程,详情请参见Vose（2008）。

假设一个二项分布中,试验次数为n,成功概率为p,那么成功次数为x服从

$$p(x) = \binom{n}{x} p^x (1-p)^{n-x}. \tag{11-1}$$

如果我们对于p没有先验信息,并且不希望对p有任何理论假设,那么使用一个0—1均匀分布作为p的先验分布,已知试验次数为n和成功次数为s的情况下,通过贝叶斯定理可以得出式（11-2）：

$$f(p) = \frac{p^s(1-p)^{n-s}}{\int_0^1 t^s(1-t)^{n-s}dt}. \tag{11-2}$$

式（11-2）是一个Beta（s+1,n-s+1）分布的概率密度函数,这样二项分布的成功概率p服从Beta（s+1,n-s+1）分布。相类似地,可以证明如果关于p的先验分布服从,那么在试验次数为n和成功次数为s的情况下,p服从Beta（a+s,b+n-s）分布。

通过上述论证我们知道,可以使用Beta分布描述现有信息下对出疹率p的主观不确定性。公司在测试了100人后还不能以较高的置信度（95%）确定出疹率低于4%,于是增加一定测试人数继续观察。再测试人数确定后,新出疹人数是一个随机变量。根据再测试人数和新出疹人数并结合之前的测试和出疹人数,就可以再次对出疹率小于4%的置信度进行判断。如果置信度大于95%,那么继续开发药物;否则停止开发。在此案例中,确定再测试人数的决策判断标准是投资决策的期望价值。选择再测试带来的投资决策期望价值的增加体现了进一步收集到的信息的价值。图11.2展示了制药公司新药开发决策中的不完全信息价值分析模型,读者可以按照以下步骤开发这个模型。

	A	B	C	D	E	F	G	H
1								
2		药物开发成本	180	万元				
3		净现值	350	万元（如果出疹率在4%以下）				
4		临床测试费	0.15	万元/人				
5						序号	再测试人数	期望净现值
6		目标出疹率	4.00%			1	20	-3
7		置信度	95.00%			2	40	#N/A
8						3	60	#N/A
9		已测试病人数	100	人		4	80	#N/A
10		出现疹子人数	2	人		5	100	#N/A
11						6	200	#N/A
12						7	300	#N/A
13		出疹率估计值	2.94%			8	400	#N/A
14		<=4%的置信度	77.37%			9	500	#N/A
15						10	600	#N/A
16		再测试人数	20	人		11	700	#N/A
17		再测试费用	3	万元		12	800	#N/A
18						13	900	#N/A
19		新出现疹子人数	1	人		14	1000	#N/A
20		新出诊率估计值	3.28%			15	1500	#N/A
21		<=4%的置信度	71.74%			16	2000	#N/A
22						17	2500	#N/A
23		总净现值	-3	万元		18	3000	#N/A
24		期望净现值	-3	万元		19	3500	#N/A
25						20	4000	#N/A
26						21	4500	#N/A
27						22	5000	#N/A
28						23	5500	#N/A

图11.2 新药开发决策中的不完全信息价值分析模型

第一步：出疹率估计和<=4%的置信度

1. 在单元格C13中输入公式"=RiskBeta(C10+1,C9−C10+1)"。因为已测试人数为100，出现红疹的人数为2，所以出疹率估计值服从。

2. 在单元格C14中输入公式"=RiskTheoXtoP(C13,C6)"。RiskTheoXtoP为@Risk函数，用于计算某一个概率分布在某点处的累积分布概率。它有两个参数，第一个参数代表@Risk可以识别的一个理论概率分布，这里是Beta分布；第二个参数代表需要计算累积概率的点，这里是4%。

第二步：再测试人数和再测试费用

1. 在单元格C16中临时性输入"100"，表示再测试人数为100人；

2. 在单元格C17中输入公式"=C16*C4"，表示再测试费用。

第三步：出疹率再估计和再次计算<=4%的置信度

1. 在单元格C19中输入公式"=RiskBinomial(C16,C13)"。在单元格C13中，出疹率分布会产生一个随机样本值,以这个随机样本值作为出疹率，计算参加再测试人数中出现红疹不良反应的人数。

2. 在单元格C20中输入公式"=RiskBeta(C19+C10+1,C9+C16−C10−C19+1)"，用以在新信息出现的情况下再次估计出疹率，计算方法参见公式（11−2）；

3. 在单元格C21中输入公式"=RiskTheoXtoP(C20,C6)"，用以计算在新的分布下，出疹率小于等于4%的累积概率。

第四步：总净现值和期望净现值

1. 在单元格C23中输入公式"=IF(C21<C7,−C17,IF(C13>C6,−C2−C17,C3−C17))"，用以计算决策净现值。计算逻辑如下：如果新的出疹率估计值小于等于4%的累积概率小于95%，那么意味着公司将不再开发此药物，公司损失再测试费用；如果大于等于95%，但是最初测试下的出疹率估计值（它是再测试下出疹率的先验概率）大于4%，那么药物不能通过药物监管部门的检测，公司损失药物开发费用180万元和再测试费用；否则的话，公司能够以95%的置信度认为再次测试下的出疹率小于等于4%，并且初始出疹率估计值确实小于等于4%，那么公司获净收益350万元并减去再测试费用。

2. 在单元格C24中输入公式"=RiskMean(C23)"，用以计算总净现值的期望值。

第五步：定义输出变量

选择单元格C21和C23，点击@Risk的"Add Output"按钮，定义模型的输出变量。

第六步：计算最优再测试人数

1. 在单元格C16中输入公式"=RiskSimtable(G6:G30)，用以模拟计算不同再测试人数。

2. 在单元格H6中输入公式"=RiskMean($C$23,F6)"，用以计算再测试人数为20人（即RiskSimtable中的第一个数值）时的期望净现值。

3. 复制单元格H6，选择区域H7：H30粘贴，形成所有再测试人数下的期望净现值。

结果解读

我们首先在再测试人数为100人的情况下进行模拟分析。在@Risk功能区上的"Iterations"处的下拉菜单中选择"5000"，指定抽样数为5 000，然后，点击@Risk "Simulation"功能区中的"Start Simulation"，图11.3给出了模拟结果。从图11.3可以看到，已测试人数100人、2个出红疹不良反应者的情况下，只有77.37%的置信度认为出疹率小于等于4%。从图11.3中可以看到，新测试人数为100人的情况下的期望净现值为90.098万。

	A	B	C	D	E	F	G	H	I
1									
2		药物开发成本		180 万					
3		净现值		350 万	（如果出疹率在4%以下）				
4		临床测试费		0.15 万/人					
5						序号	再测试人数	期望净现值	
6		目标出疹率	4.00%			1	20	90.098	
7		置信性	95.00%			2	40	0	
8						3	60	0	
9		已测试病人数	100 人			4	80	0	
10		出现疹子人数	2 人			5	100	0	
11						6	200	0	
12						7	300	0	
13		出诊率估计值	2.94%			8	400	0	
14		<=4%的置信性	77.37%			9	500	0	
15						10	600	0	
16		再测试人数	100 人			11	700	0	
17		再测试费用	15 万			12	800	0	
18						13	900	0	
19		新出现疹子人数	3 人			14	1000	0	
20		新出诊率估计值	2.97%			15	1500	0	
21		<=4%的置信性	81.80%			16	2000	0	
22						17	2500	0	
23		总净现值	-15 万			18	3000	0	
24		期望净现值	90.098 万			19	3500	0	
25						20	4000	0	
26						21	4500	0	
27						22	5000	0	
28						23	5500	0	
29						24	6000	0	
30						25	6500	0	
31									

图11.3　再测试人数为100人的情况下的模拟结果

在新测试人数为100人的情况下，对出疹率再估计，得出出疹率再估计值小于等于4%的置信度的概率质量分布图，见图11.4。从图11.4可以看到，置信度小于95%的概率为68.7%，即有31.3%的可能置信度等于或超过95%。如果置信度等于或者超过95%，那么公司将进一步开发此药物；否则公司将停止该药物的开发工作。

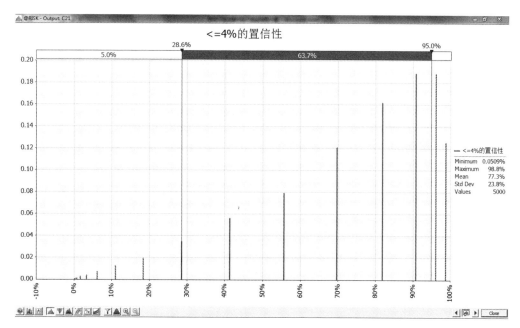

图11.4 再测试人数为100人的情况下出疹率再估计值小于等于4%的概率质量分布图

图11.5和图11.6展示了总净现值的概率质量分布图和累积概率分布图。从图11.5和图11.6可以看到，在新测试人数为100人的情况下，有30.5%的可能性公司会开发新药并且通过药物监管部门检测而获利，有0.8%的可能性公司会开发新药但是没有通过药物监管部门检测而亏损，有68.7%的可能性公司会决定不再开发新药而只支付再测试费。

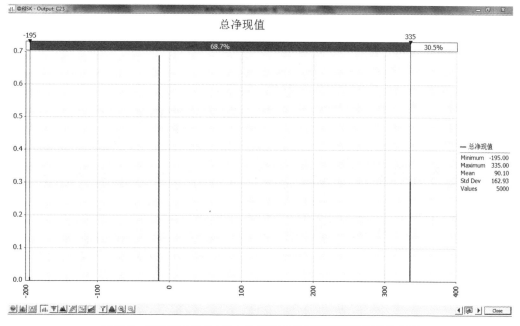

图11.5 再测试人数为100人的情况下总净现值概率质量分布图

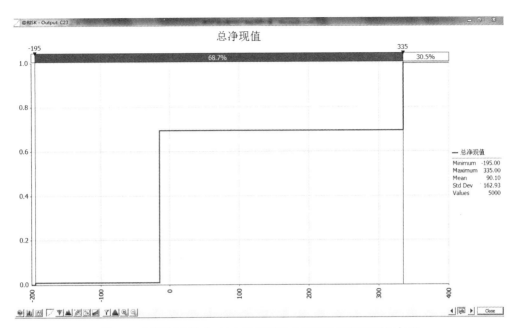

图11.6 再测试人数为100人的情况下总净现值累积概率分布图

我们在第六步中使用RiskSimtable函数计算多个不同的新测试人数下的期望净现值。与前面一样，我们选择抽样数为5 000次，在@Risk的模拟设置中把模拟次数1次改变为25次，然后，点击@Risk"Simulation"功能区中的"Start Simulation"，图11.7展示了多个新测试人数下的期望净现值结果及图示。从图11.7可以看到，当再测试人数在60到1 000人之间的时候，期望净现值大于0，在200到300人之间的时候期望净现值达到最大。

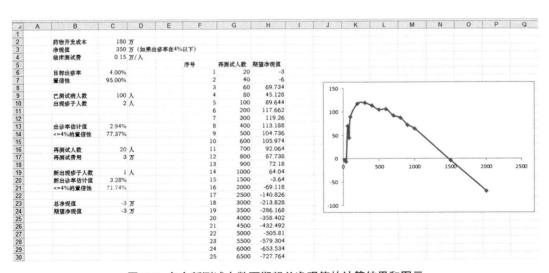

图11.7 多个新测试人数下期望总净现值的计算结果和图示

图11.8和图11.9给出了再测试人数为300人时，总净现值概率质量分布图和累积概率分

布图。可以看到在此情况下,公司开发新药并通过药物监管部门检测而获利的可能性为47.1%,公司开发新药但是没有通过药物监管部门检测而亏损的可能性为0.4%,公司决定不再开发新药而只支付再测试费的可能性为52.4%。相对于再测试人数为100人,再测试人数为300人可以进一步提高公司获利的可能性,因此,最优再测试人数可以在200至300人中间选择。

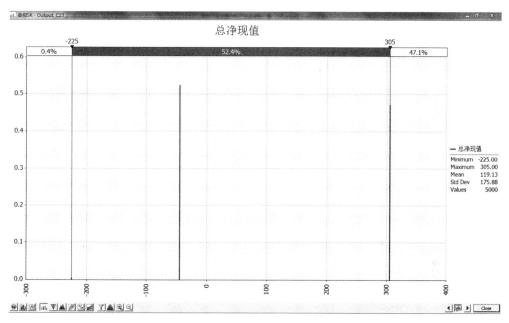

图11.8 再测试人数为300人的情况下总净现值概率质量分布图

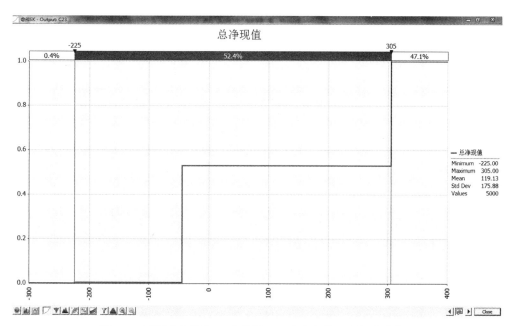

图11.9 再测试人数为300人的情况下总净现值累积概率分布图

练习

假设出现红疹的人数比例为测试人数的2%，请计算和比较测试人数为60、150、250人的情况下的出疹率估计小于等于4%的置信度。

Chapter Twelve

投资项目的经济分析

净现值法和内部收益法

投资项目的经济分析是指对项目的经济效益进行系统分析，并寻找如何有效利用资源取得更好的经济效益的方法。一个投资项目在经济上可行，就必须保证在预定的时间内收益超过成本。尽管还存在其他评判标准，但是经济效益上取得或者超过预定目标，一直是最重要的投资项目评价标准之一。

常用的投资项目的经济分析方法有两种：净现值法和内部收益率法。两种方法的计算原理不同，下面对它们做一个简短的介绍。

净现值法的计算公式如下：

$$\text{NPV} = \sum_{k=0}^{N} F_k (1+i)^{-k}. \tag{12-1}$$

其中，NPV代表净现值，i为最低吸引力收益率，k为计息期数，F_k为k期期末的未来现金流量，N为分析期。一个投资项目的净现值是指这个项目超过投资者最低利润要求的利润金额，这里的最低利润要求是假设现金流用于其他用途产生的收益率，最低吸引力收益率。

内部收益率法的计算公式如下：

$$\sum_{k=0}^{N} R_k (1+i')^{-k} = \sum_{k=0}^{N} E_k (1+i')^{-k}. \tag{12-2}$$

其中，k为计息期数，N为分析期，R_k为k期期末的净收入，E_k为k期期末的净支出，（12-2）式成立时的i'为要计算的内部收益率。给（12-2）式做一个简单的变形，可以得到公式（12-3）：

$$\text{NPV} = \sum_{k=0}^{N} R_k (1+i')^{-k} - \sum_{k=0}^{N} E_k (1+i')^{-k} = 0. \tag{12-3}$$

也就是说，内部收益率法不再使用最低吸引力收益率来计算整个项目的NPV，而是计算NPV为0时的收益率i'。

大多数投资项目的经济分析都具有一些共同的特点（Sullivan等，2007）。例如，不同投资项目的经济分析尽管不完全相同，但是分析结构基本类似。经济效益计算方法具有通用化和固定化特点，不同之处在于每个投资项目的具体数据和参数不同，因此可以编写固定的程序和函数来自动化处理数据和计算。投资项目的经济效果分析不同于科学计算，它的数据提供者和结果审阅者都是管理人员。管理人员一般不太关注具体的计算公式，而是希望能够清晰地看到计算过程，并以图表的形式去展示计算结果。此外，管理者往往希望以组织或个人的习惯去控制数据和图表的输出格式以及展示形式。这些特点的存在使得Excel成为投资项目经济分析的首选工具。在Excel中，函数NPV和IRR可以用来计算具有固定格式的现金流的净现值和内部收益率。

投资项目的经济分析：净现值法和内部收益法

一个投资项目的经济分析是在对该项目未来的发展和状态进行预测的基础上进行的。项目未来状态的可变性、项目发展过程中遭遇到的不确定事件和变化、分析者目前掌握信息的不完全性都会影响到预测和分析结果的可信性。为此，一个正确而且可信的投资项目经济分析应该包括风险分析，计算经济指标的变化范围并识别出主要的风险驱动因素。基于Excel的投资项目经济分析，采用单点、确定的计算方式，其计算结果也表现为单点数值，例如NPV等于800万，IRR等于18%等。这显然不符合分析未来对象具有较大不确定性的特点，其结果的可信性也值得怀疑。以量化风险分析取代单点、确定的分析方式，可以更好地展现投资项目的经济效果的不确定性和风险，从而为投资决策提供更为丰富的信息帮助。

下面，我们用一个案例来展示如何使用@Risk对一个投资项目的经济效益进行量化风险分析。

案例描述

假设一家公司正在对一个项目的经济效益进行分析和评价。项目的投资分析期为5年，最低吸引力收益率MARR为15%。项目的初始投资成本为17 000万元，第一年收入为17 000万元，第一年成本为15 000万元，收入和成本的年增长率皆为10%。尽管投资分析期为5年，但是项目的经济寿命（即可以产生利润的时期）很长。在此假设基础上，公司对项目的经济指标NPV和IRR进行了分析。同时，公司认为单点、确定式的分析结果具有较大的不确定性，希望通过风险分析明晰经济指标的变化范围，以便减少决策风险。为此，分析师进一步调研，给出了下面的数据。

表12.1 投资项目经济分析数据

输入变量	最小值	最可能值	最大值
初始投资成本（万元）	14 000.00	17 000.00	23 000.00
第一年收入（万元）	15 200.00	17 000.00	18 000.00
收入增长率	9.50%	10.00%	10.50%
第一年成本（万元）	14 500.00	15 000.00	15 500.00
成本增长率	9.50%	10.00%	10.50%

问题

1. 采用单点、确定的方式计算项目净现值和内部收益率。
2. 采用数量风险分析方法计算项目净现值和内部收益率的概率分布。
3. 识别主要的风险驱动因素。
4. 比较量化风险分析下的项目净现值和内部收益率两种方法的使用特点。

解决方法和步骤

图12.1展示了投资项目经济分析的完整模型，模型在布局上分为三个部分：输入变量、现金流计算和输出变量。读者可以按照以下步骤开发这个模型。

	A	B	C	D	E	F	G	H
1								
2			最小值	最可能值	最大值	概率分布		
3		初始投资成本（万）	14000.00	17000.00	23000.00	17000.00		
4		第一年收入（万）	15200.00	17000.00	18000.00	17000.00		
5		收入增长率	9.50%	10.00%	10.50%	10.00%		
6		第一年成本（万）	14500.00	15000.00	15500.00	15000.00		
7		成本增长率	9.50%	10.00%	10.50%	10.00%		
8								
9		最低吸引率收益率	15%					
10								
11		时间	初始投资	年收入	年成本	残值	年现金流	
12		现在（第0年）	-17000.00				-17000.00	
13		第1年		17000.00	15000.00		2000.00	
14		第2年		18700.00	16500.00		2200.00	
15		第3年		20570.00	18150.00		2420.00	
16		第4年		22627.00	19965.00		2662.00	
17		第5年		24889.70	21961.50	19521.33	22449.53	
18								
19		项目净现值（万）	677.23					
20		内部收益率	16.12%					
21								

图12.1 投资项目经济模型

第一步：输入变量

1. 在单元格F3中输入公式"=RiskTriang(C3,D3,E3)"。根据案例给出的数据，定义输入变量为三角分布，其中最可能值等于单点、确定式分析下的估计值。

2. 复制单元格F3，选择区域F4:F7粘贴，定义其他输入变量的概率分布。

第二步：计算现金流

1. 在单元格C12中输入公式"=–F3"，表示初始投资成本，假设它发生的时间点为现在，而且是一次性全部投入；

2. 在单元格D13中输入公式"=F4"，表示第1年的年收入；

3. 在单元格E13中输入公式"=F6"，表示第1年的年成本；

4. 在单元格D14中输入公式"=D13*(1+$F$5)"，表示第2年的年收入为第1年的年收入基础上按F5中的收入增长率增长；

5. 在单元格E14中输入公式"=E13*(1+$F$7)"，表示第2年的年成本为第1年的年成本基础上按F7中的成本增长率增长；

6. 复制区域D14：E14，选择区域D15:E17粘贴，形成其他年份的年收入和年成本；

7. 在单元格F17中输入公式"=(D17–E17)/C9"，用于计算项目在第5年末的残值。题意中没有给出项目残值，只是说明尽管项目的分析期为5年，但是项目的经济寿命还很长。

这里，我们采用资本化值法计算项目残值。资本化值本意是计算无限长时间内所有收入和费用的现值。假设我们可以把所有的收入和费用换算成等额支付的年金，那么可以使用下面公式计算无限长时间内的所有收入和费用的现值：

$$CW = PW_{N \to \infty} = A \lim_{N \to \infty} \frac{(1+i)^N - 1}{i(1+i)^N} = A\left(\frac{1}{i}\right). \qquad (12-4)$$

其中，CW代表资本化值，PW代表现值，A代表等额支付年金值，N为分析期，i为预期收益率。根据公式（12-4）我们知道，如果想计算无限长时期内的所有收入和费用的现值，只要使用等额支付年金除以预期的收益率即可。一个项目具有无限长的经济寿命是不可能的，但是这种方法为具有相当长的经济寿命的项目的残值提供了一种近似计算的方法。

8. 在单元格G12中输入公式"=D12–E12+C12+F12"，计算第0年的净收益现金流；

9. 复制单元格G12，选择区域G13：G17粘贴，形成其他所有年份的净收益现金流。

第三步：输出变量

1. 在单元格C19中输入公式"=NPV(C9,G13:G17)+G12"，计算项目的净现值。NPV为一个Excel函数，用于计算具有固定格式的现金流的净现值。它有2个参数，第1个参数是最低吸引力收益率，第2个是现金流数据。其中，现金流数据从第1年开始，到最后1年结束。Excel的NPV函数在计算时不考虑第0年的初始投资，因此为了计算项目的净现值，在NPV函数的后面要加上负的初始投资额。

2. 在单元格C20中输入公式"=IRR(G12:G17)"，计算项目的内部收益率。IRR要求现金流具有固定间隔，而且整个现金流至少包括一个正的和一个负的现金数值。

3. 选择单元格C19和C20，点击@Risk"Model"功能区中的"Add Output"，并为相应的输出变量命名。这里，我们分别定义它们的名称为"项目净现值"和"内部收益率"。

结果解读（问题1）

下面对问题1"采用单点、确定的方式计算项目净现值和内部收益率。"的结果进行解读。

图12.1实际上已经给出了单点、确定的计算方式下的项目净现值和内部收益率。因为我们已经指定每个输入变量的概率分布静态抽样值（即在没有开始模拟时的显示值）为其最可能值，而题意中已经说明概率分布最可能值即为单点、确定的计算方式下的变量取值，因此图12.1中显示的项目净现值和内部收益率计算结果即为单点、确定方式下的计算结果。

从图12.1可以看到，项目净现值为677.23万元，大于0；内部收益率为16.12%，大于最低吸引力收益率15%。所以，该项目值得投资。

结果解读（问题2）

下面对问题2"采用量化风险分析方法计算项目净现值和内部收益率的概率分布。"的问题进行解读。

在@Risk功能区上的"Iterations"处的下拉菜单中选择"5000"，指定抽样数为5 000。然后，点击@Risk "Simulation"功能区中的"Start Simulation"，开始模拟。图12.2和图12.3分别给出了项目净现值和内部收益率的概率密度函数图。

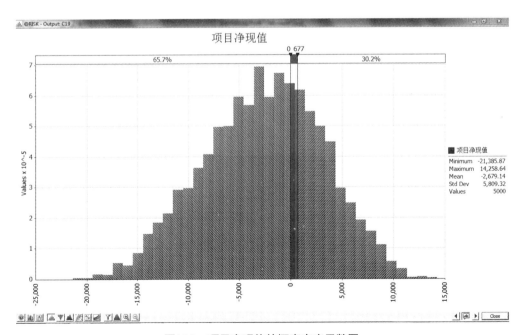

图12.2 项目净现值的概率密度函数图

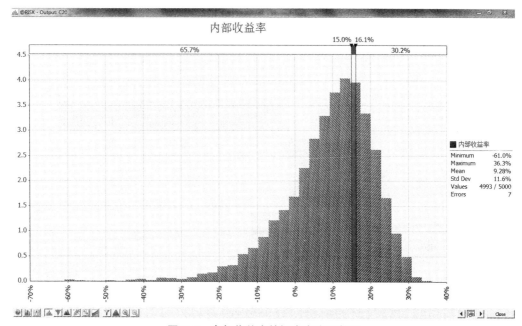

图12.3 内部收益率的概率密度函数图

从图12.2可以看到，项目净现值为最小值为−21 385.87万元，最大值为14 258.64万元，均值为−2 679.14万元，标准差为5 809.32万元。项目净现值的极差和标准差相当大，说明该项目具有较大的经济效益不确定性。项目净现值小于等于677.23万元的概率为69.8%，小于等于0的概率是65.7%，说明该项目的风险很高。

从图12.3可以看到，内部收益率的最小值为−61%，最大值为36.3%，均值为9.28%，标准差为11.6%。从内部收益率模拟样本的统计数据可以看出，该项目具有较大的认知不确定性。与净现值得到的数据基本相对应，项目内部收益率小于等于16.12%的概率为69.8%，小于等于15%的概率为65.7%。这些数据意味着内部收益率为16.12%时，项目净现值为677.23万元，内部收益率为15%时的项目净现值为0。

结果解读（问题3）

下面对问题3"识别主要的风险驱动因素。"的结果进行解读。

选择单元格C19，点击@Risk的"Results"功能区上的"Browse Results"按钮，点击图12.2中最下方左数第5个按钮，选择"Correlation Coefficients"，出现项目净现值的飓风图，见图12.4。从图12.4可以看到，第1年收入是最重要的风险驱动因素，也表明为了减少项目经济效益认知不确定性，首先应该对第1年收入进行更为深入的调查，减少对于其认知的不确定性，就可以有效地减少对整个项目经济效益的认知不确定性。图12.5给出了项目净现值与第1年收入的模拟样本散点图，从中也可以看到两者存在较明显的线性相关关系。

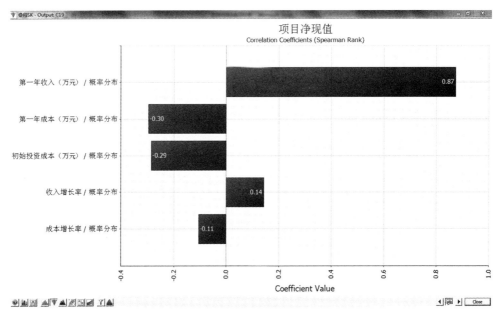

图12.4　项目净现值的飓风图分析

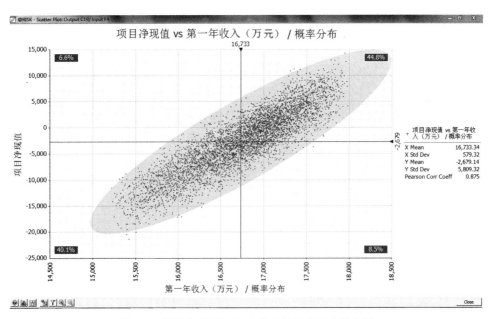

图12.5　项目净现值与第1年收入的模拟样本散点图

结果解读（问题4）

下面对问题4"比较量化风险分析下的项目净现值和内部收益率两种方法的使用特点。"的结果进行解读。

从图12.2和图12.3可以看到，利用项目净现值法和内部收益率法得到的计算结果基本类似。实际上，正确地使用两种方法可以得出一样的分析结果。然而，内部收益率法假设投资项目的现金流用于其他用途时的回报率等于需要计算的内部收益率，这通常与现实不相符合，所以在使用时需要小心对待，详情请参阅Sullivan等（2007）。

我们观察图12.3的最右边的统计量，发现@Risk在计算IRR过程中出现了7个错误。点击@Risk的"Results"功能区上的"Simulation Data"按钮，出现模拟样本窗口，见图12.6。点击图12.6最下方左数第三个按钮，出现@Risk提供的数据排序窗口，见图12.7。在"Specific Results"区域，点击Name下拉菜单，选择"C20 / 内部收益率"，点击"OK"。图12.8给出了经过重新排序后的模拟样本数据。

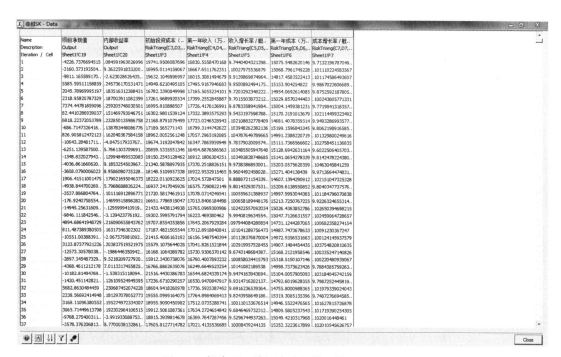

图12.6 投资项目的经济分析模型模拟样本数据

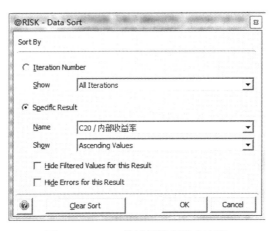

图12.7 @Risk的模拟数据排序窗口

Name Description Iteration / Cell	项目净现值 Output Sheet1!C19	内部收益率 Output Sheet1!C20	初始投资成本 RiskTriang(C3,D3,.. Sheet1!F3	第一年收入（万.. RiskTriang(C4,D4,.. Sheet1!F4	收入增长率/概.. RiskTriang(C5,D5,.. Sheet1!F5	第一年成本（万.. RiskTriang(C6,D6,.. Sheet1!F6	成本增长率/概.. RiskTriang(C7,D7,.. Sheet1!F7
2238	10554.4167002079	.300964094148066	17002.0427779793	17802.5456697686	.1003924745663	14628.6130151123	.101855481708852
4825	9979.47439527027	.301175272985406	15875.618083424	17407.1950459683	.101937307743458	14569.2516799914	.100164776334665
2334	9852.04054263329	.303003415139402	15265.9751440149	17287.3712988132	.101701060553317	14685.9896798587	9.6098013640181..
3374	8877.01793816034	.303424861978239	14162.7776788615	17371.7619482559	9.7657180743296..	14617.2866415793	.100858827180156
1840	10862.6486962618	.303510786732289	17204.6981456328	17901.456241339	.100274585296286	14638.0515254002	.102487516218302
2208	10268.905486373	.303520283355937	16065.8195759415	17628.040600606	.100873643006647	14724.505242327	.099190270922971
600	9453.3986818061	.303951498116738	14932.7428226715	17709.499102166	.100189904370958	14866.7464814765	.102245393817695
262	9939.29697295632	.305631280730411	15440.5238940757	17938.5455750127	9.8217638110176..	15032.6809728563	9.8698674405436..
2125	10113.1773585097	.306321106908022	15532.3200978157	17586.3053005254	.100871585824923	14729.6973328176	9.9944723188191..
2930	10367.5705139776	.306323567953569	15701.1063590995	17495.0631040762	.104150581451711	14770.5690312353	9.9463632802339..
3440	10456.6205177839	.306429767454365	15918.0750320486	17535.9082995383	.100025400662877	14702.6708697501	9.6324480018223..
2096	11015.7769855433	.306657064438003	16748.5651429147	17794.8978854088	.10024708681941	14806.3611035199	9.6572459025964..
853	9621.49939498765	.306806933740662	14684.2731498966	17540.5088767639	.102535577725897	14865.6464900225	.101182452422023
1750	12142.1325986125	.30719102684251	18347.1763306822	17874.8574898048	.10120954724901	14626.7231217633	9.7391215568179..
3356	10560.5605150112	.307303243588908	16349.1969970108	17915.5957485759	9.7825631498968..	14718.475145766	.101087221903568
115	10952.5570827011	.309738769688803	16381.3749063526	17704.4481915874	.103360383728176	14680.8933029905	.102371597105005
1659	10236.6531883136	.311102075842264	15094.9086762607	17389.5134451428	.100049296331297	14641.5564344279	9.7148266821018..
3441	11235.1665678097	.312100166954801	16202.153049546	17353.6176768081	.103796523753925	14578.9355365791	9.6392622499955..
4089	10975.7098985117	.313859896269051	16024.2888545882	17637.8159297176	.095741024128869	14582.4057105284	9.7039635294789..
367	12052.9481319052	.316350047937788	17090.0287577249	17811.908766796	.101220820483469	14679.2234112973	9.7443358060604..
3257	12666.9694651495	.318073089065001	17896.1665086619	17957.5226608104	9.9335354166444..	14549.46521526	9.7942616782833..
3755	11174.2521843244	.319464990161683	15691.4124470117	17833.190146839	.096630479415162	14792.7519368408	9.5955551030550..
1286	11132.1405416345	.322625142992686	15209.4745563776	17423.6937426398	.102376355426082	14675.5525106029	9.7603900719310..
2600	10614.0956011268	.324386797725744	14389.8213665294	17391.5015879616	.101622569379054	14584.1961267972	.101402718469732
4566	12938.767358623	.326435587123993	17152.3701784548	17787.288268641	.092211202403131	14534.1330807341	9.5262171949959..
3130	11245.5905344012	.326736323315607	14921.403744153	17697.2503016247	.10089358 1085329	14832.3240593527	9.8746838161017..
4503	10901.0852104062	.330230051189414	14084.633167371	17311.035694018	.102998463125755	14618.5744952812	.100256163182255
3807	12868.4358223511	.337520750503028	17829.1520830312	.101283518006688	14631.4933054782	9.9946745392384..
997	14258.6354075683	.363084307905143	15085.3922587602	17947.395791188	.103068546503197	14805.4345001183	9.9408265193315..
3872	-20462.41521476..	Error	20454.726490242	15395.5007396824	.097984589535842	15326.8712035227	.099611485316902
3162	-16863.03931057..	Error	16784.2276487797	15438.4307377245	.098034289812802	15259.8109446344	.102429482848467
2284	-18531.50662812..	Error	18510.3188602409	15491.7934641902	9.7990581986643..	15317.6167127992	.102113795001935
2283	-15718.66795734..	Error	15755.9980918603	15408.5591461734	9.6397446783083..	15067.0494385009	.10436096358831
1737	-21385.86645086..	Error	20542.5856445569	15422.250412237	.099014963718161	15486.0980382052	9.9753234234031..
1508	-14918.91931214..	Error	14496.2452071553	15275.0969900971	.100449257902127	15271.9787483225	.101646068733204
84	-17331.41920182..	Error	17049.6715741844	15412.4239625165	9.9006528730309..	15382.0603843007	.100461013099794

图12.8 经过@Risk重新排序后的模拟样本数据

从图12.8可以看到，7个错误结果分别出现在第84、1 508、1 737、2 283、2 284、

3 162、3 872次抽样上。在这些抽样中，成本的年增长率都大于收入的年增长率（有时图12.8中有些地方显示的增长率为9.×，这是因为@Risk在显示空间不足的情况下转用科学计数法形式展现数据。）。

我们选择第一个错误结果，点击图12.6中最下方左数第5个按钮"Update Excel with Values from the Selected Iteration"，这个按钮的功能在于更新Excel中输入变量的取值，使之等于选择的模拟样本值。这时，Excel模型改变每个输入变量的取值为选取的模拟样本值，见图12.9。

	A	B	C	D	E	F	G	H
1								
2			最小值	最可能值	最大值	概率分布		
3		初始投资成本（万）	14000.00	17000.00	23000.00	20454.73		
4		第一年收入（万）	15200.00	17000.00	18000.00	15395.50		
5		收入增长率	9.50%	10.00%	10.50%	9.80%		
6		第一年成本（万）	14500.00	15000.00	15500.00	15326.87		
7		成本增长率	9.50%	10.00%	10.50%	9.96%		
8								
9		最低吸引率收益率	15%					
10								
11		时间	初始投资	年收入	年成本	残值	年现金流	
12		现在（第0年）	-20454.73				-20454.73	
13		第1年		15395.50	15326.87		68.63	
14		第2年		16904.02	16853.60		50.42	
15		第3年		18560.36	18532.42		27.94	
16		第4年		20378.99	20378.46		0.53	
17		第5年		22375.81	22408.39	-217.16	-249.74	
18								
19		项目净现值（万）	-20462.42					
20		内部收益率	#NUM!					
21								

图12.9　内部收益率计算错误的模拟取样

从图12.9中可以看到，项目每期的净收益很小，最后一期的净收益为负，现金流存在由负变正，又由正变负的过程，这意味着存在多个内部收益率值。此外，由于F17计算项目残值时需要除以利率，而Excel为了计算IRR的值会在-1和+1之间不断地搜索和测试，这时会导致"除零"的计算错误。

由此可见，净现值法和内部收益率法如果能够正确使用，得出的结果相同。由于计算上的问题，内部收益率法会出现计算错误，在使用时应该小心对待。此外，内部收益率的假设条件在某些情况下可能与实际不符，这也是它的一个主要应用局限。

练习

请读者自行改变第1年收入的最小值，由15 200万元变为15 500万元，再次运行模拟计算，看看会得到什么结果。

Chapter Thirteen

投资组合收益率、风险分析

投资组合收益率、风险分析

证券和股票市场的投资决策本质上是一种在回报收益和投资风险之间权衡的决策。投资者需要在不同的投资产品间做出选择，同时也要考虑在选择出的投资产品上投放的资金比例，选择结果形成了一个投资组合。传统的投资组合收益与风险分析集中在两个关键统计量上：均值和方差。均值是指投资组合的期望收益率，它是组合中所有投资产品的收益率的加权平均；方差是指投资组合收益率的方差，用以刻画收益率的变化和风险程度。1952年，美国经济学家Markowitz首次提出了投资组合理论（Portfolio Theory），这是近代金融领域分析理论和方法的一个标志性研究成果。根据投资组合理论，一个理性的投资者会在给定方差水平下调整投资组合资金投放比例使得期望收益最大化，或收益率方差最小化。

给定投资组合中每个投资产品的期望收益率和方差以及产品间的相关系数，就可以通过公式（特殊条件下）或者计算机模拟计算出投资组合的期望收益率和方差。实际上，计算机和模拟技术的使用可以放宽投资组合理论中的假设约束，使得分析对象与现实更加接近。下面，我们通过一个案例来展示如何使用@Risk来计算投资组合的收益率和方差，以及使用Palisade的DecisionTools Suite中另一个产品RiskOptimizer进行投资组合的优化分析。

案例描述

假设一个投资者有初始投资资金200万元，经过分析，他选择了4个投资产品：大盘股、小盘股、国际股和政府债券，每个投资产品的期望收益率和收益率标准差见表13.1。

表13.1　四个投资品的期望收益率和收益率标准差

	大盘股	小盘股	国际股	政府债券
期望收益率	12%	14%	10%	5%
收益率标准差	14%	16%	9%	2%

假设每年通货膨胀率为4%，每个产品的收益率服从正态分布，该投资者希望每年从投资组合的收益中提取10万元。该投资者的初始投资比例为：20%用于大盘股、20%用于小盘股、20%用于国际股、40%用于政府债券。投资开始于2013年，结束于2022年。

问题

1. 计算该投资组合收益率的均值和标准差。
2. 计算10年后(即2022年)该投资组合的期末余额。
3. 优化投资组合,使得收益率均值最大。
4. 在收益率标准差小于等于1.5%的条件下优化投资组合,使得收益率最大。
5. 在收益率均值大于等于10%的条件下优化投资组合,使得收益率标准差最小。

解决方法和步骤

图13.1展示了投资组合回报分析的完整模型,读者可以按照以下步骤开发这个模型。

行	A	B	C	D	E	F	G	H	I	J
2		初始投资金额	¥ 2,000,000							
3		年度提取金额	¥ 100,000							
4		通货膨胀率	4.00%							
6			大盘股	小盘股	国际股	政府债券	投资比例约束条件			
7		投资比例	20.00%	20.00%	20.00%	40.00%	100.00%	<=	100%	
8		平均收益率	12.00%	14.00%	10.00%	5.00%				
9		收益率标准差	14.00%	16.00%	9.00%	2.00%				
11		年份	大盘股收益率分布	小盘股收益率分布	国际股收益率分布	政府债券收益率分布	期初余额	投资组合收益率	年度提取	期末余额
12		2013	12.00%	14.00%	10.00%	5.00%	¥ 2,000,000.00	9.20%	¥ 100,000.00	¥ 2,079,400.00
13		2014	12.00%	14.00%	10.00%	5.00%	¥ 2,079,400.00	9.20%	¥ 104,000.00	¥ 2,161,920.80
14		2015	12.00%	14.00%	10.00%	5.00%	¥ 2,161,920.80	9.20%	¥ 108,160.00	¥ 2,247,682.15
15		2016	12.00%	14.00%	10.00%	5.00%	¥ 2,247,682.15	9.20%	¥ 112,486.40	¥ 2,336,808.14
16		2017	12.00%	14.00%	10.00%	5.00%	¥ 2,336,808.14	9.20%	¥ 116,985.86	¥ 2,429,427.28
17		2018	12.00%	14.00%	10.00%	5.00%	¥ 2,429,427.28	9.20%	¥ 121,665.29	¥ 2,525,672.70
18		2019	12.00%	14.00%	10.00%	5.00%	¥ 2,525,672.70	9.20%	¥ 126,531.90	¥ 2,625,682.22
19		2020	12.00%	14.00%	10.00%	5.00%	¥ 2,625,682.22	9.20%	¥ 131,593.18	¥ 2,729,598.52
20		2021	12.00%	14.00%	10.00%	5.00%	¥ 2,729,598.52	9.20%	¥ 136,856.91	¥ 2,837,569.26
21		2022	12.00%	14.00%	10.00%	5.00%	¥ 2,837,569.26	9.20%	¥ 142,331.18	¥ 2,949,747.21
23							投资组合平均收益率	9.20%		
24							组合平均收益率均值	9.20%		
25							组合平均收益率标准差	0.00%		

图13.1 不考虑相关性的投资组合回报分析模型

第一步:投资产品的概率分布

1. 在单元格C12中输入公式"=RiskNormal(C$8,C$9)",定义大盘股2013年收益率概率分布。

2. 复制单元格C12,选择区域C12:F21粘贴,形成每个投资产品在所有年份收益率的概率分布。

第二步：第1年投资组合收益率和期末余额

1. 在单元格G12中输入公式"=C2"，表示2013年初始投资金额为200万元。

3. 在单元格H12中输入公式"=SUMPRODUCT($C$7:$F$7,C12:F12)"，计算2013年投资组合的收益率。SUMPRODUCT是一个Excel函数，计算两个数组相对应元素的乘积之和。

3. 在单元格I12中输入公式"=C3"，表示2013年提取金额为10万元。

4. 在单元格J12中输入公式"=G12–I12+(G12–I12/2)*H12"，计算2013年年末投资组合在扣除年度提取后的净收益金额。其中，组合收益金额的计算采用了近似方法，即期初余额减去年度提款的一半之后再乘以组合收益率。这里假设年度提款是平均发生的，平均来看组合中只有一半的提款获得了收益，而另一半没有获得收益。这是一个粗略的计算方法，精确的方法需要知道提款具体发生的时间，并对组合每天的收益进行复利计算。

第三步：其他各年投资组合收益率和期末余额

1. 在单元格G13中输入公式"=J2"，表明第2年的期初余额等于第1年的期末余额。

2. 在单元格H13中输入公式"=SUMPRODUCT($C$7:$F$7,C13:F13)"，计算2014年投资组合的收益率。

3. 在单元格I13中输入公式"=I12*(1+$C$4)"，表示考虑通货膨胀后的年度提款。

4. 在单元格J13中输入公式"=G13–I13+(G13–I13/2)*H13"，计算第2年的年末余额。

5. 复制区域G13：J13，选择区域G14：J21粘贴，形成了其他各年的投资组合收益率和期末余额。

第四步：平均投资组合收益率的均值和标准差

1. 在单元格H23中输入公式"=AVERAGE(H12:H21)"，计算投资组合的平均收益率。

2. 在单元格H24中输入公式"=RiskMean(H23)"，计算投资组合平均收益率的均值。RiskMean是一个@Risk函数，返回指定单元格模拟样本的均值。

3. 在单元格H25中输入公式"=RiskStdDev(H23)"，计算投资组合平均收益率的标准差。RiskStdDev是一个@Risk函数，返回指定单元格模拟样本的标准差。

第五步：模型输出变量

1. 选择单元格H23，点击@Risk的"Add Output"按钮，定义投资组合平均收益率为模型输出变量。

2. 选择区域J12：J21，点击@Risk的"Add Output"按钮，定义每年的投资组合年末余额为模型输出变量。

第六步：RiskOptimizer优化模型定义

1. 在单元格G7中输入公式"=SUM(C7:F7)"，计算在四种投资品上投放的资金比例之和。

2. 打开DecisionTools Suite中的RiskOptimizer组件。这时，激活了@Risk功能区上的RiskOptimizer，见图13.2。

图13.2 激活@Risk功能区上的RiskOptimizer

3. RiskOptimizer下拉菜单中的"Model Definition",打开模型定义窗口,见图13.3。

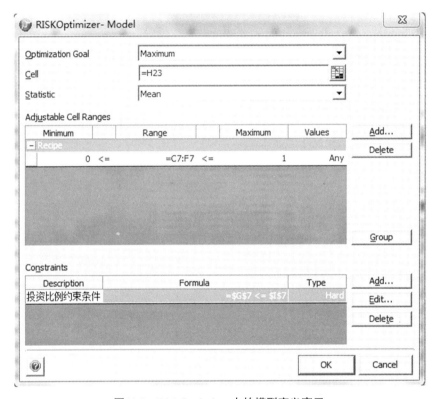

图13.3 RiskOptimizer中的模型定义窗口

4. 在"Optimization Goal"处的下拉菜单中选择"Maximum",即最大化。

5. 在"Cell"处选择单元格H23,即选择投资组合收益率。

6. 在"Statistic"处的下拉菜单中选择"Mean",即选择均值。这样,我们定义投资组合期望收益率作为优化目标。

7. 点击"Adjustable Cell Ranges"区域中的"Add"按钮,出现了一个新对话框,用以选择可调整单元格区域,见图13.4。

8. 选择Excel模型中的区域C7:F7,点击"确定"。

9. 在图13.3中"Adjustable Cell Ranges"区域中的"Minimum"处键入"0",在"Maximum"处键入1,用于指定所有的可调整单元格在0与1之间取值。

投资组合收益率、风险分析

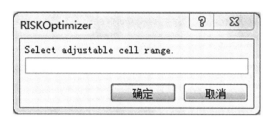

图13.4 选择可调整单元格区域

10. 不改变"Values"处的"Any",表示可调整单元格可以在其变化范围内任意取值。

11. "Adjustable Cell Ranges"区域中的"Recipe"代表着一种求解方法,它是RiskOptimizer中最常用的求解方法,其他还有Budget、Grouping、Project、Order和Schedule。

12. 点击"Constraint"区域中的"Add…",会出现一个新的限制条件设置窗口,见图13.5。

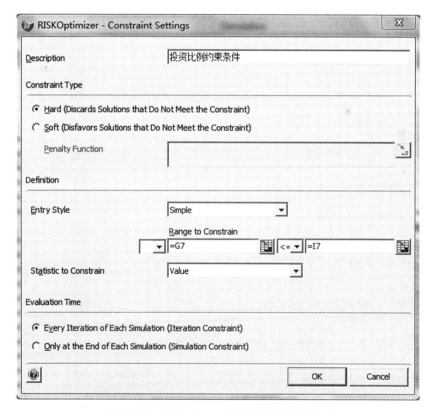

图13.5 RiskOptimizer的限制条件设置窗口

13. 在限制条件设置窗口的"Description"处输入"投资比例约束条件"。

14. 在"Constraint Type"处选择"Hard"选项,表示如果此条件不能满足,那么此解不是可行解,将被放弃。

15. 在"Entry Type"处选择"Simple"。

16. 在"Range to Constrain"处选择单元格G7，在后面的等式符号处选择"<="，在最右侧处选择单元格I7，用于表示资金投放比例之和小于等于1。这里，没有选择等于1，因为Excel和RiskOptimizer在计算的时候会出现"四舍五入"情况，导致四个可变单元格的取值之和很难为1，这样很难存在可行解。此处选择小于等于可以有效解决此问题。因为优化问题的目标是最大化投资组合平均收益率的均值，所以优化结果会趋向于使投资比例之和为1。这样，不影响或改变优化问题及限制条件的含义。

17. 在"Statistic to Constrain"处选择"Value"，表明此处限制条件不包含随机变量。

18. 在"Evaluation Time"处选择"Every Iteration of Each Simulation (Iteration Constraint"，表明限制条件在每次模拟中的每次抽样中起作用。

19. 点击"OK"，返回RiskOptimizer模型定义窗口，再点击"OK"，返回Excel模型窗口。

第七步：RiskOptimizer优化参数设置

1. 点击RiskOptimizer下拉菜单中的"Setting"，出现一个新的优化参数设置窗口，见图13.6。图13.6展示了优化参数设置窗口中的"General"选项卡，这张选项卡定义了优化过程的一般设置内容，包括优化参数（RiskOptimizer采用遗传算法进行优化计算）、抽样方法和停止抽样时的静态显示值等。如果你不是很了解计算原理，那么此选项卡上的内容可以不改变，不会影响优化结果。

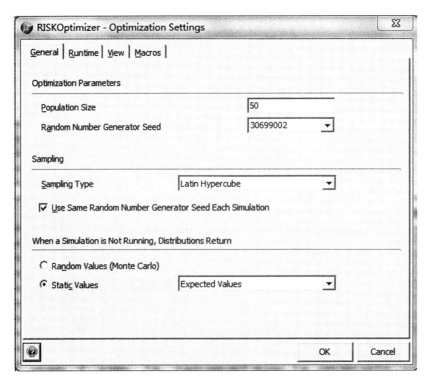

图13.6 RiskOptimizer优化参数设置窗口的一般选项卡

2. 点击图13.6中的"Runtime",打开RiskOptimizer优化参数设置窗口的运行时间选项卡,见图13.7。运行时间选项卡指定RiskOptimizer停止优化的条件。RiskOptimizer给出了多个停止优化的条件,此处我们选择"Progress"。此处的含义是:对于一个出现的可行解,如果下面100次模拟中的目标函数值落在它±0.01%的变化范围内,那么RiskOptimizer就认为它就是最优解,优化停止。

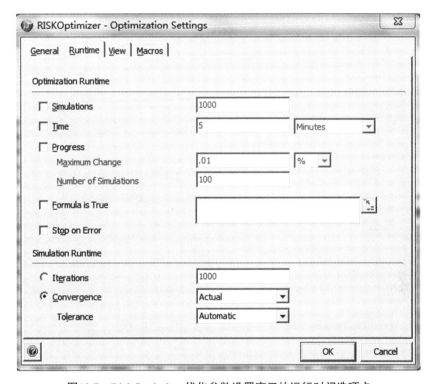

图13.7　RiskOptimizer优化参数设置窗口的运行时间选项卡

3. 在"Simulation Runtime"处,我们选择系统缺省的选项"Convergence(Actual)"和"Tolerance(Automatic)",由系统自身判断模型输出变量的样本统计量收敛性,并有系统自身决定停止模拟抽样的次数。

4. 点击图13.6中的"View",打开RiskOptimizer优化参数设置窗口的运行展示选项卡,见图13.8。在"Show Excel Calculations"和"Keep Log of All Simulations"前面打勾,使得优化过程中RiskOptimizer发现一个"最优解"时Excel会给予更新展示,此外,它会保留所有模拟抽样结果,以便进一步查询和分析。

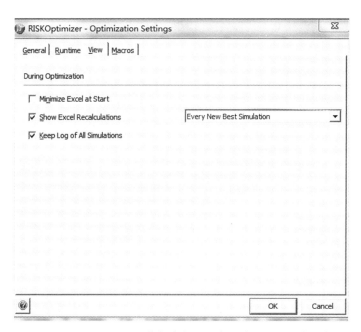

图13.8 RiskOptimizer优化参数设置窗口的运行展示选项卡

5. 点击图13.6中的"Macros",打开RiskOptimizer优化参数设置窗口的宏选项卡,见图13.9。此选项卡指定模拟和优化过程中宏的使用规则。由于本例中没有录制宏,所以此处选项不用考虑。

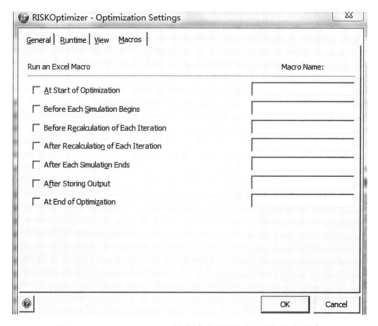

图13.9 RiskOptimizer优化参数设置窗口的宏选项卡

6. 点击"OK",回到Excel模型页面。

结果解读（问题1）

下面对问题1"计算该投资组合平均收益率的期望收益率和标准差。"的结果进行解读。

在@Risk功能区上的"Iterations"处的下拉菜单中选择"5000"，指定抽样数为5 000，然后，点击@Risk"Simulation"功能区中的"Start Simulation"。图13.10给出了投资组合收益率模拟结果的概率密度图。从图13.10中可以看到，在案例中给出的条件以及初始投资比例下，投资组合平均收益率的最小值为3.55%，最大值为14.7%，均值为9.2%，标准差为1.47%。

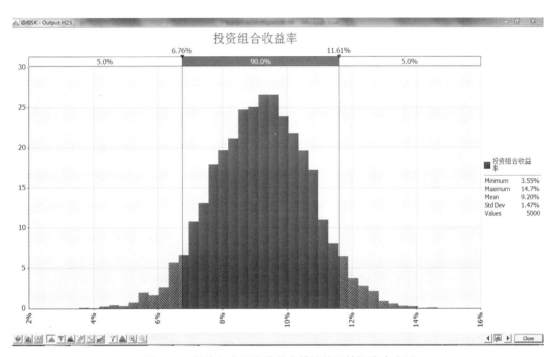

图13.10　投资组合平均收益率模拟结果的概率密度图

结果解读（问题2）

下面对问题2"计算10年后（即2022年）投资组合的期末余额。"的结果进行解读。

图13.11给出了投资组合在2022年的期末余额模拟结果的概率密度图。从图13.11可以看到，在期初200万元并且每年提取10万元的情况下，2022年期末余额的最小值为136.66万元，最大值为529.07万元，均值为294.87万元，标准差为52.03万元。

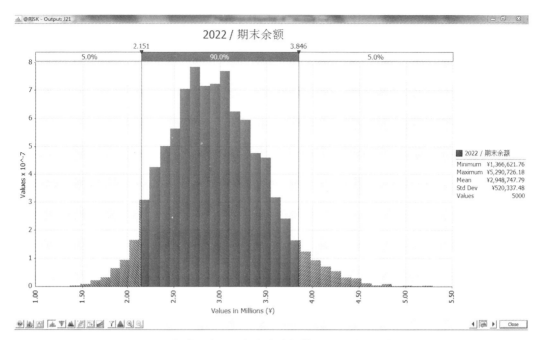

图13.11 投资组合2022年期末余额模拟结果的概率密度图

点击图13.11最下方右数第5个按钮,选择"Summary Trend",在出来的新对话框里选择Excel区域J12:J21,点击"确定",形成投资组合各年期末余额模拟结果的趋势图,见图13.12。图13.12中间的白线代表各年期末余额的均值连线,中间向外上下两部分浅灰色代表±1个标准差的变化区间,最外侧两部分黑色区域并灰色区域代表5%和95%分位数区间。趋势图可以在一张图里展示具有时间序列性质的多个变量的变化趋势。

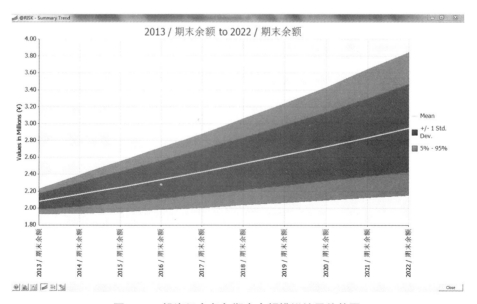

图13.12 投资组合各年期末余额模拟结果趋势图

结果解读（问题3）

下面对问题3"优化投资组合，使得平均收益率期望收益率最大。"的结果进行分析。

点击RiskOptimizer下拉菜单中的"Start"按钮，开始优化。此时，RiskOptimizer会产生一个新的优化运行展示迷你窗口，见图13.14。从图13.14可以看到，目前已经进行了148次模拟，本次模拟已经抽样500次，运行时间为1分33秒，投资组合收益率均值由最初的9.20%优化为9.24%。

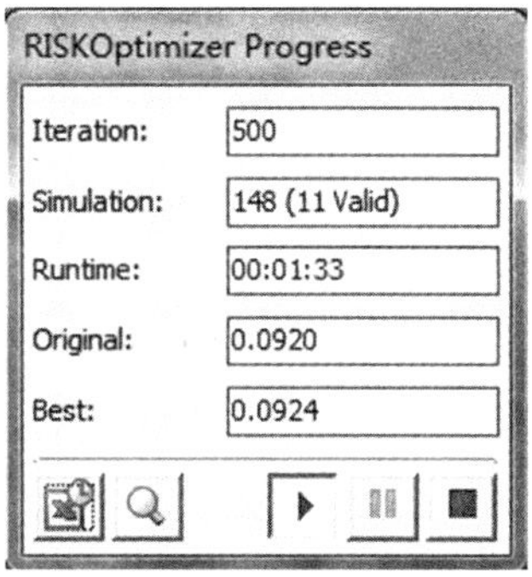

图13.14 RiskOptimizer的运行展示迷你窗口

点击图13.14中的放大镜图标，RiskOptimizer会改变展示迷你窗口为正常的运行展示窗口，见图13.15。运行展示窗口的第一个选项卡Progress展示了运行过程中目标优化的进展情况，从图13.15可以看出，RiskOptimizer正在不断寻找可以改善目标值的可行解，随着优化的不断进展，投资组合的平均收益率均值也在不断提升。

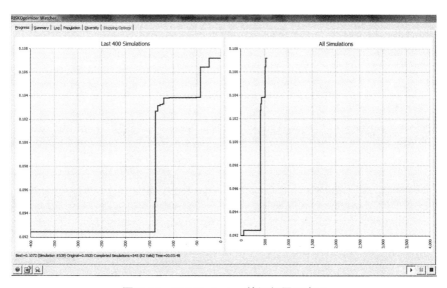

图13.15 RiskOptimizer的运行展示窗口

点击图13.15中Summary选项卡，RiskOptimizer会展示优化目标及可变单元格的变化数据，见图13.16。从图13.16可以看到最初模型下的目标函数和可变单元格数值、目前寻找到的最优解数值以及相应的可变单元格数值。

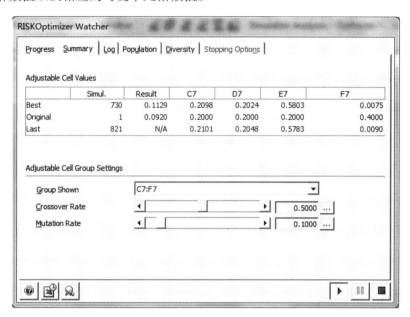

图13.16 RiskOptimizer运行展示窗口的“Summary”选项卡内容

其他几个选项卡“Log”“ Population”“Diversity”分别显示了RiskOptimizer具体模拟数据和优化参数的变化情况，这里不再多加解释。如果你不想深入了解遗传算法技术可以不查看这几个选项卡，不影响优化过程和优化结果。

图13.17展示了RiskOptimizer的优化结果。可以看到，投资比例为大盘股20.98%、小

	A	B	C	D	E	F	G	H	I	J	K
1											
2		初始投资金额	¥ 2,000,000								
3		年度提取金额	¥ 100,000								
4		通货膨胀率	4.00%								
5											
6			大盘股	小盘股	国际股	政府债券	投资比例约束条件				
7		投资比例	20.98%	20.24%	58.03%	0.75%	100.00%	<=	100%		
8		平均收益率	12.00%	14.00%	10.00%	5.00%					
9		收益率标准差	14.00%	16.00%	9.00%	2.00%					
10											
11		年份	大盘股收益率分布	小盘股收益率分布	国际股收益率分布	政府债券收益率分布	期初余额	投资组合收益率	年度提取	期末余额	
12		2013	12.00%	14.00%	10.00%	5.00%	¥ 2,000,000.00	11.19%	¥ 100,000.00	¥ 2,118,238.15	
13		2014	12.00%	14.00%	10.00%	5.00%	¥ 2,118,238.15	11.19%	¥ 104,000.00	¥ 2,245,485.33	
14		2015	12.00%	14.00%	10.00%	5.00%	¥ 2,245,485.33	11.19%	¥ 108,160.00	¥ 2,382,580.83	
15		2016	12.00%	14.00%	10.00%	5.00%	¥ 2,382,580.83	11.19%	¥ 112,486.40	¥ 2,530,451.16	
16		2017	12.00%	14.00%	10.00%	5.00%	¥ 2,530,451.16	11.19%	¥ 116,985.86	¥ 2,690,119.46	
17		2018	12.00%	14.00%	10.00%	5.00%	¥ 2,690,119.46	11.19%	¥ 121,665.29	¥ 2,862,716.06	
18		2019	12.00%	14.00%	10.00%	5.00%	¥ 2,862,716.06	11.19%	¥ 126,531.90	¥ 3,049,490.22	
19		2020	12.00%	14.00%	10.00%	5.00%	¥ 3,049,490.22	11.19%	¥ 131,593.18	¥ 3,251,823.08	
20		2021	12.00%	14.00%	10.00%	5.00%	¥ 3,251,823.08	11.19%	¥ 136,856.91	¥ 3,471,242.15	
21		2022	12.00%	14.00%	10.00%	5.00%	¥ 3,471,242.15	11.19%	¥ 142,331.18	¥ 3,709,437.34	
22											
23							投资组合平均收益率	11.19%			
24							组合平均收益率均值	11.19%		Mean (Best Simulation) = 0.1129	
25							组合平均收益率标准差	2.20%			
26											

图13.17 投资组合优化结果

盘股20.24%、国际股58.03%、政府债券0.75%的时候，可以获得投资组合平均收益率的期望值为11.29%，平均收益率标准差为2.2%。

结果解读（问题4）

下面对问题4"在标准差小于等于1.5%的条件下优化投资组合，使得期望收益率最大。"的结果进行分析。

重新打开RiskOptimizer的模型定义窗口（见图13.18），在约束条件"Constraints"处点击"Add"，在"Description"处输入"收益率标准差小于等于1.5%"，在"Range to Constrain"处选择Excel单元格H23，在其右侧下拉菜单处选择"<="，并填入限制值"0.015"。在"Statistic to Constrain"处的下拉菜单中选择"Standard Deviation"，这样定义收益率标准差小于等于1.5%。此时可以看到，"Evaluation Time"处的选项变为"Only at the End of Each Simulation (Simulation Constraint)"，并且颜色变灰，表明此限制条件为模拟限制条件，在每次模拟结束时检验收益率标准差是否小于等于1.5%，如果满足条件，那么该解是可行解，否则该解为无效解。

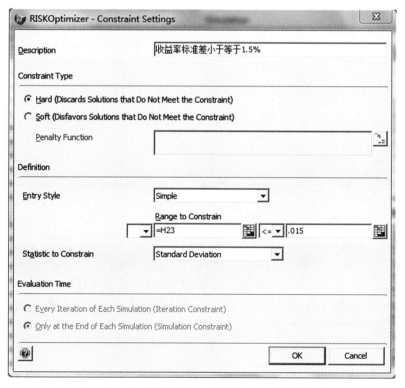

图13.18　收益率标准差小于等于1.5%的限制条件

点击“OK”，回到RiskOptimizer模型定义窗口，见图13.19，点击“OK”，回到Excel模型窗口。

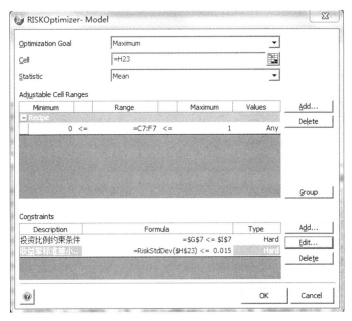

图13.19　加入收益率标准差小于等于1.5%限制条件后的RiskOptimizer模型定义窗口

点击RiskOptimizer下拉菜单中的“Start”按钮，开始优化，图13.20给出优化结果。从图13.20可以看到，投资比例为大盘股19.74%、小盘股21.85%、国际股17.65%、政府债券25.36%的时候，可以获得投资组合期望收益率8.46%，收益率标准差为1.49%。

初始投资金额	¥ 2,000,000
年度提取金额	¥ 100,000
通货膨胀率	4.00%

	大盘股	小盘股	国际股	政府债券	投资比例约束条件		
投资比例	19.74%	21.85%	17.65%	25.36%	84.60%	<=	100%
平均收益率	12.00%	14.00%	10.00%	5.00%			
收益率标准差	14.00%	16.00%	9.00%	2.00%			

年份	大盘股收益率分布	小盘股收益率分布	国际股收益率分布	政府债券收益率分布	期初余额	投资组合收益率	年度提取	期末余额
2013	12.00%	14.00%	10.00%	5.00%	¥ 2,000,000.00	8.46%	¥ 100,000.00	¥ 2,064,985.60
2014	12.00%	14.00%	10.00%	5.00%	¥ 2,064,985.60	8.46%	¥ 104,000.00	¥ 2,131,300.29
2015	12.00%	14.00%	10.00%	5.00%	¥ 2,131,300.29	8.46%	¥ 108,160.00	¥ 2,198,889.74
2016	12.00%	14.00%	10.00%	5.00%	¥ 2,198,889.74	8.46%	¥ 112,486.40	¥ 2,267,688.38
2017	12.00%	14.00%	10.00%	5.00%	¥ 2,267,688.38	8.46%	¥ 116,985.86	¥ 2,337,618.13
2018	12.00%	14.00%	10.00%	5.00%	¥ 2,337,618.13	8.46%	¥ 121,665.29	¥ 2,408,587.11
2019	12.00%	14.00%	10.00%	5.00%	¥ 2,408,587.11	8.46%	¥ 126,531.90	¥ 2,480,488.14
2020	12.00%	14.00%	10.00%	5.00%	¥ 2,480,488.14	8.46%	¥ 131,593.18	¥ 2,553,197.18
2021	12.00%	14.00%	10.00%	5.00%	¥ 2,553,197.18	8.46%	¥ 136,856.91	¥ 2,626,571.59
2022	12.00%	14.00%	10.00%	5.00%	¥ 2,626,571.59	8.46%	¥ 142,331.18	¥ 2,700,448.20

投资组合平均收益率	8.46%
组合平均收益率均值	8.46%
组合平均收益率标准差	1.49%

Mean (Best Simulation) = 0.0846

图13.20　加入收益率标准差小于等于1.5%限制条件后的RiskOptimizer优化结果

与没有收益率标准差限制条件下的优化结果相比，投资组合大幅降低了国际股的投资比例，提高了政府债券的投资比例。从图13.20可以看到，为了保证收益率标准差小于等于1.5%，不得不牺牲部分投资组合收益，资金投放比例为84.59%，没有达到100%。如果资金投放比例超过84.59%，那么组合收益率标准差将大于1.5%。

结果解读（问题5）

下在对问题5"在期望收益率大于等于10%的条件下优化投资组合，使得标准差最小。"的结果进行分析。

重新打开RiskOptimizer模型窗口（见图13.21），"在Constraints"处删除"收益率标准差小于等于1.5%"限制条件，点击"Add"，在"Decription"处填入"期望收益率大于等于10%"，在"Range to Constrain"处，选择单元格H23，在其左侧下拉菜单出选择">="，并填入限制值"0.1"，在"Statistic to Constrain"处的下拉菜单中选择"Mean"，这样定义期望收益率大于等于10%。此时可以看到，"Evaluation Time"处的选项变为"Only at the End of Each Simulation (Simulation Constraint)"，并且颜色变灰，表明此限制条件为模拟限制条件，在每次模拟结束时检验期望收益率是否大于等于10%，如果满足条件，那么该解是可行解，否则该解为无效解。

图13.21　加入期望收益率大于等于10%限制条件后的RiskOptimizer模型定义窗口

点击"OK",回到RiskOptimizer模型定义窗口,见图13.22,在"Optimization Goal"处的下拉菜单中选择最小化"Minimum",在"Cell"处选择单元格H23,在"Statistic"处的下拉菜单中选择标准差"Standard Deviation",定义优化目标为最小化收益率的标准差。点击"OK",回到Excel模型窗口。

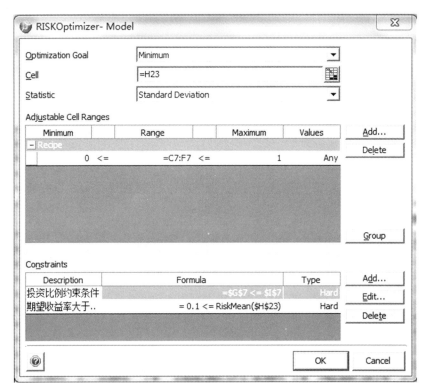

图13.22 加入期望收益率大于等于10%限制条件后的RiskOptimizer模型定义窗口

点击RiskOptimizer下拉菜单中的"Start"按钮,开始优化,图13.23给出优化结果。可以看到,投资比例为大盘股17.63%、小盘股32.51%、国际股18.41%、政府债券30.60%的时候,可以获得投资组合期望收益率10.04%,收益率标准差为1.89%。从图13.23可以看出,同问题4的优化结果相比较,为了减少收益率标准差,可以增加一部分政府债券的投资比例,但是为了保证满足期望收益率大于等于10%这个限制条件,组合的投资比例需要在大盘股和和小盘股之间进行适当的调整。

13 投资组合收益率、风险分析

	A	B	C	D	E	F	G	H	I	J
2		初始投资金额	¥ 2,000,000							
3		年度提取金额	¥ 100,000							
4		通货膨胀率	4.00%							
5										
6			大盘股	小盘股	国际股	政府债券	投资比例约束条件			
7		投资比例	17.63%	32.51%	18.41%	30.60%	99.15%	<=	100%	
8		平均收益率	12.00%	14.00%	10.00%	5.00%				
9		收益率标准差	14.00%	16.00%	9.00%	2.00%				
11		年份	大盘股收益率分布	小盘股收益率分布	国际股收益率分布	政府债券收益率分布	期初余额	投资组合收益率	年度提取	期末余额
12		2013	12.00%	14.00%	10.00%	5.00%	¥ 2,000,000.00	10.04%	¥ 100,000.00	¥ 2,095,741.00
13		2014	12.00%	14.00%	10.00%	5.00%	¥ 2,095,741.00	10.04%	¥ 104,000.00	¥ 2,196,891.72
14		2015	12.00%	14.00%	10.00%	5.00%	¥ 2,196,891.72	10.04%	¥ 108,160.00	¥ 2,303,827.16
15		2016	12.00%	14.00%	10.00%	5.00%	¥ 2,303,827.16	10.04%	¥ 112,486.40	¥ 2,416,953.24
16		2017	12.00%	14.00%	10.00%	5.00%	¥ 2,416,953.24	10.04%	¥ 116,985.86	¥ 2,536,709.63
17		2018	12.00%	14.00%	10.00%	5.00%	¥ 2,536,709.63	10.04%	¥ 121,665.29	¥ 2,663,572.87
18		2019	12.00%	14.00%	10.00%	5.00%	¥ 2,663,572.87	10.04%	¥ 126,531.90	¥ 2,798,059.78
19		2020	12.00%	14.00%	10.00%	5.00%	¥ 2,798,059.78	10.04%	¥ 131,593.18	¥ 2,940,731.18
20		2021	12.00%	14.00%	10.00%	5.00%	¥ 2,940,731.18	10.04%	¥ 136,856.91	¥ 3,092,196.02
21		2022	12.00%	14.00%	10.00%	5.00%	¥ 3,092,196.02	10.04%	¥ 142,331.18	¥ 3,253,115.88
23						投资组合平均收益率	10.04%			
24						组合平均收益率均值	10.04%			
25						组合平均收益率标准差	1.89%	Standard Deviation (Best Simulation) = 0.0189		

图13.23 加入期望收益率大于等于10%限制条件后的**RiskOptimizer**优化结果

Chapter Fourteen

资本投资项目经济比较分析

在涉及方案比较分析的各类问题中，对资本投资项目方案的经济分析和比较是需要特别谨慎对待的。企业的大型资本投资项目涉及的金额都比较大，轻则几亿元，重则几十亿元，有时甚至上百亿元。对于这么大投资额的项目方案进行科学和客观的分析是非常必要的，决策的正确与否会直接影响企业未来的收益和发展。此外，大型资本投资项目一般具有较大的战略意义，涉及的参与单位较多，而且即使发生严重财务损失也很难中止项目（张宏亮和李鹏，2007）。所以，项目一旦正式启动，基本上就没有"回头路"了。

在投资方案的经济效果评价上，传统的净现值法比较常用。对于资本投资项目涉及的各种资产、设备、土地，都需要按照一定的规则转换成货币形式，并合理估计和预测项目未来的状况，包括产量、成本、销量、销售价格和项目结束时的设备和资产残值等。在此基础上，计算项目研究期内的每年的净收益，并基于预定的最低吸引力收益率计算项目方案的NPV。最后，根据方案NPV的大小来判断其经济效果的高低。

大型资本投资项目往往具有运营时间比较长、技术新奇、管理复杂等特点，这使得对于投资方案各项经济指标的预测和估计具有很大的不确定性。在资本投资项目的经济评价中，一个现实必要的考虑是在模型中加入对风险和不确定性的分析。对于非常不确定或者风险比较高的经济因素，需要指派一定的概率分布，在此基础上计算项目NPV的概率分布，从而可以更为现实地展示项目方案经济效果的认知不确定性。当对多个方案进行比较时，可以使用叠加的概率密度图和累积概率分布图来展示和比较方案的优劣。下面我们通过一个案例来展示如何使用@Risk在Excel中建立量化风险分析模型，对投资项目方案的经济效果进行比较分析。

案例描述

一家企业正在考虑是否投资建设一个新的工厂，用以取代现有老工厂。目前有两个备选方案A和B，两个方案的总投资额相同，皆为1.3亿元。两个方案都采用等额分期偿还贷款方式，其中方案A从贷款日期起延后1年还款（即从第2年起，分5年等额分期偿还），方案B从贷款日期起延后2年还款（即从第3年起，分4年等额分期偿还）。年利率均为10.5%。

不管是方案A还是方案B，新工厂都将在1年之内（即第0年）建成，在第1年开始生产和销售。第0年的单位销售收入估计为80元。第0年销售总量估计值为2 500个，以后每年会按一定幅度的销售增长率增长。第0年可变成本估计为105 000 000元，但是预计在第1年可变成本会按照一定的减少率减少。第0年固定成本估计为70 000 000元，第0年折旧额为

5 000 000元。这样，第0年总成本为180 000 000元。不管是方案A还是方案B，第0年的运营费用为第0年总成本的10%，以后6年的运营费用保持不变。企业面临的收入税率为15%。在计算时，所有的收入和可变成本都将按照通货膨胀率进行调整。1.3亿元的资本投资按照直线折旧法分，6年进行折旧。方案1和方案2在6年后的市场残值估计值见表14.1和表14.2。

表14.1 方案1的不确定变量的概率分布和取值

变量名称	单一估计值	分布名称	分布参数
通货膨胀率	4.5%	正态分布	均值：4.5%；标准差：1%
销售增长率	5.2%	三角分布	最小值：3.5%；最可能值：5.2%，最大值：6%
可变成本减少率	8%	离散分布	X: {3%, 5%, 8%, 9%}; P: {0.15, 0.25, 0.50, 0.10}
6年后的残值	57 200 000	正态分布	均值：57 200 000，标准差：6 000 000
老工厂的净现值	38 211 000	正态分布	均值：38 211 000，标准差：3 821 100

企业在分析和评估两个备选方案时，识别出一些不确定变量，见表1和表2。表中第2列为单一、确定式分析时采用的估计值，第3列和第4列分别给出不确定变量的分布名称和分布参数值。

表14.2 方案2的不确定变量的概率分布及取值

变量名称	单一估计值	分布名称	分布参数
通货膨胀率	4.5%	正态分布	均值：4.5%；标准差：1%
销售增长率	5%	三角分布	最小值：4.2%；最可能值：5%；最大值：5.5%
可变成本减少率	5%	离散分布	X: {2%, 4%, 5%, 6%}; P: {0.15, 0.25, 0.50, 0.10}
6年后的残值	71 500 000	正态分布	均值：71 500 000；标准差：7 500 000
老工厂的净现值	38 211 000	正态分布	均值：38 211 000；标准差：3 821 100

老工厂运营6年产生的净现值收益估计见表14.1和表14.2，企业认为新工厂的建设和运营应该至少比老工厂带来7 000万元以上的新增净收益才合算。

问题

1. 按照单一、确定方式分析两个方案的经济效果。
2. 采用量化风险分析方式考虑变量的不确定性，再次分析两个方案的经济效果。

解决方法和步骤

我们首先按照单一、确定方式来分析和比较两个方案的经济效果，然后使用表14.1和表14.2中指定的概率分布取代确定方式模型中的变量数值，运用@Risk模拟计算两个方案的净现值概率分布，在此基础上再次分析和比较两个方案经济效果的优劣性。

图14.1展示了资本投资项目方案A的经济效果分析完整模型，读者可以按照以下步骤开发这个模型。

	A	B	C	D	E	F	G	H	I	J
1	通货膨胀率（%）	4.50%	第1年	第2年	第3年	第4年	第5年	第6年		
2	单位销售收入	¥ 80	¥ 84	¥ 87	¥ 91	¥ 95	¥ 100	¥ 104		
3	销售增长率	5.20%								
4	销售数量	¥ 2,500,000	¥ 2,630,000	¥ 2,766,760	¥ 2,910,632	¥ 3,061,984	¥ 3,221,208	¥ 3,388,710		
5										
6	销售收益	¥ 200,000,000	¥ 219,868,000	¥ 241,709,687	¥ 265,721,127	¥ 292,117,864	¥ 321,136,853	¥ 353,038,588		
7	可变成本减少率（%）	8.00%							3	0.15
8	总成本	¥ -180,000,000	¥ -186,230,333	¥ -194,064,698	¥ -202,251,610	¥ -210,806,932	¥ -219,747,244	¥ -229,089,870	5	0.25
9	可变成本	¥ -105,000,000	¥ -100,947,000	¥ -105,489,615	¥ -110,236,648	¥ -115,197,297	¥ -120,381,175	¥ -125,798,328	8	0.50
10	固定成本	¥ -70,000,000	¥ -73,150,000	¥ -76,441,750	¥ -79,881,629	¥ -83,476,302	¥ -87,232,736	¥ -91,158,209	9	0.10
11	折旧	¥ -5,000,000	¥ -12,133,333	¥ -12,133,333	¥ -12,133,333	¥ -12,133,333	¥ -12,133,333	¥ -12,133,333		
12										
13	毛利润	¥ 20,000,000	¥ 33,637,667	¥ 47,644,989	¥ 63,469,518	¥ 81,310,932	¥ 101,389,609	¥ 123,948,718		
14										
15	运营费用	¥ -18,000,000	¥ -18,810,000	¥ -19,656,450	¥ -20,540,990	¥ -21,465,335	¥ -22,431,275	¥ -23,440,682		
16										
17	净运营利润		¥ 14,827,667	¥ 27,988,539	¥ 42,928,527	¥ 59,845,597	¥ 78,958,334	¥ 100,508,035		
18										
19	税前收入		¥ 14,827,667	¥ 27,988,539	¥ 42,928,527	¥ 59,845,597	¥ 78,958,334	¥ 100,508,035		
20										
21	收入税（15%）		¥ -2,224,150	¥ -4,198,281	¥ -6,439,279	¥ -8,976,840	¥ -11,843,750	¥ -15,076,205		
22										
23	净利润		¥ 12,603,517	¥ 23,790,258	¥ 36,489,248	¥ 50,868,758	¥ 67,114,584	¥ 85,431,830		
24										
25	折旧		¥ 12,133,333	¥ 12,133,333	¥ 12,133,333	¥ 12,133,333	¥ 12,133,333	¥ 12,133,333		
26										
27	融资	¥ -	¥ -	¥ -37,723,040	¥ -37,723,040	¥ -37,723,040	¥ -37,723,040	¥ -37,723,040		
28										
29	残值	¥ -	¥ -	¥ -	¥ -	¥ -	¥ -	¥ 57,200,000		
30										
31	现金流		¥ 24,736,850	¥ -1,799,448	¥ 10,899,542	¥ 25,279,051	¥ 41,524,877	¥ 117,042,124		
32										
33	工厂A现值	¥ 135,445,749								
34										
35	老工厂现值	¥ -38,211,000								
36										
37	工厂A现值增长	¥ 97,234,749								

图14.1　资本投资项目A方案经济效果分析模型

第一步：基础数据

1. 选择Excel工作表的第一页，单击工作表名称，输入“BasicData”（或者你喜欢的名称）。

2. 在单元格C2中输入“4.5%”，表示通货膨胀率。

3. 在单元格C4中输入“38211000”，表示老工厂可以产生的收入现值。

	A	B	C	D
1				
2		通货膨胀率	4.50%	
3				
4		老工厂现值	¥ 38,211,000.00	
5				

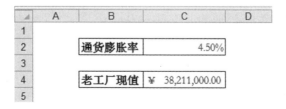

图14.2　Excel中BasicData页面包含的基础数据

第二步：销售收入和销售数量

1. 选择Excel工作表的第二页，单击工作表名称，输入"PlantA"，表明此工作表用于分析方案A的经济效果NPV。

2. 在单元格B1中输入公式"=BasicData!C2"，表示此处引用BasicData页面中定义的通货膨胀率大小。

3. 在单元格B2中输入"80"，表示第0年单位销售收入估计值。

4. 在单元格C2中输入公式"=B2*(1+$B$1)"，表示第1年单位销售收入等于经通货膨胀率调整后的第0年单位销售收入。

5. 复制单元格C2，选择区域D2:H2粘贴，形成经过通货膨胀率调整过的第2年到第6年单位销售收入值。

6. 在单元格B3中输入"5.2%"，表示销售增长率。

7. 在单元格B4中输入"2500000"，表示第0年销售量估计值。

8. 在单元格C4中输入公式"=B4*(1+$B$3)"，表示第1年销售量等于经销售增长率调整过的第0年销售量估计值。

9. 复制单元格C4，选择区域D4:H4粘贴，形成经过销售增长率调整过的第2年到第6年销售量。

第三步：销售收益与总成本

1. 在单元格B6中输入公式"=B2*B4"，表示销售收入等于单位销售收入与销售数量的乘积。

2. 复制单元格B6，选择区域C6:H6粘贴，形成第1年到第6年的销售收入。

3. 在单元格B7中输入"8%"，表示第1年可变成本减少率。

4. 在单元格B9、B10、B11中分别输入"−105000000""−70000000""−5000000"，表示第0年的可变成本、固定成本、折旧额。

5. 在单元格C9中输入公式"=(B9*(1−B7))*(1+B1)"，表示第0年可变成本按照8%减少率下降，同时考虑通货膨胀率4.5%的影响，形成第1年可变成本。

6. 在单元格D9中输入公式"=C9*(1+$B$1)"，表示第2年可变成本等于考虑通货膨胀影响下的第1年可变成本。

7. 复制单元格D9，选择区域E9:H9粘贴，形成第3年到第6年的可变成本。

8. 复制单元格B10，选择区域C10:H10粘贴，形成第1年到第6年的固定成本。

9. 在单元格B8中输入公式"=SUM(B9:B11)"，计算第0年总成本。

10. 复制单元格B8，选择区域C8:H8粘贴，形成第1年到第6年的年度总成本。

第四步：毛利润

1. 在单元格B13中输入公式"=B6+B8"，表示第0年毛利润等于销售收入减去总成本。

2. 复制单元格B13，选择区域C13:H13粘贴，形成第1年到第6年的年毛利润。

第五步：运营费用

1. 在单元格B15中输入公式"=B8*0.1"，表示第0年运营费用为当年总成本的10%。

2. 在单元格C15中输入公式"=B15*(1+$B$1)"，表示考虑通货膨胀后的第1年运营费用。

3. 复制单元格C15，选择区域D15:H15粘贴，形成第2年到第6年的运营费用。

第六步：净运营利润

1. 在单元格C17中输入公式"=C13+C15"，表示第1年的净运营利润等于当年的毛利润减去运营费用。

2. 复制单元格C17，选择区域D17:H17粘贴，形成第2年到第6年的净运营利润。

第七步：税前收入

1. 在单元格C19中输入公式"=C17"，表示第1年的税前收入等于当年的净运营利润。

2. 复制单元格C19，选择区域D19:H19粘贴，形成第2年到第6年的税前收入。

第八步：收入税

1. 在单元格C21中输入公式"=–C19*0.15"，计算第1年的收入税，税率为15%。

2. 复制单元格C21，选择区域D21:H21粘贴，形成第2年到第6年的收入税。

第九步：净利润

1. 在单元格C23中输入公式"=C19+C21"，表示第1年的净利润等于税前收入减去收入税。

2. 复制单元格C23，选择区域D23:H23粘贴，形成第2年到第6年的净利润。

第十步：折旧

1. 在单元格C25中输入公式"=–C11"。尽管在总成本计算中考虑了折旧额，但是这是会计意义上的计算。NPV计算与会计计算不一样，它针对于真实的现金流。所以，此处需要再把C11处扣除的折旧额重新补回来。

2. 复制单元格C25，选择区域D25: H25粘贴，形成第2年到第6年的折旧额。

第十一步：融资偿还

1. 在单元格D27中输入公式"=PMT(0.1,5,130000000*1.1)"，用于计算项目融资130 000 000元的等额分期偿还额。PMT是Excel函数，用于计算固定利率下贷款的等额分期偿还额。其中，0.1表示利率为10%，5表示5年等额分期偿还，130000000*1.1表示拖后1年实际贷款额的本利和。

2. 在单元格E27中输入公式"=$D$27"，表示第3年与第2年的分期偿还额相等。

3. 复制单元格E27，选择区域F27:H27粘贴，形成第4年到第6年的等额分期偿还额。

第十二步：残值

在单元格H29中输入"57200000"，表示方案A在第6年末的残值。

第十三步：现金流

1. 在单元格C31中输入公式"=C23+C25+C27"，表示第1年的现金流等于当年的净利润、扣除的折旧额、融资偿还额之和。

2. 复制单元格C31，选择区域D31:H31粘贴，形成第2年到第6年的现金流。

第十四步：工厂A现值

在单元格B33中输入公式"=NPV(0.105,C31:H31)"，计算方案A在第0年的净现值。NPV为Excel函数，用于计算一定利率下的一系列未来现金流的净现值。0.105表示利率为10.5%，C31:H31表示第1年到第6年的现金流。

第十五步：老工厂现值

在单元格B35中输入公式"=-BasicData!C4"，表示此处引用BasicData页面中的老工厂现值数据。

第十六步：工厂A现值增长

在单元格B37中输入公式"=B33+B35"，表示工厂A的现值减去老工厂现值为工厂A的现值增长额。

图14.3展示了资本投资项目方案B的经济效益分析完整模型下载，基本计算过程与方案A相同，其中单元格B3、B7、H29输入了表14.2中给出的方案B的参数值，B1中的通货膨胀率、B35中的老工厂现值继续引用BasicData中的数值。

	A	B	C	D	E	F	G	H	I	J
1	通货膨胀率（%）	4.50%	第1年	第2年	第3年	第4年	第5年	第6年		
2	单位销售收入	¥ 80	¥ 84	¥ 87	¥ 91	¥ 95	¥ 100	¥ 104		
3	销售增长率	5.00%								
4	销售数量	2,500,000	2,625,000	2,756,250	2,894,063	3,038,766	3,190,704	3,350,239		
5										
6	销售收益	¥ 200,000,000	219,450,000	240,791,513	264,208,487	289,902,762	318,095,806	349,030,623		
7	可变成本减少率（%）	5.00%							2	0.15
8	总成本	¥ -180,000,000	-187,138,750	-195,121,244	-203,462,950	-212,180,032	-221,289,384	-230,808,656	4	0.25
9	可变成本	¥ -105,000,000	-104,238,750	-108,929,494	-113,831,321	-118,953,730	-124,306,648	-129,900,447	5	0.50
10	固定成本	¥ -70,000,000	-73,150,000	-76,441,750	-79,881,629	-83,476,302	-87,232,736	-91,158,209	6	0.10
11	折旧	¥ -5,000,000	-9,750,000	-9,750,000	-9,750,000	-9,750,000	-9,750,000	-9,750,000		
12										
13	毛利润		32,311,250	45,670,269	60,745,537	77,722,730	96,806,422	118,221,967		
14										
15	运营费用	¥ -18,000,000	-18,810,000	-19,656,450	-20,540,990	-21,465,335	-22,431,275	-23,440,682		
16										
17	净运营利润		13,501,250	26,013,819	40,204,547	56,257,395	74,375,147	94,781,285		
18										
19	税前收入		13,501,250	26,013,819	40,204,547	56,257,395	74,375,147	94,781,285		
20										
21	收入税（15%）		-2,025,188	-3,902,073	-6,030,682	-8,438,609	-11,156,272	-14,217,193		
22										
23	净利润		11,476,063	22,111,746	34,173,865	47,818,786	63,218,875	80,564,092		
24										
25	折旧		9,750,000	9,750,000	9,750,000	9,750,000	9,750,000	9,750,000		
26										
27	融资	¥ -	¥ -		-48,642,274	-48,642,274	-48,642,274	-48,642,274		
28										
29	残值							71,500,000		
30										
31	现金流		21,226,063	31,861,746	-4,718,409	8,926,512	24,326,601	113,171,818		
32										
33	工厂B现值	¥ 124,727,503								
34										
35	老工厂现值	¥ -38,211,000								
36										
37	工厂B现值增长	¥ 86,516,503								

图14.3 资本投资项目方案B经济效益分析模型

结果解读（问题1）

下面对问题1"按照单一、确定方式分析两个方案的经济效果。"的结果进行分析。

从图14.1和图14.3可以看到，方案A的现值增长为97 234 749元，方案B的现值增长为86 516 503元。这样，在相同的最低吸引力收益率10.5%情况下，方案A和方案B的现值增长都大于7 000万元，因此都是可行方案。方案A的现值增长大于方案B的现值增长，在没有其他评价标准的情况下，应该选择方案A作为最优方案。

结果解读（问题2）

下面对问题2"采用量化风险分析方式考虑变量的不确定性，再次分析两个方案的经济效果。"的结果进行分析。

表14.1和表14.2已经分别给出了方案1和方案2的不确定性变量及其概率分布。这里，我们把图14.1和图14.3显示的分析模型中的变量数值替换为相应的概率分布，建立考虑变量不确定性的量化风险分析模型，使用@Risk进行模拟，产生方案1和方案2的现值增长概率分布，再来比较两个方案的经济效果优劣性。

第一步：通货膨胀率概率分布。

点击BasicData页面，在单元格C2中输入公式"=RiskNormal(4.5,1)/100"，表示通货膨胀率服从均值为4.5%，标准差为1%的正态分布。

第二步：老工厂现值概率分布。

点击BasicData页面，在单元格C4中输入公式"=RiskNormal(38211000, 3821100)"，表示老工厂现值服从均值为38 211 000元，标准差为3 821 100元的正态分布。

第三步：销售增长率概率分布

1. 点击PlantA页面，在单元格B3中输入公式"=RiskTriang(3.5,5.2,6)/100"，表示方案1的销售增长率服从最小值为3.5%，最可能值为5.2%，最大值为6%的三角分布。

2. 点击PlantB页面，在单元格B3中输入公式"=RiskTriang(4.2,5,5.5)/100"，表示方案2的销售增长率服从最小值为4.2%，最可能值为5%，最大值为5.5%的三角分布。

第四步：可变成本减少率概率分布

1. 点击PlantA页面，在单元格B7中输入公式"=RiskDiscrete(I7:I10,J7:J10)/100"，表示方案1的可变成本减少率服从取值为{3,5,8,9}，概率为{0.15,0.25,0.50,0.10}的离散分布。RiskDiscrete为@Risk分布，用于定义离散分布。

2. 点击PlantB页面，在单元格B7中输入公式"=RiskDiscrete(I7:I10,J7:J10)/100"，表

示方案2的可变成本减少率服从取值为{2,4,5,6}，概率为{0.15,0.25,0.50,0.10}的离散分布。

第五步：残值概率分布

1. 点击PlantA页面，在单元格H29中输入公式"=RiskNormal(57 200 000, 6 000 000)"，表示方案1在第6年末的残值服从均值为57 200 000元，标准差为6 000 000元的正态分布。

2. 点击PlantB页面，在单元格H29中输入公式"=RiskNormal(71 500 000, 7 500 000)"，表示方案2在第6年末的残值服从均值为71 500 000元，标准差为7 500 000元的正态分布。

第六步：模型输出变量

1. 点击PlantA页面，选择单元格B37，点击@Risk功能区上的"Add Output"按钮，定义工厂A现值增长为模型的输出变量。

2. 点击PlantB页面，选择单元格B37，点击@Risk功能区上的"Add Output"按钮，定义工厂B现值增长为模型的输出变量。

在@Risk功能区上的"Iterations"处的下拉菜单中选择"5 000"，指定抽样数为5 000，然后，点击@Risk"Simulation"功能区中的"Start Simulation"，开始模拟计算。

图14.4给出方案A的现值增长概率密度图。从中可以看到，最小值为10 436 265.14元，最大值为142 761 473.63元，均值为81 432 341.14元，标准差为21 642 015.56元，方案A的现值增长小于7 000万元的概率为30%。

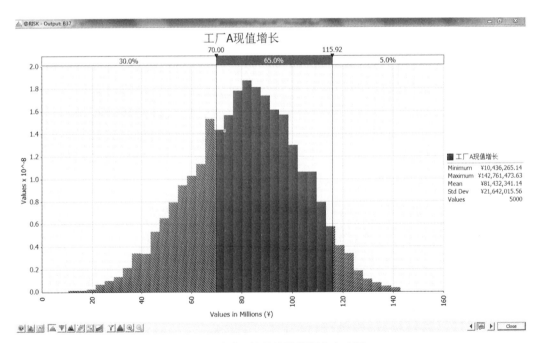

图14.4 方案A的现值增长概率密度图

图14.5给出方案B的现值增长概率密度图。从中可以看到，最小值为323 185 67.28元，最大值为130 644 431.14元，均值为80 756 971.91元，标准差为14 074 076.53元，方案B的现值增长小于7 000万元的概率为21.9%。

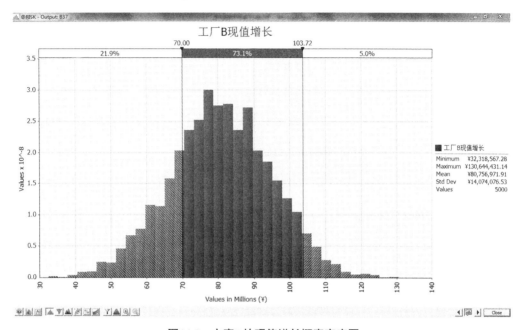

图14.5　方案B的现值增长概率密度图

在方案A的现值增长概率密度图中，点击图14.4中最下方左数第6个按钮"Add Overlay to Graph"，选择PlantB中的B37单元格，制作方案A与方案B现值增长的叠加概率密度图，见图14.6。从中可以看到，方案A与方案B的均值比较接近，方案A稍大一些，但是方案B现值增长的标准差与方案A相比要小很多。方案B的概率密度形状要比方案A的概率密度形状"窄"一些。

点击图14.6中最下方左数第4个按钮，选择"Cumulative Ascending"（上升的累积概率曲线），制作方案A与方案B现值增长的叠加累积概率分布图，见图14.7。从图14.7可以看到，在现值增长的低端范围内，方案B要明显优于方案A，因为7 000万元位于此范围，所以在此处方案B要更好一些。但是在现值增长的高端范围内，方案A要明显优于方案B。在这种情况下，不能简单地下结论认为方案B一定优于方案。方案的优与劣依赖于评估者的风险偏好。

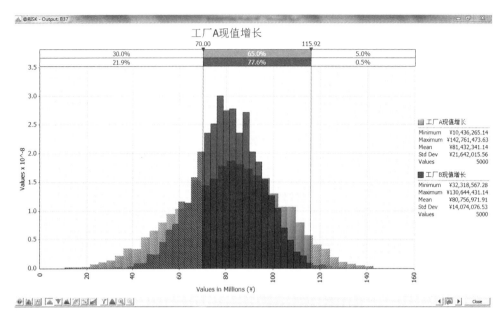

图14.6　方案A与方案B现值增长概率密度叠加图

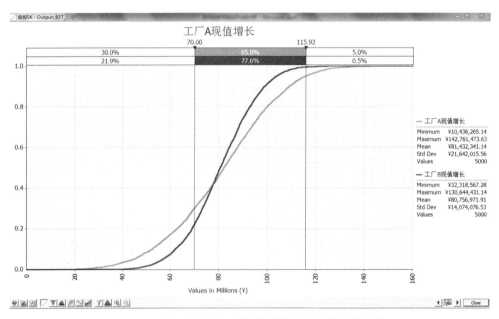

图14.7　方案A与方案B现值增长累积概率分布叠加图

洪水疏浚渠道扩建方案经济比较

决策树建模一

使用Palisade DecisionTools Suite套件中的组件PrecisionTree可以方便地构建决策树模型来比较决策方案的优劣性。PrecisionTree的一个优点是当模型参数发生变化时可以自动计算并选择最优方案。这可以避免繁琐的计算，快速地对模型参数和变量进行分析，从而对不确定性及决策形势形成更为深入的认识。PrecisionTree自身带有的敏感性分析功能，可以对多个模型参数和变量进行一维以及二维的敏感性分析，并以图形的形式展示不同参数或参数组合下，最优决策方案的变化情况。此外，在PrecisionTree中还可以直接使用@Risk定义输入和输出变量，从而输出连续意义上的模型计算结果。下面，我们通过一个洪水疏浚渠道扩建方案经济比较分析的案例，展示如何使用PrecisionTree对构建出的决策树进行敏感性分析。

案例描述

某地区的洪水疏浚渠道目前具备700立方英尺的疏浚能力，经过工程分析和历史数据研究，得到不同渠道容量下发生洪水的概率，并给出不同建设方案的投资额，见表15.1。

表15.1 扩建方案的资本投资额及相应洪水超过设计流量的概率

流量（立方英尺/秒）	洪水超过该流量的概率	扩建渠道使其承受该洪水流量所需的资本投资额（万元）
700	0.20	0
1 000	0.10	20 000
1 300	0.05	追加10 000
1 600	0.02	追加14 000
1 900	0.01	追加16 000

历史数据显示，当洪水超过渠道疏浚能力时，发生严重洪灾的平均损失为20 000万元，该渠道扩建工程的建设，通过发行期限为40年的债券募集资金，年利率为8%（Sullivan等，2003）。

问题

1. 以等值年度费用期望值作为判断标准，根据目前的信息和数据应该选择哪种扩建方案使得经济效果最为合理？

2. 对发生洪灾的平均损失，以及流量为1 000立方英尺/秒扩建方案的资本投资额进行敏感性分析，确定不同参数下的最佳扩建方案。

3. 在问题1计算出来的最优扩建方案下，如果发生洪灾的平均损失服从最小值为15 000万元、最可能值为20 000万元、最大值为40 000万元的PERT分布，计算最优方案的期望经济效果的概率分布。

解决方法和步骤

根据题意，存在5个方案：不扩建、修建1 000立方英尺渠道、修建1 300立方英尺渠道、修建1 600立方英尺渠道、修建1 900立方英尺渠道。评判方案优劣性的标准是每个方案的等值年度费用期望值的大小。等值年度费用的期望值包括两部分内容：第一是洪水超过疏浚能力时造成的平均损失期望值；第二是债券募集基金的等值年资本恢复额。

我们先用Excel计算每种方案的债券募集基金的等值年资本恢复额，再使用PrecisionTree构建有5个决策方案的决策树，利用决策树计算洪水超过疏浚能力时造成的平均损失期望值。把平均损失期望值与等值年资本恢复额相加，就可以得出每个方案的等值年度费用期望值。

图15.1给出了洪水疏浚渠道扩建方案的基础数据以及使用Excel函数计算出来的年资本恢复额，读者可以按照以下步骤开发此模型。

	A	B	C	D	E	F	G	H
1								
2								
3		流量（立方英尺/秒）		700	1000	1300	1600	1900
4		洪水超过该流量的概率		0.2	0.1	0.05	0.02	0.01
5		扩建渠道使其承受该洪水流量所需的资本投资额（美元）		0	20000	30000	44000	60000
6								
7		洪水超过疏浚能力时造成的平均损失为		20000	万元			
8								
9							年资本恢复额	
10		债券募集资金		1000	万元		83.86	万元
11		发行期		40	年			
12		年利率		8%		20000	1677.20	万元
13		年资本恢复额		83.86	万元	30000	2515.80	万元
14		发生洪水时的等值年度费用		20083.86	万元	44000	3689.85	万元
15						60000	5031.61	万元

图15.1 洪水疏浚渠道扩建方案的基础数据和年资本恢复额

第一步：洪水疏浚渠道扩建方案的基础数据

1. 命名Excel第一个工作表为"Data"（或者你喜欢的名称）。

2. 在区域C3:G3中分别输入"700""1 000""1 300""1 600""1 900"，表示5种洪水疏浚渠道的流量能力。

3. 在区域C4:G4中分别输入"0.2、0.1、0.05、0.02、0.01"，表示洪水超过5种洪水疏浚渠道流量的概率。

4. 在单元格C5中输入"0"，表示不扩建方案不需要的资本投资额。

5. 在单元格D5中输入"20000"，表示1 000立方英尺/秒的流量方案需要的资本投资额为20 000万元。

6. 在单元格E5中输入公式"=D5+10000"，表示1 300立方英尺/秒的流量方案需要在1 000立方英尺/秒的流量方案的投资额之上追加投资10 000万元。

7. 在单元格F5中输入公式"=E5+14000"，表示1 600立方英尺/秒的流量方案需要在1 300立方英尺/秒的流量方案的资本投资额之上追加投资14 000万元。

8. 在单元格G5中输入公式"=F5+16000"，表示1 900立方英尺/秒的流量方案需要在1 600立方英尺/秒的流量方案的资本投资额之上追加投资16 000万元。

第二步：洪水超过疏浚能力时造成的平均损失

在单元格C7中输入"20000"，表示不管选择哪个方案，只要洪水超过疏浚能力，那么平均损失为20 000万元。

第三步：年资本恢复额

1. 在单元格C10中输入"1000"，表示一个假想的债券募集资金额。

2. 在单元格C11和C12中分别输入"40、8%"，表示债券的发行期为40年，年利率为8%。

3. 在单元格C13中输入公式"=PMT(C12,C11,-C10)"，用来计算年资本恢复额。PMT为Excel函数，用于计算固定利率下贷款的等额分期偿还额，即利率为8%、发行期为40年、募集资金为1 000万元的等额年资本恢复额为83.86万元。

4. 在单元格C14中输入公式"=C7+C13"，表示如果洪水超过疏浚能力，那么等值年度费用为年资本恢复额加上洪水造成的平均损失。

第四步：用模拟运算表计算每个方案的年资本恢复额

1. 在单元格F11中输入公式"=C13"，表示此处引用单元格C13的值。

2. 在区域E12:E15中分别输入"20000""30000""44000""60000"，用以表示4种方案的债券募集资金额。

3. 选择Excel区域E11:F15，依次点击Excel功能区中的"数据"→"数据工具"→"模拟分析"→"模拟运算表"，在弹出的"模拟运算表"页面中的"输入引用列的单元格"

中选择"C10",点击"确定",得到与不同债券募集资金额相对应的等值年资本恢复额(见图15.1)。

4. 图15.2给出了扩建方案经济比较决策树模型,读者可以按照以下步骤发展此模型。

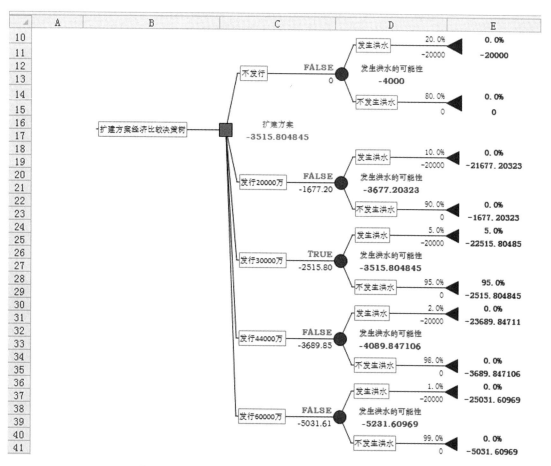

图15.2　洪水疏浚渠道扩建方案经济比较决策树模型

第一步:创建决策树

1. 选择一个新的Excel工作表,点击名称处,命名为"Tree"(或者你喜欢的名称)。

2. 选择Tree工作表中的任一个单元格,点击PrecisionTree功能区上的"Decision Tree"按钮,出现一个新的"PrecisionTree–Model Settings"页面,见图15.3。

图15.3 PrecisionTree的模型设置页面

3. 在"Name"处输入"扩建方案经济比较决策树",点击"确定",回到Excel工作表页面,见图15.4。

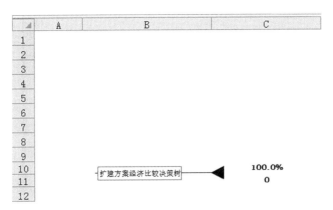

图15.4 创建决策树Excel工作表页面

第二步:定义扩建方案节点

1. 根据题意,决策树的第一个节点是决策节点,决策方案(即扩建方案)有5个:不发行、发行20 000万元、发行30 000万元、发行44 000万元、发行60 000万元。点击图15.4中显示的三角形,出现一个新页面,见图15.5。点击"Decision"按钮,在"Name"对应的空白处填入"扩建方案",定义此决策节点的名称。在"Use of Branch Values"处选择

"Add to Payoff"，表明此节点发生的费用会累加到决策树最后的价值中。

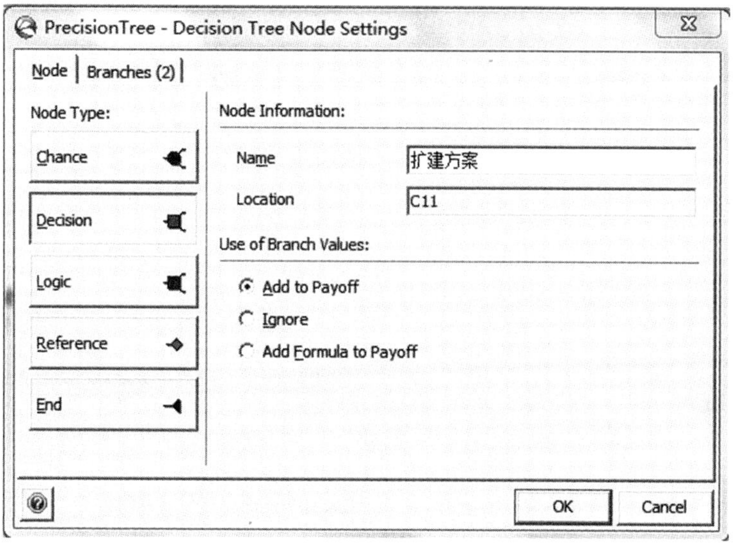

图15.5 定义扩建方案决策节点

2. 点击"Branches（2）"，出现决策分支页面，见图15.6。决策分支页面缺省的分支树为2个。因为本题中"扩建方案"决策节点有5个决策分支，所以点击"Add"按钮，增加3个决策分支。

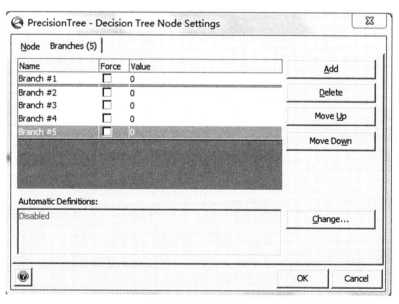

图15.6 扩建方案决策节点中的决策分支页面

3. 点击"OK"，回到Excel工作表页面（见图15.7）。可以直接在此页面定义决策分支的名称以及决策费用等，同时也可以在Excel页面上定义相关内容。因为后者操作上更简便，所以我们选择在Excel页面上进行定义。

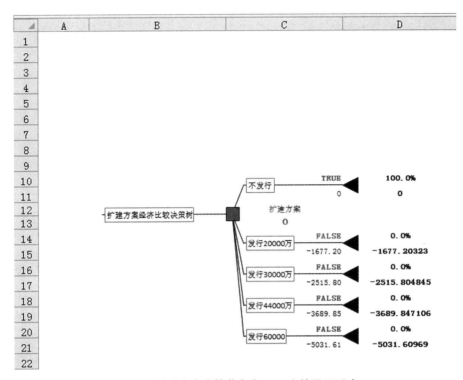

图15.7　扩建方案决策节点在Excel上的显示形式

4. 点击"扩建方案"决策节点的每个分支上的方框，分别输入分支名称"不发行""发行20 000万""发行30 000万""发行44 000万""发行60 000万"。

5. 选择"发行20 000"决策分支中"TRUE"下面值为0的单元格，先输入一个负号"=-"，然后点击"Data"页面中的单元格F12，然后按下"回车"键，回到"Tree"页面。这时，再观察"发行20000万"决策分支中"FALSE"下面值为-1 677.20的单元格，可以发现，单元格含有公式"=-Data!F12"。此处表示选择"发行20 000万"决策方案将导致1 677.20万元的年资本恢复额。因为年资本恢复额为支出项，所以此处加负号。

6. 同样方法，依次为"发行30 000万""发行44 000万""发行60 000万"三个决策分支输入相应的年资本恢复额，它们分别位于Excel中"Data"页面的F13、F14、F15。

7. 因为"不发行"方案的年资本恢复额为0，所以此方案暂时为最优方案。

第三步：定义发生洪水的可能性节点

1. 点击"不发行"决策分支后面的蓝色三角形，出现"Decision Tree Nodes Settings"定义界面，见图15.8。点击"Chance"按钮，在"Name"对应的空白处输入"发生洪水的可能性"，定义此不确定节点的名称。

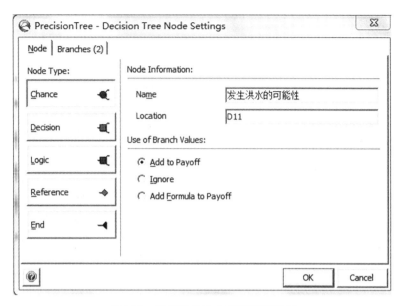

图15.8　定义发生洪水的可能性节点

2. 点击"Branches（2）"，出现不确定情景定义界面，见图15.9。不确定情景页面缺省的分支数为2个。因为本题中"发生洪水的可能性"不确定节点正好有两个情景，所以直接点击"OK"即可。点击"OK"后，回到Excel页面，见图15.10。同样，可以直接在此页面定义不确定情景分支的名称以及相对应的发生概率，也可以在Excel页面上定义。我们选择后者，因为这种方式更简便、灵活。

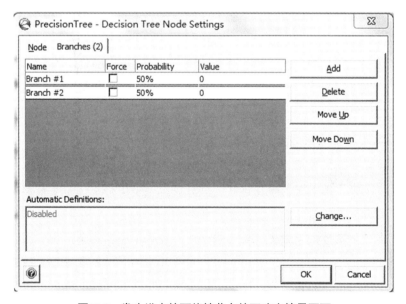

图15.9　发生洪水的可能性节点的不确定情景页面

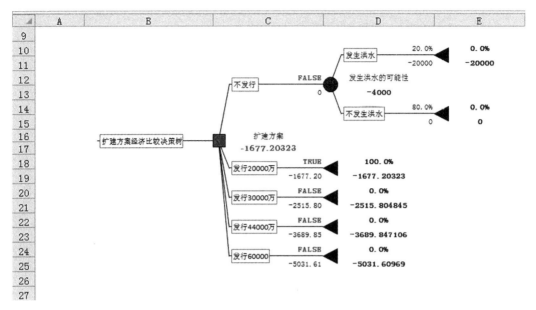

图15.10　发生洪水的可能性节点在Excel上的显示形式

3. 点击"发生洪水的可能性"节点每个情景分支上的方框，输入"发生洪水"和"不发生洪水"。

4. 选择"发生洪水"情景分支上包含概率信息的单元格D10（在你的Excel工作表上，因为定义决策树的初始位置的不同，所以此处也许不位于单元格D10），输入"="，选择Excel"Data"页面中的C4，按"回车"键，得到"不发行"方案下"发生洪水"的预期概率为20%。选择"不发生洪水"情景分支上包含概率信息的单元格，输入公式"=1-D10"，得到"不发生洪水"的预期概率为80%。

5. 点击"发生洪水"情景分支上概率信息下方的单元格D11，输入"=-"，选择Excel"Data"页面中的C7，并使用绝对引用（即$C$7），定义发生洪水导致的平均损失为20 000万元。

第四步：定义其他决策方案的"发生洪水的可能性"节点

1. 因为其他扩建方案都与"不发行"方案有相同结构的不确定节点，因此我们可以把"不发行"方案中的"发生洪水的可能性"节点作为一个子树。这个子树的结构同样适用于其他决策方案，不同之处在于发生洪水的概率。

2. 右键点击"不发行"方案中"发生洪水的可能性"不确定节点中的圆形标记，在下拉菜单中选择"Copy SubTree"，右键点击"发行20 000万"方案最右侧的三角标记，在下拉菜单中选择"Paste SubTree"，构建与"不发行"方案结构一样的子树；同理构建其他方案的"发生洪水的可能性"不确定节点，见图15.11。

3. 点击"发行20 000万"方案下的发生洪水不确定情景分支上包含概率信息的单元

格,输入"=",选择"Data"页面中的D4,按"回车"键。

4. 点击"发行30 000万"方案下的发生洪水不确定情景分支上包含概率信息的单元格,输入"=",选择"Data"页面中的E4,按"回车"键。

5. 点击"发行44 000万"方案下的发生洪水不确定情景分支上包含概率信息的单元格,输入"=",选择"Data"页面中的F4,按"回车"键。

6. 点击"发行60 000万"方案下的发生洪水不确定情景分支上包含概率信息的单元格,输入"=",选择"Data"页面中的G4,按"回车"键。

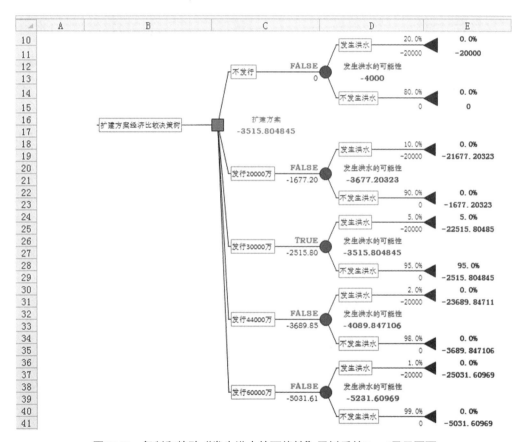

图15.11　复制和粘贴"发生洪水的可能性"子树后的Excel显示页面

结果解读(问题1)

下面对问题1"以等值年度费用期望值作为判断标准,根据目前的信息和数据,应该选择哪种扩建方案使得经济效果最为合理?"的结果进行解读。

从图15.11可以看到,"发行30 000万"决策分支后面具有"TRUE"标记,这意味着此方案的等值年度费用期望值最少,也就是最优方案。

点击PrecisionTree功能区上的"Decision Analysis"下拉菜单,选择"Policy Suggestion..."选项,会产生一个新的包含两个工作表的Excel页面:"Decision Table"页面和"Optimal Tree"页面,见图15.12和图15.13。

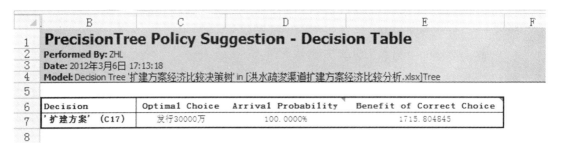

图15.12　PrecisionTree的"Policy Suggestion"工作表中的"Decision Table"页面

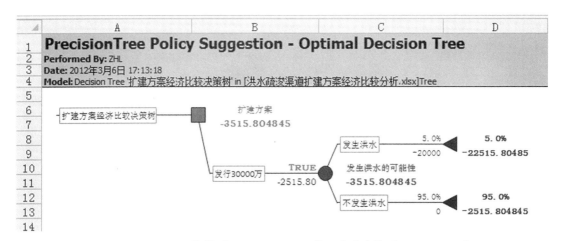

图15.13　"PrecisionTree"的"Policy Suggestion"工作表中的"Optimal Tree"页面

根据图15.12,最优决策方案是"发行30 000万"。"Arrival Probability"为100%意味着如果按照最优决策过程进行决策,导致该决策方案的概率为1。"Benefit of Correct Choice"表示该决策方案与最差决策方案的期望值之差为1 715.80万元。图15.13显示了截掉其他分支仅保留最优决策方案分支后的决策树。

点击PrecisionTree功能区上的"Decision Analysis"下拉菜单,选择"Risk Profile..."选项,会出现一个新的页面,见图15.14。点击"OK",会产生一个新的包含三个工作表的Excel页面:"Probability Chart"页面、"Cumulative Chart"页面和"Statistical Summary"页面,见图15.15、图15.16和图15.17。

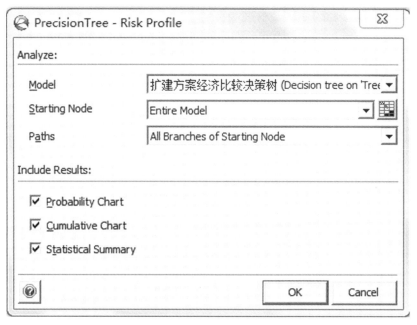

图15.14　PrecisionTree的"Risk Profile"定义页面

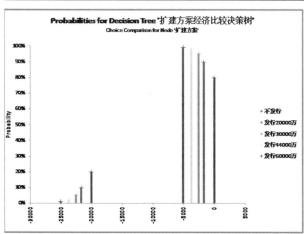

图15.15　PrecisionTree的"Risk Profile"工作表中的"Probability Chart"页面

PrecisionTree RiskProfile - Cumulative Chart
Performed By: ZHL
Date: 2012年3月6日 17:25:35
Model: Decision Tree '扩建方案经济比较决策树' in [洪水疏浚渠道扩建方案经济比较分析.xlsx]Tree
Analysis: Choice Comparison for Node '扩建方案' (C17)

Chart Data

	不发行		发行20000万		发行30000万		发行44000万		发行60000万	
	Value	Probability	Value	Probability	Value	Probability	Value	Probability	Value	Probability
#1	-Infinity	0.0000%	-Infinity	0.0000%	-Infinity	0.0000%	-Infinity	0.0000%	-Infinity	0.0000%
#2	-20000	0.0000%	-21677.20323	0.0000%	-22515.80485	0.0000%	-23689.84711	0.0000%	-25031.60969	0.0000%
#3	-20000	20.0000%	-21677.20323	10.0000%	-22515.80485	5.0000%	-23689.84711	2.0000%	-25031.60969	1.0000%
#4	0	20.0000%	-1677.20323	10.0000%	-2515.804845	5.0000%	-3689.847106	2.0000%	-5031.60969	1.0000%
#5	0	100.0000%	-1677.20323	100.0000%	-2515.804845	100.0000%	-3689.847106	100.0000%	-5031.60969	100.0000%
#6	Infinity	100.0000%	Infinity	100.0000%	Infinity	100.0000%	Infinity	100.0000%	Infinity	100.0000%

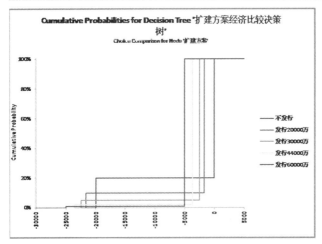

图15.16　PrecisionTree的“Risk Profile”工作表中的“Cumulative Chart”页面

PrecisionTree Risk Profile - Statistical Summary
Performed By: ZHL
Date: 2012年3月6日 17:25:35
Model: Decision Tree '扩建方案经济比较决策树' in [洪水疏浚渠道扩建方案经济比较分析.xlsx]Tree
Analysis: Choice Comparison for Node '扩建方案' (C17)

Statistics	不发行	发行20000万	发行30000万	发行44000万	发行60000万
Mean	-4000	-3677.20323	-3515.804845	-4089.847106	-5231.60969
Minimum	-20000	-21677.20323	-22515.80485	-23689.84711	-25031.60969
Maximum	0	-1677.20323	-2515.804845	-3689.847106	-5031.60969
Mode	0	-1677.20323	-2515.804845	-3689.847106	-5031.60969
Std. Deviation	8000	6000	4358.898944	2800	1989.974874
Skewness	-1.5000	-2.6667	-4.1295	-6.8571	-9.8494
Kurtosis	3.2500	8.1111	18.0526	48.0204	98.0101

图15.17　PrecisionTree的“Risk Profile”工作表中的“Statistical Summary”页面

图15.15展示了每个决策方案对应的可能出现的结果及其发生的概率。例如，对于发行30 000万元的方案，有5%的可能性发生洪水，导致22 515.8万元的等值年度费用期望；有95%的可能性不会发生洪水，导致2 515.8万元的等值年度费用期望。图15.16以累积概率分布图的形式展示了每个方案对应的可能出现的结果及其发生的概率。图15.17给出了每个决策方案结果的基本统计数据。

结果解读（问题2）

下面对问题2"对发生洪灾的平均损失和流量为1000立方英尺/秒的扩建方案的资本投资额进行敏感性分析，确定不同参数下的最佳扩建方案。"的结果进行解读。

PrecisionTree本身具有敏感性分析功能。点击功能区上"Sensitivity Analysis"按钮，出现一个新的敏感性分析页面，见图15.18。在"Analysis Type"处的下拉菜单中选择"One-Way Sensitivity"。将"Type of Value"选为"Model Expected Value"，意味着针对模型的期望值进行输入变量的敏感性分析。将"Starting Node"选为"Entire Model"，意味着对整个决策树模型的期望值进行输入变量的敏感性分析，而不是树中的某个节点。

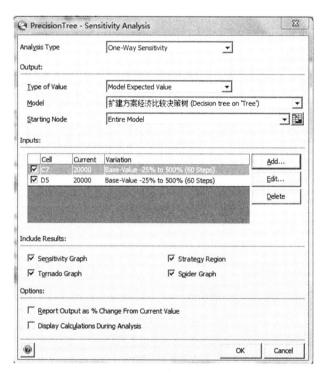

图15.18　PrecisionTree的一维敏感性分析设置页面

点击"Add"，选择Excel的Data工作表中的单元格C7（即洪水超过疏浚能力时造成的平均损失），点击"确定"，出现一个新的敏感性分析输入变量定义页面，见图15.19。在图15.19的"Variation"区域"Method"右边的下拉菜单中选择"+/- Percent Change from Base Value"（即基础值的正负百分比），在"Min Change（%）"右侧的下拉菜单中选择"-25%"，在"Max Change（%）"右侧的下拉菜单中键入"500%"。点击"OK"，回到敏感性分析设置页面。

同样方法，选择Data页面中的D5（即发行20 000万方案对应的资本投资额）作为敏感性分析输入变量，变化范围在基础值的−25%到+500%，见图15.18。

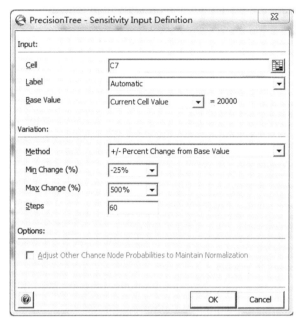

图15.19　PrecisionTree的敏感性分析输入变量定义页面

在4个结果输出选项"Sensitivity Graph""Tornado Graph""Strategy Region""Spider Graph"前打勾，点击"OK"，开始分析。PrecisionTree产生了一个新的页面，包含5个图和相应的计算数据，见图15.20、图15.21、图15.22、图15.23、图15.24、图15.25。

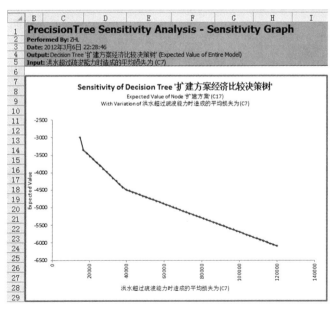

图15.20　洪水超过疏浚能力时造成的平均损失对模型期望值的敏感性分析图

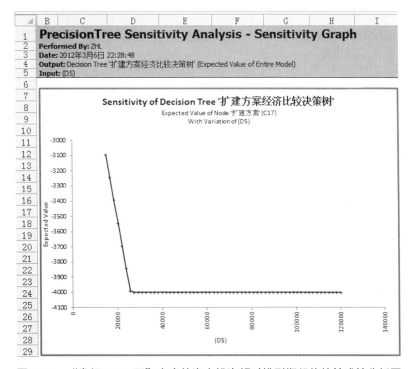

图15.21　"发行20 000万"方案的资本投资额对模型期望值的敏感性分析图

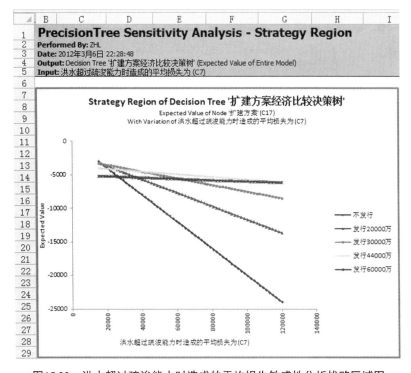

图15.22　洪水超过疏浚能力时造成的平均损失敏感性分析战略区域图

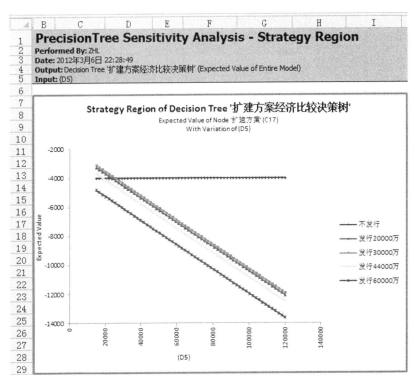

图15.23 "发行20 000万"方案的资本投资额敏感性分析战略区域图

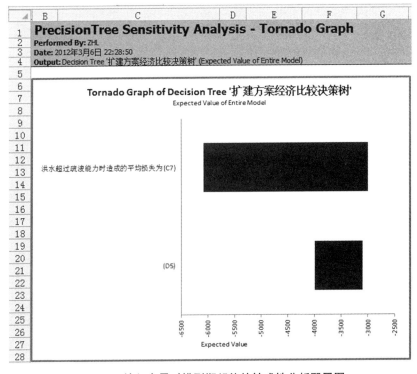

图15.24 输入变量对模型期望值的敏感性分析飓风图

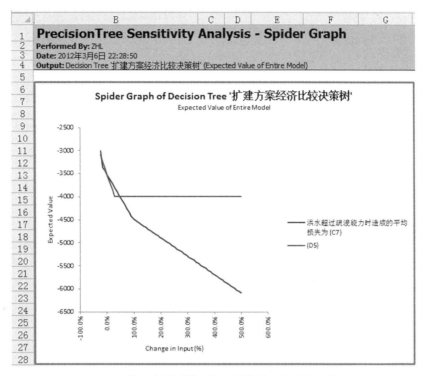

图15.25　输入变量对模型期望值的敏感性分析蜘蛛图

从图15.20可以看到，随着洪水超过疏浚能力时造成的平均损失的增加，整个模型期望值在不断地下降。但是，下降不是线性的，而且呈现出曲线形状。再观察图15.22的战略区域图，可以看到当洪水导致的平均损失较小并接近左边端点15 000万元的地方时，最优方案是"不发行"。但是，当平均损失稍微增加一点到达16 779万元时，最优方案变成发行30 000万元。当平均损失到达41 694万元时，最优方案变成了发行40 000万元。随后，平均损失下降到达120 000万元为止，发行40 000万元一直是最优方案。

从图15.21可以看到，当发行20 000万元的方案所需的资本投资额从15 000万元增加到25 678万元时，模型期望值呈线性下降。随后，模型期望值稳定在-4 000万元处。再观察图15.23，可以看到，当资本投资额在25 678万元之前变化的时候，最优方案为发行30 000万元。而当资本投资额大于25 678万元时，最优方案变成了不发行。这样，模型期望值一直为-40 000万元。

图15.24的飓风图显示，对于模型的期望值，"洪水发生导致的平均损失"相对于"发行20 000万元方案的资本投资额"具有更高的敏感性。当输入变量"洪水发生导致的平均损失"在其基础值的-25%到500%之间变化时，模型期望值的变化范围为[-6 089.8，-3 000]。而输入变量"发行20 000万元方案所需资本投资额"能够导致的模型期望值的变化范围为[-4 000, -3 096.5]。相类似地，图15.25的蜘蛛图更详细地展示了随着输入变量的变化，模型期望值的变化情况。

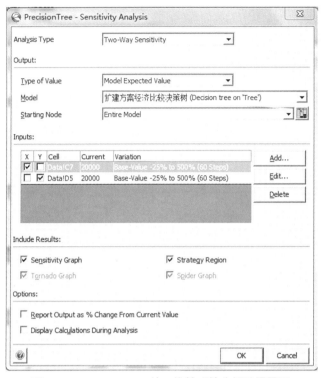

图15.26　PrecisionTree的二维敏感性分析设置界面

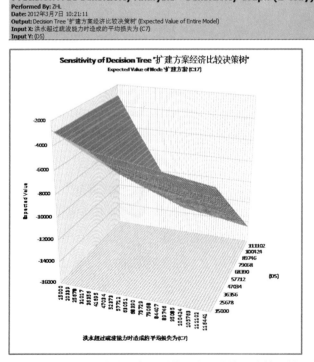

图15.27　两个输入变量对模型期望值的二维敏感性分析图

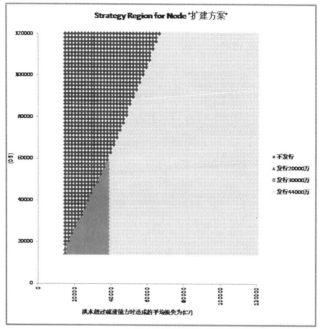

图15.28 两个输入变量对决策方案的二维战略区域图

点击PrecisionTree功能区上"Sensitivity Analysis"按钮，出现敏感性分析页面（详情请见图15.26）。在"Analysis Type"处的下拉菜单中选择"Two-Way Sensitivity"，在"Input"区域处选择"Data!C7"为x变量，选择"Data!D5"为y变量，其他设置保持不变，点击"OK"，开始二维敏感性分析。随后，PrecisionTree产生了一个新的页面，包含2个图和相应的计算数据，见图15.27和图15.28。

图15.27是两个输入变量对模型输入值的三维敏感性分析图。从中可以看到，洪水超过疏浚能力时造成的平均损失为x变量，发行20 000万元方案所需的资本投资额为y变量，模型的期望值为z变量，三个变量合在一起形成了一个三维曲面图。这个曲面图展示出，在两个自变量的联合变化形成的不同情景下，决策树的最优方案将会发生变化。

图15.28更清晰地展示了在两个自变量联合变化形成的不同情景下，决策树的最优方案变化情况。从中可以看到，两个变量联合变化组成的不同情景会导致4个不同的最优决策方案。其中，（1）只有洪水发生导致的损失为15 000万元，同时发行20 000万元的资本投资额小于等于16 779.7万元时，发行20 000万元是最优方案。（2）当洪水发生导致的损失（x）与发行20 000万元的资本投资额（y）形成的坐标点位于$y = 1.9655x - 10\ 923.4366$上方时，最优方案为不发行。也就是说，扩建工程的费用比较大同时洪水发生导致的影响

不是很大的时候，不进行扩建在经济上是可行的方案。（3）当洪水发生导致的损失（x）与发行20 000万元的资本投资额（y）形成的坐标点位于$y=1.9655x-10\,923.4366$下方，同时洪水发生导致的损失不大于38 135.59万元时，最优方案为发行30 000万元。（4）当洪水发生导致的损失大于38 135.59万元时，而且洪水发生导致的损失（x）与发行20 000万元的资本投资额（y）形成的坐标点位于$y=1.9655x-10\,923.4366$下方，那么发行44 000万元则是最优方案。

从图15.28可以看出，发行60 000万元扩建工程方案在经济上是不可行的。尽管方案的实施可以减少发生洪水的可能性，但是与发行4 4000万元扩建工程方案相比，其在经济上的付出是不合算的。

结果解读（问题3）

下面对问题3"在问题1计算出来的最优扩建方案下，如果发生洪灾的平均损失服从最小值为15 000万元、最可能值为20 000万元、最大值为40 000万元的PERT分布，计算最优方案的期望经济效果的概率分布。"的结果进行分析。

点击Excel的Data工作表的单元格C7，输入公式"=RiskPert(15000,20000, 40000)"，定义洪水超过疏浚能力时造成的平均损失服从PERT分布。选择Excel的Tree工作表中的决策树的模型结果值单元格，即决策树中显示的"扩建方案"下面的"-3515.804845"所在单元格，点击@Risk的"Add Output"按钮，输入名称"扩建方案期望值"，点击"OK"。这样，定义决策树模型结果为@Risk的模拟输出变量。

选择Excel的Tree工作表中的决策树，点击PrecisionTree功能区上的"Settings"下拉菜单，选择"Model Settings..."，这时，PrecisionTree会产生一个新的模型设置窗口，见图15.29。点击窗口中的@Risk选项页面，在"Each @Risk Iteration Calculate"处选择"Expected values of the Model"，表明@Risk会根据抽样结果计算模型的期望值。在"Decision Forcing During @Risk Simulation"处选择"Decisions Follow Current Optimal Path"，表明尽管在一个抽样结果下决策树的最优路径会发生变化，但是@Risk会忽略此信息，继续按照目前条件下的最优决策路径进行计算。

在@Risk功能区上的"Iterations"处的下拉菜单中选择"5000"，指定抽样数为5 000，然后，点击@Risk "Simulation"功能区中的"Start Simulation"。图15.30给出了@Risk返回的输出变量模拟结果的概率密度分布图，见图15.30。从中可以看到，扩建方案期望值的最小值为-4 398.29万元，最大值为-3 267.34万元，期望值为-3 640.80万元，标准差为216.51万元，分布呈左偏形状。

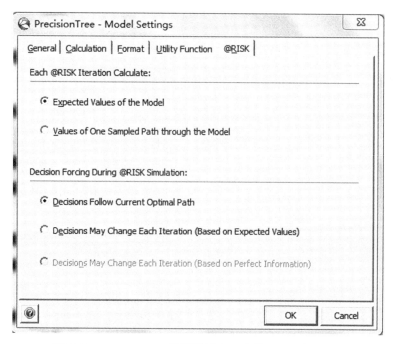

图15.29　PrecisionTree模型设置窗口中的@Risk选项页面

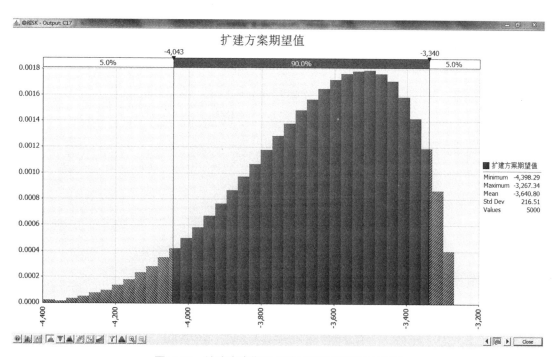

图15.30　扩建方案期望值的模拟结果概率密度图

我们在前面的分析中已经知道，当洪水发生导致的损失从15 000万元向40 000万元变化时，决策树模型的最优决策方案也会发生相应变化，依次为"不发行""发行30 000万""发行44 000万"。然而，上面已经定义PrecisionTree在运行@Risk时会忽略决策树最优方案变化的信息，采用目前的最优路径。这样，与最优决策方案会发生变化相比，采用目前最优路径规则下的@Risk输出变量模拟结果会是一个次优的结果。

图15.31给出了允许PrecisionTree根据模拟抽样结果重新计算最优决策方案下的@Risk输出变量模拟结果的概率密度分布图。从中可以看到，扩建方案期望值的最小值为−4 398.29万元，最大值为−3 006.14万元，期望值为−3 640.09万元，标准差为228.63万元。图15.32和图15.33分别给出了两种规则下的@Risk输出变量模拟结果的概率密度分布叠加图和累积概率分布叠加图。从中可以看到，可以重新计算最优方案条件下，扩建方案期望值概率分布的右端区域会发生明显改善。这实际上是因为当洪水发生导致的损失小于16 779万元时，最优决策方案变为"不发行"要比保持"发行30 000万"决策方案在经济上有明显改善。不过，因为事先不能确定洪水发生导致的损失的真实大小，所以这部分经济损失是很难避免的。

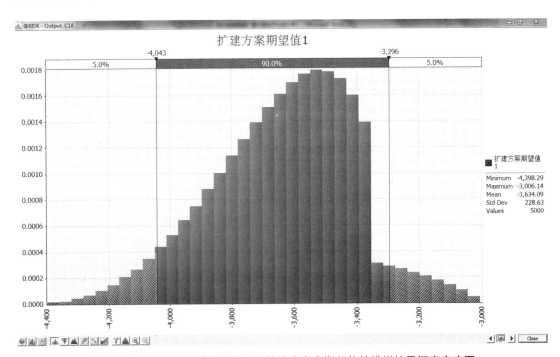

图15.31　允许重新计算最优路径下的扩建方案期望值的模拟结果概率密度图

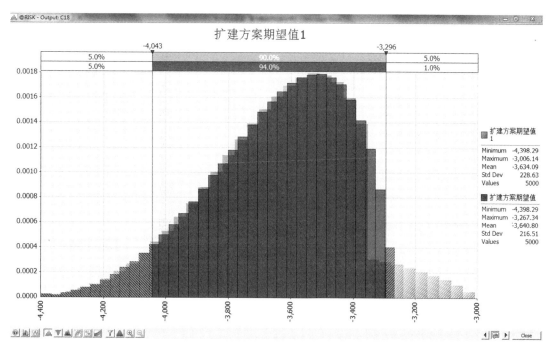

图15.32 两种规则下的扩建方案期望值的模拟结果概率密度分布叠加图

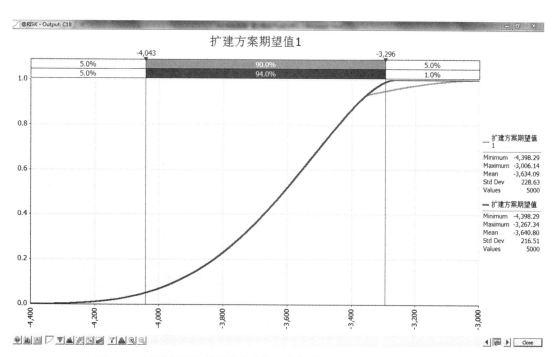

图15.33 两种规则下的扩建方案期望值的模拟结果累积概率分布叠加图

练习

打开PrecisionTree的模型设置窗口中的@Risk选项卡,选择其他选项,再次运行模拟,观察模拟结果的变化。

Chapter Sixteen

选择最佳生产方案

决策树建模二

对产品未来市场销售状况的预期，是影响生产方案制订的主要因素之一。如果市场销售预期很好，那么企业会加大投资力度，提升生产能力；如果市场销售预期不好，那么企业会减少投资甚至会削减生产量，从而避免过多的财务损失。因为没有人能够准确地预测未来，所以使用单一确定意义上的预测结果来描述不确定的市场销售结果具有很大的不合理性。较为合理的做法是使用一个风险变量来描述产品市场销售状况的不确定性。这个风险变量应该能够描述多种可能的销售情景以及每个情景出现的概率。如果决策者认为风险变量包含的不确定性比较大，超出了他的风险承受水平，他可能希望采取措施对市场进行调查，进一步确定未来市场对产品的喜爱程度，以便做出更理智的决策。然而，市场调查结果是否能够反映整个产品市场的真实情况本身也具有不确定性。如果这种情况存在，那么生产方案的制订将会变得更为复杂，需要考虑至少两种不确定性带来的影响。

决策树作为一种分析方法能够有效地描绘和分析复杂的不确定问题，尤其在分析多阶段决策及具有多种离散风险结果的决策问题上具有很大的优势。它可以把复杂问题转变成一系列小的、简单的问题（决策树分支），从而便于对风险和方案效果进行比较和评价。然而，决策树方法的一个应用局限性是：当决策方案和风险较多时，构建出来的决策树将变得非常庞大，计算也变得相当繁琐。一个解决方案是使用计算机软件来完成决策树的计算工作。用于决策树计算的软件可以自动化处理繁琐的计算。此外，借助于分析软件还可以非常方便、快速地对模型变量进行敏感性分析，从而提高风险分析结果的质量。下面，我们通过一个案例展示如何使用DecisionTools Suite套件中的PrecisionTree组件，在Excel环境下建立决策树模型，分析一个最佳生产方案的制订问题。

案例描述

一家企业正在考虑制订下一步生产方案。目前，有三个备选方案：方案一是投资30万元对工厂设备进行技术改造，大幅提高生产能力；方案二是花费8.5万元对设备进行小修理，小幅提高产量；方案三是停止生产。

市场部给出关于产品未来市场销售的预期，包含三种可能情景：销售很好（出现概率为0.3）、销售一般（出现概率为0.6）、销售很差（出现概率为0.1），并给出不同的生产方案在不同的市场销售预期下能够获得的年度收益（见表16.1）。假设最低吸引力收益率MARR为20%，生产方案的研究期为5年，5年后所有方案的市场残值为0。

此外，公司管理层认识到，可以通过进一步研究客户需求来提高未来销售预期的准确性，于是希望聘请外部咨询公司对市场销售情况进行前期调查。根据外部咨询公司以及公司市场部的经验，市场调查的结果包括两种情况：乐观和悲观。历史经验表明，未来市场销售情况与市场调查结果准确率之间具有一定的条件概率关系（见表16.2），例如，当未来销售很好时，调查结果为乐观的概率为0.85，悲观的概率为0.15（Sullivan等，2003）。

表16.1　各方案的资本投资及未来销售预期年度收益数据

方案	资本投资（元）	未来销售预期	年度收益（元）
1	300 000	销售很好	142 000
		销售一般	119 000
		销售很差	50 000
2	85 000	销售很好	66 000
		销售一般	46 000
		销售很差	17 000
3	0	销售很好	0
		销售一般	0
		销售很差	0

表16.2　市场销售预期与调查结果的条件概率

		销售很好	销售一般	销售很差
调查结果	乐观	0.85	0.6	0.1
	悲观	0.15	0.4	0.9

问题

1. 目前的条件下，企业是否应该进行市场调查？
2. 市场调查费用为多少时企业进行市场调查将不再合算？
3. 以期望现值作为决策判据选择最佳生产方案。
4. 计算完全信息的期望价值和市场调查信息的期望价值。

解决方法和步骤

从决策程序上看,这是一个两阶段决策问题,存在两个决策点:首先,企业应该判断是否聘请咨询公司做市场调查;第二,确定最佳生产方案。在第一个决策点,企业需要判断市场调查提供的信息价值是否大于咨询公司索要的信息费用。如果信息的价值小于信息费用,那么企业就应该放弃聘请咨询公司做市场调查的方案。在第二个决策点,企业需要判断哪个生产方案能够带来最大的期望现值。

本案例中的决策问题包含两个不确定因素:第一是咨询公司市场调查结果,有可能是乐观,也可能是悲观;第二个是市场销售预期,包含三种可能情形:销售很好、销售一般、销售很差。第一个不确定性是对第二个不确定因素的一种反映,所以两个不确定因素之间具有关联性。我们需要根据题目中提供的信息,估算咨询公司市场调查结果为乐观和悲观的概率,同时计算市场调查结果为乐观的情况下,市场销售预期三种情形对应的概率,以及市场调查结果为悲观的情况下,市场销售预期三种情形对应的概率。也就是说根据市场调查得到的新信息,对公司原有的先验概率进行修正,得到关于对产品未来市场销售的后验概率。

我们首先计算在不同的生产方案和不同的市场销售预期情形下,企业未来的收入现值,然后利用贝叶斯公式计算市场调查结果为乐观和悲观的概率以及相对应的不同市场销售预期的概率。

贝叶斯公式可以利用收集到的信息,对原有判断进行修正。假设 B 是由相互独立的事件组成的概率空间 $\{B_1, B_2, \cdots, B_n\}$,如果通过试验或者调查知道 $P(A|B_i)$,那么我们可以得到:

$$P(B_i \mid A) = \frac{P(B_i)P(A|B_i)}{\sum_{i=1}^{n} P(B_i)P(A|B_i)}$$

其中,$P(B_i)$ 称为先验概率,$P(A|B_i)$ 表示在 B_i 出现的条件下 A 出现的概率(这里称为可能性),称为后验概率。

图16.1展示了建立决策树模型所需要的基础数据,可以按照以下步骤步骤进行计算。(处理此类问题,一个比较好的习惯是:把计算出来的基础数据放在单独一个页面上,此处命名为"数据"页面,把决策树模型放在另外一个页面上,此处命名为"决策树页面",这样有利于数据维护和保持模型页面的整洁。)

	A	B	C	D	E	F	G
1							
2		MARR	20%		咨询费		
3		研究期	5				
4							
5							
6			资本投资（元）	未来销售预期	年度收益（元）	现值（元）	
7		方案1		销售很好	142000	424667	
8			300000	销售一般	119000	355883	
9				销售很差	50000	149531	
10		方案2		销售很好	66000	197380	
11			85000	销售一般	46000	137568	
12				销售很差	17000	50840	
13		方案3		销售很好	0	0	
14			0	销售一般	0	0	
15				销售很差	0	0	
16							
17		调查结果为乐观	先验概率	可能性	联合概率	后验概率	
18		销售很好	0.3	0.85	0.255	0.408	
19		销售一般	0.6	0.6	0.360	0.576	
20		销售很差	0.1	0.1	0.010	0.016	
21				边缘概率	0.625		
22							
23		调查结果为悲观	先验概率	可能性	联合概率	后验概率	
24		销售很好	0.3	0.15	0.045	0.120	
25		销售一般	0.6	0.4	0.24	0.640	
26		销售很差	0.1	0.9	0.09	0.240	
27				边缘概率	0.375		
28							

图16.1 决策树模型所需要的基础数据

第一步：不同方案在不同销售情景下的现值

1. 在单元格F7中输入公式"=PV($C$2,$C$3,-E7)"。得到方案1下未来销售很好时的现值。PV是一个Excel函数，用于计算并返回某项投资的一系列将来偿还额的现值。公式中第一个参数是研究期内的最低吸引力收益率MARR，第二个参数是研究期，第三个参数是研究期内各期所获得的收益值（在整个投资期内不变）。注意，第三个参数的符号为负号，这是因为在PV函数中，如果此处的符号为正，那么函数返回负值。所以为了保证函数返回结果为正，在此处需加上负号。

2. 复制单元格F7，选择区域F8:F9粘贴，得到方案1下未来销售一般、销售很差时的现值。

3. 同样道理，在单元格F10中输入公式"=PV($C$2,$C$3,-E10)"。复制单元格F10，选择区域F11:F12粘贴，得到方案2下不同销售情景时的现值。

4. 由于方案3下的投资额为0，生产量也为0，所以其在不同销售情景下的现值皆为0。

第二步：边缘概率和后验概率

1. 在区域C18:C20中分别输入"0.3、0.6、0.1"，代表市场调查之前公司具有的关于三个市场销售情景的先验概率，即P（销售很好）、P（销售一般）、P（销售很差）。

2. 在区域D18:D20中分别输入"0.85、0.6、0.1",分别代表销售很好、销售一般、销售很差条件下,调查结果为乐观的可能性(见表16.2),即P(乐观|销售很好)、P(乐观|销售一般)、P(乐观|销售很差)。

3. 在单元格E18中输入公式"=C18*D18",得到未来销售很好且调查结果为乐观的联合概率:P(销售很好)×P(乐观|销售很好)=P(销售很好|乐观)。

4. 复制单元格E18,选择区域E19:E20粘贴,得到联合概率:P(销售一般|乐观)、P(销售很差|乐观)。

5. 在单元格E21中输入公式"=SUM(E18:E20)",得到调查结果为乐观的边缘概率:P(乐观)。

6. 在单元格F18中输入公式"=E18/$E$21",得到调查结果为乐观条件下销售很好的概率,即P(销售很好|乐观)。

7. 复制单元格F18,选择区域F19:F20粘贴,得到调查结果为乐观条件下销售一般、销售很差的概率:P(销售一般|乐观)、P(销售很差|乐观)。

8. 依据同样道理,在单元格E27得到调查结果为悲观的边缘概率:P(悲观),在区域F24:F26得到调查结果为悲观条件下销售很好、销售一般和销售很差的概率:P(销售很好|悲观)、P(销售一般|悲观)、P(销售很差|悲观)。

第三步:建立决策树

1. 在Excel工作表中另起一页,命名为"决策树"页面。任意选择一个单元格,点击PrecisionTree功能区最左边的"Decision Tree",出现一个页面,见图16.2。

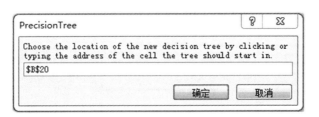

图16.2　PrecisionTree中定义决策树位置页面

2. 点击"确定",出现一个新界面,见图16.3。在"Name"空白处输入"市场销售"。也可以输入你喜欢的描述语来定义决策树的名称。

3. 点击"OK",得到如图16.4形式的Excel页面。

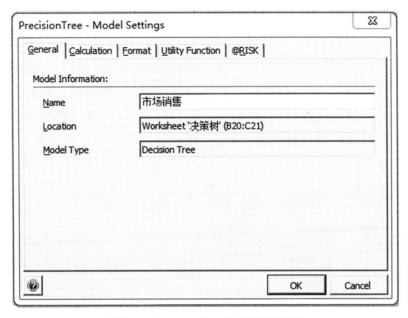

图16.3　PrecisionTree中模型设置定义

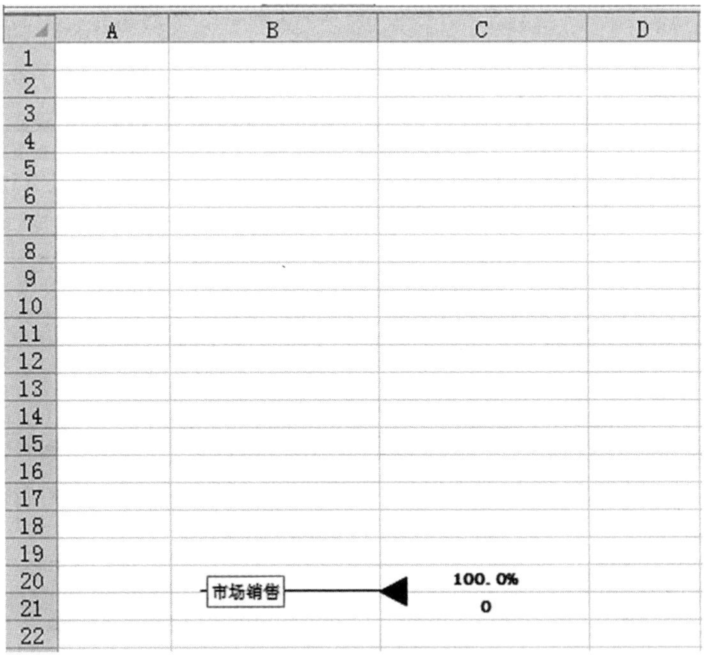

图16.4　用PrecisionTree定义的决策树模型在Excel中的显示形式

第四步：定义"市场调查？"决策节点

1. 根据题意，我们知道决策树的第一个节点应该是决策节点，用来描述决策者是否应该对产品的销售预期进行市场调查。此处的决策方案有两个：进行市场调查和不进行市场调查。点击图16.4中显示的三角形，出现一个新页面，见图16.5。点击"Decision"按钮，在"Name"对应的空白处输入"市场调查？"，定义此决策节点的名称。在"Use of Branch Values"处选择"Add to Payoff"，表明"市场调查"期间发生的费用会累加到决策树最后的价值中。

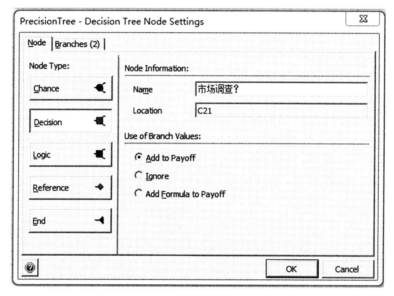

图16.5　定义市场调查决策节点

2. 点击"Branches (2)"，出现决策分支页面，见图16.6。决策分支页面缺省的分支数为2个，因为在本题中"市场调查？"决策节点正好有2个决策分支，所以我们直接点击"OK"即可。点击"OK"后，回到Excel页面（见图16.7）。可以直接在此页面定义决策分支的名称以及决策费用等，另外一种方式是在Excel页面上定义。我们选择后者，因为这种方式更简便。

3. 点击"市场调查？"决策节点的每个分支上的方框，分别输入分支名称："进行市场调查"和"不进行市场调查"（见图16.7）。

4. 选择"进行市场调查"决策分支中"TRUE"下面值为0的单元格，键入"="，点击之前编辑过的"数据"页面中的F2单元格，然后按下"回车"键，回到"决策树"页面。这时，再观察"进行市场调查"决策分支中"TRUE"下面值为0的单元格，可以发现，单元格含有公式"=数据!F2"，因为"数据"页面中F2的值为0，所以此处也显示为0。如果F2的值大于0，那么此处值也得大于0。（这种做法的好处是：可以直接对F2（而不用选择决策树模型中对应的数据）进行敏感性分析，从而保证分析的整洁性和易维护性。）

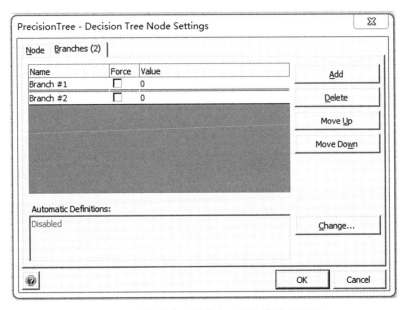

图16.6　市场调查决策节点中的决策分支页面

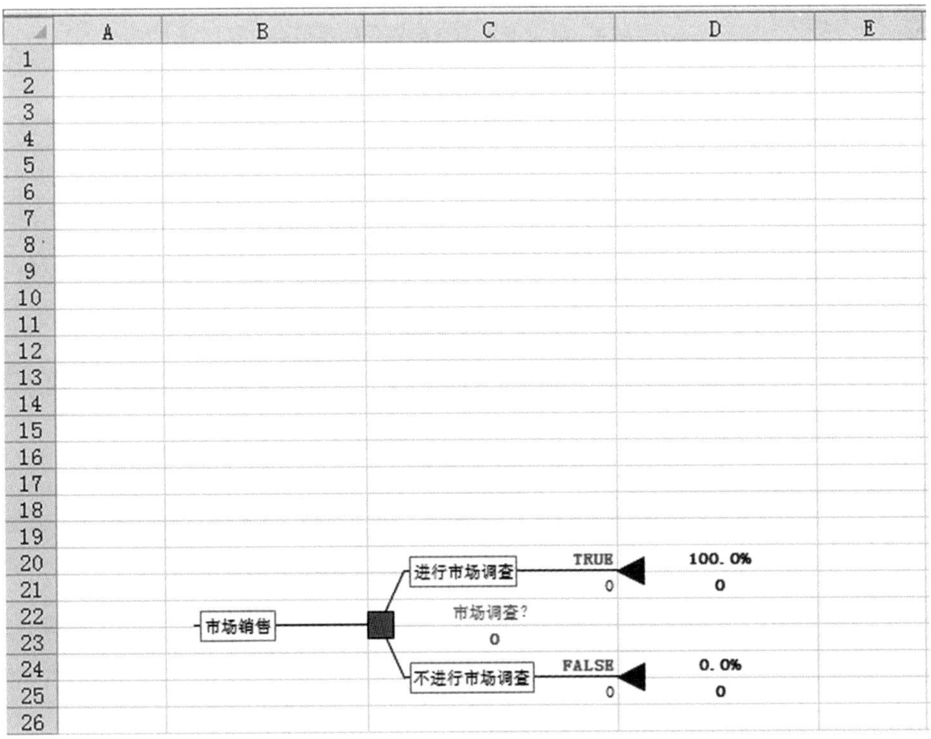

图16.7　"市场调查？"决策节点在Excel中的显示形式

第五步：定义"调查结果"不确定节点

1. 点击"进行市场调查"决策分支后面的三角形，出现"Decision Tree Nodes Settings"定义界面，见图16.8。点击"Chance"按钮，在"Name"对应的空白处输入"市场调查结果"，定义此不确定节点的名称。

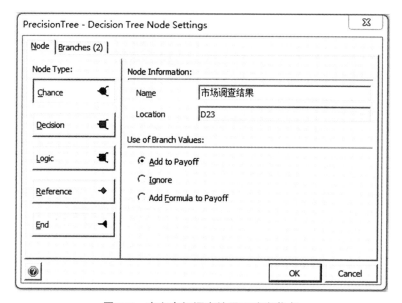

图16.8 定义市场调查结果不确定节点

2. 点击"Branches(2)"，出现不确定情景定义界面，见图16.9。不确定情景页面缺省的分支数为2个，因为在本题中"市场调查结果"不确定节点正好有2个不确定情景，所以我们直接点击"OK"即可。点击"OK"后，回到Excel页面（见图16.10）。可以直接在此页面定义不确定情景分支的名称以及相对应发生概率等，也可以在Excel页面上定义。我们选择后者，因为后面这种方式更简便。

3. 点击"市场调查结果"不确定节点的每个情景分支上的方框，分别输入分支名称："乐观""悲观"（见图16.10）。

4. 选择"乐观"情景分支上包含概率信息的单元格，输入"="，点击Excel"数据"页面中的E21单元格（即"市场调查结果"为"乐观"时的边缘概率），按回车键，返回"决策树"页面；同样道理，选择"悲观"情景分支上包含概率信息的单元格，输入"="，点击Excel"数据"页面中的E27单元格，按回车键，返回"决策树"页面，见图16.10。

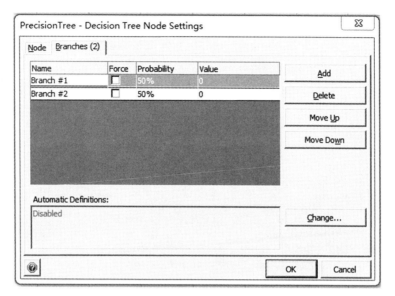

图16.9 市场调查结果不确定节点中的不确定情景页面

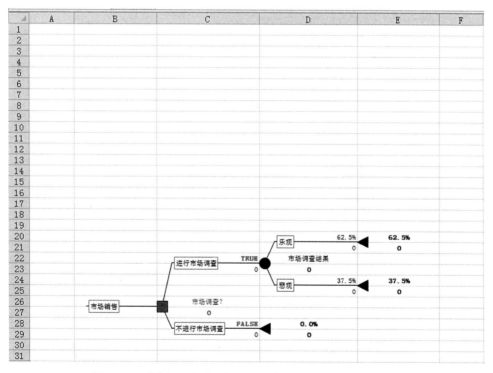

图16.10 "市场调查结果"不确定节点在Excel中的显示形式

第六步：定义"生产方案？"决策节点

1. 点击"乐观"情景分支后面的三角形，在出现的"Decision Tree Node Settings"页面上，点击"Decision"按钮，在"Name"对应的空白处输入"生产方案？"，定义此决策节点的名称。

2. 因为根据题意生产方案有3个，所以这个决策节点应该有3个决策分支。点击"Branches"页面，点击"Add"按钮，增加一个决策分支（见图16.11），点击"OK"，回到Excel页面。

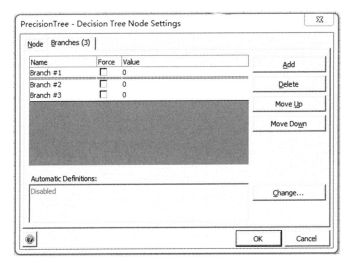

图16.11 生产方案决策节点中的决策分支页面

3. 点击"生产方案"决策节点的每个决策分支上的方框，分别输入分支名称"方案1""方案2"和"方案3"（见图16.12）。

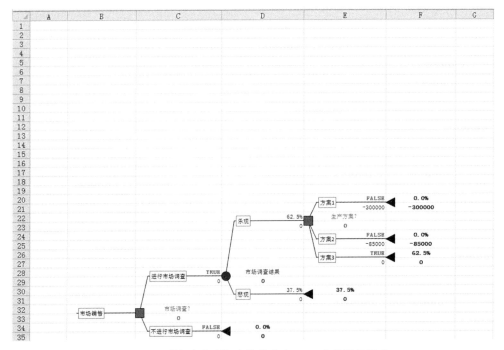

图16.12 "生产方案"决策节点在Excel中的显示形式

4. 选择"方案1"决策分支中"False"下面的单元格,输入"=–",选择"数据"页面中的C7,即履行方案1所需要的先期投资为300 000元。同样道理,选择"方案2"决策分支中"False"下面的单元格,输入"=–",选择"数据"页面中的C10。方案3对应的投资额为0,所以此处为0。

第七步:定义方案1的"市场销售"不确定节点

1. 点击"方案1"决策分支后面的三角形,在出现的页面中,点击"Chance"按钮,在"Name"对应的空白处输入"市场销售"。

2. 在"Branches"页面,点击"Add",增加一个不确定情景分支,点击"OK",回到Excel(见图16.13)。

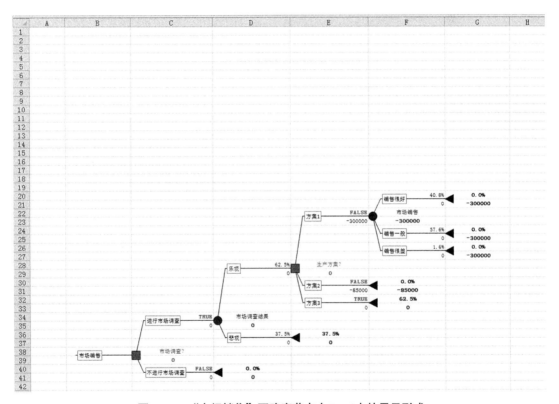

图16.13 "市场销售"不确定节点在Excel中的显示形式

3. 点击"市场销售"不确定节点每个情景分支上的方框,输入"销售很好""销售一般""销售很差"。

4. 选择"销售很好"情景分支上包含概率信息的单元格,输入"=",选择Excel"数据"页面中的F18,按回车键,得到"市场调查结果"为"乐观"的条件下对销售结果为"销售很好"的预期概率,即40.8%。同样道理,分别输入"市场调查结果"为"乐观"条件下"销售一般"和"销售很差"的预期概率:57.6%、1.6%。

5. 再次点击"销售很好"情景分支上包含概率信息的单元格，可以看到单元格包含公式"=数据!F18"，选择单元格F18，按F4键，形成对F18单元格位置的绝对引用"=数据!$F$18"。同样方法，形成对"销售一般"和"销售很差"情景分支上概率信息单元格的绝对引用。因为不同方案下的销售情景分支对应的概率是相同的，这里形成单元格位置的绝对引用将有利于后面的决策树操作，详见第七步：定义其他方案的"市场销售"不确定节点。

6. 选择"销售很好"情景分支上概率信息下面的单元格，输入"="，选择Excel"数据"页面中的F7，按回车键，得到选择生产方案1并且销售结果为"销售很好"情景下的收益现值，即424 667元（见图16.14）。

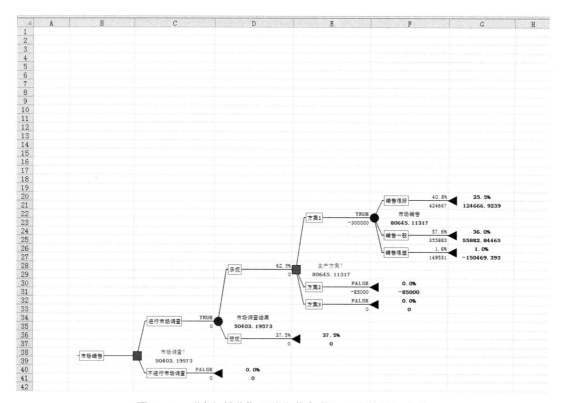

图16.14 "市场销售"不确定节点在Excel中的显示形式

7. 在图16.14中，"市场销售"不确定节点每个情景分支最后的三角形处有两个数字，其中上面的数字表示"市场调查结果"为"乐观"情景和不同的"市场销售"情景下的联合概率；下面的数字表示方案1在不同的"市场销售"情景下的净现值，即方案1在每个情景下的现值减去方案1需要的投资额。

8. 依据同样方法，分别输入"销售一般"和"销售很差"情景下的方案1现值（见图16.14）。

第八步：定义其他方案的"市场销售"不确定节点

1. 方案2和方案3都具有类似于方案1的"市场销售"节点，都具有3种可能情景：销售很好、销售一般、销售很差。每种情景发生的概率相同，不同之处在于每种情景相对应的现值大小不同。我们可以把方案1中的"市场销售"节点理解为此决策树的子树，那么这个子树的结构同样适用于方案2与方案3。子树概念有利于简化决策树的构建。PrecisionTree软件提供了子树复制和粘贴等功能。这里我们将使用这些功能定义方案2和方案3的"市场销售"不确定节点。

2. 右键点击方案1中的"市场销售"不确定节点中的圆形标记，在下拉菜单中选择"Copy SubTree"，右键点击方案2最右侧的三角形标记，在下拉菜单中选择"Paste SubTree"，构建与方案1结构一样的子树；同理，构建方案3的"市场销售"不确定节点（见图16.15）。

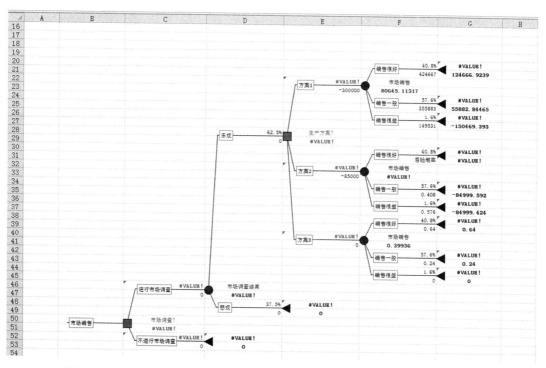

图16.15 使用子树复制和粘帖方法构建方案2和方案3的"市场销售"不确定节点

3. 从图16.15中可以看到，尽管方案2和方案3的"市场销售"子树具有与方案1的子树同样的结构，但是子树中包含的数据不同。这是因为复制和粘帖子树至不同的位置会导致数据单元格的引用位置也相应发生变化，因此需要重新定义方案2和方案3的"市场销售"不确定节点的数据引用位置。

4. 选择方案2"销售很好"情景分支上概率信息下面的单元格，输入"="，选择

Excel"数据"页面中的单元格F10,按回车键,得到选择生产方案2并且销售结果为"销售很好"情景下的收益现值,即197 380元(见图16.16)。依据同样方法,分别输入"销售一般"和"销售很差"情景下的方案2现值。同理,输入方案3在不同情景下的相应现值。

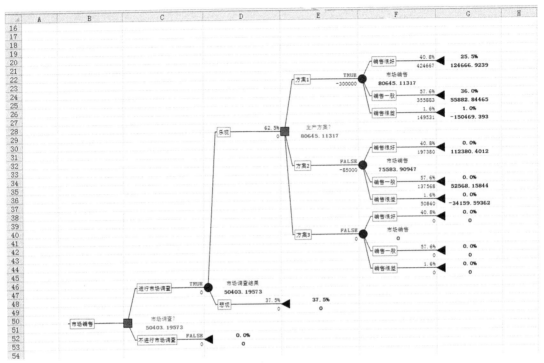

图16.16 定义方案2和方案3的"市场销售"不确定节点的现值

第九步:定义"市场调查结果"为悲观情景下的"生产方案?"决策子树

1. 因为悲观情景下的"生产方案?"决策子树与"乐观"情景的决策子树结构一致,所以可以使用PrecisionTree提供的子树复制和粘贴功能简化决策树的构建。因为在悲观情景下,不同方案的选定导致的建设费用以及它们在不同"市场销售"情景下的现值与乐观情景时相同,所以使用上述方法形成对这些数据相对应的Excel单元格位置的绝对引用。

2. 复制"乐观"情景分支中的"生产方案?"子树,右键点击"悲观"情景分支后面的蓝三角形,粘贴"生产方案?"子树。

3. 按照前述方法选择Excel"数据"页面中的数据,重新修改"悲观"分支的概率以及三种"市场销售"情景的后验概率(见图16.17)。

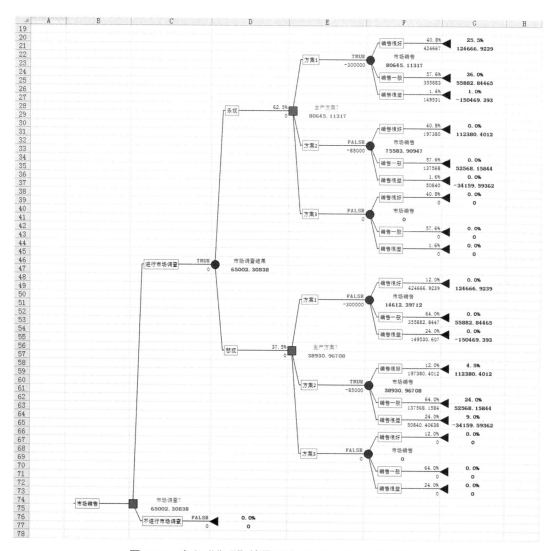

图16.17 定义"悲观"情景下的"生产方案?"决策分支

第十步：定义"不进行市场调查"决策分支

1. 如果不进行市场调查，那么管理者需要直接选择决策方案，所以可以直接复制"进行市场调查"中的"生产方案?"决策分支，在"不进行市场调查"后面的三角形处粘贴。

2. 由于在不进行调查情况下，每个决策方案对应的投资额以及在每个销售情景下的现值与进行调查时是相同的，三个销售情景发生的概率为题目中给定的先验概率，即0.3、0.6、0.1。按照前述方法选择Excel"数据"页面中的数据，重新修改三个决策方案中各销售情景对应的发生概率。（见图16.18）。

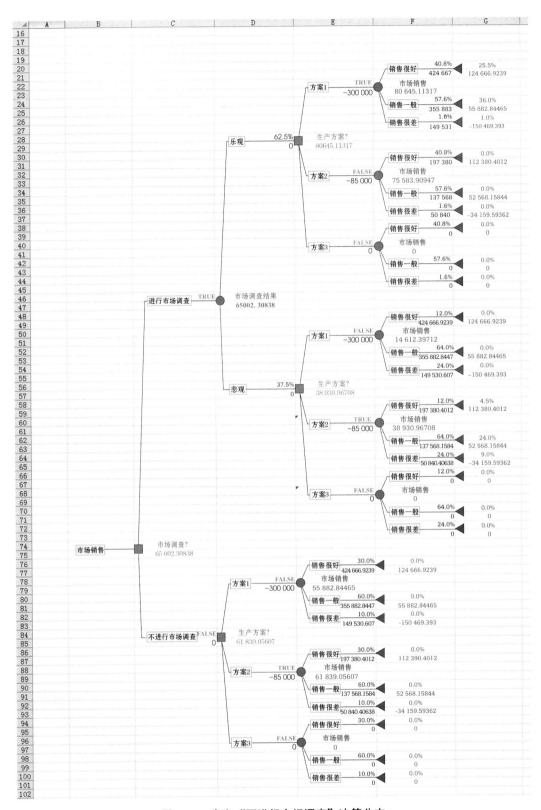

图16.18 定义"不进行市场调查"决策分支

结果解读（问题1）

下面对问题1"目前的条件下，企业是否应该进行市场调查？"的结果进行解读。

图16.18给出了完整意义上的市场销售决策树。决策树最右侧每个分支后面有两个数字，上面的数字代表这个分支受到风险和不确定因素影响后的发生概率（即联合概率），下面数字代表这个分支最后的价值（这里等于每个方案在每个销售情景下的累积价值：现值减去投资额）。

从图16.18中可以看到，每个决策节点分支都有一个图形的标记，要么是"TRUE"，要么是"FALSE"。"TRUE"代表在当前条件下该决策方案是最佳方案，"FALSE"代表在当前条件下该决策方案不是最佳方案。这样，最优决策过程是：（1）进行市场调查；（2）如果市场调查结果为"乐观"，选择方案1；（3）如果市场调查结果为"悲观"，选择方案2。

PrecisionTree提供了其他的显示最优决策过程的方式。点击PrecisionTree "Analysis"功能区中的"Decision Analysis"下拉按钮，选择"Policy Suggestion…"，出现一个新的页面（见图16.19）。"Model"右侧的下拉对话框处显示"市场销售（Decision tree on '决策树'）"，其含义是：目前分析的模型是位于Excel"决策树"页面上的"市场销售"决策树模型。"Starting Node"右侧的下拉对话框处显示"Entire Model"，其含义是：从模型开始处给出最优决策建议。打开下拉对话框，可以发现此处列出了所有决策节点和不确定节点，选择其中一个节点，PrecisionTree会以此节点为开始点给出最优决策建议。当选中的节点分支中不包含决策节点时，PrecisionTree会给予警示信息。

图16.19　PrecisionTree "Policy Suggestion"页面

打勾选择"Decision Table"和"Optimal Decision Tree"两个选项，点击"OK"。PrecisonTree计算并产生一个新的Excel工作簿，内含两个页面，一个是"Decision Table"，另一个是"Optimal Tree"，见图16.20和图16.21。

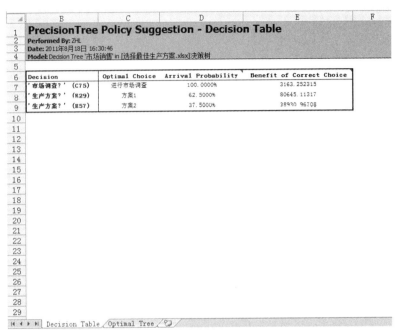

图16.20　PrecisionTree产生的新工作簿中的"Decision Table"页面

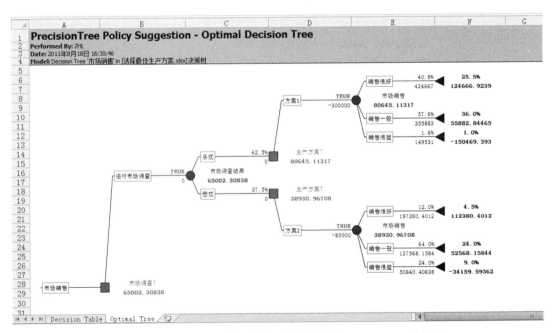

图16.21　PrecisionTree产生的新工作簿中的"Optimal Tree"页面

图16.20的"Decision Table"页面给出了三个决策点的最优决策：C25处的"市场调查？"决策节点，其最优决策是"进行市场调查"；E29处的"生产方案？"决策节点，其最优决策是"方案1"；E57处的"生产方案？"决策节点，其最优决策是"方案2"。

"Arrival Probability"表示如果按照最优决策过程进行决策,导致该决策方案的概率。"Benefit of Correct Choice"表示该决策节点中最优决策与最差决策期望值之差。图16.21显示了截掉其他分支仅保留最优决策分支的决策树。

现在我们可以回答第一个问题,在市场调查费用为0的条件下,最优决策是进行市场调查,市场调查提供的新信息可以改善分析结果,提高决策树的期望值。

结果解读(问题2)

下面对问题2"市场调查费用为多少时企业进行市场调查将不再合算?"的结果进行解读。

不再合算意味着进行市场调查方案的期望价值要小于不进行市场调查方案的期望价值。如果我们增加一些咨询费,那么进行市场调查方案的期望价值就会减少。我们继续增加咨询费,可以找到一个咨询费,使得进行市场调查方案的期望值等于不进行市场调查的期望值。这个咨询费数值就是企业进行市场调查不再合算的那个费用数值。

如果我们通过一点一点地增加咨询费来尝试计算两个方案的期望值,那么这个过程将会非常繁琐而且是不必要的。Excel本身提供了用于敏感性分析的计算功能,PrecisionTree可以利用这个功能来进行决策方案的敏感性分析。

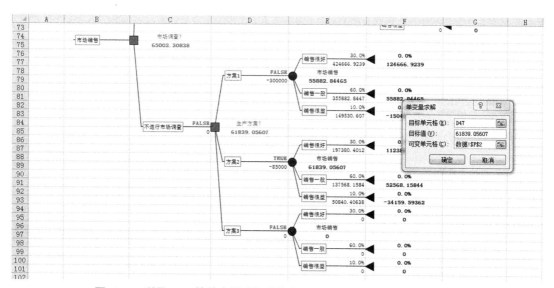

图16.22　利用Excel的单变量求解功能在PrecisionTree中进行敏感性分析

在"决策树"页面,我们首先选择进行市场调查方案对应的期望值单元格D47(即值为65 002.30838的单元格),选择Excel的"数据"页面下的"数据工具"功能区中的

"模拟分析"下拉菜单，选择"单变量求解"。在新出现的"单变量求解"页面中（见图16.22），在"目标值"处输入"61839.05607"（即不进行市场调查方案对应的期望价值），在"可变单元格"处选择"数据"页面中的F2单元格（即市场咨询费单元格），点击确定。Excel会不断尝试变化市场咨询费F2单元格的数值，通过PrecisionTree计算进行市场调查方案对应的期望价值（D47），并与不进行市场调查方案对应的期望价值进行比较，然后确定下一个需要尝试的咨询费数值。此过程不断重复，直到D47的值等于或者近似等于目标值61 839.05607。通过敏感性分析计算，Excel寻找到当咨询费等于31 63.25时，进行市场调查与不进行市场调查对应的期望值相同（见图16.23）。

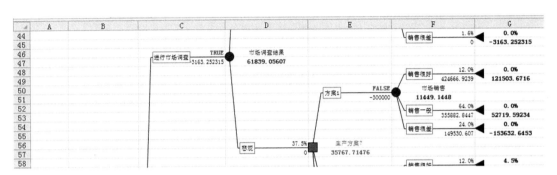

图16.23 利用单变量求解进行敏感性分析的计算结果

这样，我们找到了第二个问题的答案：当市场调查费大于3 163.25元时，企业进行市场调查将不再合算。

结果解读（问题3）

下面对问题3"以期望现值作为决策判据选择最佳生产方案。"的结果进行解读。

我们在对问题1的解答中已经提到，按照期望值作为决策判断，最佳方案应该是：首先进行市场调查。如果市场调查结果为"乐观"，选择方案1；如果市场调查结果为"悲观"，选择方案2。

这里需要强调的是，本例中的决策树是以期望值作为决策判据进行分析的，这也意味着我们假定决策者具有风险中性的偏好。如果决策者具有风险喜好或者风险厌恶偏好，那么以期望现值作为决策判据将会出现问题。如果存在非风险中性的偏好，应该放弃期望现值方法，重新制订决策判据，来选择最佳生产方案。

结果解读（问题4）

下面对问题4"计算完全信息的期望价值和市场调查信息的期望价值。"的结果进行解读。

实际上，我们在回答问题2的时候，已经得出了市场调查信息的期望价值，即3163.25元。因为在本案例中，我们首先假定市场调查咨询费为0，在此基础上计算出"进行市场调查"和"不进行市场调查"两个方案对应的期望现值，分别为：65 002.30838元和61 839.05607元。两者之差等于3163.252元，即进行市场调查获得的新增信息可以带来期望现值3163.252元的增长，这也是市场调查信息的期望价值。

"完全信息"意味着决策者尽管不能掌控风险和不确定因素的变化，但是他们能准确掌握风险和不确定因素的变化动向。也就是说，他们是在已经明晰未来发展走向的情况下进行决策。这就好比企业对未来市场进行调查预测，这种预测能够完全反映未来的变化趋势。在这种状态下进行决策得出的期望现值与没有进行市场调查的决策得出的期望现值之差，即为完全信息的期望价值。

我们首先建立完全信息下的决策树（见图16.24）。

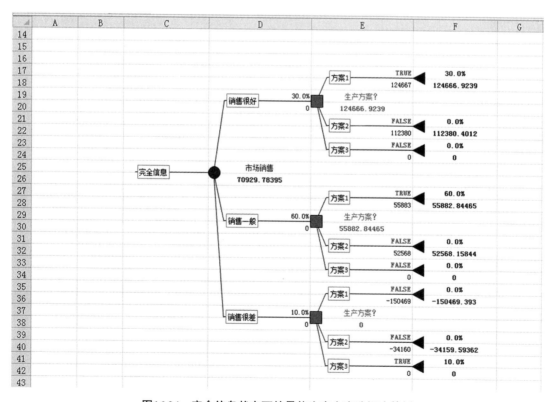

图16.24　完全信息状态下的最佳生产方案选择决策树

从图16.24可以看到，完全信息状态下决策树的第一个节点是"市场销售"不确定节点，有三个状态：销售很好、销售一般、销售很差。由于是在完全信息状态下决策，所以当销售很好时我们可以比较三个方案，并最终选择方案1作为最佳方案。同样道理，当销售一般时，我们比较三个方案并最终选择方案1作为最佳方案。当销售很差时，比较三个方案发现方案1和方案2都会导致负期望现值，因此选择方案3作为最佳方案。这样，我们得到完全信息下的期望现值为70 929.78395元。从图16.18中可以看到，在不进行任何的市场调查预测情况下进行决策，得到的最佳生产方案为方案2，期望现值为61 839.05607元。这样，完全信息的期望价值等于9 090.72788元。

Chapter Seventeen

银行贷款决策

决策树建模三

银行信贷决策通常是一个序列决策过程，在做出最后的贷款批准或贷款否决决策之前需要进行多次信用调查。信用调查的结果通常表现为申请贷款者的信用评级或分类。对于每个信用评级和分类，银行可以根据历史数据计算出其还款概率以及其他相关成本。这样，银行就可以根据申请贷款人的信用评级、分类结果并结合其他相关信息来决定是否批准贷款。在这个过程中，银行首先需要制订一定的决策规则，用来指导在不同贷款者的背景和申请金额等条件下开展信用调查的方式。这些决策规则的制订标准是最大化银行的净现值。也就是说，银行需要综合考虑贷款者借款的金额、还款的概率、信用调查的成本以及信用调查所需的时间，在已知这些数据的基础上计算执行不同信贷决策规则将导致的期望净现值，选择具有最大期望净现值的决策规则作为银行信贷决策规则。

决策树分析方法和0-1整数规划方法可以用来解决上述最优信贷决策规则的确定问题。DecisionTools Suite决策工具套件中的组件PrecisionTree是实现决策树分析的有力工具。它具有动态计算最优决策路径的功能，因此可以在决策树分析方法上实现0-1整数规划计算。此外，PrecisionTree具有敏感性分析功能，可以快速、方便地比较分析不同参数或者条件下的信贷决策规则，并配以多种图形展示最优决策路径的变化情况。这可以有效避免繁琐的数学计算，并可以保持分析模型和界面的整洁性。下面我们通过一个案例来展示如何使用PrecisionTree在Excel中建立决策树分析模型，寻找最优的银行信贷决策规则。

案例描述

假设一家银行正在制订小额贷款的信贷决策规则，他们设计了一个三次决策的序列分析过程：初始决策，即直接判断批准贷款或者需要进一步调查贷款人的履历；二次决策，即在调查贷款人的履历的基础上，判断批准贷款或者需要进一步调查贷款人的信用评价；三次决策，即在调查贷款人信用评级的基础上判断是否批准贷款。

银行按照以下公式计算每个决策规则下的净现值：

$$净现值 = -(I+vX)+(pX-C)/(1+r)^{t/360}. \quad (17-1)$$

其中，X为贷款金额、v为实际现金支出比例、I为调查成本、p为还款概率、C为回收贷款所需费用、r为利率、t为回收贷款所需天数。

银行划分贷款人履历评级为三类：好、一般、差，划分贷款人信用评级为三类：A、B、C。根据历史数据，银行分别计算出"履历评级"和"信用评级"的联合概率（见表

17.1），以及联合履历评级和信用评级分类下的还款概率（见表17.2）、平均回收时间（见表17.3）和平均回收费用（见表17.4）。

表17.1　履历评级与信用评级联合概率

f_{ij}	信用评级 j		
履历评级 i	A	B	C
好	0.30	0.10	0.10
一般	0.09	0.12	0.09
差	0.05	0.05	0.10

表17.2　联合履历评级和信用评级分类下的还款概率

p_{ij}	信用评级 j		
过去履历评级 i	A	B	C
好	1.00	0.98	0.93
一般	0.97	0.80	0.60
差	0.94	0.82	0.34

表17.3　联合履历评级和信用评级分类下的平均还款回收时间

（单位：天）

t_{ij}	信用评级 j		
过去履历评级 i	A	B	C
好	25	30	40
一般	30	60	90
差	40	70	120

表17.4　联合履历评级和信用评级分类下的平均还款回收费用

（单位：元）

C_{ij}	信用评级 j		
过去履历评级 i	A	B	C
好	0.50	1.00	1.50
一般	1.00	3.50	6.00
差	1.50	3.00	15.00

假定贷款额为500元,回报率(即利率)为20%,实际现金支出比例为0.6,履历审核费为1元,信用报告制作费为8元(Stowe,1985)。

问题

1. 在上述条件下,以最大化期望净现值为判断标准,定立银行贷款的最优决策规则。
2. 当贷款额在25—2 500元区间变化的时候,最优决策规则是否也要发生相应变化?

解决方法和步骤

根据题意,信贷过程决策树包含三个序列决策节点:初始决策、二次决策和三次决策。其中,初始决策的方案有三个:直接批准、直接否决、审核履历;二次决策是在履历调查结果基础上进行决策,方案有三个:批准、否决、购买信用评级;三次决策是在信用评级结果基础上进行决策,方案有两个:最终批准和最终否决。履历调查结果有三种:好、一般和差,信用结果有三种:A、B和C。

根据表17.4提供的数据,可以按照公式(17-2)计算三次决策中履历和信用评级联合分类下每一种分类情景的现值:

$$现值_{ij} = -vX + \frac{p_{ij}X - C_{ij}}{(1+r)^{t_{ij}/360}}. \tag{17-2}$$

可以按照公式(17-3)计算二次决策中在履历评级结果下直接批准每一个情景下的现值:

$$现值_i = \sum_{j=1}^{3}\left(-vX + \frac{p_{ij}X - C_{ij}}{(1+r)^{t_{ij}/360}}\right)f_{ij}. \tag{17-3}$$

可以按照公式(17-4)计算一次决策中直接批准情景下的现值:

$$现值 = \sum_{i=1}^{3}\sum_{j=1}^{3}\left(-vX + \frac{p_{ij}X - C_{ij}}{(1+r)^{t_{ij}/360}}\right)f_{ij}. \tag{17-4}$$

图17.1展示了小额信贷过程决策树分析的完成模型,读者可以按照以下步骤开发这个模型。

银行贷款决策：决策树建模三

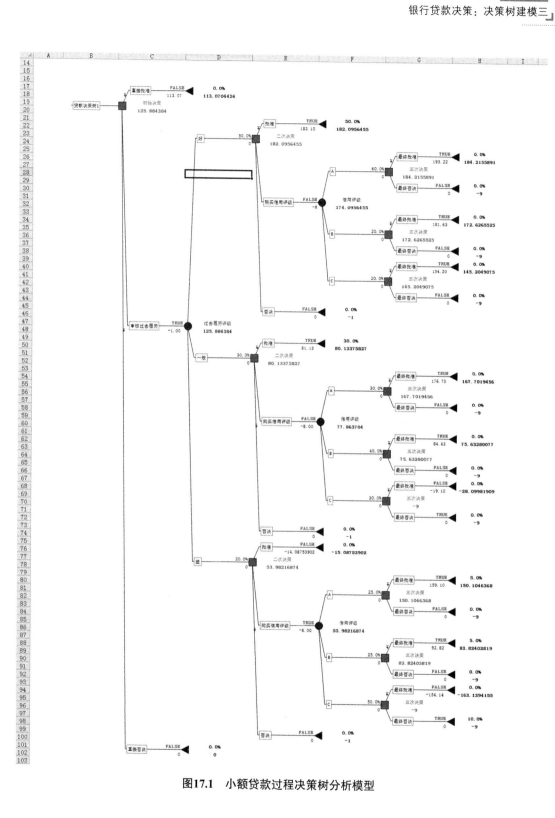

图17.1 小额贷款过程决策树分析模型

第一步：输入原始数据

1. 单击Excel的一个工作表名称，输入"Data"或者你喜欢的名字。

2. 在"Data"工作表中按图17.2输入小额贷款决策树模型的原始数据。

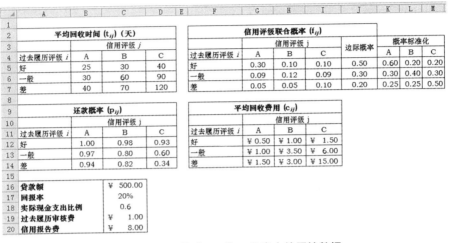

图17.2　Excel的"Data"工作表中的原始数据

3. 在区域A2:D7中输入联合履历评级和信用评级分类情景下的平均回收时间数据。

4. 在区域F2:I7中输入履历评级与信用评级的联合概率。

5. 在单元格J5中输入公式"=SUM(G5:I5)"，计算履历评级为"好"的边际概率。

6. 复制单元格J5，选择区域J6：J7粘贴，形成过去履历评级为"一般"和"差"的边际概率。

7. 在单元格K5中输入公式"=G5/$J5"，标准化履历评级为"好"和信用评级为"A"的概率。

8. 复制单元格K5，选择区域K5：M7粘贴，形成标准化的过去履历评级与信用评级的联合概率。

9. 在区域A9:D14中输入联合履历评级和信用评级分类情景下的还款概率数据。

10. 在区域F9:I14中输入联合履历评级和信用评级分类情景下的平均回收费用数据。

11. 在区域A16:C20中输入贷款额、回报率、实际现金支出比例、履历审核费、信用报告费数据。

第二步：不同情景下批准贷款对应的现值

1. 单击Excel的另一个工作表名称，输入"Computation"。

2. 在"Computation"工作表单元格D4中输入公式"=(Data!B12*Data!C16–Data!G12)/(1+Data!C17)^(Data!B5/360)–Data!C18*Data!C16"，计算履历评级为"好"和信用评级为"A"下的，计算公式参照公式（17-2）。

3. 在单元格D5中输入公式"=(Data!C12*Data!C16–Data!H12)/(1+Data!C17)^(Data!C5/360)–Data!C18*Data!C16",计算履历评级为"好"和信用评级为"B"下的现值。

4. 在单元格D6中输入公式"=(Data!D12*Data!C16–Data!I12)/(1+Data!C17)^(Data!D5/360)–Data!C18*Data!C16",计算履历评级为"好"和信用评级为"C"下的现值。

5. 在单元格D7中输入公式"=(Data!B13*Data!C16–Data!G13)/(1+Data!C17)^(Data!B6/360)–Data!C18*Data!C16",计算履历评级为"一般"和信用评级为"A"下的现值。

6. 在单元格D8中输入公式"=(Data!C13*Data!C16–Data!H13)/(1+Data!C17)^(Data!C6/360)–Data!C18*Data!C16",计算履历评级为"一般"和信用评级为"B"下的现值。

7. 在单元格D9中输入公式"=(Data!D13*Data!C16–Data!I13)/(1+Data!C17)^(Data!D6/360)–Data!C18*Data!C16",计算履历评级为"一般"和信用评级为"C"下的现值。

8. 在单元格D10中输入公式"=(Data!B14*Data!C16–Data!G14)/(1+Data!C17)^(Data!B7/360)–Data!C18*Data!C16",计算履历评级为"差"和信用评级为"A"下的现值。

9. 在单元格D11中输入公式"=(Data!C14*Data!C16–Data!H14)/(1+Data!C17)^(Data!C7/360)–Data!C18*Data!C16",计算履历评级为"差"和信用评级为"B"下的现值。

10. 在单元格D12中输入公式"=(Data!D14*Data!C16–Data!I14)/(1+Data!C17)^(Data!D7/360)–Data!C18*Data!C16",计算履历评级为"差"和信用评级为"C"下的现值。见图17–3。

	A	B	C	D	E
1					
2		在不同的情景下批准贷款		现值	
3		过去履历评级	信用评级		
4		好	A	¥ 193.22	
5		好	B	¥ 181.63	
6		好	C	¥ 154.20	
7		一般	A	¥ 176.70	
8		一般	B	¥ 84.63	
9		一般	C	¥ -19.10	
10		差	A	¥ 159.10	
11		差	B	¥ 92.82	
12		差	C	¥ -154.14	
13					

图17.3 不同情景下批准贷款对应的现值

第三步：贷款决策树：初始决策节点

1. 在Excel中点击另一个工作表名称，输入"Tree"。

2. 在"Tree"工作表中任意选择一个单元格，点击PrecisionTree功能区最左边的"Decision Tree"按钮，出现一个页面，见图17.4。

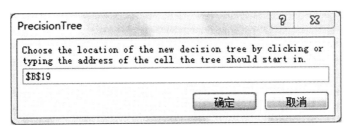

图17.4　PrecisionTree的决策树位置定义页面

3. 点击"确定",出现一个新页面,见图17.5。在"Name"空白处输入"贷款决策树",定义此决策树的名称。

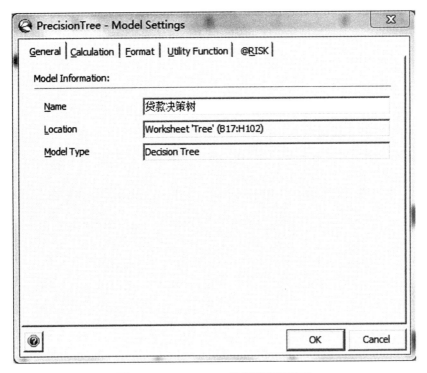

图17.5　PrecisionTree的模型定义页面

4. 点击"OK",回到Excel页面,见图17.6。

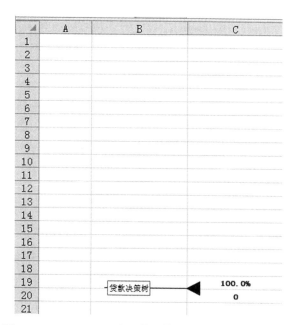

图17.6 PrecisionTree定义的决策树在Excel上的显示形式

5. 点击图17.6中的三角形，出现一个新页面，见图17.7。点击"Decision"按钮，在"Name"对应的空白处输入"初始决策"，定义此决策节点的名称。

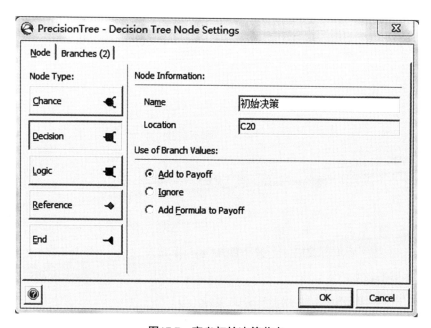

图17.7 定义初始决策节点

6. 点击"Branches (2)"，出现决策分支定义页面，见图17.8。决策分支定义页面缺省的分支数为2个，根据题意此处有3个分支，所以点击"Add"增加一个分支。

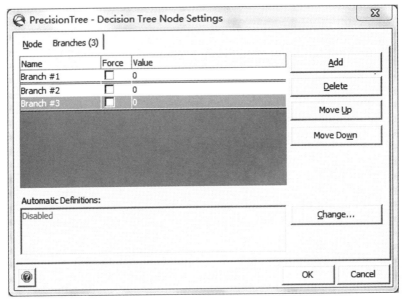

图17.8 决策分支定义页面

7. 点击"OK",回到Excel页面,见图17.9。点击初始决策节点上的每个分支上的方框,分别输入分支名称"直接批准""审核履历""直接否决"。

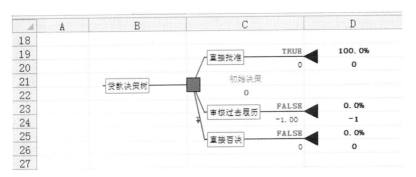

图17.9 初始决策节点在Excel上的显示形式

8. 选择"审核履历"决策分支中"TRUE"下面值为0的单元格,输入"=-",然后点击"Data"页面中的单元格C19,按下回车键。可以看到,此时该处显示为-1,表明审核履历需要花费1元钱。

第四步:贷款决策树:过去履历评级节点

1. 点击"审核履历"决策分支后面的三角形,出现"Decision Tree Nodes Settings"定义界面,见图17.10。点击"Chance"按钮,在"Name"对应的空白处输入"履历评级",定义此不确定节点的名称。

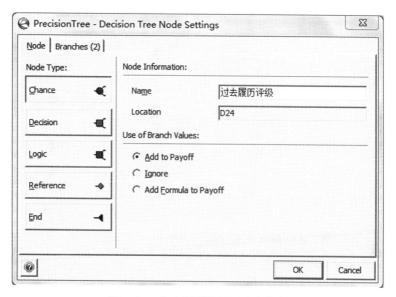

图17.10　定义履历评级不确定节点

2. 点击"Branches (2)",出现不确定情景定义界面,见图17.11。在本题中"履历评级"不确定节点有三个情景分支,因此,点击"Add",增加一个分支。

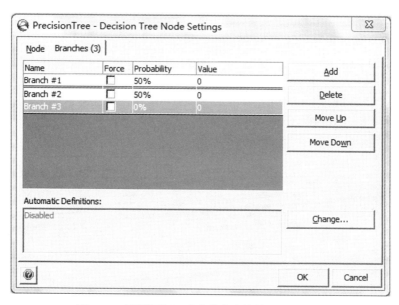

图17.11　履历评级不确定节点中的情景定义界面

3. 点击"OK",回到Excel工作表,见图17.12。点击每个情景分支上的方框,分别输入分支名称"好""一般"和"差"。

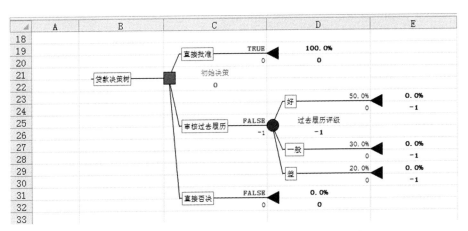

图17.12 履历评级不确定节点在Excel中的显示形式

4. 点击"好"情景分支上包含概率信息的单元格，输入"="，点击Excel"Data"页面中的J5（即履历为"好"时的边际概率），按回车键，返回"Tree"页面；同样道理，选择"一般"情景分支上包含概率信息的单元格，输入"="，点击"Data"页面中的单元格J6，按回车键；指定"差"情景分支发生的概率为"=Data!J7"。

第五步：履历为"好"情景下的二次决策节点

1. 点击"好"情景分支后面的三角形，在出现的"Decision Tree Node Settings"页面上，点击"Decision"按钮，在"Name"对应的空白处填入"二次决策"，定义此决策节点的名称，见图17.13。

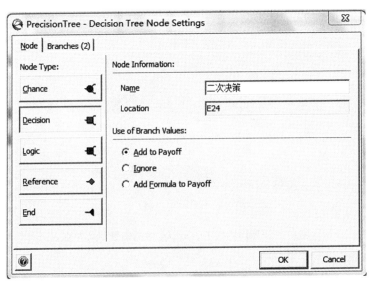

图17.13 履历为"好"情景下的二次决策节点定义界面

2. 根据题意，二次决策节点有3个决策分支，点击"Branches (2)"页面，点击

"Add"按钮,增加一个决策分支,见图17.14。

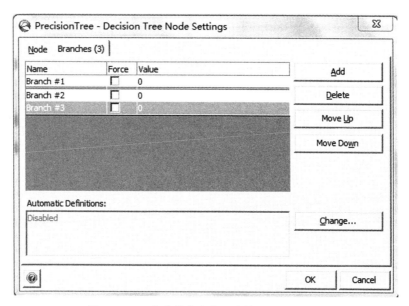

图17.14 二次决策节点中的决策分支定义界面

3. 点击"OK",回到Excel页面。在每个决策分支上的方框处填入相应的名称"批准""购买信用等级"和"否决",见图17.15。

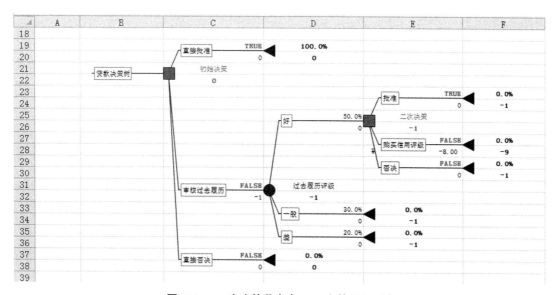

图17.15 二次决策节点在Excel上的显示形式

4. 选择"购买信用等级"决策分支上"TRUE"下面值为0的单元格,输入"=-Data!$C$20",表明购买信用等级需要的费用。

第六步：信用评级不确定节点

1. 点击"购买信用评级"决策分支上的三角形，在出现的"Decision Tree Node Settings"页面上，点击"Chance"按钮，在"Name"处输入"信用评级"，定义不确定节点的名称，见图17.16。

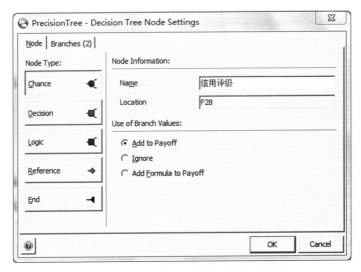

图17.16　信用评级不确定节点的定义页面

2. 点击"Branches (2)"，在出现的不确定情景界面上，点击"Add"，增加一个不确定情景，见图17.17。

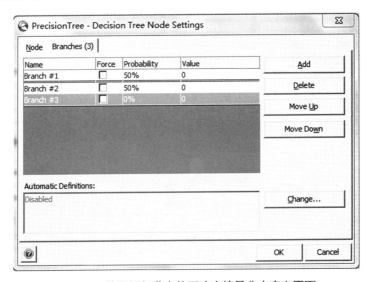

图17.17　信用评级节点的不确定情景分支定义页面

3. 点击"OK"，回到Excel页面，见图17.18。在信用评级每个情景上的方框处，输入名称"A""B"和"C"。

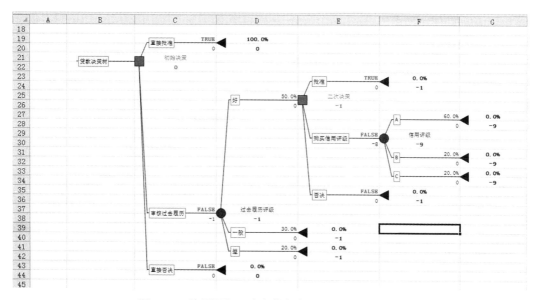

图17.18 信用评级不确定节点在Excel上的显示形式

4. 选择"A"情景上的概率信息单元格,输入"=Data!K5",指定履历评级为"好"的情景下,信用评级为"A"的标准化的条件概率,标准化的条件概率值0.6位于"Data"页面上的K5单元格。同样道理,在"B"情景的概率信息单元格输入"=Data!L5",在"C"情景的概率信息单元格输入"=Data!M5"。

第七步:三次决策节点

1. 点击"A"不确定情景分支上的三角形,在出现的"Decision Tree Node Settings"页面上,点击"Decision"按钮,在"Name"处输入"三次决策",如图17.19。

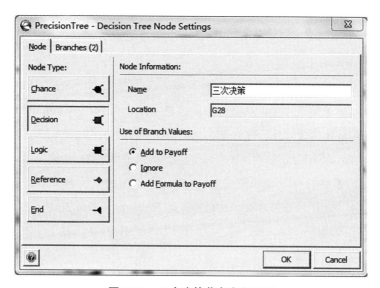

图17.19 三次决策节点定义页面

2. 因为三次决策节点只有两个决策分支，所以，直接点击"OK"，回到Excel页面。

3. 点击每个决策分支上的方框，分别输入"最终批准"和"最终否决"，定义决策分支的名称。

4. 选择"最终批准"决策分支上"TRUE"下面的单元格，输入"=Computation!D4"，指定履历为"好"和信用评级为"A"情景下，批准贷款对应的现值，该值位于"Computation"页面的D4单元格，见图17.20。

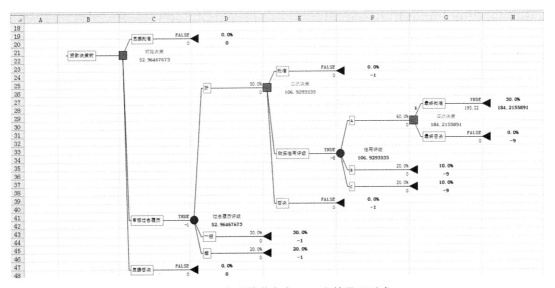

图17.20　三次决策节点在Excel上的显示形式

第八步：复制和粘贴三次决策子树

1. 右键点击"A"不确定情景分支上三次决策节点前面的方框，在下拉菜单中选择"Copy SubTree"。

2. 右键点击信用评级"B"分支上的三角形，在下拉菜单中选择"Paste SubTree"，选择"最终批准"决策分支上"TRUE"下面的单元格，输入"=Computation!D5"，指定履历为"好"和信用评级为"B"情景下，批准贷款对应的现值。

3. 右键点击信用评级情景为"C"分支上的三角形，在下拉菜单中选择"Paste SubTree"，选择"最终批准"决策分支上"TRUE"下面的单元格，输入"=Computation!D6"，指定履历为"好"和信用评级为"C"情景下，批准贷款对应的现值，见图17.21。

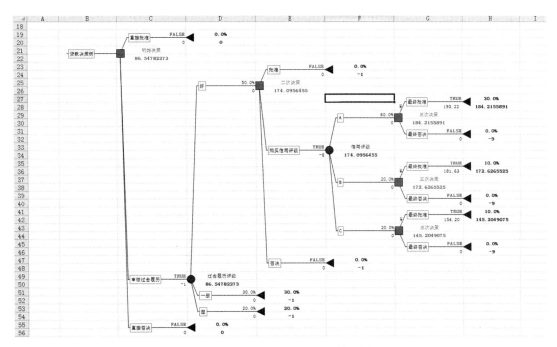

图17.21　复制和粘贴三次决策子树

第九步：履历为"好"情景下二次决策中"批准"方案分支的NPV

点击二次决策中"批准"方案分支上"FALSE"下面的单元格，输入公式"=G11*F12+G19*F20+G25*F26"，计算该方案的NPV，计算方法参照公式（17-3）。（注意：此处公式中的"Tree"工作表单元格随着你所建的决策树的位置不同会发生改变。你应该知道每个单元格在决策树的相对位置以及此处公式的涵义。如果你所建决策树的位置与此处不同，没有关系，只要公式中所选单元格在决策树中的相对位置相同，那么计算结果就没有变化。以下如果发生类似情况，原理相同。）

第十步：在履历为"一般"情景下复制和粘贴二次决策子树

1. 右键点击二次决策中"好"方案分支上的方框，在下拉菜单里选择"Copy SubTree"。

2. 右键点击履历评级为"一般"情景分支上的三角形，在下拉菜单里选择"Paste SubTree"。

3. 选择信用评级三个不确定分支上包含概率信息的单元格，分别输入"=Data!K5""=Data!L5""=Data!M5"指定履历评级为"一般"情景下信用评级为"A""B""C"的联合概率，见图17.22。

4. 点击"A"不确定情景下三次决策节点上"最终批准"决策分支上值为"0"的单元格，输入"=Computation!D7"，指定履历评级为"一般"和信用评级为"A"情景下的NPV。

5. 同样道理，点击"B"和"C"不确定情景下三次决策节点上最终批准决策分支上值为"0"的单元格，输入"=Computation!D8""=Computation!D9"，指定履历评级为"一般"情景下,信用评级为"B"和"C"情景下的现值。

6.履历为"一般"情景下二次决策方案为"直接批准"的现值,可根据复制和粘贴过来的公式直接得出,不用再手动输入。

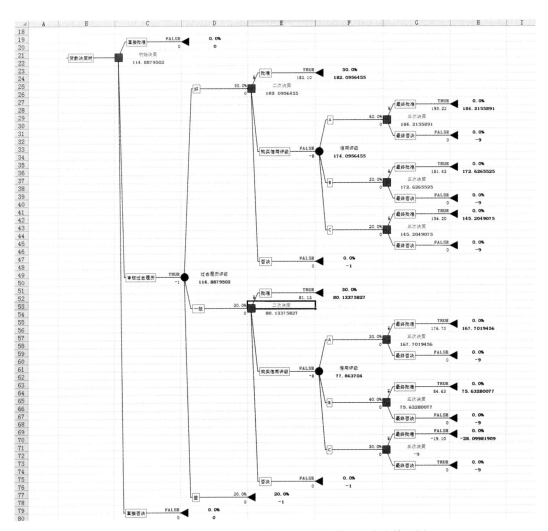

图17.22 在履历为"一般"情景下复制和粘贴二次决策子树

第十一步:履历为"差"情景下复制和粘贴二次决策子树

1.右键点击二次决策中"一般"方案分支上的方框,在下拉菜单里选择"Copy SubTree"。

2.右键点击履历评级为"差"情景分支上的三角形,在下拉菜单里选择"Paste SubTree"。

3.选择信用评级三个不确定分支上包含概率信息的单元格,分别输入"=Data!K6""=Data!L6""=Data!M6",指定履历评级为"一般"情景下信用评级为"A""B""C"的联合概率。

4. 点击"A"不确定情景下三次决策节点上"最终批准"决策分支上值为"0"的单元格，输入"=Computation!D10"，指定履历评级为"一般"和信用评级为"A"情景下的现值。

5. 同样道理，点击"B""C"不确定情景下三次决策节点上"最终批准"决策分支上值为"0"的单元格，输入"=Computation!D11""=Computation!D12"，指定履历评级为"差"情景下，信用评级为"B"和"C"情景下的现值，见图17.23。

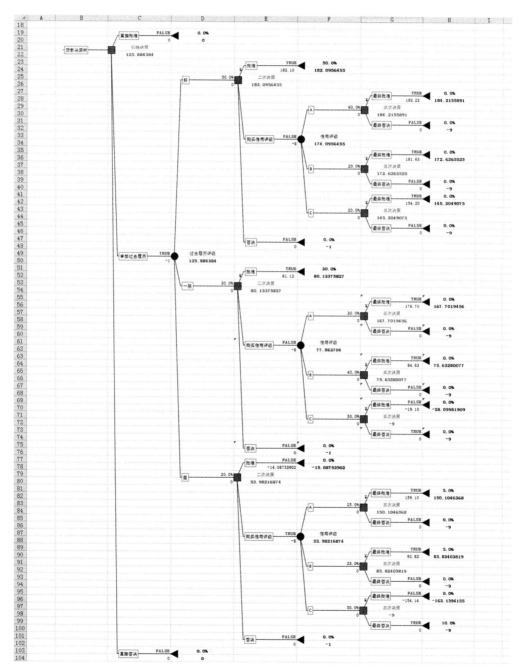

图17.23　在履历为"差"情景下复制和粘贴二次决策子树

第十二步：初始决策中"批准"方案分支的现值

点击初始决策中"直接批准"方案分支上"FALSE"下面的单元格，输入公式"=E7*D8+E35*D36+E61*D62"，计算该方案的现值，计算方法参照公式（17-4），计算结果见图17.24。

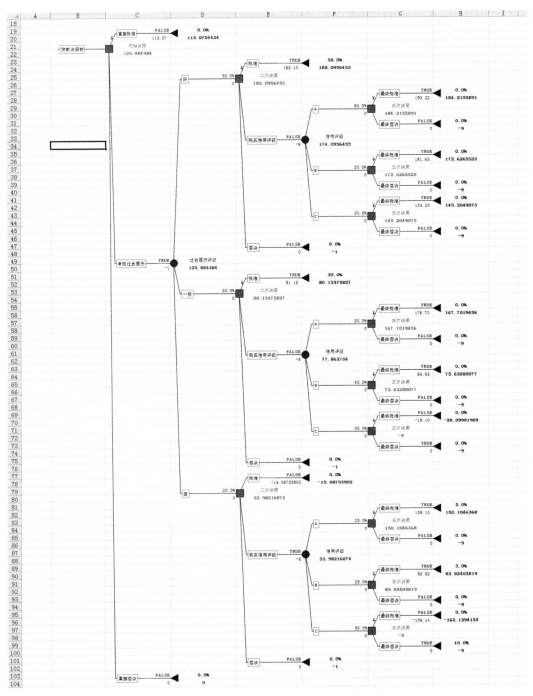

图17.24　初始决策中"批准"方案分支的现值

结果解读（问题1）

下面对问题1"以最大化期望净现值为判断标准，定立银行贷款的最优决策规则。"的结果进行解读。

点击PrecisionTree功能区上的"Decision Analysis"按钮，在下拉菜单中选择"Policy Suggestion..."，出现一个新的页面，见图17.25。

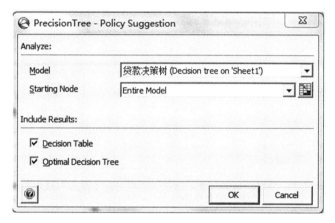

图17.25　PrecisionTree的政策建议设置页面

点击"OK"，将产生一个新的包含两个工作表的Excel文件，两个工作表是"Optimal Tree"和"Decision Table"，分别见图17.26和图17.27。从图17.26可以看到，根据题目

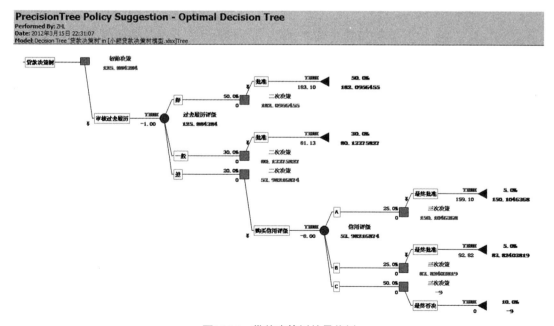

图17.26　贷款决策树的最优树

给定的条件,小额贷款决策树的最优决策路径为:(1)面对贷款者的贷款需求,直接审核履历;(2)如果履历评级为"好",那么批准贷款;如果履历评级为"一般",那么批准贷款;如果履历评级为"差",那么购买信用评级报告;(3)如果信用评级为"A",那么批准贷款;如果信用评级为"B",那么批准贷款;如果信用评级为"C",那么否决贷款。图17.27展示了按照图17.26给出的最优决策路径进行决策下,每个决策方案所处决策形势的发生概率,以及每个决策点的最优决策方案和最差决策方案的现值差。

PrecisionTree Policy Suggestion - Decision Table
Performed By: ZHL
Date: 2012年3月15日 22:31:07
Model: Decision Tree '贷款决策树' in [小额贷款决策树模型.xlsx]Tree

Decision		Optimal Choice	Arrival Probability	Benefit of Correct Choice
'初始决策'	(C5)	审核过去履历	100.0000%	125.884384
'二次决策'	(E9)	批准	50.0000%	183.0956455
'二次决策'	(E37)	批准	30.0000%	81.13375827
'二次决策'	(E63)	购买信用评级	20.0000%	69.06970776
'三次决策'	(C67)	最终批准	5.0000%	159.1046368
'三次决策'	(C75)	最终批准	5.0000%	92.82403819
'三次决策'	(C81)	最终否决	10.0000%	154.1394155

图17.27 贷款决策树最优树各决策方案的发生概率和决策价值

结果解读(问题2)

下面对问题2"当贷款额在25—2 500区间变化时,最优决策规则是否也要相应变化?"的结果进行解读。

从图17.24可以看到,贷款决策树共有13个决策节点,30个决策方案分支。为了分析当贷款额在25—2 500之间变化时最优决策规则是否也发生变化,需要变化决策树模型中的贷款额数据,然后测试每个决策节点以及每个决策方案分支的现值大小,在这个过程中还需要在每次贷款额变化时寻找和计算最优树,计算强度和工作量十分大。不过,"PrecisionTree"自身具有敏感性分析功能,并提供多种图形展示决策路径的变化情况,使得繁琐的计算变得方便和快速。

点击"PrecisionTree"功能区上的"Sensitivity Analysis"按钮,出现一个新的页面,见图17.28。点击"Input"区域的"Add..."按钮,出现一个新的敏感性分析输入变量设置页面,见图17.29。在"Input"区域的"Cell"处选择Excel的"Data"页面的单元格D16。在"Variation"区域的"Method"处的下拉菜单中选择"Actual Minimum and Maximum",在"Minimum"处填入"25",在"Maximum"处填入"2500",在"Steps"处填入"50",即在25—2500之间平均选取50个点,进行敏感性分析。点击"OK",回到敏感性分析设置页面,再点击"OK","PrecisionTree"开始敏感性分析,产生一个新的包含两个工作表的Excel文件：敏感性分析图和战略区域图，见图17.30和图17.31。

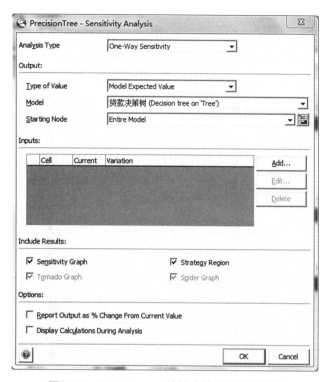

图17.28　PrecisionTree的敏感性分析设置页面

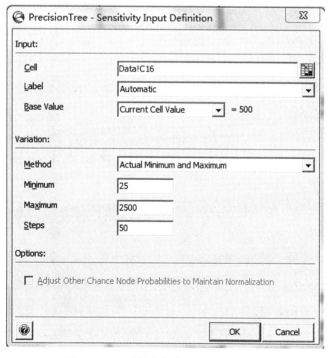

图17.29　敏感性分析输入变量设置页面

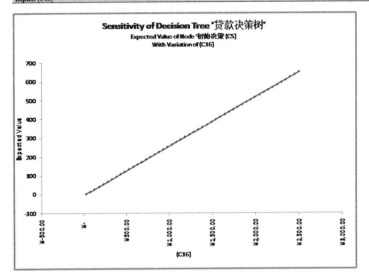

图17.30 初始决策节点期望值敏感性分析图

"PrecisionTree"的敏感性分析功能在缺省时对整个模型的期望值进行敏感性分析。从图17.28也可以看到,"Output"区域的"Starting Node"处为"Entire Model",这意味着当变化输入变量取值时,将计算决策树中每个方案的期望现值,比较和观察最优决策路径是否发生变化。

图17.30给出了初始决策节点期望值敏感性分析图。从中可以看到,随着贷款额从25元增加到2 500元,初始决策节点的期望值呈线性增长。图17.31给出了初始决策节点期望值敏感性分析战略区域图,从中可以看到,贷款额从25元增加到2 500元时,"审核履历"一直是最优决策方案,没有变化。

再次点击PrecisionTree功能区上的"Sensitivity Analysis"按钮,在"Output"区域中的"Starting Node"处的下拉菜单中依次选择不同的决策节点,进行敏感性分析,观察最优决策路径的变化情况。

在履历评级为"好"的情景下,对二次决策节点进行敏感性分析,最优路径一直为"批准"。

在履历评级为"一般"的情景下,对二次决策节点进行敏感性分析,发现最优路径随着贷款额的变化会发生变化,战略区域图见图17.32。从图中以及实际计算数据(位于PrecisionTree产生的新Excel文件中战略区域图的下方)可以看到,贷款额处于800元左右的地方(事实上是783元),最优决策方案发生了变化。贷款额小于等于782.65元时,最优决策方案为"批准";贷款额大于等于883.67元时,最优决策方案为"购买信用等级"。

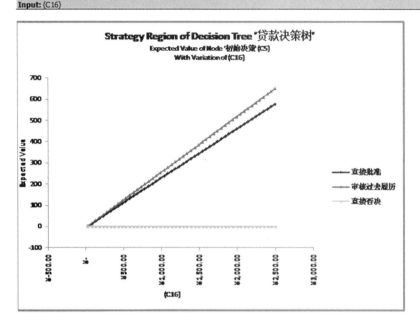

图17.31　初始决策节点期望值敏感性分析战略区域图

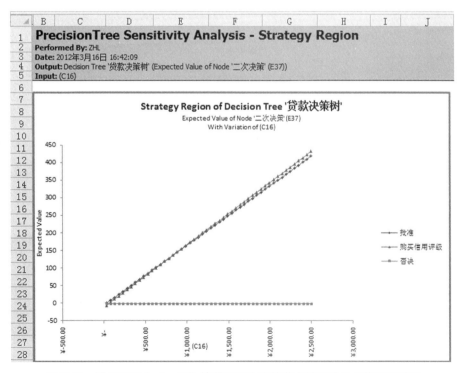

图17.32　履历评级为"一般"情景下二次决策节点敏感性分析战略区域图

在履历评级为"差"的情景下,对二次决策节点进行敏感性分析,发现最优路径随着贷款额的变化会发生变化,战略区域图见图17.33。贷款额等于25元时,最优决策方案为"否决";贷款额大于等于75.51元时,最优决策方案为"购买信用等级"。

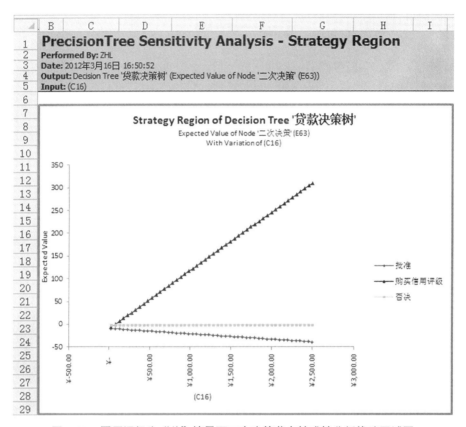

图17.33 履历评级为"差"情景下二次决策节点敏感性分析战略区域图

在履历评级为"一般"情景下,当贷款额大于等于883.67元时,最优决策方案为"购买信用评级"。对三次决策节点进行敏感性分析发现,最优决策路径不发生变化:当信用评级为"A"时,最优决策方案为"最终批准";信用评级为"B"时,最优决策方案为"最终批准";信用评级为"C"时,最优决策方案为"最终否决"。

在履历评级为"差"情景下,当贷款额大于等于75.51元时,最优决策方案为"购买信用评级"。对三次决策节点进行敏感性分析发现,最优决策路径不发生变化:当信用评级为"A"时,最优决策方案为"最终批准";信用评级为"B"时,最优决策方案为"最终批准";信用评级为"C"时,最优决策方案为"最终否决"。

基于上述分析可以看到,贷款额在25—2 500元之间变化的时候,存在三种最优决策规则或者路径:

当贷款额为25元的时候,最优决策路径为:审核履历→如果履历评级为"好"或者

"一般",那么批准;如果履历评级为"差",那么否决。

当贷款额大于等于75.51元且小于等于782.65元时,最优决策路径为:审核履历→如果履历评级为"好"或者"一般",那么批准;如果履历评级为"差",那么购买信用评级→如果信用评级为"A"或者"B",那么最终批准;否则最终否决。

当贷款额大于等于883.67元时,最优决策路径为:审核履历→如果履历评级为"好",那么批准;否则,购买信用评级→如果信用评级为"A"或者"B",那么最终批准";否则最终否决。

练习

请读者自行利用Excel的模拟计算功能,准确计算贷款额从25—2 500元变化时,决策发生变化的三个分界点。

Chapter Eighteen

生产能力计划分析

最优产量建模

一个企业的生产能力指这家企业在一定时期内能够生产的产品总量。生产能力计划通常是企业中长期的计划。为了提高计划生产能力，企业需要进行新的投资或者技术改造，例如购买设备或者对原有设备进行大修理等。因为需要耗费大量资源，所以生产能力计划一旦确定就不会在短期内频繁改变。这一特点也使生产能力计划决策变得十分重要，企业需要仔细分析并且谨慎决策。

生产能力计划的制订通常需要考虑多方面因素的影响。其中，最主要的因素是未来市场的需求。企业需要对未来的市场容量进行分析和预测，同时还要考虑技术的变化、市场上已有和潜在的竞争者、自己所占的市场份额等因素。如果生产能力设定得过高，将会出现生产能力过剩问题，产品卖不出去，导致资源浪费和财务损失；如果生产能力制定得过低，产量将不能满足市场需求，将会导致竞争者侵蚀市场份额的不良后果（Powell，1997）。

对市场需求的预测往往存在较大的不确定性，这使得企业在制订生产能力计划时存在很大风险。为了处理好市场需求与生产能力之间的关系，企业需要仔细分析各种不确定因素带来的影响，制订合理的标准来比较不同方案的优劣性。下面我们通过一个案例来展示如何使用@Risk在Excel中建立生产能力计划的分析模型，比较并确定最优的生产能力计划。

案例描述

一家企业正在考虑制订一种新产品的生产能力计划。目前，有5个产量备选计划方案：3 000、4 000、5 000、6 000和7 000个。新产品的单位价格最初设定为265元，不过，实际价格将随着市场竞争程度而发生变化。

企业管理者了解到，目前市场上已有一个竞争者，同时还有四个潜在的竞争者伺机进入。竞争者的数量以及竞争力量的大小将影响该企业的市场份额和定价策略。通过调查，企业管理者认为在每季度初期，每个潜在的竞争者有20%的可能性进入市场。在每季度末期，每个市场上的竞争者有10%的可能性退出市场。

通过调查，企业管理层估计在第一季度，市场对此产品的需求最可能出现在11 000个，最少为9 000个，最多为15 000个。以后每个季度，市场需求平均增长5%。企业管理层估计在第一年企业最乐观情况下将占领整个市场的60%，最悲观的情况下市场份额为30%，最可能的市场份额为40%。

为了保证实现计划生产能力，企业需要购买设备和机器。企业管理层估计，单位生产能力的实现需要花费45元购买设备和机器，设备的期望有用寿命为2年，2年后市场残值为最初成本的10%。不管企业是否充分利用其生产能力,每个季度企业都需要支付15.5元用于操作和维护机器。每个季度,期望单位可变成本为155元。年利率为10%,税率为38%。

企业记载了同类产品的相关历史数据,见表18.1。企业管理层认为,新产品的定价和市场份额变化与同类产品相似度很高,因此对同类产品的变化规律的分析以及对其变化趋势做出的预测可以用来描述和预测新产品的价格和市场份额(Yang等,2001)。

表18.1 企业同类产品的相关历史数据

年	季	销售量	市场份额(St)	单位价格(Pt)	竞争者数量(Nt)	竞争者力量*	市场容量
2009	1	500 000	0.50	350	1	1	1 000 000.00
	2	505 000	0.51	334	1	1	990 196.08
	3	510 000	0.48	313	1	1	1 062 500.00
	4	495 000	0.52	303	1	1	951 923.08
2010	1	480 000	0.45	285	2	1, 1.5	1 066 666.67
	2	485 000	0.43	269	2	1, 1.5	1 127 906.98
	3	400 000	0.34	250	2	1, 1.5	1 176 470.59
	4	389 500	0.39	239	3	1, 1.5, 0.6	998 717.95
2011	1	370 000	0.35	225	3	1, 1.5, 0.6	1 057 142.86
	2	355 000	0.33	225	3	1, 1.5, 0.6	1 075 757.58
	3	354 000	0.28	215	3	1, 1.5, 0.6	1 264 285.71
	4	348 500	0.30	209	2	1.5, 0.6	1 161 666.67

* "1"代表企业自身的竞争力量。

注:销售量市场容量单位为"个",单位价格单位为"元"。

问题

请判断企业应该选择哪个生产能力计划,使在2年的研究期内企业净现值得以优化,并使得生产能力得到充分利用、市场需求得到充分满足。

解决方法和步骤

我们首先对表18.1中包含的同类产品历史数据进行分析,分析产品的价格和市场份额变化规律,从而为新产品的价格和市场份额预测提供帮助。然后,建立包含生产能力建设成本、销售收入、运营成本、市场残值等相关数据分析模型，计算每个生产能力对应的净现值。通过比较净现值的变化情况，进一步判断哪个生产能力计划是最优计划。

第一步：产品价格变化趋势

1. 单击Excel的一个工作表名称，输入"数据"或者你喜欢的名称。

2. 在区域B2：I15输入表18.1包含的内容，见图18.1。

年	季	销售量	市场份额(St)	单位价格(Pt)	竞争者数量(Nt)	竞争者力量*	市场容量
2009	1	500000	0.50	350	1	1	1000000.00
	2	505000	0.51	334	1	1	990196.08
	3	510000	0.48	313	1	1	1062500.00
	4	495000	0.52	303	1	1	951923.08
2010	1	480000	0.45	285	2	1, 1.5	1066666.67
	2	485000	0.43	269	2	1, 1.5	1127906.98
	3	400000	0.34	250	2	1, 1.5	1176470.59
	4	389500	0.39	239	3	1, 1.5, 0.6	998717.95
2011	1	370000	0.35	225	3	1, 1.5, 0.6	1057142.86
	2	355000	0.33	225	3	1, 1.5, 0.6	1075757.58
	3	354000	0.28	215	3	1, 1.5, 0.6	1264285.71
	4	348500	0.30	209	2	1.5, 0.6	1161666.67

* 1-代表企业自身的竞争力量

图18.1 同类产品相关历史数据

在一个竞争市场中，产品价格会随着竞争者数目的增加而下降。Powell（1997）给出了一个符合这一特点的产品价格变化公式：

$$P_t = P_0(1+a)^{-t}(N_t^{-b}). \tag{18-1}$$

其中，P_t为在时间t的产品价格，a为价格下降比例，b为竞争弹性系数，N_t为在时间t的竞争者数量。

变化公式（18-1），可以得到：

$$\ln(P_t/P_0) = -t \times \ln(1+a) - b\ln(N_t). \tag{18-2}$$

以t和$\ln(N_t)$为自变量，$\ln(P_t/P_0)$为因变量，根据表18.1中提供的历史数据，可以估算公式（18-2）中$\ln(1+a)$和b的大小。下面，我们将对表18.1中包含的同类产品历史数据进行变换计算（见图18-2），再利用回归方法估算公式（18-2）中自变量的系数。

3. 在Excel的"数据"工作表的区域K3：K14中分别输入数字0到11，表示第0期到第11期共12个时间期。

4. 在单元格L3中输入公式"=LN(G3)"，用以计算第0期竞争者数量的对数值。

5. 复制单元格L3，选择区域L4：L14粘贴，形成第0期到第11期各期的竞争者数目的对数值。

6. 在单元格M3中输入公式"=LN(F3/$F$3)"。

	K	L	M	N	O	P	Q	R	S
1									
2	t	LN(Nt)	LN(Pt/P0)	竞争者力量之和	竞争力量之比Lt	St预测	预测误差		C
3	0	0.0000	0.0000	1	0.5000				0.7031
4	1	0.0000	-0.0468	1	0.5000	0.5000	-0.0100		
5	2	0.0000	-0.1117	1	0.5000	0.5070	0.0270		
6	3	0.0000	-0.1442	1	0.5000	0.4859	-0.0341		
7	4	0.6931	-0.2054	2.5	0.2857	0.5141	0.0641		
8	5	0.6931	-0.2632	2.5	0.2857	0.4012	-0.0288		
9	6	0.6931	-0.3365	2.5	0.2857	0.3872	0.0472		
10	7	1.0986	-0.3815	3.1	0.2439	0.3239	-0.0661		
11	8	1.0986	-0.4418	3.1	0.2439	0.3466	-0.0034		
12	9	1.0986	-0.4418	3.1	0.2439	0.3185	-0.0115		
13	10	1.0986	-0.4873	3.1	0.2439	0.3044	0.0244		
14	11	0.6931	-0.5156	2.1	0.3226	0.2693	-0.0307		
15									
16						误差平方和	0.0152		
17						误差均值	-0.0020		
18						误差标准差	0.0389		
19									

图18.2　基于表18.1中包含的同类产品历史数据的变换计算

7. 复制单元格M3，选择区域M4：M14粘贴，形成各期的价格与第0期价格之比的对数值。

8. 点击Excel"数据"功能选项卡，点击"分析"功能区中的"数据分析"按钮（如果"分析"功能区中没有"数据分析"按钮，说明Excel没有安装"数据分析"加载项。可以点击"文件"功能选项卡中的"选项"按钮安装，此处不再详述），出现一个新的页面，见图18.3。

图18.3　Excel的数据分析页面

9. 选择"回归"选项，点击"确定"，出现一个新的回归分析设置页面，其页面名称为"回归"，见图18.4。

10. 在"Y值输入区域"处输入"$M$4:$M$14"，表示回归中的因变量为$\ln(P_t/P_0)$；在"X值输入区域"处输入"$K$4:$L$14"选项，表示回归中的自变量为t和$\ln(N_t)$。

11. 在"常数为零"选项前面打勾。

12. 在输出选项处选择"新工作表组"。

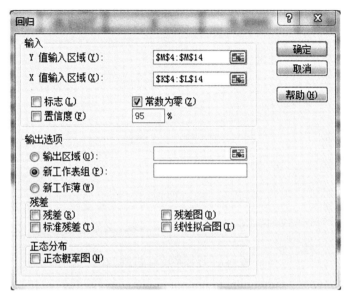

图18.4　Excel回归分析设置页面

13. 点击"确定",Excel产生一个新的回归分析结果工作表,见图18.5。可以看到,R^2为0.9974,调整过的R^2为0.8861,两个自变量的p值都比较小,说明回归分析结果很好。

	A	B	C	D	E	F	G	H	I
1	SUMMARY OUTPUT								
2									
3	回归统计								
4	Multiple R	0.998728615							
5	R Square	0.997458846							
6	Adjusted R Square	0.886065384							
7	标准误差	0.019154446							
8	观测值	11							
9									
10	方差分析								
11		df	SS	MS	F	Significance F			
12	回归分析	2	1.29612148	0.64806074	1766.349006	2.60618E-11			
13	残差	9	0.003302035	0.000366893					
14	总计	11	1.299423515						
15									
16		Coefficients	标准误差	t Stat	P-value	Lower 95%	Upper 95%	下限 95.0%	上限 95.0%
17	Intercept	0	#N/A	#N/A	#N/A	#N/A	#N/A	#N/A	#N/A
18	X Variable 1	-0.044101839	0.002663956	-16.55501735	4.77624E-08	-0.050128126	-0.038075551	-0.050128126	-0.038075551
19	X Variable 2	-0.059052735	0.023065509	-2.560218179	0.030676145	-0.111230541	-0.006874929	-0.111230541	-0.006874929

图18.5　Excel"回归"工作表

14. 根据回归分析结果,我们可以得出市场价格的计算公式,见公式(18-3),图18.6给出实际价格与预测价格的折线叠加图。

$$P_t = P_0 e^{-0.441t} N_t^{-0.059}. \tag{18-3}$$

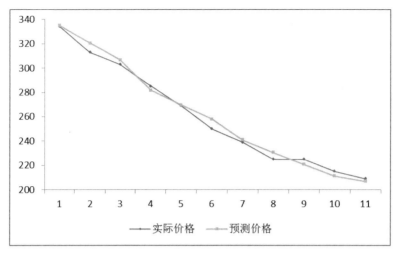

图18.6　实际价格与预测价格

第二步：市场份额预测

一般来讲，一个企业的产品市场份额大小与其他企业同类产品的市场竞争力量强弱有着较强的相关性。Powell（1997）给出了一个市场份额预测模型：

$$S(t+1)=cS(t)+(1-c)L(t). \qquad (18-4)$$

其中，$S(t)$为时间为t时的市场份额，c为0到1之间的常数。$L(t)$为竞争力量之比，等于企业产品自身的竞争力量指数/市场上所有同类产品竞争力量指数之和。

$S(t)$数据存在，$L(t)$数据可以通过计算得出，我们首先根据公式（18-4）预测$S(t)$，把预测值与实际值相比较，计算预测偏差最小情况下的c。然后，根据求出的c再通过公式（18-4）来对新产品市场份额走势进行预测。

1. 在"数据"工作表的区域N3：N6中输入"1"，表示此时市场上存在1个竞争者，力量指数为1，因此"竞争者力量之和"为1。

2. 在区域N7：N9中输入"2.5"，表示市场上存在2个竞争者，力量指数分别为1和1.5，此时"竞争者力量之和"为2.5。

3. 在区域N10：N13中输入"3.1"，表示市场存在3个竞争者，力量指数分别为1、1.5和0.6，此时"竞争者力量之和"为3.1。

4. 在单元格N14中输入"2.1"，表示一个竞争者退出，剩下的两个竞争者的力量指数分别为1.5和0.6，此时"竞争者力量之和"为2.1。

5. 在单元格O3中输入公式"=1/(N3+1)"，用以计算企业在市场上的竞争力量之比$L(t)$。

6. 复制单元格O3，选择区域O4：O14粘贴，形成第1期到第11期的企业市场竞争力量之比。

7. 在单元格S3中随意输入一个0到1的数，例如0.5，给定一个c的初始值。
8. 在单元格P4中输入公式"=\$S\$3*E3+(1–\$S\$3)*O3"，表示$S(1)=cS(0)+(1-c)L(0)$。
9. 复制单元格P4，选择区域P5：P14粘贴，计算对到的预测值。
10. 在单元格Q4中输入公式"=P4–E4"，用以计算预测误差。
11. 复制单元格Q4，选择区域Q5：Q14粘贴，计算第2期到第11期的预测误差。
12. 在单元格Q16中输入公式"=SUMSQ(Q4:Q14)"，用以计算误差平方和。SUMSQ为Excel函数，用来对所有元素求平方和。
13. 点击Excel功能区中的"数据"→"分析"→"规划求解"，出现一个"规划求解参数"对话框，见图18.7。

图18.7　利用Excel规划求解计算常数c

14. 在"设置目标"处，选择单元格Q16，并选择计算"最小值"，表示规划求解的目标为最小化"误差平方和"的数值。
15. 在"通过更改可变单元格"处选择单元格S3，即可改变常数C的值。
16. 在"遵守约束"处，点击"添加"，产生一个"添加约束"对话框，见图18.8。

图18.8 为规划求解添加约束条件

17. 在"单元格引用"处选择单元格S3,在中间的下拉菜单中选择"<=",在"约束"处输入"1",点击"确定"。

18. 同样道理,定义另一个约束条件"C3>=0",表明常数 C 的取值范围为从0到1。见图18.7。

19. 点击图18.7中显示的"求解"按钮,计算出使预测误差平方和最小的 c 为0.7031。这样,我们得到市场份额的预测公式:

$$S(t+1) = 0.7031 \times S(t) + 0.2969 \times L(t). \quad (18-5)$$

20. 图18.9给出了实际市场份额与预测市场份额的折线图。

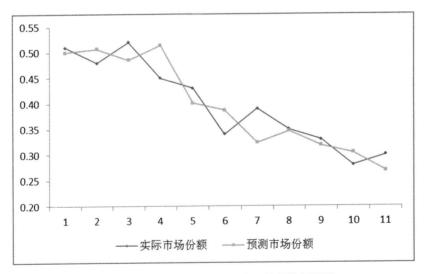

图18.9 实际市场份额与预测市场份额的折线图

可以按照以下步骤发展此模型:

第三步:生产能力计划分析的基础数据

1. 单击Excel一个新工作表的名称,输入"模型"或者你喜欢的名称。

2. 根据题意,在B1:B7区域处输入模型基础数据。

3. 在单元格E1中输入"3000",定义初始计划生产能力为3 000个。

4. 在单元格E4中输入公式"=RiskTriang(9000,11000,15000)",定义初始市场容量分布。

5. 在单元格E7中输入公式"=RiskUniform(0.5,2)",表示进入市场的竞争者的竞争力量分布。

6. 在单元格F7中输入公式"=RiskUniform(0.2,1)",表示退出市场的竞争者的竞争力量分布。

7. 在单元格H1中输入单位生产成本"15.5"元,在单元格H2中输入单位设备成本"45"元。

8. 在单元格H3中输入公式"=E1*H2*0.1",表示残值等于生产能力下设备成本的10%。

9. 在单元格K1中输入公式"=回归!B18",引用回归分析得出的$-ln(1+a)$的值。

10. 在单元格K2中输入公式"=回归!B19",引用回归分析得出的$-b$的值。

11. 在单元格K3中输入公式"=数据!S3",引用规划求解得出的常数c。图18.10给出了生产能力计划分析的模型。

	A	B	C	D	E	F	G	H	I	J	K
1	最初价格	¥265.00		生产能力	3000		单位生产成本	¥15.50		-LN(1+a)	-0.0441
2	单位可变成本	¥155.00					单位设备成本	¥45.00		-b	-0.0591
3	税率	38%					残值	¥13,500.00		c	0.7031
4	回报率	10%		市场容量	11666.66667						
5	市场进入概率	0.2									
6	市场退出概率	0.1			进入	退出					
7	潜在竞争者数目	5		竞争力量	1.25	0.6					
8											
9											
10	时间	1	2	3	4	5	6	7	8
11	市场容量	11666.67	12250.00	12862.50	13505.63	14180.91	14889.95	15634.45	16416.17
12	市场份额	0.43	0.44	0.39	0.34	0.30	0.27	0.25	0.24
13	单位价格	¥253.57	¥232.90	¥217.58	¥208.19	¥199.21	¥190.61	¥182.39	¥174.52
14	年初竞争者	1	2	3	3	3	3	3	3
15	竞争力量	1.2500	2.5000	3.7500	3.7500	3.7500	3.7500	3.7500	3.7500
16	进入竞争者	1	1	0	0	0	0	0	0
17	退出竞争者	0	0	0	0	0	0	0	0
18	销售量	3000	3000	3000	3000	3000	3000	3000	3000
19									
20	收益	¥760,700.92	¥698,689.33	¥652,728.02	¥624,567.06	¥597,621.05	¥571,837.59	¥547,166.52	¥523,559.85
21	可变成本	¥465,000.00	¥465,000.00	¥465,000.00	¥465,000.00	¥465,000.00	¥465,000.00	¥465,000.00	¥465,000.00
22	设备成本	¥135,000.00							
23	固定操作成本	¥46,500.00	¥46,500.00	¥46,500.00	¥46,500.00	¥46,500.00	¥46,500.00	¥46,500.00	¥46,500.00
24	税前利润	¥114,200.92	¥187,189.33	¥141,228.02	¥113,067.06	¥86,121.05	¥60,337.59	¥35,666.52	¥12,059.85
25	税后利润	¥70,804.57	¥116,057.39	¥87,561.37	¥70,101.57	¥53,395.05	¥37,409.31	¥22,113.24	¥7,477.11
26	折旧节省税金	¥12,825.00	¥9,618.75	¥7,214.06	¥5,410.55	¥4,057.91	¥3,043.43	¥2,282.57	¥1,711.93
27	净利润	¥83,629.57	¥125,676.14	¥94,775.44	¥75,512.12	¥57,452.96	¥40,452.74	¥24,395.82	¥9,189.04
28	利用率	1	1	1	1	1	1	1	1
29	能力过剩	-2055.56	-2348.75	-2039.80	-1564.76	-1256.29	-1072.89	-984.04	-967.32
30	NPV	¥471,356.40	平均利用率	1	平均能力过剩	-1536.18			

图18.10 生产能力计划模型

第四步:市场容量、市场份额和单位价格

1. 在单元格B11中输入公式"=E4",表示初始市场容量。

2. 在单元格C11中输入公式"=B11*1.05",表示第2期的市场容量相对于第1期增长5%。

3. 复制单元格C11,选择区域D11:I11粘贴,形成第3期到第8期的市场容量。

4. 在单元格B12中输入公式"=RiskTriang(0.3,0.4,0.6)",表示初始市场份额分布。

5. 在单元格C12中输入公式"=$K$3*B12+(1−$K$3)*(1/(1+B15))",按照公式(18-5)

预测第2期的市场份额。

6. 复制单元格C12，选择区域D12:I12粘贴，形成第3期到第8期的市场份额预测。

7. 在单元格B13中输入公式"=\$B\$1*EXP(\$K\$1*B10)*B14^\$K\$2"，按照公式（18-3）预测第1期的产品单位价格。

8. 复制单元格B13，选择区域C13:I13粘贴，形成第2期到第8期的产品单位价格预测。

第五步：竞争者与竞争力量

1. 在单元格B14中输入"1"，表示第1期期初竞争者数目为1。

2. 在单元格B15中输入公式"=E7"，表示市场竞争者的竞争力量服从[0.5,2]的均匀分布。

3. 在单元格B16中输入公式"=IF(B14<\$B\$7,RiskBinomial(5−B14,\$B\$5),0)"，表示在第1期期初每个潜在竞争者以0.2的概率进入市场，而且市场上竞争者和潜在竞争者总数为5。

4. 在单元格B17中输入公式"=IF(B14>0,RiskBinomial(B14+B16,\$B\$6),0)"，表示在第1期期末，市场上的竞争者以0.1的概率退出市场。

5. 在单元格C14中输入公式"=B14+B16−B17"，表示第2期期初的竞争者等于第1期期初的竞争者加上第1期期初进入市场的潜在竞争者，再减去第1期期末退出市场的竞争者。

6. 在单元格C15中输入公式"=B15+B16*\$E\$7−B17*\$F\$7"，表示第2期的市场竞争力量等于第1期的市场竞争力量加上第1期期初进入市场的潜在竞争者的竞争力量，再减去第1期期末退出市场的竞争者的竞争力量。

7. 复制区域B16:B17，选择区域C16:C17粘贴，形成第2期的进入竞争者和退出竞争者。

8. 复制区域C14:C17，选择区域D14:I17粘贴，形成第3期到第8期的年初竞争者、竞争力量、进入竞争者和退出竞争者。

第六步：销售量与收益

1. 在单元格B18中输入公式"=MIN(\$E\$1,B12*B11)"，表示第1期的销售量等于生产能力与市场可销售量之间的最小值。

2. 复制单元格B18，选择区域C18:I18粘贴，形成第2期到第8期的销售量。

3. 在单元格B20中输入公式"=B18*B13"，表示第1期的收益等于销售量与单位价格的乘积。

4. 复制单元格B20，选择区域C20:I20粘贴，形成第2期到第8期的销售收益。

第七步：可变成本、设备成本和固定操作成本

1. 在区域B21:I21中输入公式"=\$B\$2*\$E\$1"，表示第1期到第8期的可变成本等于单位可变成本与生产能力的乘积。

2. 在单元格B22中输入公式"=H2*E1"，表示第1期购买设备成本等于单位设备成本与生产能力的乘积。

3. 在单元格B23中输入公式"=B18*$H$1"，表示第1期的固定操作成本等于单位生产成本与第1期销售量的乘积。

4. 复制单元格B23，选择区域C23:I23粘贴，形成第2期到第8期的固定操作成本。

第八步：利润与税金

1. 在单元格B24中输入公式"=B20−B21−B22−B23"，表示第1期税前利润等于第1期的销售收益减去可变成本，再减去设备成本，再减去固定操作成本。

2. 复制单元格B24，选择区域C24:I24粘贴，形成第2期到第8期的税前利润。

3. 在单元格B25中输入公式"=B24*(1−$B$3)"，表示扣除税费后的第1期利润。

4. 复制单元格B25，选择区域C25:I25粘贴，形成第2期到第8期的税后利润。

5. 在单元格B26中输入公式"=$B$3*DDB($B$22,$H$3,8,B10)"，表示第1期的折旧节省税金。DDB为Excel函数，用于返回双倍余额递减法下指定期间内的固定资产折旧值。固定设备折旧额享受税收减免的政策优惠，因此此处乘以税收比率。

6. 复制单元格B26，选择区域C26:I26粘贴，形成第2期到第8期的折旧节省税金。

7. 在单元格B27中输入公式"=B25+B26"，表示第1期的净利润等于税后利润加上折旧节省税金。

8. 复制单元格B27，选择区域C27:I27粘贴，形成第2期到第8期的净利润。

第九步：利用率和能力过剩

1. 在单元格B28中输入公式"=B18/$E$1"，表示第1期的生产能力利用率等于销售量除以计划生产能力。

2. 复制单元格B28，选择区域C28:I28粘贴，形成第2期到第8期的生产能力利用率。

3. 在单元格B29中输入公式"=$E$1−B11*B12"，表示第1期的生产能力与市场需求的差额。

4. 复制单元格B29，选择区域C29:I29粘贴，形成第2期到第8期的能力过剩值。

5. 在单元格D30中输入公式"=AVERAGE(B28:I28)"，表示第1期到第8期的生产能力平均利用率。

6. 在单元格F30中输入公式"=AVERAGE(B29:I29)"，表示第1期到第8期的平均生产能力过剩值。

第十步：净现值（NPV）

1. 在单元格B30中输入公式"=NPV(B4/4,B27:I27)"，用以计算净现值。其中，因为每个时间期为一个季度，所以在计算NPV时需要对年回报率除以4。

2. 选择B30，点击@Risk"Model"功能区中的"Add Output"，点击"OK"，指定"NPV"为模型的输出变量。

结果解读

分别在单元格E1中输入不同的计划生产能力,在没有进行模拟计算时,所有的随机变量静态显示值为其期望值,这样按照建立的财务模型可以计算出相对应的静态期望NPV,见表18.2。从中可以看到,计划生产能力为4 000个时可以获得最大NPV值: 624 441.33元。

表18.2 计划生产能力及其对应的静态期望NPV

计划生产能力(个)	3 000	4 000	5 000	6 000	7 000
NPV(元)	471 356.4	624 441.33	40 4823.42	−239 806.89	−941 808.46
平均利用率	1	0.9984	0.8961	0.7560	0.6480
平均能力过剩(个)	−1 536.18	−536.18	463.82	1 463.82	2 463.82

在单元格E1中输入"=RiskSimtable({3000,4000,5000,6000,7000})",选择抽样数为5 000次,模拟数为18.5(因为有5个生产能力计划),然后,点击@Risk "Simulation"功能区中的"Start Simulation",开始模拟。表18.3给出了5次模拟后每个计划生产能力对应的NPV统计量。

表18.3 计划生产能力对应的NPV模拟结果统计量

计划生产能力(个)	3 000	4 000	5 000	6 000	7 000
NPV最小值(元)	76 422.10	−441 127.10	−1 143 129.00	−1 845 130.00	−2 547 132.00
NPV最大值(元)	616 713.90	822 285.30	1 027 857.00	1 233 428.00	1 378 520.00
NPV均值(元)	488 090.60	555 229.60	402 406.30	−22 674.64	−625 418.90
NPV标准差(元)	60 750.85	197 255.60	446 093.80	685 499.10	823 944.90

从表18.3可以看到,计划能力为6 000和7 000时,NPV均值为负,标准差很大,尽管可以取得较高的最大值,但是也可达到较低的最小值,所以这两个生产计划能力暂时不做考虑,重点分析其他三个计划生产能力情景的模拟结果。图18.11和图18.12分别给出了计划生产能力为3 000、4 000和5 000个下的NPV模拟结果概率密度分布图和概率累积分布图。

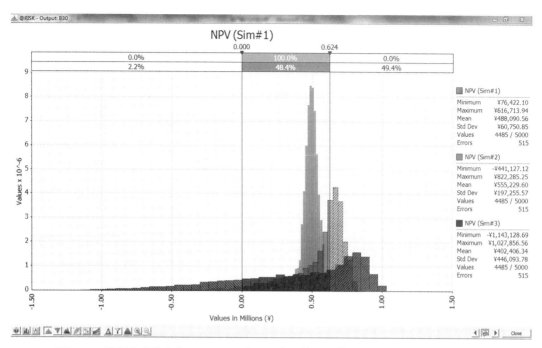

图18.11 计划生产能力为3 000、4 000和5 000个下的NPV模拟结果概率密度分布叠加图

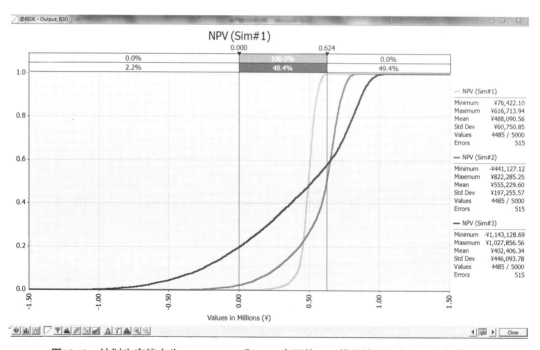

图18.12 计划生产能力为3 000、4 000和5 000个下的NPV模拟结果概率累积分布叠加图

从图18.11和图18.12可以看到,当计划生产能力为5 000个时,NPV小于0的可能性为20%,而计划生产能力为3 000个和4 000个对应的NPV小于0的可能性分别为:0和2.2%。

生产能力为3 000个对应的NPV变化范围较小，生产能力为4 000个对应的NPV变化范围稍大一些。生产能力为3 000个对应的NPV大于62.4万元的可能性为0，而生产能力为4 000个对应的NPV大于62.4万元的可能性达到了49.4%，生产能力为5 000个对应的NPV大于62.4万元的可能性达到了42.4%。这样，在NPV指标上，最佳计划生产能力为4 000个。

表18.4给出了5个计划生产能力下的平均利用率模拟结果统计量。可以看到，随着计划生产能力的提高，平均利用率也不断下降。图18.13展示出计划生产能力为3 000个时平均利用率小于90%的可能性为0.6%；计划生产能力为4 000时对应的平均利用率小于90%的可能性上升到13.9%；计划生产能力为5 000个时平均利用率小于90%的可能性为43%。这样，从充分利用生产能力指标来看，最佳计划生产能力为3 000个。

表18.4　计划生产能力对应的平均利用率模拟结果统计量

计划生产能力（个）	3 000	4 000	5 000	6 000	7 000
平均利用率最小值	0.8243747	0.6767882	0.5414305	0.4511921	0.3867361
平均利用率最大值	1	1	1	1	1
平均利用率均值	0.9946873	0.9639927	0.8953918	0.8006061	0.7048414
平均利用率标准差	0.01706955	0.05708167	0.104784	0.1346281	0.1405614

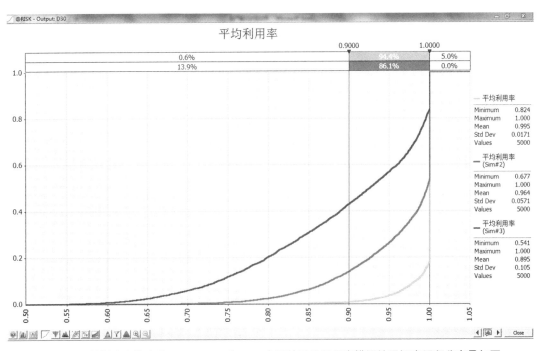

图18.13　计划生产能力为3 000、4 000和5 000个下的平均利用率模拟结果概率累积分布叠加图

表18.5给出了5个计划生产能力下的平均能力过剩模拟结果统计量。可以看到，随着计划生产能力的提高，平均能力过剩也不断上升。其中，计划生产能力为3 000、4 000和5 000个下的平均能力过剩均值小于0，说明存在生产不能满足市场需求的可能性。图18.14展示出计划生产能力为3 000个时平均能力过剩小于0的可能性为99.3%；计划生产能力为4 000个时对应的平均能力过剩小于0的可能性为80.8%；计划生产能力为5 000个时平均能力过剩小于0的可能性为44.6%。这样，从满足市场需求的指标来看，最佳计划生产能力为5 000个。

表18.5　计划生产能力对应的平均能力过剩模拟结果统计量

计划生产能力（个）	3 000	4 000	5 000	6 000	7 000
平均能力过剩最小值（个）	−34 759.80	−33 759.80	−32 759.80	−31 759.80	−30 759.80
平均能力过剩最大值（个）	292.85	1 292.85	2 292.85	3 292.85	4 292.85
平均能力过剩均值（个）	−2 027.51	−1 027.51	−27.51	972.49	1 972.49
平均能力过剩标准差（个）	1 275.35	1 275.35	1 275.35	1 275.35	1 275.35

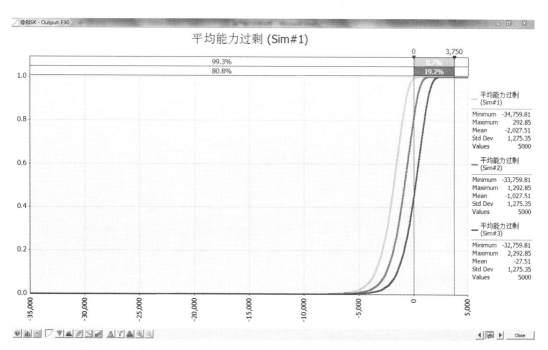

图18.14　计划生产能力为3 000、4 000和5 000个下的平均能力过剩模拟结果概率累积分布叠加图

一家企业在定立最优生产能力计划时，需要考虑多方面的指标。在本例中，我们重点考虑了NPV、平均利用率和平均能力过剩三个指标。每个指标下最优生产能力计划都不

同。如果为了寻求NPV均值最大化，那么计划生产能力4 000个是一个最优选择。但是，计划生产能力为4 000个时会有80.8%的可能性无法满足市场需求，这意味着为竞争者留下了巨大的空间。到底选择哪个计划作为最优计划，依赖于企业自身的战略目标和风险偏好。本例中分析模型测量了不同计划下的不同类型的风险大小，而为制订科学有效的生产能力计划提供了丰富的决策信息。

Chapter Nineteen

IPO 股票价格情景分析

风险分析建模

情景分析是敏感性分析的一种，它通过定义不同的情景有针对性地调查多个输入变量取值变化对关键输出变量的影响。一个情景表示一套指定数值的输入变量，代表分析者对未来发展的一种假设，也可以理解为一种可能存在的未来状态。通过情景分析，分析者可以深入洞察不同情景假设下输出变量的变化情况，从而为决策提供信息帮助。

Excel本身提供了一定的情景分析功能，点击功能区上的"数据"→"数据工具"→"模拟分析"，可以看到"单变量求解"和"模拟运算表"等功能。其中，前者可以寻找与指定输出变量目标值对应的可变单元格数值，后者可以计算指定可变单元格发生变化时对应的输出变量数值。然而，Excel的情景分析功能具有一定的局限性，例如，它的使用方式不是十分灵活，需要具有固定的格式；它不能自动进行多个情景分析，需要手动输入每个情景下的输入变量取值；它不能与优化求解功能同时使用；它也不能进行随机情景分析等等（Grossman和Özlük,2009）。

Grossman和Özlük（2009）设计了一种情景分析技术。这种情景分析技术可以在Excel中动态、便捷地进行情景分析，同时也可以与Excel插入式风险分析软件功能相结合，方便地进行随机情景分析。它的使用极大地扩展了在Excel环境下进行情景分析的能力，下面我们通过一个案例来展示如何在Excel中设计和使用这种情景分析技术，以及如何把这种技术与@Risk相结合对随机模拟模型进行情景分析。

案例描述

一家小公司正在计划进行IPO（首次公开募股）。公司管理层估计股票初始价格服从表19.1中定义的离散分布，在10—15元之间变化。在第1年，公司有30%的可能性会失败，随后4年中每年也具有同样的失败可能性。如果公司不失败，那么它的股票价格将会按一定比率上涨，上涨比率服从均值为1.5%、标准差为0.5%的对数正态分布。

表19.1　股票初始价格变化概率分布

IPO股票价格（元）	10	11	12	13	14	15
概率	0.1	0.2	0.3	0.2	0.1	0.1

为了更好地分析未来股票价格，公司管理层定义了6个不同的情景：

"目前"情景为基础情景。

"乐观"情景：第1年的公司失败率为15%，以后每年减少2%。对数正态分布的均值为2%，标准差为0.5%。

"悲观"情景：第1年的公司失败率为36%，以后每年增加3%。对数正态分布的均值为1%，标准差为0.9%。

"高均值"情景：对数正态分布的均值为4%。

"高第1年失败概率"情景：第1年的失败概率为50%。

"高标准差"情景：对数正态分布的标准差为2%。

问题

公司希望预测不同情景下5年后股票价格以及公司存活下来的可能性。

解决方法和步骤

由于在公司定义的6个情景中输入变量的取值没有规律，而且变量多于两个，所以Excel本身的情景分析功能无法自动计算每个情景下的股票价格。另外，公司设计的股票价格分析模型包含随机变量，Excel无法进行随机模拟模型的情景分析计算。下面，我们利用Grossman和Özlük（2009）设计的情景分析技术来解决这些问题。

图19.1展示了IPO股票价格情景分析的完整模型，读者可以按照以下步骤开发这个模型。

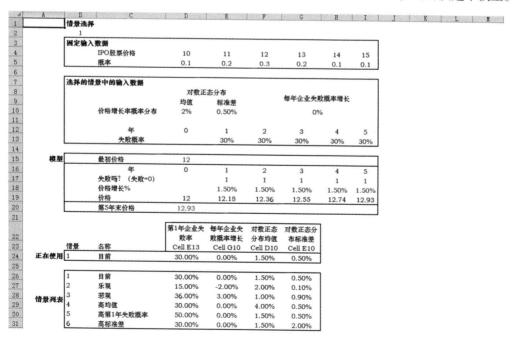

图19.1　二维码IPO股票价格情景分析模型

第一步：固定输入数据

在B3：I5区域中输入表19.1中给出的IPO最初股票价格变化概率分布。

第二步：选择的情景中的输入数据

1. 在单元格D10中输入"2%"，表示价格增长率对数正态分布的均值。

2. 在单元格E10中输入"0.5%"，表示价格增长率对数正态分布的标准差。

3. 在单元格G10中输入"0%"，表示在"当前"情景中，每年企业失败概率增长为0。

4. 在单元格E13中输入"30%"，表示第1年企业失败的概率。

5. 在单元格F13中输入公式"=E13+$G$10"，表示第2年的企业失败概率等于第1年的企业失败概率加上每年企业失败概率增长。

6. 复制单元格F13，选择区域G13：I13粘贴，形成第3年到第5年的企业失败概率。

第三步：分析模型

1. 在单元格D15中输入公式"=RiskDiscrete(D4:I4,D5:I5)"，定义IPO初始价格概率分布。

2. 在单元格E17中输入公式"=RiskBinomial(1,1−E13)"，使用伯努利分布（即试验次数为1次的二项分布）计算企业第1年是否失败，计算结果为1表示企业存活，为0表示企业失败。

3. 在单元格F17中输入公式"=IF(E17=0,0,RiskBinomial(1,1−F13))"，表示如果第1年企业失败，那么第2年企业状态也为失败；否则，继续使用伯努利分布计算第2年企业是否失败。

4. 复制单元格F17，选择区域G17:I17粘贴，计算第3年到第5年企业的生存状态。

5. 在单元格E18中输入公式"=IF(E17=0,0,RiskLognorm($D$10,$E$10))"，表示如果企业失败，那么第1年的价格增长率为0，否则服从对数正态分布。

6. 复制单元格E18，选择区域F18:I18粘贴，形成第2年到第5年的价格增长率。

7. 在单元格D19中输入公式"=D15"，表示IPO初始股票价格。

8. 在单元格E19中输入公式"=D19*(1+E18)*E17"，表示如果第1年企业存活下来，股票价格等于初始价格加上第1年的股票价格增长。

9. 复制单元格E19，选择区域F19:I19粘贴，形成第2年到第5年考虑价格增长后的股票价格。

10. 在单元格D20中输入公式"=I19"，表示第5年末的公司股票价格。

第四步：情景列表

在B26:G31区域中输入6种情景下的输入变量数据。其中，第1列为情景序号，第2列为情景名称，第3列为第1年企业失败率，第4列为每年企业失败概率增长，第5列为对数正态分布均值，第6列为对数正态分布标准差。

第五步：情景选择和正在使用情景

1. 在单元格B2中输入"=RiskSimtable(B26:B31)"。RiskSimtable为@Risk函数，它依次选择B26:B31中的一个数值进行模拟。这样，利用这个函数，我们可以分别对6个情景进行模拟计算。

2. 在单元格B24中输入"=B2",表示正在使用情景1。

3. 在单元格C24中输入"=INDEX(C26:C31,$B$24)",引用相对应情景下的情景名称。INDEX为Excel函数,它返回数组C26:C31中的由B24指定的索引值。

4. 复制单元格C24,选择区域D24:G24粘贴,形成对其他输入变量数据的引用。

第六步:修正"选择的情景中的输入数据"

1. 重新选择单元格E13,输入"=D24",引用正在使用情景中的第1年企业失败率。

2. 重新选择单元格G10,输入"=E24",引用正在使用情景中的每年企业失败概率增长。

3. 重新选择单元格D10,输入"=F24",引用正在使用情景中的对数正态分布的均值。

4. 重新选择单元格E10,输入"=G24",引用正在使用情景中的对数正态分布的标准差。

第七步:输出变量

点击@Risk功能区中的"Add Output",定义"第5年年末价格"为模型的输出变量。

结果解读

在@Risk功能区上的"Iterations"处的下拉菜单中选择"5000",指定抽样数为5 000,模拟次数为6次,然后,点击@Risk"Simulation"功能区中的"Start Simulation",开始模拟。

图19.2给出了6种情景下的第5年年末股票价格累积概率分布叠加图,从中可以看到情

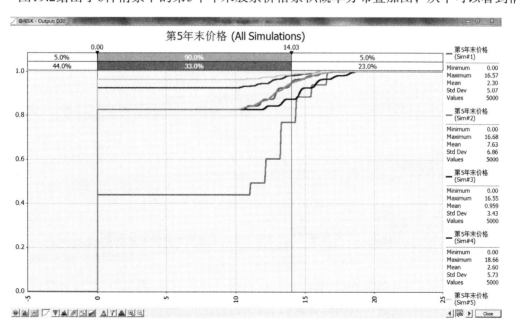

图19.2　6种情景下的第5年年末股票价格累积概率分布叠加图

景2（即"乐观"情景）下股票价格要好于其他情景，其次是情景4（"高均值"情景）。再次是情景1（"目前"情景）和情景6（"高标准差"情景），两者差别不大。再往下是情景3（"悲观"情景），最后是情景5（"高第1年失败概率"情景）。

表19.2给出了6种情景下第5年年末股票价格的模拟结果统计量。从中可以看到，按照均值大小排列的6种情景是：情景2、情景4、情景1和情景6、情景3、情景5。

表19.2 6种情景下的第5年年末股票价格模拟结果统计量（单位：元）

统计量	情景1	情景2	情景3	情景4	情景5	情景6
最小值	0.00	0.00	0.00	0.00	0.00	0.00
最大值	16.57	16.68	16.55	18.66	16.51	20.42
均值	2.30	7.63	0.96	2.60	0.49	2.30
标准差	5.07	6.86	3.43	5.73	2.53	5.09

图19.3展示了第2种情景下的第5年年末股票价格累积概率分布图。从中可以看到，公司在5年中失败的概率为44%。如果存活下来，那么第5年年末的股票价格最低为11.00元，最高为16.68元。

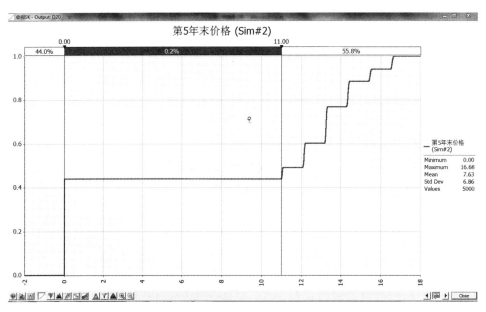

图19.3 第2种情景下的第5年年末股票价格累积概率分布图

图19.4展示了第1种和第6种情景下的第5年年末股票价格累积概率分布叠加图。从中可以看到，公司在5年内失败的概率为82.7%。如果存活下来，那么第5年末的股票价格最低为10.28元，情景1下最高值为16.57元，情景6下最高值为20.42元。

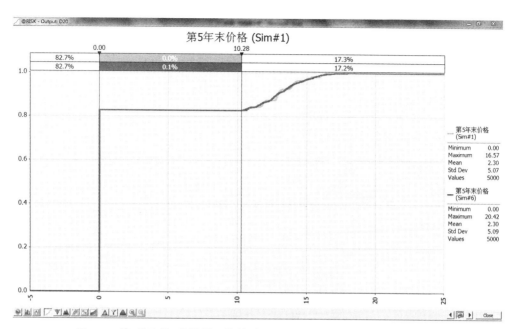

图19.4 第1种和第6种情景下的第5年年末股票价格累积概率分布叠加图

图19.5展示了第5种情景下的第5年年末股票价格累积概率分布图。从中可以看到,公司在5年中失败的概率为96.4%。如果存活下来,那么第5年年末的股票价格最低为10.70元,最高为16.51元。

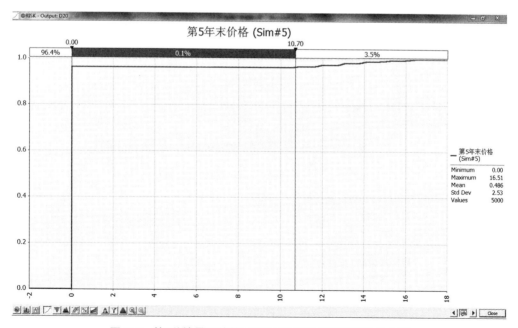

图19.5 第5种情景下的第5年年末股票价格累积概率分布图

Chapter Twenty

投标与报价

最优报价建模

确定项目或者设备的供应商投标价格的方法有很多种。一种常见的方法是：首先估计项目或者设备的成本基值，然后确定投标价格在成本基值的基础上的提高比例，即提价比例，最后形成投标报价价格。在项目投标市场竞争比较激烈，而且项目或者设备的供应商与子供应商数量有限、信息基本对称的情况下，项目成本估计基值在不同的投标方之间差别可能不大。这时，提价比例会成为投标方报价价格的主要影响因素。

确定合适的投标提价不是一件容易的事情。项目或者设备供应商既需要考虑价格足够低以便提高中标概率，又要考虑中标后价格可以在涵盖风险和管理应急成本的基础上保证获得足够的利润。为了能够确定合理的提价比例，投标方需要观察其他竞争对手的投标策略，还要参考甲方或者委托代理机构的评标规则。一般来讲，每个投标方的报价都是在较为固定的投标策略下经过计算得出的。这样，如果一个投标方按照成本估计基值加上提价比例的方式进行投标报价的话，那么可以通过观察他的历史投标报价数据总结其报价模式和提价比例策略。

投标报价评标方法一般包括最低报价评标和平均值报价评标等，供应商也会根据报价评标方法调整报价策略。最低报价评标意味着评标机构会按照各个投标方提供的价格从低到高进行排列，价格最低获得的分数最高，价格最高获得的分数最低。这样，价格最低者中标的可能性就比较大。平均值报价评标主要是考虑到容易出现供应商低价抢标的现象而设定的评标方法。报价价格过低是非正常的投标现象，可能导致产品或项目质量难以得到保障。因此，评标机构不想给予价格最低者以绝对的高分，而是选取所有投标价格的平均值作为基准，低于或者高出平均值基准过多的投标价格都会给予惩罚分数。通过这种方法，可以保证项目投标价格落入合理的范围之内。

在投标竞争者较多而且投标提价策略和模式不一致的情况下，科学、客观地确定提价比例不太容易，需要借助计算机等辅助工具的支持才能更好地加以量化分析。下面我们通过一个案例来展示如何使用@Risk在Excel中建立提价比例的量化分析模型，并确定在不同的评标规则下的最佳提价比例。

案例描述

一家公司多次参与国际工程竞标，公司管理层希望使用风险量化分析方法确定合理的提价比例。该公司在此领域的主要竞争者有6个，公司管理层首先假定每个竞争者的提价比例近似服从正态分布，并给出了每个竞争者提价比例的均值和标准差数据，见表20.1。

同时，为了更深入地分析竞争者的提价策略，公司管理层观察了6个竞争者的历史报价数据，并总结出每个竞争者提价比例的频率分布数据，见表20.2。

表20.1　竞争者的提价比例正态分布均值和标准差

正态分布	竞争者1	竞争者2	竞争者3	竞争者4	竞争者5	竞争者6
均值	10%	14%	8%	12%	12%	13%
标准差	1.5%	0.5%	2.25%	3%	1%	1.25%

表20.2　观察到的竞争者提价比例频率分布

提价比例	竞争者1	竞争者2	竞争者3	竞争者4	竞争者5	竞争者6
6%	3.20%	0.00%	0.00%	0.00%	0.00%	0.00%
7%	0.00%	0.00%	0.00%	0.00%	0.00%	0.00%
8%	6.50%	0.00%	0.00%	0.00%	0.00%	0.00%
9%	19.40%	0.00%	0.00%	0.00%	0.00%	0.00%
10%	16.10%	0.00%	5.00%	0.00%	0.00%	0.00%
11%	16.10%	0.00%	12.50%	11.50%	7.10%	0.00%
12%	9.70%	10.00%	12.50%	7.80%	14.30%	0.00%
13%	16.10%	15.00%	15.00%	23.10%	10.70%	6.06%
14%	9.70%	30.00%	17.50%	15.40%	21.50%	9.09%
15%	3.20%	25.00%	15.00%	15.40%	10.70%	15.15%
16%	0.00%	10.00%	10.00%	11.50%	10.70%	21.21%
17%	0.00%	5.00%	7.50%	11.50%	14.30%	15.15%
18%	0.00%	5.00%	2.50%	3.80%	7.10%	9.09%
19%	0.00%	0.00%	2.50%	0.00%	3.60%	6.06%

公司管理层希望使用量化风险分析方法分别计算按以下方式：（1）最低报价；（2）平均值报价；（3）接近但低于平均值报价，进行报价时的最佳投标提价比例（Hosny和Elhakeem，1996）。

问题

依据表20.1给出的竞争者提价比例正态分布数据，分析三种报价方式下的提价比例。

解决方法和步骤

我们首先分析三种报价方式下最佳提价比例的确定方法。为了分析方便起见，假定所有投标参与方的项目成本估计基值相同。这一假定在一定程度上是合理的，因为前面已经谈到，如果竞争对手比较多而且市场信息比较透明，那么一个项目的总成本费用估计在投标方之间的差别不会太大。假定第 i 个投标方的报价价格为 B_i，C 为项目成本估计基值，m_i 为第 i 个投标方的提价比例，那么，在最低报价方式下：

$$B_i = C(1+m_i), \qquad (20-1)$$

最佳报价价格 B_L 可按下式求得：

$$B_L = C \times (1+min[m_i]), \qquad (20-2)$$

其中 $i=1, 2, \cdots, n$。于是，最佳提价比例应等于 $min[m_i]$。

在平均值报价评标标准下，可按下式求出投标方的报价均值 B_{AV}：

$$B_{AV} = \frac{1}{n}\sum_{i=1}^{n}B_i = \frac{1}{n}\sum_{i=1}^{n}C(1+m_i) \qquad (20-3)$$

令 m_{AV} 为 $m_1, \cdots, m_n$ 的平均值，则式（20-3）可化简为：

$$B_{AV} = C(1+m_{AV}). \qquad (20-4)$$

这样，在平均值报价方式下，最佳提价比例应等于 m_{AV}。

如果按照接近但低于平均值报价方式确定提价比例，最佳提价比例不能直接确定，可以按照以下方法确定最佳提价比例。首先，假定第 i 个投标者的提价比例与所有投标者提价比例的平均值之差等于 dm_i，那么 $dm_i = m_{AV} - m_i$。如果 dm_i 为负，那么说明第 i 个投标者的提价比例高于平均值；如果 dm_i 为正，那么说明第 i 个投标者的提价比例低于平均值。为了使最佳提价比例接近且低于平均值，我们可以设定一个惩罚函数，使得高于平均值的提价比例变得很大，低于平均值但接近于平均值的提价比例保持不变，这样，在经过惩罚函数转变后的提价比例中选取最小值，就会得到接近且低于平均值的最佳提价比例。一个可行的惩罚函数 $p(d_i)$ 如下：

$$p(d_i) = \begin{cases} d_i+1, & \text{若 } d_i \leq 0 \\ d_i, & \text{若 } d_i > 0 \end{cases} \qquad (20-5)$$

这样，最佳提价比例等于：

$$m_{AV} - min[p(d_i)]. \qquad (20-6)$$

图20.1给出了竞争者提价比例服从正态分布情况下的提价比例分析模型，我们可以按照下面步骤开发此模型。

	A	B	C	D	E	F	G
1		中标提价					
2	最低报价	8.00%					
3	平均值报价	11.50%					
4	接近但低于平均值报价	10.00%					
5							
6	竞争者	提价	μ	σ	提价偏离	惩罚过的提价偏离	
7	竞争者1	10.00%	10.00%	1.50%	1.50%	1.50%	
8	竞争者2	14.00%	14.00%	0.50%	-2.50%	97.50%	
9	竞争者3	8.00%	8.00%	2.25%	3.50%	3.50%	
10	竞争者4	12.00%	12.00%	3.00%	-0.50%	99.50%	
11	竞争者5	12.00%	12.00%	1.00%	-0.50%	99.50%	
12	竞争者6	13.00%	13.00%	1.25%	-1.50%	98.50%	
13							

图20.1　竞争者提价比例服从正态分布下的提价比例分析模型

第一步：竞争者的提价比例分布

1. 在单元格B7中输入公式"=RiskNormal(C7,D7)"，定义竞争者1的提价比例的概率分布。

2. 复制单元格B7，选择区域B8：B12粘贴，形成其他竞争者的提价比例的概率分布。

第二步：最低报价下的提价比例

在单元格B2中输入公式"=MIN(B7:B12)"，表示最低报价方式下的提价比例等于所有竞争者的提价比例中最小值。

第三步：平均值报价下的提价比例

在单元格B3中输入公式"=AVERAGE(B7:B12)"，表示平均值报价方式下的提价比例等于所有竞争者的报价比例的平均值。

第四步：接近但低于平均值报价下的提价比例

1. 在单元格E7中输入公式"=$B$3−B7"，表示竞争者1的提价比例与提价比例平均值之间的偏差。

2. 在单元格F7中输入公式"=IF(E7>=0,E7,E7+1)"，表示如果竞争者1的提价比例小于等于提价比例平均值，那么返回提价比例与提价比例平均值之间的偏差。否则，在提价比例与提价比例平均值的偏差基础上加1。这意味着，如果竞争者1的提价比例大于提价比例平均值，那么需要对它进行惩罚，使其不会成为接近但低于平均值报价下的最佳提价比例。

3. 复制区域E7:F7，选择区域E8:F12粘贴，形成其他竞争者的提价偏离和惩罚过的提价偏离数据。

4. 在单元格B4中输入公式"=B3−MIN(F7:F12)"，确定接近但低于平均值报价方式下的提价比例。

第五步：输出变量

选择区域B2:B4，点击@Risk的"Add Output"按钮，定义模型的输出变量。

结果解读

在@Risk功能区上的"Iterations"处的下拉菜单中选择"5 000",指定抽样数为5 000,然后,点击@Risk"Simulation"功能区中的"Start Simulation",开始模拟。

我们以下简称按最低报价策略进行报价的中标提价为"最低中标提价",按平均值报价策略进行报价的中标提价为"平均值中标提价",按接近但低于平均值报价策略进行报价的中标提价为"接近但低于平均值中标提价"。

图20.2给出了"最低中标提价"的模拟结果概率密度函数图。可以看到,"最低中标提价"的最小值为-0.348%,最大值为12.4%,均值为7.46%,90%的置信区间为4.2%—10.19%。出现"最低中标提价"最小值为负值的情况,是因为模型输入数据中给定的竞争者提价比例服从正态分布。这一点可能与现实并不相符合,但是它对于模型分析结果没有太大的影响。

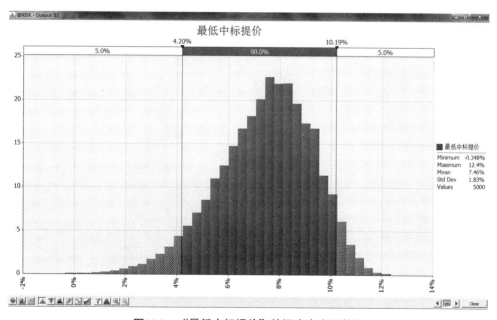

图20.2　"最低中标提价"的概率密度函数图

图20.3展示了"平均值中标提价"的概率密度函数图。从中可以看到,其中标提价的最小值为9.22%,最大值为14.1%,均值为11.5%,90%的置信区间为10.28%—12.71%。图20.4展示了"接近但低于平均值中标提价"的概率密度函数图。从中可以看到,其中标提价的最小值为0.354%,最大值为13.8%,均值为10.3%,90%的置信区间为7.6%—12.22%。

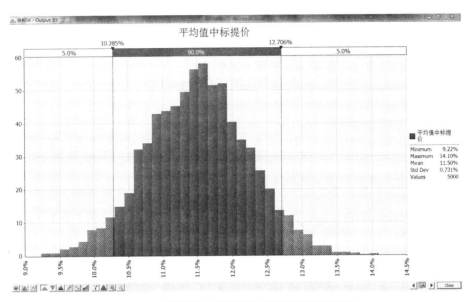

图20.3 "平均值中标提价"的概率密度函数图

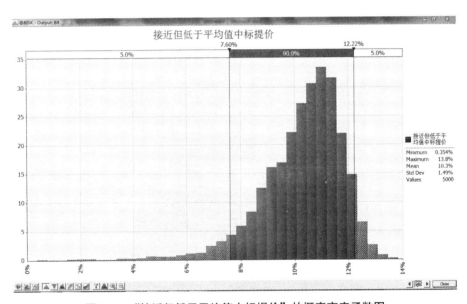

图20.4 "接近但低于平均值中标提价"的概率密度函数图

图20.5和图20.6分别给出了三种提价策略的中标提价的概率密度叠加图和累积分布叠加图。从中可以看到,"最低中标提价"与"平均值中标提价"具有很大的差异。从90%的置信区间上看,两者甚至没有交集。从这里可以看出,针对甲方设定的不同评标方法,投标方会确定截然不同的提价比例。"接近但低于平均值中标提价"从概率密度图形状和位置上看更接近于"平均值中标提价",从累积分布图上看,在价格上它次优于平均值中标提价。

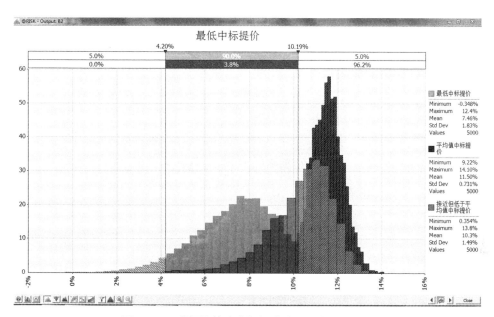

图20.5 三种提价策略中标提价的概率密度叠加图

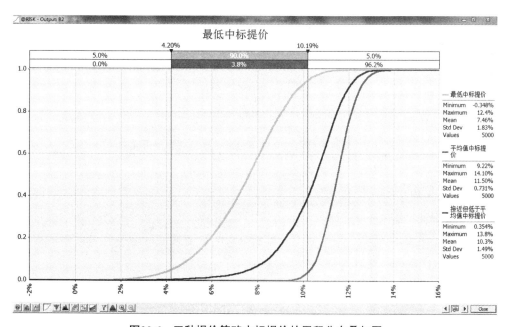

图20.6 三种提价策略中标提价的累积分布叠加图

在此基础上,我们希望计算三种不同的投标策略下,达到最优的单位成本期望利润的提价比例大小。图20.7给出了三种投标策略下的单位成本期望利润分析模型,我们可以按照下面步骤来开发此模型。

	A	B	C	D	E	F
1		中标提价				
2	最低报价	8.00%				
3	平均值报价	11.50%				
4	接近但低于平均值报价	10.00%				
5						
6	竞争者	提价	μ	σ	提价偏离	惩罚过的提价偏离
7	竞争者1	10.00%	10.00%	1.50%	1.50%	1.50%
8	竞争者2	14.00%	14.00%	0.50%	-2.50%	97.50%
9	竞争者3	8.00%	8.00%	2.25%	3.50%	3.50%
10	竞争者4	12.00%	12.00%	3.00%	-0.50%	99.50%
11	竞争者5	12.00%	12.00%	1.00%	-0.50%	99.50%
12	竞争者6	13.00%	13.00%	1.25%	-1.50%	98.50%
13						
14	提价比例	0				
15		单位成本利润				
16	最低报价	0				
17	平均值报价	0				
18	接近但低于平均值报价	0				
19						
20				单位成本期望利润		
21	序号	提价比例	最低报价	平均值报价	接近但低于平均值报价	
22	1	0%	0	0	0	
23	2	1%	0.00999	0.01	0.009998	
24	3	2%	0.01992	0.02	0.019984	
25	4	3%	0.02957	0.03	0.02994	
26	5	4%	0.03835	0.04	0.039832	
27	6	5%	0.04497	0.05	0.04959	
28	7	6%	0.0475	0.06	0.059064	
29	8	7%	0.04402	0.07	0.067886	
30	9	8%	0.03323	0.08	0.074432	
31	10	9%	0.0189	0.09	0.074988	
32	11	10%	0.00678	0.09774	0.06504	
33	12	11%	0.0011	0.08239	0.039688	
34	13	12%	4.8E-05	0.028944	0.00996	
35	14	13%	0	0.002704	0.000624	
36	15	14%	0	0.000056	0	
37	16	15%	0	0	0	
38	17	16%	0	0	0	
39						

图20.7 三种投标策略下的单位成本期望利润分析模型

第一步：投标方的提价比例

1. 在区域B22：B38中分别输入"0，1%，…，16%"，定义投标方可能的提价比例。其中最大值为16%是合理的，因为基于上面的分析可以看到，三种投标策略下的中标提价比例最大值为14.1%。

2. 在区域A22：A38中分别输入"1，2，…，17"，用以表示每个提价比例对应的序号。

3. 在单元格B14中输入公式"=RiskSimtable(B22:B38)"。利用RiskSimtable函数分别提取提价比例用于模拟分析。

第二步：三种投标策略下的单位成本利润

1. 在单元格B16中输入公式"=IF($B$14<B2,$B$14,0)"，表示在最低报价策略下，投标提价小于所有竞争者的提价比例最小值时，投标方获得项目，单位成本利润为此次的投标提价。否则，投标失败，投标方的利润为0。

2. 在单元格B17中输入公式"=IF($B$14<B3,$B$14,0)"，表示在平均值报价策略下，

当投标提价小于所有竞争者提价比例的平均值时,投标方获得项目,单位成本利润为此次的投标提价。否则,投标失败,投标方的利润为0。

3. 在单元格B18中输入公式"=IF(\$B\$14<B4,\$B\$14,0)",表示在接近但低于平均值报价策略下,投标提价接近但低于所有投标提价平均值时,投标方获得项目,单位成本利润为此次的投标提价。否则,投标失败,投标方的利润为0。

第三步:三种投标提价策略下的单位成本期望利润

1. 在单元格C22中输入公式"=RiskMean(\$B\$16,A22)",用以计算最低报价策略下投标方按照0提价比例进行提价获得的单位成本期望利润。因为B16中定义的函数本质上是一个伯努利分布函数,所以使用RiskMean函数可以计算这个函数的期望值,也就是单位成本期望利润。

2. 复制单元格C22,选择区域C23:C38粘贴,形成最低报价策略下其他提价比例对应的单位成本期望利润。

3. 在单元格D22中输入公式"=RiskMean(\$B\$17,A22)",用以计算平均值报价策略下投标方按照0提价比例进行提价获得的单位成本期望利润。

4. 复制单元格D22,选择区域D23:D38粘贴,形成平均值报价策略下其他提价比例对应的单位成本期望利润。

5. 在单元格E22中输入公式"=RiskMean(\$B\$18,A22)",用以计算接近但低于平均值报价策略下投标方按照0提价比例进行提价获得的单位成本期望利润。

6. 复制单元格E22,选择区域E23:E38粘贴,形成接近但低于平均值报价策略下其他提价比例对应的单位成本期望利润。

在@Risk功能区上的"Iterations"处的下拉菜单中选择"5000",指定抽样数为5 000,模拟次数为17,然后,点击@Risk"Simulation"功能区中的"Start Simulation",开始模拟。

图20.7展示了三种投标提价策略下的单位成本期望利润模拟分析结果,图20.8给出了相对应的单位成本期望利润模拟分析结果叠加图。从中可以看到,在最低报价策略下,投标方的提价比例在7%时单位成本期望利润达到最大;在平均值报价策略下,投标方的提价比例在11%时单位成本期望利润达到最大;在接近但低于平均值报价策略下,投标方的提价比例在10%时单位成本期望利润达到最大。

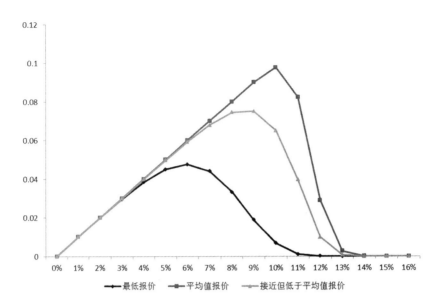

图20.8 三种策略下的单位成本期望利润模拟分析结果叠加图

依据表20.2给出的竞争者提价比例频率分布数据，分析三种报价方式下的提价比例。

图20.9给出了给定竞争者提价比例频率分布下的投标报价提价分析模型，读者可以按照下面步骤开发此模型。

第一步：竞争者的提价比例频率分布

1. 在区域A10：G23中输入表20.2中的6个竞争者提价比例频率分布数据。

2. 在单元格B7中输入公式"=RiskDiscrete(\$A\$10:\$A\$23,B10:B23)"，定义竞争者1的提价概率分布。RiskDiscrete是一个@Risk函数，用以产生服从指定离散质量函数的随机数。

3. 复制单元格B7，选择区域C7:G7粘贴，定义竞争者2到竞争者6的提价概率分布。

第二步：最低报价策略下的提价比例

在单元格B2中输入公式"=MIN(B7:G7)"，表示最低报价方式下的提价比例等于所有竞争者的提价比例中的最小值。

第三步：平均值报价策略下的提价比例

在单元格B3中输入公式"=AVERAGE(B7:G7)"，表示平均值报价方式下的提价比例等于所有竞争者的提价比例的平均值。

投标与报价：最优报价建模

	A	B	C	D	E	F	G
1		中标提价					
2	最低报价	11.00%					
3	平均值报价	14.00%					
4	接近但低于平均值报价	14.00%					
5							
6	竞争者	竞争者1	竞争者2	竞争者3	竞争者4	竞争者5	竞争者6
7	提价	11.00%	14.00%	14.00%	14.00%	15.00%	16.00%
8	提价偏离	3.00%	0.00%	0.00%	0.00%	-1.00%	-2.00%
9	惩罚过的提价偏离	3.00%	0.00%	0.00%	0.00%	99.00%	98.00%
10	6%	3.20%	0.00%	0.00%	0.00%	0.00%	0.00%
11	7%	0.00%	0.00%	0.00%	0.00%	0.00%	0.00%
12	8%	6.50%	0.00%	0.00%	0.00%	0.00%	0.00%
13	9%	19.40%	0.00%	0.00%	0.00%	0.00%	0.00%
14	10%	16.10%	0.00%	5.00%	0.00%	0.00%	0.00%
15	11%	16.10%	0.00%	12.50%	11.50%	7.10%	0.00%
16	12%	9.70%	10.00%	12.50%	7.80%	14.30%	0.00%
17	13%	16.10%	15.00%	15.00%	23.10%	10.70%	6.06%
18	14%	9.70%	30.00%	17.50%	15.40%	21.50%	9.09%
19	15%	3.20%	25.00%	15.00%	15.40%	10.70%	15.15%
20	16%	0.00%	10.00%	10.00%	11.50%	10.70%	21.21%
21	17%	0.00%	5.00%	7.50%	11.50%	14.30%	15.15%
22	18%	0.00%	5.00%	2.50%	3.80%	7.10%	9.09%
23	19%	0.00%	0.00%	2.50%	0.00%	3.60%	6.06%
24							
25	提价比例	0					
26		单位成本利润					
27	最低报价	0					
28	平均值报价	0					
29	接近但低于平均值报价	0					

			单位成本期望利润		
31					
32	序号	提价比例	最低报价	平均值报价	接近但低于平均值报价
33	1	0%	0	0	0
34	2	1%	0.01	0.01	0.01
35	3	2%	0.02	0.02	0.02
36	4	3%	0.03	0.03	0.03
37	5	4%	0.04	0.04	0.04
38	6	5%	0.05	0.05	0.05
39	7	6%	0.06	0.06	0.06
40	8	7%	0.06776	0.07	0.069776
41	9	8%	0.07744	0.08	0.079744
42	10	9%	0.08127	0.09	0.089478
43	11	10%	0.05236	0.1	0.09736
44	12	11%	0.02873	0.11	0.099242
45	13	12%	0.01354	0.119232	0.08952
46	14	13%	0.00242	0.113178	0.052988
47	15	14%	5.6E-05	0.063644	0.01176
48	16	15%	0	0.01314	0.00045
49	17	16%	0	0.000512	0

图20.9　给定竞争者提价比例频率分布下的提价比例分析模型

第四步：接近但低于平均值报价下的提价比例

1. 在单元格B8中输入公式"=$B$3-B7"，表示竞争者1的提价比例与提价比例平均值之间的偏差。

2. 复制单元格B8，选择区域C8:G8粘贴，形成竞争者2到竞争者6的提价比例与提价比例平均值之间的偏差。

3. 在单元格B9中输入公式"=IF(B8>=0,B8,B8+1)"，表示如果竞争者1的提价比例小于等于提价比例平均值，那么返回提价比例与提价比例平均值之间的偏差。否则，在提价比例与提价比例平均值的偏差基础上加1，这意味着如果竞争者1的提价比例大于提价比例平均值，那么需要对它进行惩罚，使得它不会成为接近但低于平均值报价下的最佳提价比例。

4. 复制单元格B9，选择区域C9：G9粘贴，形成其他竞争者的提价偏离和惩罚过的提价偏离数据。

5. 在单元格B4中输入公式"=B3−MIN(B9:G9)"，确定接近但低于平均值报价方式下的提价比例。

第五步：输出变量

选择区域B2:B4，点击@Risk的"Add Output"按钮，定义模型的输出变量。

第六步：投标方的提价比例

1. 在区域B33:B49中分别输入"0，1%，…，16%"，定义投标方可能的提价比例。其中最大值为16%是合理的，后面的模拟结果将展示三种投标提价策略下的中标提价比例最大值小于17%。

2. 在区域A33:A49中分别输入"1，2，…，17"，用以表示每个提价比例对应的序号。

3. 在单元格B25中输入公式"=RiskSimtable(B33:B49)"。利用RiskSimtable函数的功能分别提取提价比例用于模拟分析。

第七步：三种投标提价策略下的单位成本利润

1. 在单元格B27中输入公式"=IF($B$25<B2,$B$25,0)"，表示在最低报价策略下，当投标方的投标提价小于所有竞争者的提价比例中最小值时，投标方获得项目，单位成本利润为此次的投标提价。否则，投标失败，投标方的利润为0。

2. 在单元格B28中输入公式"=IF($B$25<B3,$B$25,0))"，表示在平均值报价策略下，当投标方的投标提价小于所有竞争者的提价比例的平均值时，投标方获得项目，单位成本利润为此次的投标提价。否则，投标失败，投标方的利润为0。

3. 在单元格B29中输入公式"=IF($B$25<B4,$B$25,0)"，表示在接近但低于平均值报价策略下，当投标方的投标提价小于所有竞争者的平均提价值报价方式下的中标提价比例时，投标方获得项目，单位成本利润为此次的投标提价。否则，投标失败，投标方的利润为0。

第八步：三种投标策略下的单位成本期望利润

1. 在单元格C33中输入公式"=RiskMean($B$27,A33)"，用以计算最低报价方式下，投标方按照0提价比例进行提价获得的单位成本期望利润。

2. 复制单元格C33，选择区域C34:C49粘贴，形成最低报价方式下，其他提价比例对应的单位成本期望利润。

3. 在单元格D33中输入公式"=RiskMean($B$28,A33)"，用以计算平均值报价方式下，投标方按照0提价比例进行提价获得的单位成本期望利润。

4. 复制单元格D33，选择区域D34:D49粘贴，形成平均值报价方式下其他提价比例对应的单位成本期望利润。

5. 在单元格E33中输入公式"=RiskMean($B$29,A33)",用以计算接近但低于平均值报价方式下,投标方按照0提价比例进行提价获得的单位成本期望利润。

6. 复制单元格E33,选择区域E34:E49粘贴,形成接近但低于平均值报价方式下,其他提价比例对应的单位成本期望利润。

在@Risk功能区上的"Iterations"处的下拉菜单中选择"5000",指定抽样数为5 v000,然后,点击@Risk"Simulation"功能区中的"Start Simulation",开始模拟。

图20.10给出了"最低中标提价"的模拟结果概率密度函数图。可以看到,"最低中标提价"的最小值为6%,最大值为15%,均值为10.46%,90%的置信区间为8%—13%。

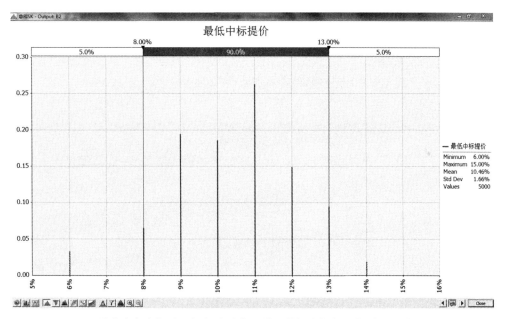

图20.10 给定竞争者提价比例频率分布下的"最低中标提价"的概率密度函数图

图20.11展示了"平均值中标提价的"概率密度函数图,从中可以看到,"平均值中标提价"的最小值为11.5%,最大值为14.1%,均值为16.67%,均值为13.99%,90%的置信区间为12.67%—15.33%。图20.12展示了"接近但低于平均值中标提价"的概率密度函数图,从中可以看到,"接近但低于平均值中标提价"的最小值为6%,最大值为16%,均值为13.1%,90%的置信区间为11%—15%。

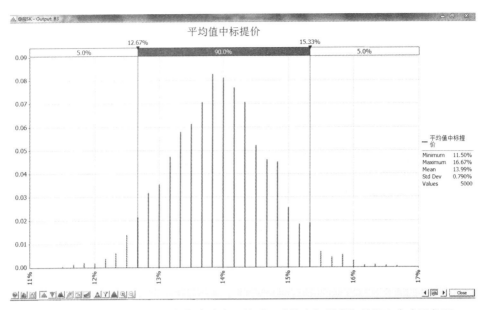

图20.11 给定竞争者提价比例频率分布下的"平均值中标提价"的概率密度函数图

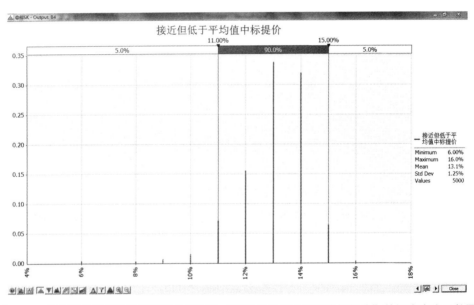

图20.12 给定竞争者提价比例频率分布下的"接近但低于平均值中标提价"的概率密度函数图

图20.13和图20.14分别给出了三种提价策略的中标提价的概率密度叠加图和累积分布叠加图。从中可以看到,"最低中标提价"与"平均值中标提价"具有较大差异,"接近但低于平均值中标提价"从概率密度形状和位置上看更接近于"平均值中标提价"。从累积分布图上看,"平均值中标提价"随机占优于其他两种报价策略。

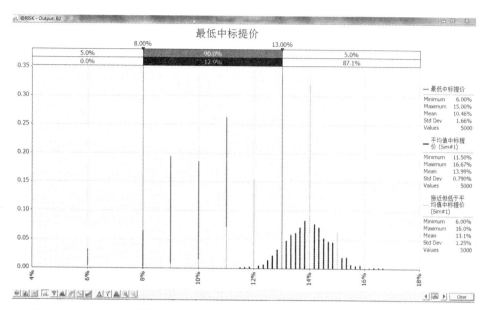

图20.13 给定竞争者提价比例频率分布下的三种提价策略中标提价的概率密度叠加图

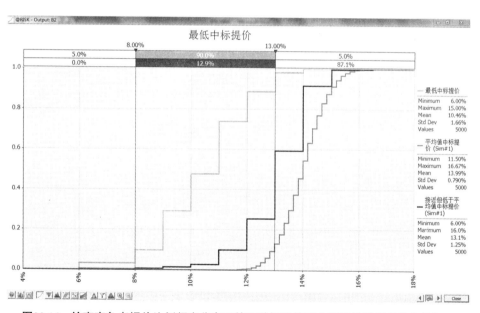

图20.14 给定竞争者提价比例频率分布下的三种提价策略中标提价的累积分布叠加图

图20.9展示了三种投标提价策略下的单位成本期望利润模拟分析结果，图20.15给出了相对应的单位成本期望利润模拟分析结果叠加图。从中可以看到，在最低报价方式下，投标方的提价比例在10%时单位成本期望利润达到最大；在平均值报价方式下，投标方的提价比例在13%时单位成本期望利润达到最大；在接近但低于平均值报价下，投标方的提价比例在12%时单位成本期望利润达到最大。

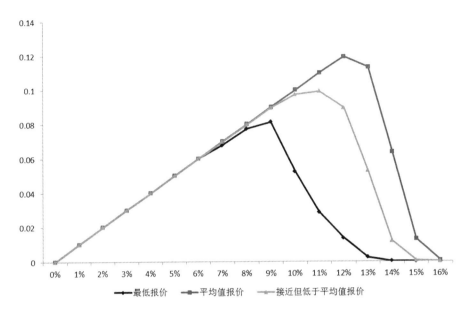

图20.15 给定竞争者提价比例频率分布下的单位成本期望利润模拟分析结果叠加图

Chapter Twenty-one

库存管理策略一

定期检查库存控制分析

一种常用的库存管理方法是定期检查库存控制方法：管理者定期检查库存水平，并决定订货量，期望能够以稳定的服务水平满足企业内外部对存储货物的需求。如果企业内外部对货物的需求是确定的，那么每次检查后的订货量就很容易确定。然而，当外界对货物的需求具有不确定性的时候，管理者需要考虑和计算订货量满足预期服务水平的可能性。为了建立一个一致的、科学的库存管理策略，管理者需要确定企业内外部对货物的需求量变化情况（概率分布）和目标服务水平（例如较低的缺货率），并建立一个风险量化分析模型确定订货量。如果每次的订货量都很大，那么可以保证较高的服务水平，但同时也可能导致货物库存积压比较严重，造成库存成本的增加。如果每次的订货量较少，那么可能无法保证服务水平，从而导致耽误生产、客户流失、名誉受损等不利影响。此外，管理者在计算订货量时需要考虑两个时间段内市场对货物的需求量大小：第一段时间是两次检查的间隔时间，第二段时间是从订货到收货的间隔时间。第一段时间大部分库存管理者都比较重视，然而也不应该忽视第二段时间给库存消耗带来的影响。不考虑第二段时间会削弱库存中的"安全带"，可能导致缺货现象的发生。

确定合理的订货量是库存管理的一个关键决策。下面我们通过一个案例来展示如何使用@Risk在Excel中建立量化风险分析模型，模拟计算一定的库存管理服务水平下的订货量。

案例描述

一家大型贸易公司通过调查发现，市场对某一种货物的需求近似服从正态分布，其均值为100件，标准差为25。该货物从订货到收货所需时间为6天。公司采用定期库存检查控制策略，检查间隔期为10天。以365天为一个分析期，期初库存为500件，预定库存总体服务水平为0.98，即1−每年的缺货天数/总天数要大于等于0.98。

问题

1.同时考虑库存检查时间间隔和订货—收货时间间隔，确定每期订货量、缺货量，计算全年缺货天数、总体服务水平、总库存量。

2.只考虑库存检查时间间隔，忽略订货—收货时间间隔，确定每期订货量、缺货量，计算全年缺货天数、总体服务水平、总库存量。

3.在满足全年总体服务水平为0.98的条件下，计算合理的每期订货目标服务水平值。

解决方法和步骤

由于市场对货物的需求近似服从正态分布N(100,25)，而且预定的库存服务水平为0.98，所以我们可以计算定期检查间隔期以及订货—收货时间间隔期内货物的需求量和订货量。因为市场每天对货物的需求服从正态分布，检查间隔期为10天，订货—收货时间间隔为6天，所以16天的时间内市场对货物的需求量服从N（16×100，4×25）。假定每天的库存服务水平为0.98，那么订货量应该等于$1600+Z^{-1}(0.98)×25×4$，其中$Z^{-1}(0.98)$表示标准正态分布在$p=0.98$处的区间点。确定了订货量的计算方法，我们就可以建立模拟计算和分析各项库存管理相关指标。

图21.1展示了定期检查库存控制分析的完整模型，读者可以按照以下步骤开发这个模型。

	A	B	C	D	E	F	G	H	I	J	K	L	M
1	每天平均需求	100											
2	每天需求的标准差	25											
3	库存检查间隔	10											
4	订货-收货时间	6											
5	每期订货目标服务水平	0.98											
6	期初库存	500											
7													
8				考虑库存检查间隔和订货-收货时间					只考虑库存检查间隔				
9	天	需求	取整	期初库存	缺货数量	订购数量	收货数量	期末库存	期初库存	缺货数量	订购数量	收货数量	期末库存
10	0					1305		500			662		500
11	1	100	100	500	0	0		400	500	0	0		400
12	2	100	100	400	0	0		300	400	0	0		300
13	3	100	100	300	0	0		200	300	0	0		200
14	4	100	100	200	0	0		100	200	0	0		100
15	5	100	100	100	0	0		0	100	0	0		0
16	6	100	100	0	0	0	1305	1205	0	0	0	662	562
17	7	100	100	1205	0	0		1105	562	0	0	0	462
18	8	100	100	1105	0	0		1005	462	0	0	0	362
19	9	100	100	1005	0	0		905	362	0	0	0	262
20	10	100	100	905	0	0	1000	805	262	0	1000	0	162
21	11	100	100	805	0	0		705	162	0	0	0	62
22	12	100	100	705	0	0		605	62	38	0	0	0
23	13	100	100	605	0	0		505	0	100	0	0	0
24	14	100	100	505	0	0		405	0	100	0	0	0
25	15	100	100	405	0	0		305	0	100	0	0	0
26	16	100	100	305	0	0	1000	1205	0	0	0	1000	900
27	17	100	100	1205	0	0		1105	900	0	0	0	800
373	363	100	100	605	0	0		505	300	0	0	0	200
374	364	100	100	505	0	0		405	200	0	0	0	100
375	365	100	100	405	0	0		305	100	0	0	0	0
376													
377					总缺货量1	0			总缺货量2	6084			
378					缺货天数1	0			缺货天数2	72			
379					服务水平1	1			服务水平2	0.80274			
380					总库存量1	272800			总库存量2	116196			
381													

图21.1　定期检查库存控制分析模型

第一步：问题初始数据

1.在单元格B1输入"100"，表示每天市场对货物的需求服从正态分布，其均值为100。

2. 在单元格B2输入"25",表示每天市场对货物的需求服从正态分布,其标准差为25。

3. 在单元格B3输入"10",表示检查间隔期为10天。

4. 在单元格B4输入"6",表示订货—收货时间间隔为6天。

5. 在单元格B5输入"0.98",表示订货目标服务水平为0.98。

6. 在单元格B6输入"500",表示期初库存为500件。

第二步:总天数和每天的市场需求

1. 在单元格A10中输入"0",表示期初时间。

2. 选择Excel功能区中的"开始"→"编辑"→"填充"→"系列",在出现的序列页面(见图21.2)中选择"序列产生在",类型为"等差序列",步长值为"1",终止值为"365",点击"确定"。这时,Excel自动在区域A10:A375填入数字"1,2,…,365"。

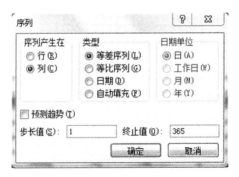

图21.2　Excel的序列填充功能

3. 在单元格B11中输入公式"=RiskNormal($B$1,$B$2)",表示第1天市场对库存货物的需求量服从均值为100件、标准差为25件的正态分布。

4. 复制单元格B11,选择区域B12:B375粘贴,形成第2天到第365天市场对库存货物的需求量。

5. 在单元格C11中输入公式"=ROUND(B11,0)"。因为B11中产生的是非整数的正态分布随机数,而市场对货物的需求量应为整数,所以使用ROUND函数转换B11中的数值为整数值。ROUND(B11,0)是Excel函数,它按指定的位数对数值进行四舍五入。

6. 复制单元格C11,选择区域C12:C375粘贴,转变第2天到第365天非整数货物需求量随机数为整数。

第三步:考虑库存检查间隔和订货—收货时间

1. 在单元格H10中输入公式"=B6",表示第0期的期末库存等于问题中指定的期初库存500。

2. 在单元格F10中输入公式"=ROUND(MAX(0,$B$1*($B$3+$B$4)+NORM.S.INV($B

$5)*\$B\$2*SQRT(\$B\$3+\$B\$4)-H10),0)"，计算期初的订购数量，其中$\$B\$1*(\$B\$3+\$B\$4)+$ NORM.S.INV($\$B\$5)*\$B\$2*SQRT(\$B\$3+\$B\$4)$为服务水平等于0.98下的考虑了库存检查时间间隔和订货—收货时间间隔的市场需求量。如果它大于期初库存的话，那么需要订货；否则不需要订货。使用ROUND函数是为了求整需求。

3. 在单元格D11中输入公式"=H10"，表示第1期的期初库存等于第0期的期末库存。

4. 由于订货—收货的时间间隔为6天，所以期初订货需要等到第6天才能收货。这样，B11：B15中的收货数量为0。

5. 在单元格E11中输入公式"=MAX(0,C11-D11-G11)"，表示如果第1天市场需求量大于期初库存和当期收货数量之和的话，那么将形成当期的缺货量，否则当期不缺货。

6. 在单元格F11中输入公式"=IF(MOD(A11,\$B\$3)<>0,0,ROUND(MAX(0,\$B\$1*(\$B\$3+\$B\$4)+NORM.S.INV(\$B\$5)*\$B\$2*SQRT(\$B\$3+\$B\$4)-H11),0))"，其中MOD为Excel函数，返回两数相除的余数。使用这个函数用途在于确定在固定的库存检查时间点计算是否需要订货。如果余数不等于0，那么没到库存检查期，不需要计算是否需要订货。只有当余数等于0的时候才计算订货量。订货量的计算方法相同。

7. 在单元格H11中输入公式"=MAX(0,D11+G11-C11)"，表示如果期初库存加上当期到货再减去当期市场需求量大于0的话，期末库存大于0，否则期末库存为0。

8. 复制区域D11：H11，选择区域D12：H375粘贴，形成第2期到第365期的期初库存、缺货数量、订货数量和期末库存。

9. 在单元格G16中输入公式"=F10"，表示第一次的收货量。

10. 在单元格G17中输入公式"=OFFSET(F17,-\$B\$4,0)"，表示当期的收货量。其中，OFFSET为Excel函数，它用来寻找6天前（订货—收货间隔期）的订货量。

11. 复制单元格G17，选择区域G18：G375粘贴，形成其他各期的收货量。

12. 在单元格F377中输入公式"=SUM(E11:E375)"，用以计算全年的总缺货量。

13. 在单元格F378中输入公式"=COUNTIF(E11:E375,">0")"，用以计算全年的总缺货天数。其中，COUNTIF为Excel函数，用以计算区域E11：E375中大于0的数值个数。

14. 在单元格F379中输入公式"=1-F378/365"，用以计算全年总的服务水平。

15. 在单元格F380中输入公式"=SUM(H11:H375)"，用以计算全年总的库存量。

第四步：

1. 在单元格M10中输入公式"=B6"，表示第0期的期末库存等于案例中指定的期初库存500件。

2. 在单元格K10中输入公式"=ROUND(MAX(0,\$B\$1*(\$B\$3)+NORM.S.INV(\$B\$5)*\$B\$2*SQRT(\$B\$3)-H10),0)"，计算期初的订购数量，其中$\$B\$1*(\$B\$3)+$ NORM.S.INV($\$B\$5)*\$B\$2*SQRT(\$B\$3)$为服务水平等于0.98下的考虑了库存检查间隔时间的市

场需求量的区间点。如果它大于期初库存的话，那么需要订货；否则不需要订货。使用ROUND函数是为了求整需求。

3. 在单元格I11中输入公式"=M10"，表示第1期的期初库存等于第0期的期末库存。

4. 由于订货—收货的时间间隔为6天，所以期初订货需要等到第6天才能收货。这样，L11：L15中的收货数量为0。

5. 在单元格E11中输入公式"=MAX(0,C11-D11-G11)"，表示如果第1天市场需求量大于期初库存和当期收货数量之和的话，那么将形成当期的缺货量，否则当期不缺货。

6. 在单元格K11中输入公式"=IF(MOD(A11,$B$3)<>0,0,ROUND(MAX(0,$B$1*($B$3)+NORM.S.INV($B$5)*$B$2*SQRT($B$3)-M11),0))"，用以计算当期的订货量。

7. 在单元格M11中输入公式"=MAX(0,I11+L11-C11)"，表示如果期初库存加上当期到货再减去当期市场需求量大于0的话，期末库存大于0，否则期末库存为0。

8. 复制区域I11:M11，选择区域I12:M375粘贴，形成第2期到第365期的期初库存、缺货数量、订货数量和期末库存。

9. 在单元格L16中输入公式"=K10"，表示第一次的收货量。

10. 在单元格L17中输入公式"=OFFSET(K17,-$B$4,0)"，表示当期的收货量。其中，OFFSET为Excel函数，它用来寻找前6天（即订货—收货间隔期）的订货量。

11. 复制单元格L17，选择区域L18:L375粘贴，形成其他各期的收货量。

12. 在单元格K377中输入公式"=SUM(J10:J375)"，用以计算全年的总缺货量。

13. 在单元格K378中输入公式"=COUNTIF(J11:J375,">0")"，用以计算全年的总缺货天数。

14. 在单元格K379中输入公式"=1-K378/365"，用以计算全年总的服务水平。

15. 在单元格K380中输入公式"=SUM(M10:M375)"，用以计算全年总的库存量。

第五步：指定输出变量

1. 选择区域F377:F380，点击@Risk功能区上的"Add Output"按钮，出现一个新的窗口见图21.3。在"Range Name"处选择单元格D8，即区域名字为"考虑库存检查间隔和订货—收货时间"，点击"OK"，这样，我们定义了四个输出变量，它们拥有同一区域名称。

2. 同样方法，选择区域K377：K380，点击@Risk功能区上的"Add Output"按钮，出现一个新的窗口。在"Range Name"处选择单元格I8，即区域名字为"只考虑库存检查间隔"，点击"OK"，这样，我们定义了四个输出变量，它们拥有同一区域名称。

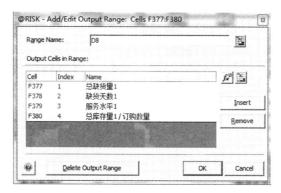

图21.3 @Risk添加区域输出变量窗口

结果解读（问题1）

在@Risk功能区上的"Iterations"处的下拉菜单中选择"5000"，指定抽样数为5 000，然后，点击@Risk"Simulation"功能区中的"Start Simulation"。这时，@Risk会在模拟前产生一个警示页面，见图21.4。警示页面给出的信息是，因为"OFFSET"或者"INDIRECT"之类的Excel函数返回的结果是动态的结果，所以@Risk在模拟时无法有效地查找和记录影响这些函数结果的@Risk输入变量，因此无法做"Smart Sensitivity Analysis"。我们可以忽略这则信息，点击"是（Y）"开始模拟。

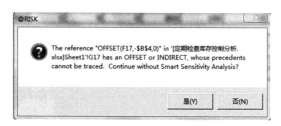

图21.4 模拟前@Risk给出的警示页面

下面对问题1"同时考虑库存检查间隔和订货—收货时间间隔，确定每期订货量、缺货量，计算全年缺货天数、总体服务水平、总库存量。"的结果进行解读。

图21.5展示了模型输出变量"总缺货量1"（即考虑库存检查间隔和订货—收货时间下的总缺货量）的概率质量函数图。从图21.5中可以看到，总缺货量最小为0，最大为220，均值为23.06，标准差为33.64。图21.6展示了模型输出变量"总缺货量1"的累积概率函数图，从中可以看到，总缺货量为0的概率为0.5左右，并以90%的置信性落入0至94之间。

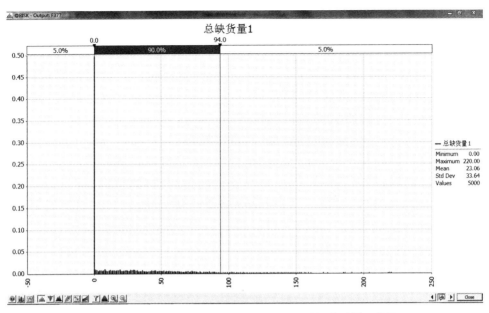

图21.5　输出变量"总缺货量1"模拟结果的概率质量函数图

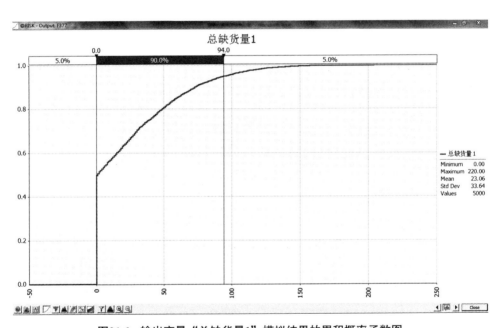

图21.6　输出变量"总缺货量1"模拟结果的累积概率函数图

图21.7展示了输出变量"缺货天数1"（即考虑库存检查间隔和订货—收货时间下的总缺货天数）的概率质量函数图。因为"缺货天数1"是离散随机变量，所以这里给出其质量函数图。从图21.7可以看到，总缺货天数最小值为0，最大值为4。缺货天数为0的概率接近0.5，缺货天数为1的概率接近0.47，缺货天数大于1（即等于2、3和4）的概率很小。

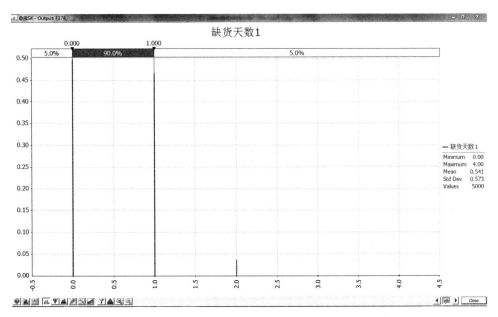

图21.7 输出变量"缺货天数1"模拟结果的概率质量函数图

图21.8展示了输出变量"服务水平1"的概率质量函数图。因为"服务水平1"与"缺货天数1"具有一一对应的关系,所以服务水平1也是离散随机变量。从图21.8可以看到,"服务水平1"的最大值为1,对应于"缺货天数1"为0,概率接近0.5。"服务水平1"等于0.99726,对应于"缺货天数1"为1天,概率接近0.47。图21.8中也给出了"缺货天数1"为2、3和4对应的"服务水平1",同样,这些数值发生的概率很低。

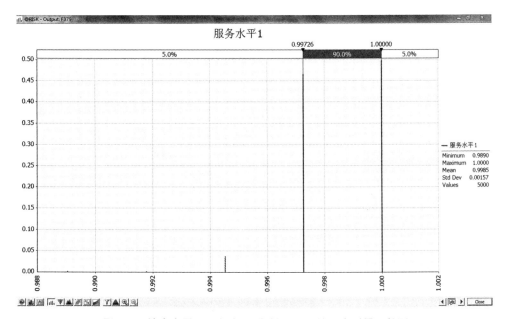

图21.8 输出变量"服务水平1"模拟结果的概率质量函数图

图21.9展示了输出变量"总库存量1"的概率密度函数图。从图21.9可以看到,"总库存量1"的最小值为254 551件,最大值为290 742件,均值为273 053.76件,标准差为5 146.57件。总库存量这么高的原因在于库存策略提供了极高的服务水平(即极低的缺货天数)。

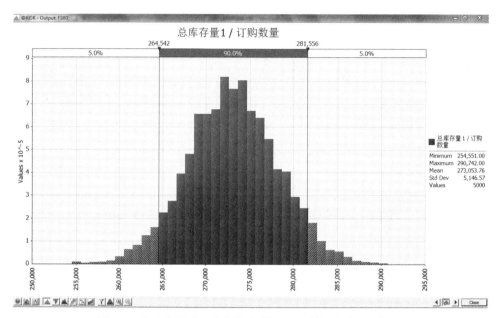

图21.9　输出变量"总库存量1"模拟结果的概率密度函数图

结果解读(问题2)

下面对问题2"只考虑库存检查间隔,忽略订货—收货时间间隔,确定每期订货量、缺货量,计算全年缺货天数、总体服务水平、总库存量。"的结果进行分析解读。

图21.10展示了模型输出变量"总缺货量2"(即只考虑库存检查间隔下的总缺货量)的概率质量函数图。从图21.10中可以看到,总缺货量最小为4 986件,最大为7 808件,均值为6 348.03件,标准差为386.67件。图21.11和图21.12分别展示了模型输出变量"总缺货量1"和"总缺货量2"的概率质量函数叠加图和累积概率叠加图,从中可以看到,是否考虑订货—收货时间对于总缺货量的影响是非常大的。

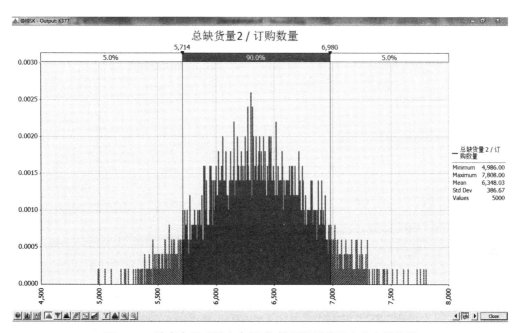

图21.10 输出变量"总库存量2"模拟结果的概率密度函数图

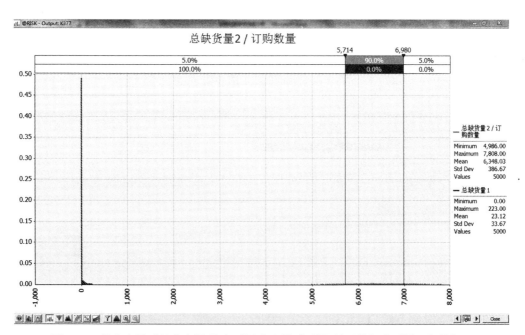

图21.11 输出变量"总库存量2"与"总库存量1"模拟结果的概率质量函数叠加图

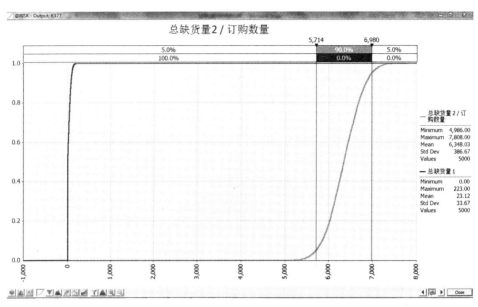

图21.12 输出变量"总库存量2"与"总库存量1"模拟结果的概率累积函数叠加图

图21.13展示了模型输出变量"总缺货天数2"的概率质量函数图。从图21.13中可以看到,总缺货天数最小为66,最大为95,均值为78.63,标准差为3.84。图21.14展示了模型输出变量"总缺货天数2"和"总缺货天数1"的概率质量函数叠加图,从中可以看到,是否考虑订货—收货时间对于总缺货天数的影响也是非常大的。

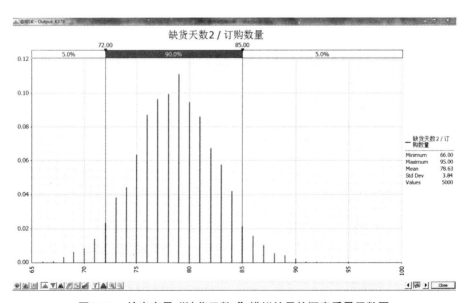

图21.13 输出变量"缺货天数2"模拟结果的概率质量函数图

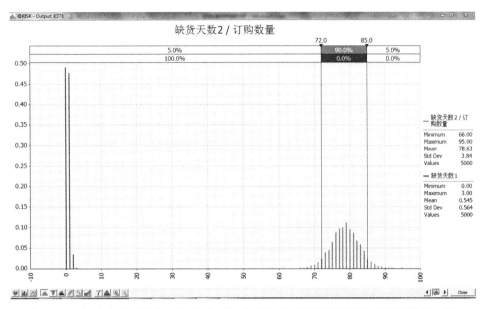

图21.14 输出变量"缺货天数2"与"缺货天数1"模拟结果的概率质量函数叠加图

图21.15展示了输出变量"服务水平2"的概率质量函数图。从图21.15可以看到,"服务水平2"的最小值为0.7397,最大值为0.8192,均值为0.7846,标准差为0.0105。这样,在不考虑订货—收货时间的情况下制订的库存策略无法达到预定的服务水平要求。图21.16给出了输出变量"服务水平2"与"服务水平1"模拟结果的概率质量函数叠加图,从中也可以看出两者的差距。

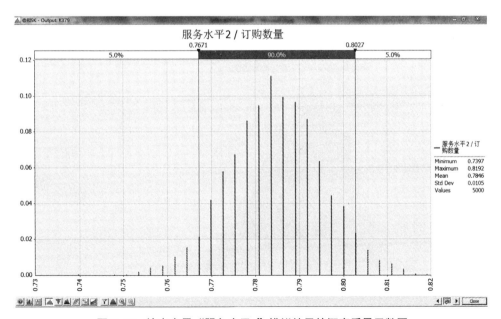

图21.15 输出变量"服务水平2"模拟结果的概率质量函数图

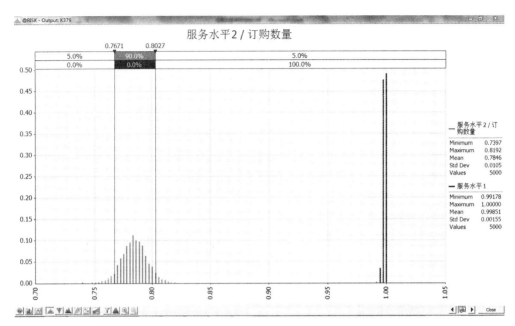

图21.16 输出变量"服务水平2"与"服务水平1"模拟结果的概率质量函数叠加图

图21.17展示了模型输出变量"总库存量2"的概率密度函数图。从图21.17中可以看到,总库存量最小为109 206件,最大为124 690件,均值为115 384.88件,标准差为2 206.12件。图21.18展示了模型输出变量"总库存量1"和"总库存量2"的概率密度函数叠加图,从中可以看到,不考虑订货—收货时间尽管无法保证总体服务水平,但是使得总库存量大为减少。

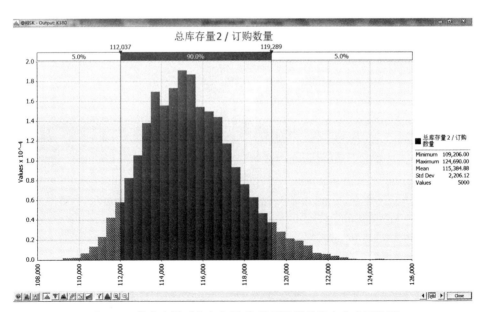

图21.17 输出变量"总库存量2"模拟结果的概率密度函数图

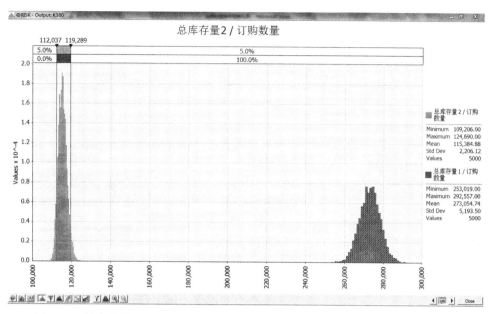

图21.18 输出变量"总库存量2"与"总库存量1"模拟结果的概率密度函数叠加图

结果解读（问题3）

下面对问题3"在满足全年总体服务水平0.98的条件下，计算合理的每期订货目标服务水平值。"的结果进行分析解读。

从图21.8可以看到，在"每期订货目标服务水平"为0.98的情况下，期末总体库存服务水平的最小值为0.9890，均值为0.9985。如果我们的目标是期末总体库存服务水平的最小值为0.98，均值为0.98的话，那么"每期订货目标服务水平"应该为多少就可以满足要求呢？我们可以使用@Risk的Goal Seek功能加以分析。@Risk的Goal Seek功能类似于Excel的"单变量求解"功能，它通过变化可调整单元格的数值来保证目标单元格的统计量满足预定要求。此外，与单变量求解功能类似，Goal Seek是一种近似求解方法，它具有一定的四舍五入式误差。

点击@Risk的"Simulation"功能区上的"Advanced Analyses"下拉菜单中的"Goal Seek"按钮，出现一个新的对话框，见图21.19。在"Cell"处选择F379（即"服务水平1"）。在"Statistic"处选择"Minimum"，在"Value"处键入"0.98"，即保证"服务水平1"的最小值为0.98。在"Cell"处选择单元格B5，即选择每期订货目标服务水平为可调整单元格。

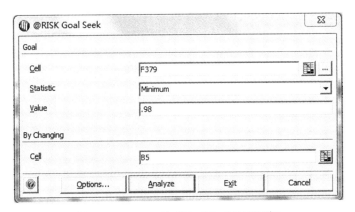

图21.19 @Risk的"Goal Seek"对话框

点击"Options"按钮,出现一个新的对话框,见图21.20。在"Change Limits"处的"Minimum"后空白处键入0.01,在"Maximum"后空白处键入"0.99",这样可以保证可调整单元格每期订货目标服务水平在0与1之间变化。在"Maximum Number of Simulations"处键入"1000",即最大的模拟次数为1 000次。

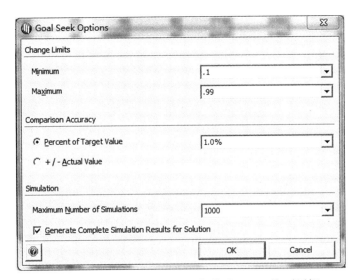

图21.20 @Risk的"Goal Seek"的"Options"对话框

点击"OK",开始分析。分析结果显示,为了保证"服务水平1"的最小值为0.98,每期订货目标服务水平为0.75247即可。我们使用0.75247作为每期订货目标服务水平,进行5 000次模拟抽样,再次观察"服务水平1"的模拟结果,见图21.21。从中可以看到,"服务水平1"的最小值为0.9753。这个数值小于0.98,其原因在于前面提到的Goal Seek在计算时会出现四舍五入式误差。

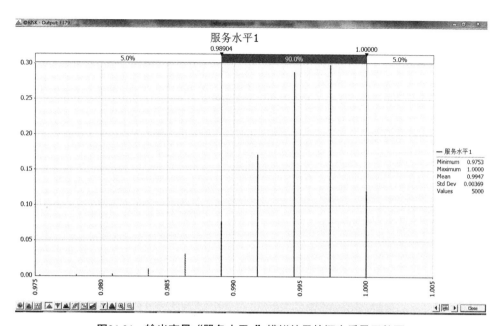

图21.21 输出变量"服务水平1"模拟结果的概率质量函数图

Chapter Twenty-two

库存管理策略二

临界点库存控制分析

库存管理策略二：临界点库存控制分析

在库存控制决策中，管理者需要决定两件事：（1）什么时候生产或者订购货物；（2）生产或者订购多少货物。考虑这些事情的一个着眼点是最小化总费用，包括订货费用、库存费用、缺货引发的费用等。除了上一章介绍的定期检查库存控制方法之外，另外一种常用的方法是临界点库存控制方法。在临界点库存控制方法中，当库存水平低于临界点库存的时候，管理者开始订购一定数量的货物。管理者需要综合考虑市场对货物的需求、目前的库存、订货—交货的时间间隔以及各种相关费用。由于市场对货物的需求经常是不确定的，甚至订货—交货时间也有可能是不确定的，所以管理者通常会设定一个较高的临界值，以便获得较为"安全"的库存。然而，较"安全"的库存在较好地满足市场需求的同时也会导致较高的库存费用。所以，管理者还需要综合考虑多方面因素，以便取得最小化总费用的目标。

下面我们通过一个案例来展示如何使用@Risk在Excel中建立量化风险分析模型，模拟计算库存临界点和订货量。

案例描述

一家大型贸易公司通过调查发现，市场对某一种货物的需求近似服从正态分布，其中均值为100，标准差为15。该货物从订货到收货所需时间为2周，订货时间为每周周末，到货时间为每周周初。公司采用临界点库存控制策略，以一年（即52周）为一个分析期，期初库存为250个，每次订货费用为50元，每件货物每周的库存费用为1元，每缺货1件将会导致50元的利润损失。

问题

1. 假设订购数量为250个，库存临界点为250个，那么计算全年的库存费用、订货费用、缺货费用和费用合计。
2. 优化订购数量和库存临界点，使得费用合计最小化。

解决方法和步骤

这个问题的建模思路是根据期初库存和市场需求计算期末库存，比较期末库存与库存临界点，如果期末库存小于库存临界点，那么就按照事先指定的订购数量订货。由于订货—收货时间为2周，所以如果订货周数为N，那么收货时间为第$N+2+1$周的周初。在确定了每周的期末库存、缺货量、是否订货之后，就可以计算出每期的订货费用、缺货费用和库存费用。

图22.1展示了临界点库存控制分析的完整模型，读者可以按照以下步骤开发这个模型。

	A	B	C	D	E	F	G	H	I	J	K	L
1	最初库存	250	个		订购数量	250	个					
2	订货-收货时间	2	周		库存临界点	250	个					
3	订货费用	50	元									
4	库存费用	1	元/每个每星期		库存费用	订货费用	缺货费用	合计				
5	缺货费用	50	元/个		15200	1100	2500	18800				
6												
7	周数	期初库存	市场需求	期末库存	缺货量	需要订货吗?	到货周数	库存费用	订货费用	缺货费用	总费用	
8	1	250	100	150	0	1	4	150	50	0	200	
9	2	150	100	50	0	1	5	50	50	0	100	
10	3	50	100	0	50	1	6	0	50	2500	2550	
11	4	250	100	150	0	1	7	150	50	0	200	
12	5	400	100	300	0	0		300	0	0	300	
53	46	550	100	450	0	0		450	0	0	450	
54	47	700	100	600	0	0		600	0	0	600	
55	48	600	100	500	0	0		500	0	0	500	
56	49	500	100	400	0	0		400	0	0	400	
57	50	400	100	300	0	0		300	0	0	300	
58	51	300	100	200	0	1	54	200	50	0	250	
59	52	200	100	100	0	1	55	100	50	0	150	
60												

图22.1 定期检查库存控制分析模型

第一步：问题初始数据

1. 在单元格B1中输入"250"，表示期初库存为250个。

2. 在单元格B2中输入"2"，表示订货—收货时间为2周。

3. 在单元格B3中输入"50"，表示每次订货的费用为50元。

4. 在单元格B4中输入"1"，表示每星期每个货物的库存费用为1元。

5. 在单元格B5中输入"50"，表示当库存不能满足市场需求时会导致利润损失，每个货物导致的利润损失为50元。

6. 在单元格F1中输入"250"，表示每次库存低于临界点时的订购数量为250个。

7. 在单元格F2中输入"250"，表示库存临界点为250个。

第二步：库存控制分析模型

1. 在区域A8:A59中分别输入"1，2，…，52"，表示分析期内的周数。

2. 在单元格B8中输入公式"=B1"，引用事先给定的期初库存。

3. 在单元格C8中输入公式"=ROUND(RiskNormal(100,15),0)"，表示每周的市场需

求。由于正态分布是连续分布，所以此处使用Excel提供的ROUND函数去掉小数点，使得产生的随机数变为整数，以符合库存货物数量为离散值的属性。

4. 在单元格D8中输入公式"=MAX(0,B8−C8)"，表示如果期初库存大于市场需求，那么期末库存等于期初库存减去市场需求；否则为0。

5. 在单元格E8中输入公式"=MAX(0,C8−B8)"，表示如果市场需求大于期初库存，那么缺货量等于市场需求减去期初库存；否则为0。

6. 在单元格F8中输入公式"=IF(D8<$F$2,1,0)"，表示如果期末库存小于临界点库存，那么本周需要订货。其中，用"1"表示需要订货，"0"表示不需要订货。

7. 在单元格G8中输入公式"=IF(F8=1,A8+$B$2+1,"")"，表示如果本周订货，那么到货的周数等于本周的周数加上2周（订货—收货时间），再加上1周。如果本周不订货，那么此处空白。

8. 在单元格H8中输入公式"=D8*$B$4"，表示本周的库存费用等于期末库存量乘以每个货物每星期的库存费用。

9. 在单元格I8中输入公式"=F8*$B$3"，表示本周的订货费用。如果订货，那么F8等于1，乘以订货费用50元，即本周订货费用为50元；否则F8等于0，本周没有订货，订货费用为0元。

10. 在单元格J8中输入公式"=E8*$B$5"，表示本周的缺货费用，等于本周的缺货量乘以每个缺货导致的利润损失。

11. 在单元格K8中输入公式"=SUM(H8:J8)"，表示本周发生的总费用。

12. 在单元格B9中输入公式"=D8+IF(NOT(ISERROR(MATCH(A9,$G$8:G8,0))),$F$1,0)"，表示第2周的期初库存。其中MATCH为Excel函数，返回特定值特定顺序的项在数组中的相对位置，也就是说，MATCH函数会在$G$8:G8区域寻找是否有等于A9的值，第三个参数0表示会查找等于A9的第一个值，找到后MATCH函数返回其相对位置，否则返回"#N/A"。ISERROR为Excel函数，用于检查一个值是否为错误（#N/A、#VALUE!、#REF!、#DIV/0!、#NUM!、#NAME? 或 #NULL!），返回TRUE或者FALSE。NOT为Excel函数，对参数的逻辑值求反，即参数为TRUE时返回FALSE，参数为FALSE时返回TRUE。这样，单元格B9中的公式表达的逻辑意思是：（1）如果MATCH函数能够在$G$8:G8区域中找到等于A9（即周数2）的值，那么返回相对位置数，这时函数ISERROR返回FALSE，函数NOT相应地返回TRUE，这样单元格B9等于第1周期末库存加上新订货并到货的货物数量。（2）如果MATCH函数不能够在$G$8:G8区域中找到等于A9的值，那本周没有新到货物，那么返回"#N/A"，这时函数ISERROR返回TRUE，函数NOT相应地返回FALSE，这样单元格B9只等于第1周期末库存D8。

13. 复制区域C8:K8，选择区域C9:K9粘贴，形成第2周的市场需求、期末库存、缺货量、需要订货量、到货周数、库存费用、订货费用、缺货费用和总费用。

14. 复制区域B9:K9，选择区域B10:K59粘贴，形成分析期内剩余各周的期初库存、市场需求、期末库存、缺货量、需要订货量、到货周数、库存费用、订货费用、缺货费用和总费用。

15. 在单元格E5中输入公式"=SUM(H8:H59)"，表示分析期内的库存费用合计。

16. 在单元格F5中输入公式"=SUM(I8:I59)"，表示分析期内的订货费用合计。

17. 在单元格G5中输入公式"=SUM(J8:J59)"，表示分析期内的缺货费用合计。

18. 在单元格H5中输入公式"=SUM(E5:G5)"，表示分析期内的总费用合计。

第三步：指定输出变量

1. 选择单元格E5，点击@Risk功能区上的"Add Output"按钮，在弹出的窗口中输入名称"库存费用"，定义库存费用为输出变量。

2. 选择单元格F5，点击@Risk功能区上的"Add Output"按钮，在弹出的窗口中输入名称"订货费用"，定义订货费用为输出变量。

3. 选择单元格G5，点击@Risk功能区上的"Add Output"按钮，在弹出的窗口中输入名称"缺货费用"，定义缺货费用为输出变量。

4. 选择单元格H5，点击@Risk功能区上的"Add Output"按钮，在弹出的窗口中输入名称"合计"，定义总费用合计为输出变量。

结果解读（问题1）

下面对问题1"假设订货数量为250个，库存临界点为250个，那么计算全年的库存费用、订货费用、缺货费用和费用合计。"的结果进行解读。

在@Risk功能区上的"Iterations"处的下拉菜单中选择"5000"，指定抽样数为5 000，然后，点击@Risk"Simulation"功能区中的"Start Simulation"，开始模拟。

图22.2给出了给定订购数量为250个和库存临界点为250个条件下的"库存费用"概率密度函数图。从图22.2可以看到，"库存费用"的最小值为13 595元，最大值为18 457元，均值为15 762元，有90%的可能性落入14 685—16 877元之间。

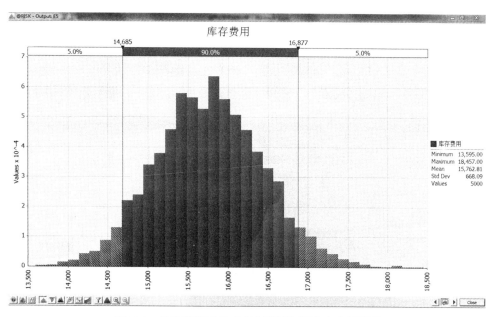

图22.2 给定条件下的"库存费用"概率密度函数图

图22.3给出了给定订购数量为250个和库存临界点为250个条件下的"订货费用"概率质量函数图。从图22.3可以看到,"订货费用"的最小值为950元(即订货19次),最大值为1 200元(即订货24次),均值为1 068.31元(即平均订货21、22次左右),标准差为47.31元(即订货1次左右)。

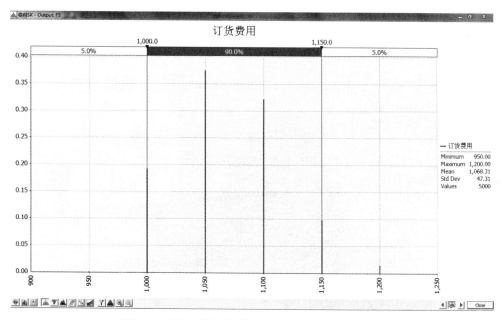

图22.3 给定条件下的"订货费用"概率质量函数图

图22.4给出了给定订购数量为250个和库存临界点为250个条件下的"缺货费用"概率密度函数图。从图22.4可以看到,"缺货费用"的最小值为0元,最大值为15 700元(即缺货314个),均值为57 94.21元(即缺货115、116个),有90%的可能性落入1 950元(即缺货39个)与10 250元(即缺货205个)之间,标准差为2 553.52个(即缺货51个左右)。

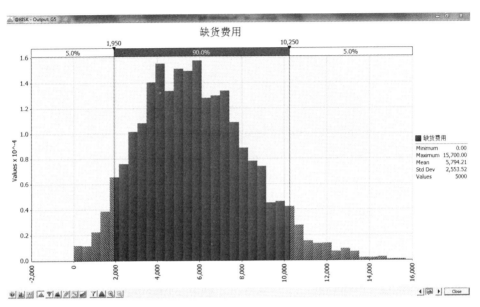

图22.4　给定条件下的"缺货费用"概率密度函数图

图22.5给出了给定订购数量为250个和库存临界点为250个条件下的"费用合计"的概率

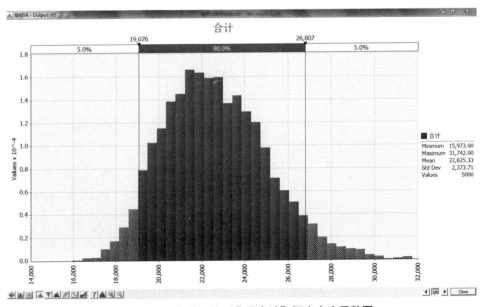

图22.5　给定条件下的"费用合计"概率密度函数图

密度函数图。从图22.5可以看到，"费用合计"的最小值为15 973元，最大值为31 742元，均值为22 625.33元，有90%的可能性落入19 076元与26 807元之间，标准差为2 373.71元。

结果解读（问题2）

下面对问题2"优化订购数量和库存临界点，使得费用合计最小化。"的结果进行解读。

双击问题1的Excel文件表名称"Sheet1"，改变名称为"模拟"。双击Excel的一个新文件表"Sheet2"，改变名称为"优化"。复制整个"模拟"文件表，并粘贴到"优化"文件表。

启动DecisionTools Suite套件中的RiskOptimizer组件。点击RiskOptimizer下拉菜单中的"Model Definition"按钮，出现一个新的"RiskOptimizer-Model"页面，见图22.6。在Optimization Goal处的下拉菜单中选择"Minimum"，在"Cell"处选择Excel模型中"优化"文件表的单元格H5（即"费用合计"），在"Statistic"处的下拉菜单中选择"Mean"。在"Adjustable Cell Ranges"区域的"Range"处选择单元格F1和F2，表示订购数量和库存临界点为可调整单元格。在"Minimum"处填入"100"，在"Maximum"处填入"500"，在"Values"处选择"Integer"，表示可调整单元格的变化范围为100到500，并且变化值为整数。点击"OK"，回到Excel页面。

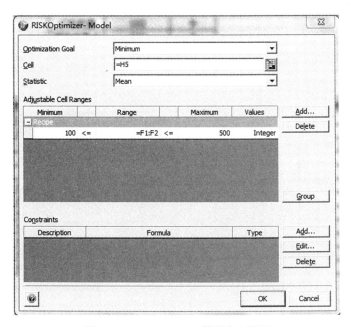

图22.6　RiskOptimizer模型定义界面

点击RiskOptimizer下拉菜单中的"Settings"按钮，出现一个新的"RiskOptimizer – Model"页面，见图22.7。选择"Runtime"页面，在"Simulations"前面点击打勾，并在后面的空白处填入"200"，表示模拟200次后优化结束。点击"OK"，回到Excel页面。

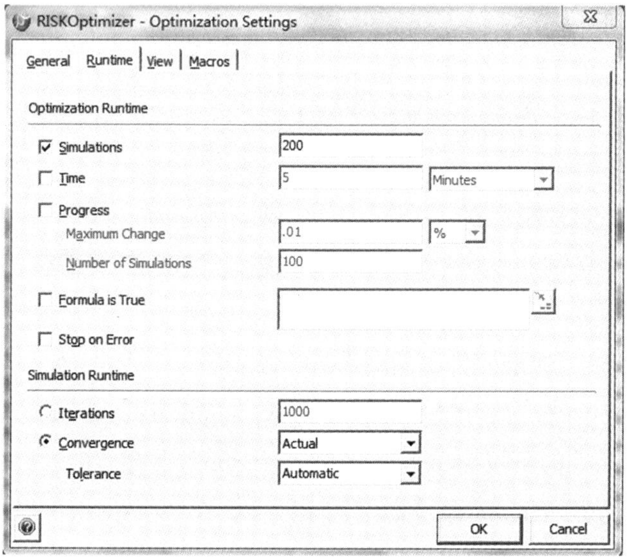

图22.7　RiskOptimizer优化设置界面

点击RiskOptimzier下拉菜单中的"Start"按钮，开始优化。图22.8给出了RiskOtpimizer优化过程和结果观测页面。从图22.8可以看到，在模拟进行到第30次左右的时候，优化结果就接近最优结果。

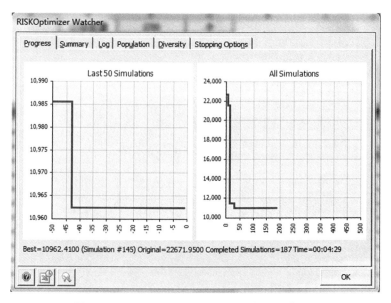

图22.8　RiskOtpimizer优化过程和结果观测页面

库存管理策略二：临界点库存控制分析

图22.9显示了Excel的"优化"文件表中可调整单元格的优化结果。从中可以看到，在RiskOptimizer的200次模拟优化过程中，在订购数量为102个并且库存临界点为270个的时候可以取得最低的费用合计的均值。

	A	B	C	D	E	F	G	H	I	J	K	L
1	最初库存	250	个		订购数量	102	个					
2	订货-收货时间	2	周		库存临界点	270	个					
3	订货费用	50	元									
4	库存费用	1	元/每个每星期		库存费用	订货费用	缺货费用	合计				
5	缺货费用	50	元/个		2650	2600	2500	7750				
6												
7	周数	期初库存	市场需求	期末库存	缺货量	需要订货吗?	到货周数	库存费用	订货费用	缺货费用	总费用	
8	1	250	100	150	0	1	4	150	50	0	200	
9	2	150	100	50	0	1	5	50	50	0	100	
10	3	50	100	0	50	1	6	0	50	2500	2550	
11	4	102	100	2	0	1	7	2	50	0	52	
12	5	104	100	4	0	1	8	4	50	0	54	
53	46	186	100	86	0	1	49	86	50	0	136	
54	47	188	100	88	0	1	50	88	50	0	138	
55	48	190	100	90	0	1	51	90	50	0	140	
56	49	192	100	92	0	1	52	92	50	0	142	
57	50	194	100	94	0	1	53	94	50	0	144	
58	51	196	100	96	0	1	54	96	50	0	146	
59	52	198	100	98	0	1	55	98	50	0	148	

图22.9 Excel的"优化"文件表中显示的可调整单元格优化结果

在@Risk功能区上的"Iterations"处的下拉菜单中选择"5000"，指定抽样数为5 000，然后，点击@Risk"Simulation"功能区中的"Start Simulation"，开始模拟。

图22.10和图22.11给出了优化前和优化后"库存费用"概率密度函数叠加图和累积概率函数叠加图。从图22.10和图22.11中可以看到，优化后的"库存费用"要明显低于优化前的"库存费用"。原因在于每次订购的数量减少，导致库存数量减少。

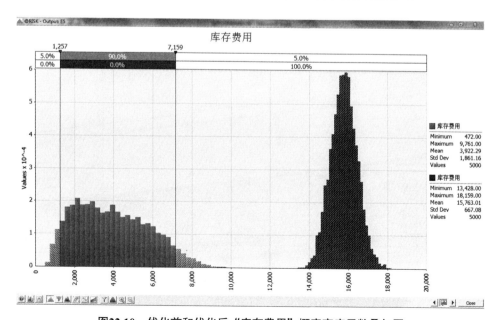

图22.10 优化前和优化后"库存费用"概率密度函数叠加图

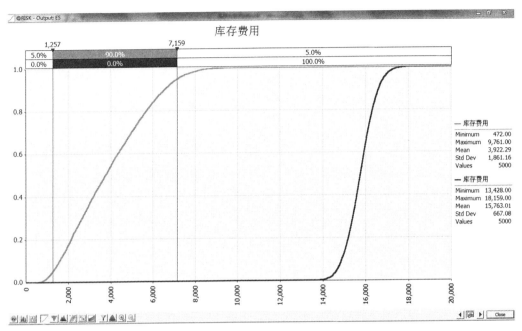

图22.11 优化前和优化后"库存费用"累积概率函数叠加图

图22.12和图22.13给出了优化前和优化后"订货费用"概率密度函数叠加图和累积概率函数叠加图。从图22.12和图22.13中可以看到,优化后的"订货费用"要明显高于优化前。原因在于优化后每次订购的数量减少,导致订货次数增多,所以订货费用要明显增多。

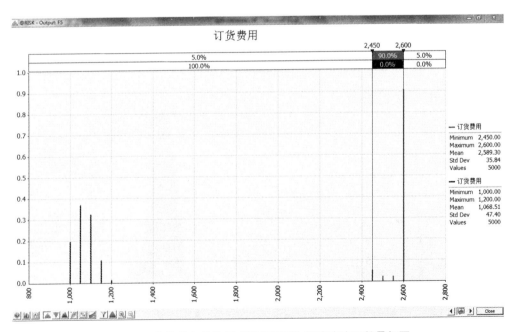

图22.12 优化前和优化后"订货费用"概率密度函数叠加图

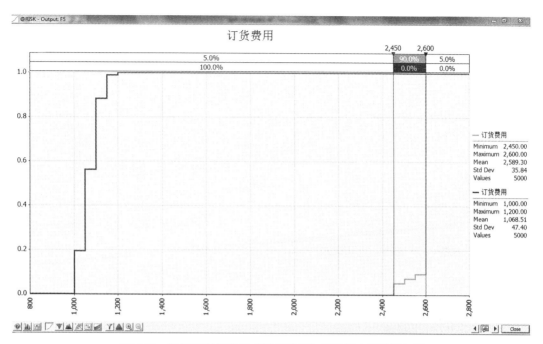

图22.13 优化前和优化后"订货费用"累积概率函数叠加图

图22.14和图22.15给出了优化前和优化后"缺货费用"概率密度函数叠加图和累积概率函数叠加图。从图22.14和图22.15中可以看到,优化后的"缺货费用"要低于优化前。原因在于库存临界点的增加可以弥补一定的市场需求波动带来的不利影响。

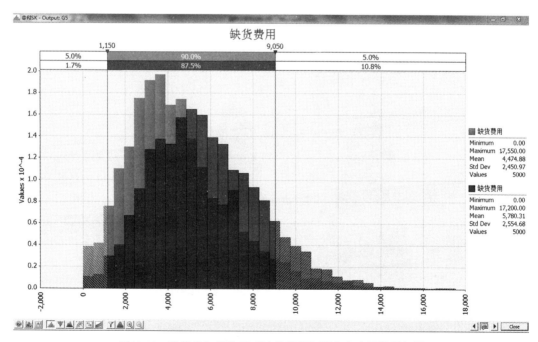

图22.14 优化前和优化后"缺货费用"概率密度函数叠加图

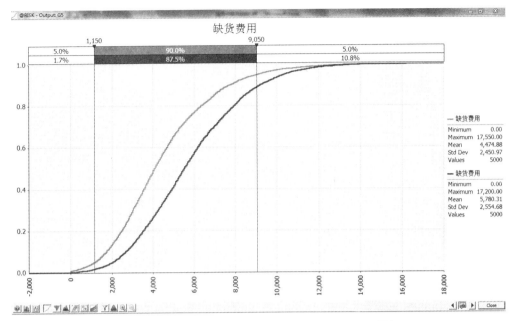

图22.15 优化前和优化后"缺货费用"累积概率函数叠加图

图22.16和图22.17给出了优化前和优化后"费用合计"的概率密度函数叠加图和累积概率函数叠加图。从图22.16和图22.17中可以看到,优化后的"费用合计"要低于优化前。由此可见,在给定的订货费用、库存费用、缺货费用、订货—收货时间以及市场需求的变化等条件下,为了实现总费用最小化,最佳的库存控制策略应该将库存临界点定为

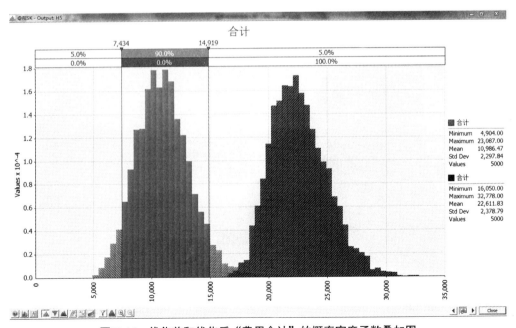

图22.16 优化前和优化后"费用合计"的概率密度函数叠加图

270个左右,同时减少订货数量、增加订货次数,这样虽然增加了订货费用,但是可以有效减少库存费用和缺货费用,从而最小化库存控制总费用。如果给定的条件发生变化,例如订货费用增加或者订货—收货时间变长,那么库存控制策略可能也会相应发生变化。

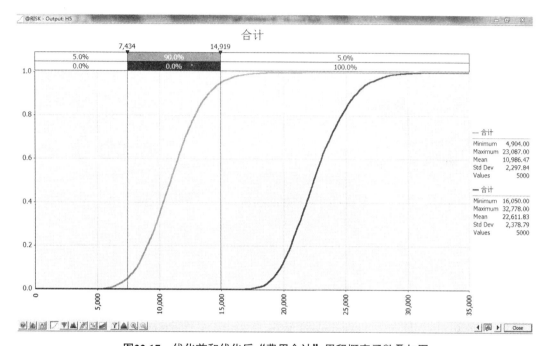

图22.17 优化前和优化后"费用合计"累积概率函数叠加图

Chapter Twenty-three

制造和销售灵活性分析

23 制造和销售灵活性分析

任何一家生产企业都希望能够充分利用自己的生产能力，并且使产品顺利销售出去。一般来讲，企业的生产能力一经确定，难以在短期内改变。然而，市场需求往往具有波动性。这样，企业管理者大多希望企业能够在现有生产能力下具有制造和销售的灵活性，从而可以既充分利用生产能力又能满足市场需求。例如，企业希望能够灵活地调整机器以生产不同的产品并运送到不同的顾客手中。然而，调整机器需要费用和时间，运送到不同的顾客手中也需要运输成本，这意味着企业要想获得制造和销售灵活性是需要付出一定代价的。因此，企业管理者需要设计并确定合理的制造和销售灵活性，以便在灵活性和调整代价之间有效权衡，取得最优决策结果。

下面我们通过一个案例来展示如何使用@Risk在Excel中建立量化风险分析模型，计算不同的制造和销售灵活性在生产能力利用率和市场需求满足率方面的效率，分析结果将为企业管理者提供丰富的数据和信息支持。

案例描述

一家企业有5家工厂，在其现有生产条件下，它可以采用三种制造和销售灵活性模式，见图23.1。图23.1的最左侧图形描述了没有制造和销售灵活性模式，即每家工厂生产的产品只能满足1种客户的需求。中部图形描述了链形灵活性图形，即每家工厂可以生产两种产品，满足两种客户的需求。最右侧图形描述了网形灵活性图形，即每家工厂可以生产五种产品，满足五种客户的需求。这样，链形灵活性模式比没有灵活性模式具有更大的灵活性，网形灵活性具有最大的制造和销售灵活性。

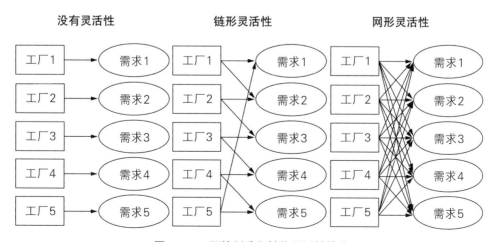

图23.1 工厂的制造和销售灵活性模式

在没有灵活性模式下，如果工厂1的生产能力大于市场需求1，那么将会导致剩余产品的出现；相反，如果工厂1的生产能力小于市场需求1，那么将会导致剩余需求的出现。由于不存在制造和销售灵活性，所以不同工厂间的生产能力不能转移，一个市场剩余需求不能通过其他工厂的生产能力来满足。

在链形灵活性模式下，工厂1的生产能力在满足市场需求1的基础上如果还有剩余，而且市场需求2具有剩余需求，那么工厂1的剩余生产能力会转移到市场需求2，减少其剩余需求。同样道理，工厂2的生产能力在满足市场需求2的基础上有剩余而且市场需求3有剩余需求，那么工厂2的剩余生产能力会转移到市场需求3。以此类推，工厂5的生产能力在满足市场需求5的基础上有剩余而且市场需求1有剩余需求的时候，工厂5的剩余生产力会转移到市场需求1。

在网形灵活性模式下，每个工厂都可以生产5种产品。在存在剩余产品和剩余需求的情况下，这5种产品可以在5个市场上转移，从而有效减少总体剩余市场需求和剩余生产能力。

在本例中，每个工厂生产不同产品时的调整时间和调整费用以及不同市场间的运输费用忽略不计。这样做主要是为了分析的方便和简洁，在实际计算中加入对这些因素的考虑并不难，但是会导致模型和运算关系的复杂化。

为了便于分析，假定每个工厂的生产能力为200，即可以制造200个产品（不分产品种类）；工厂数和销售地点数（即市场需求数）都是5个；每个市场需求服从正态分布，均值为200，标准差为50。为了避免出现极端较大的负值和正值，市场需求正态分布的最小值截取在均值的20%处，最大值截取在均值的180%处（Subedi，2012）。

问题

1. 计算三种灵活性模式下，生产能力利用率和市场需求满足率的概率分布。
2. 假定需求均值分别变为150、175、200、225、250，分析生产能力利用率和市场需求满足率的变化情况。
3. 假定需求标准差分别取40、45、50、55、60，分析生产能力利用率和市场需求满足率的变化情况。
4. 假定每个工厂的生产能力分别变为150、175、200、225、250，分析生产能力利用率和市场需求满足率的变化情况。

解决方法和步骤

为了计算生产能力利用率和市场需求满足率，需要计算每种灵活性模式下的未售出产品合计和未满足市场需求合计。然后利用公式（23–1）和公式（23–2）计算生产能力利用率和市场需求满足率。

生产能力利用率=（生产能力合计–未售出产品合计）/生产能力总计　　（23–1）

市场需求满足率=（市场需求合计–未满足市场需求合计）/市场需求合计　　（23–2）

图23.2展示了制造和销售灵活性分析的完整模型，读者可以按照以下步骤开发这个模型。

输入变量

需求均值	200
需求标准差	50
工厂生产能力	200
工厂和销售地点总数	5

销售地点	需求
1	152
2	132
3	112
4	262
5	258

序号	需求均值	需求标准差	生产能力
1	150	40	150
2	175	45	175
3	200	50	200
4	225	55	225
5	250	60	250

没有灵活性

工厂与销售地点	需求	销售	剩余产品	剩余需求
1	152	152	48	0
2	132	132	68	0
3	112	112	88	0
4	262	200	0	62
5	258	200	0	58

链形灵活性

工厂与销售地点	需求	销售	剩余产品	剩余需求	接收转移
1	152	152	48	0	0
2	132	132	68	0	0
3	112	112	88	0	0
4	262	200	0	62	62
5	258	200	0	58	0

网形灵活性

工厂与销售地点	需求	销售	剩余产品	剩余需求
1	152	152	48	0
2	132	132	68	0
3	112	112	88	0
4	262	200	0	62
5	258	200	0	58

	没有灵活性
未售出产品合计	204
未满足需求合计	120
生产能力利用率	79.6%
市场需求满足率	86.9%

	链形灵活性
未售出产品合计	142
未满足需求合计	58
生产能力利用率	85.8%
市场需求满足率	93.7%

	网形灵活性
未售出产品合计	84
未满足需求合计	0
生产能力利用率	91.6%
市场需求满足率	100.0%

图23.2　制造和销售灵活性分析模型

第一步：输入变量

1. 在单元格B2中输入“200”，表示需求均值。

2. 在单元格B3中输入“50”，表示需求标准差。

3. 在单元格B4中输入“200”，表示每个工厂的生产能力。

4. 在单元格B5中输入“5”，表示工厂和销售地点总数。

5. 在单元格B9中输入公式“=ROUND(RiskNormal($B$2,$B$3, RiskTruncate($B$2*0.2,$B$2*1.8)),0)”，表示销售地点1处的市场需求。其中，RiskNormal为@Risk函数，用以产生正态分布随机数。RiskTruncate为@Risk函数，用以截取@Risk概率分布函数的取值范围，使得抽样样本随机数出现在指定的最小值和最大值之间。这里，RiskTruncate截取的最小值为均值的0.2倍，最大值为均值的1.8倍。这样，当均值为200时，RiskNormal产生的随机数最小值为40、最大值为360。ROUND为Excel函数，用以按指定的位数对数值进行四舍五入。这里指定的位数为0，即四舍五入为整数。

6. 复制单元格B9，选择区域B10：B13粘贴，形成其他几个销售地点的市场需求。

第二步：没有灵活性

1. 在单元格G3中输入公式"=B9"，引用销售地点1处的市场需求。

2. 复制单元格G3，选择区域G4：G7粘贴，形成对其他销售地点处市场需求的引用。

3. 在单元格H3中输入公式"=MIN(G3,$B$4)"，表示销售地点1处的实际销售数量等于该处的市场需求和工厂1的生产能力中较小的一个。

4. 复制单元格H3，选择区域H4：H7粘贴，形成其他销售地点处实际销售数量。

5. 在单元格I3中输入公式"=MAX(0,$B$4–H3)"，表示如果工厂1处生产能力大于该处的实际销售数量，那么生产能力减去实际销售数量等于工厂1的剩余产品，否则剩余产品为0。

6. 复制单元格I3，选择区域I4：I7粘贴，形成其他工厂的剩余产品。

7. 在单元格J3中输入公式"=MAX(0,G3–H3)"，表示如果销售地点1处的市场需求大于该处的实际销售数量，那么市场需求减去实际销售数量等于销售地点1处的剩余需求。

8. 复制单元格J3，选择区域J4：J7粘贴，形成其他销售地点处的剩余需求。

9. 在单元格N3中输入公式"=SUM(I3:I7)"，表示在没有灵活性模式下所有工厂的未售出产品数量合计。

10. 在单元格N4中输入公式"=SUM(J3:J7)"，表示在没有灵活性模式下所有销售地点的未满足需求数量合计。

11. 在单元格N5中输入公式"=(5*B4–N3)/(5*B4)"，表示企业的生产能力利用率，等于总的生产能力减去未售出产品合计，然后除以总的生产能力。

12. 在单元格N6中输入公式"=(SUM(G3:G7)–N4)/SUM(G3:G7)"，表示该企业对市场需求的满足率，等于总的市场需求减去未满足需求合计，然后除以总的市场需求。

第三步：链形灵活性

1. 在单元格G11中输入公式"=B9"，引用销售地点1处的市场需求。

2. 复制单元格G11，选择区域G12：G15粘贴，形成对其他销售地点处的市场需求的引用。

3. 在单元格H11中输入公式"=MIN(G11,$B$4)"，表示销售地点1处的实际销售数量等于该处的市场需求和工厂1的生产能力中最小的一个。

4. 复制单元格H11，选择区域H12：H15粘贴，形成其他销售地点处实际销售数量。

5. 在单元格I11中输入公式"=MAX(0,$B$4–H11)"，表示如果工厂1处生产能力大于该处的实际销售数量，那么生产能力减去实际销售数量等于工厂1的剩余产品，否则剩余产品为0。

6. 复制单元格I11，选择区域I12：I15粘贴，形成其他工厂的剩余产品。

7. 在单元格J11中输入公式"=MAX(0,G11-H11)"，表示如果销售地点1处的市场需求大于该处的实际销售数量，那么市场需求减去实际销售数量等于销售地点1处的剩余需求。

8. 复制单元格J11，选择区域J12：J15粘贴，形成其他销售地点处的剩余需求。

9. 在单元格K11中输入公式"=IF(J11=0,0,IF(I15=0,0,MIN(I15,J11)))"，表示销售地点1处接收除了工厂1之外其他工厂转移过来的产品数量。公式表达的含义如下：如果销售地点1的剩余需求为0，那么接收转移为0；否则，如果工厂5的剩余产品为0（即工厂5没有剩余生产能力），那么接收转移为0；否则接收转移的数量等于销售地点1处的剩余需求和工厂5处的剩余产品中较小的那个。

10. 同样道理，在单元格K12中输入公式"=IF(J12=0,0,IF(I11=0,0,MIN(I11,J12)))"，表示销售地点2处接收除了工厂2之外其他工厂（即工厂1）转移过来的产品数量。

11. 在单元格K13中输入公式"=IF(J13=0,0,IF(I12=0,0,MIN(J13,I12)))"，表示销售地点3处接收除了工厂3之外其他工厂（即工厂2）转移过来的产品数量。

12. 在单元格K14中输入公式"=IF(J14=0,0,IF(I13=0,0,MIN(I13,J14)))"，表示销售地点4处接收除了工厂4之外其他工厂（即工厂3）转移过来的产品数量。

13. 在单元格K15中输入公式"=IF(J15=0,0,IF(I14=0,0,MIN(I14,J15)))"，表示销售地点5处接收除了工厂5之外其他工厂（即工厂4）转移过来的产品数量。

14. 在单元格N11中输入公式"=SUM(I11:I15)−SUM(K11:K15)"，表示企业所有工厂的未售出产品合计，含义如下：所有工厂的剩余产品合计减去所有销售地点接收转移的产品数量合计。

15. 在单元格N12中输入公式"=SUM(J11:J15)−SUM(K11:K15)"，表示所有销售地点未满足市场需求的数量合计，含义如下：所有销售地点的剩余需求合计减去所有地点接收转移的产品数量合计。

16. 在单元格N13中输入公式"=(5*B4−N11)/(5*B4)"，表示企业的生产能力利用率，等于总的生产能力减去未售出产品合计，然后除以总的生产能力。

17. 在单元格N14中输入公式"=(SUM(G11:G15)−N12)/SUM(G11:G15)"，表示该企业对市场需求的满足率，等于总的市场需求减去未满足需求合计，然后除以总的市场需求。

第四步：网形灵活性

1. 在单元格G19中输入公式"=B9"，引用销售地点1处的市场需求。

2. 复制单元格G19，选择区域G20：G23粘贴，形成对其他销售地点处市场需求的引用。

3. 在单元格H19中输入公式"=MIN(G19,$B$4)"，表示销售地点1处的实际销售数量等于该处的市场需求和工厂1的生产能力中较小的一个。

4. 复制单元格H19，选择区域H20：H23粘贴，形成其他销售地点处实际销售数量。

5. 在单元格I19中输入公式"=MAX(0,$B$4−H19)"，表示如果工厂1处生产能力大于该处的实际销售数量，那么生产能力减去实际销售数量等于工厂1的剩余产品，否则剩余产品为0。

6. 复制单元格I19，选择区域I20：I23粘贴，形成其他工厂的剩余产品。

7. 在单元格J19中输入公式"=MAX(0,G19–H19)"，表示如果销售地点1处的市场需求大于该处的实际销售数量，那么市场需求减去实际销售数量等于销售地点1处的剩余需求。

8. 复制单元格J19，选择区域J20：J23粘贴，形成其他销售地点处的剩余需求。

9. 在单元格N19中输入公式"=MAX(0,SUM(I19:I23)-SUM(J19:J23))"，表示企业所有工厂的未售出产品合计，含义如下：因为在网状灵活性模式下，5个生产工厂与5个销售地点间具有最大的生产灵活性和产品转移性，因此在不考虑调整机器成本和转移产品成本的条件下，可以认为在一个销售地点有剩余需求的情况下可以把其他任一生产工厂的剩余产品转移到该地点销售。这样，如果所有生产工厂的剩余产品合计大于所有销售地点的剩余需求合计，那么所有工厂的未售出产品合计等于剩余产品合计减去剩余需求合计，否则为0。

10. 在单元格N20中输入公式"=MAX(0,SUM(J19:J23)-SUM(I19:I23))"，表示所有销售地点未满足需求的合计，含义如下：如果所有销售地点的剩余需求合计大于所有生产工厂的剩余产品合计，那么所有销售地点未满足需求合计等于剩余需求合计减去剩余产品合计，否则为0。

11. 在单元格N21中输入公式"=(5*B4–N19)/(5*B4)"，表示企业的生产能力利用率，等于总的生产能力减去未售出产品合计，然后除以总的生产能力。

12. 在单元格N22中输入公式"=(SUM(G19:G23)–N20)/SUM(G19:G23)"，表示该企业对市场需求的满足率，等于总的市场需求减去未满足需求合计，然后除以总的市场需求。

第五步：输出变量

依次选择单元格N5、N6、N13、N14、N21、N22，点击@Risk功能区上的"Add Output"，定义模型的输出变量。

结果解读（问题1）

下面对问题1"计算三种灵活性模式下，生产能力利用率和市场需求满足率的概率分布。"的结果进行解读。

在@Risk功能区上的"Iterations"处的下拉菜单中选择"5000"，指定抽样数为5 000，然后，点击@Risk"Simulation"功能区中的"Start Simulation"，开始模拟。

图23.3给出了没有灵活性模式下生产能力利用率的概率密度和累积概率叠加图。从中可以看到，最小值为57.9%，最大值为100.0%，均值为90.1%，有0.446的可能性生产利用率会低于90%。

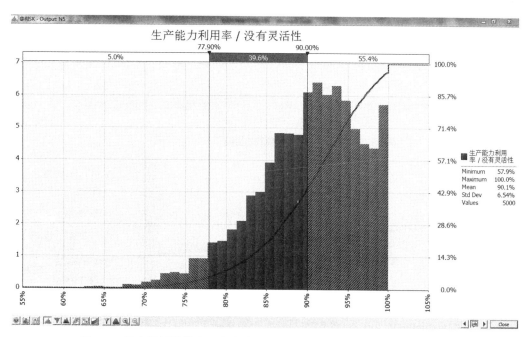

图23.3 没有灵活性模式下生产能力利用率的概率密度和累积概率叠加图

图23.4给出了链形灵活性模式下生产能力利用率的概率密度和累积概率叠加图。从中可以看到，最小值为59.9%，最大值为100.0%，均值为93.0%，有0.274的可能性生产利用率会低于90%。

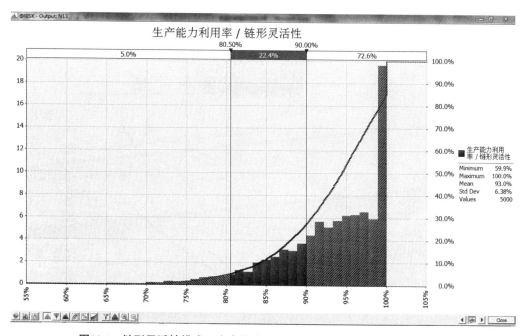

图23.4 链形灵活性模式下生产能力利用率的概率密度和累积概率叠加图

图23.5给出了网形灵活性模式下生产能力利用率的概率密度和累积概率叠加图。从中可以看到,最小值为59.9%,最大值为100.0%,均值为95.6%,有0.18的可能性生产利用率会低于90%。

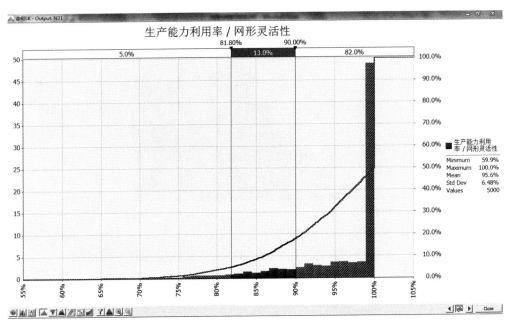

图23.5 网形灵活性模式下生产能力利用率的概率密度和累积概率叠加图

图23.6给出了三种灵活性模式下生产能力利用率的累积概率叠加图。

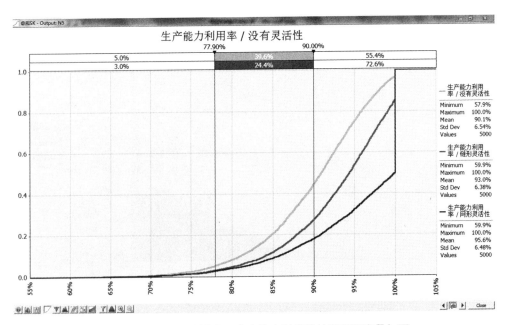

图23.6 三种灵活性模式下生产能力利用率的累积概率叠加图

图23.7给出了没有灵活性模式下市场需求满足率的概率密度和累积概率叠加图。从中可以看到,最小值为71.8%,最大值为100.0%,均值为90.5%,有0.449的可能性市场需求满足率会低于90%。

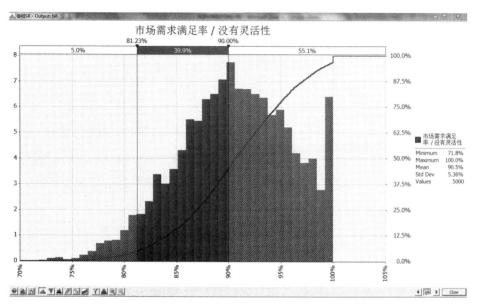

图23.7 没有灵活性模式下市场需求满足率的概率密度和累积概率叠加图

图23.8给出了链形灵活性模式下市场需求满足率的概率密度和累积概率叠加图。从中可以看到,最小值为71.8%,最大值为100.0%,均值为93.5%,有0.239的可能性市场需求满足率会低于90%。

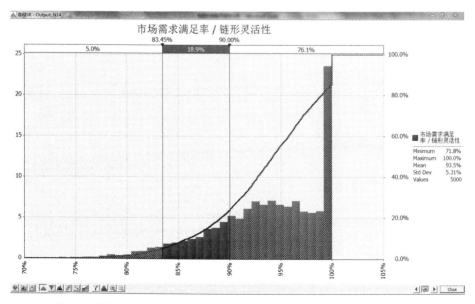

图23.8 链形灵活性模式下市场需求满足率的概率密度和累积概率叠加图

图23.9给出了网形灵活性模式下市场需求满足率的概率密度和累积概率叠加图。从中可以看到，最小值为71.8%，最大值为100.0%，均值为96.1%，有0.149的可能性市场需求满足率会低于90%。

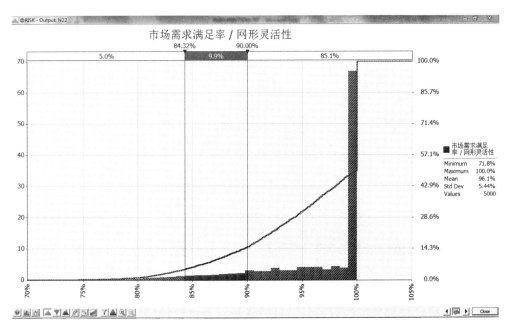

图23.9　网形灵活性模式下市场需求满足率的概率密度和累积概率叠加图

图23.10给出了三种灵活性模式下市场需求满足率的累积概率叠加图。

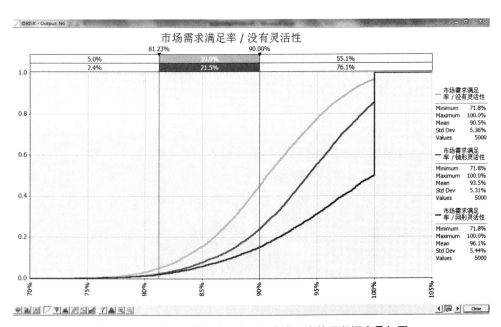

图23.10　三种灵活性模式下市场需求满足率的累积概率叠加图

结果解读（问题2）

下面对问题2"假定需求均值分别变为150、175、200、225、250，分析生产能力利用率和市场需求满足率的变化情况。"的结果进行解读。

首先在区域A17：A21处输入"1、2、3、4、5"，表示序号。在区域B17：B21处输入"150、175、200、225、250"，表示需要变化的需求均值数值。然后，选择单元格B2，输入公式"=RiskSimtable(B17:B21)"。RiskSimtable是@Risk函数，用于指定并选取区域中的值进行多次模拟。在@Risk功能区上的Simulations处输入"5"，表示共进行5次模拟。点击"Start Simulation"，开始模拟。

图23.11—图23.15分别展示了不同的市场需求均值下，三种灵活性模式对应的生产能力利用率累积概率叠加图。从中可看到，在市场需求均值较小的情况下，链形和网形灵活性相对于没有灵活性模式对生产能力利用率有所提高，但是两者之间差别不大。随着市场需求均值的增加，链形和网形灵活性相对于没有灵活性模式对生产能力利用率提高很大，而且两者之间差别也在变大。当市场需求均值继续变大，达到较高水平时，即使没有制造和销售灵活性，企业也可以达到较高水平的生产能力利用率。

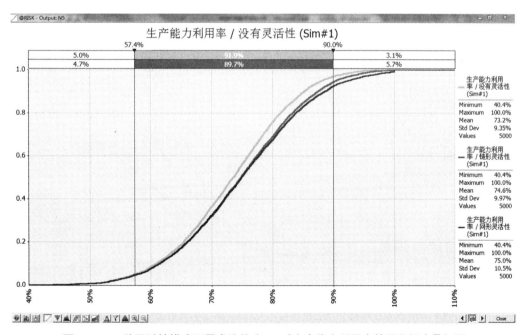

图23.11　三种灵活性模式下需求均值为150时生产能力利用率的累积概率叠加图

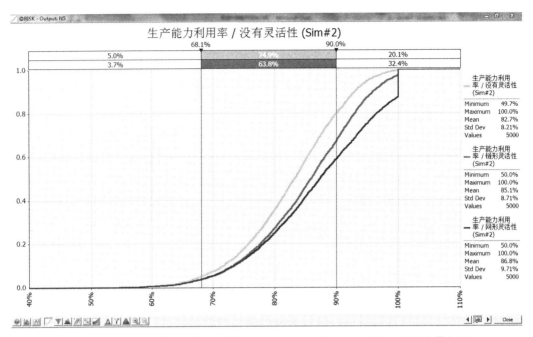

图23.12 三种灵活性模式下需求均值为175时生产能力利用率的累积概率叠加图

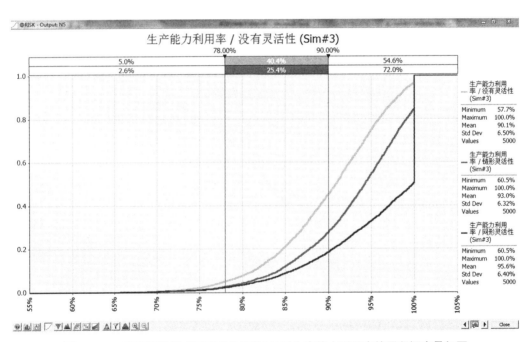

图23.13 三种灵活性模式下需求均值为200时生产能力利用率的累积概率叠加图

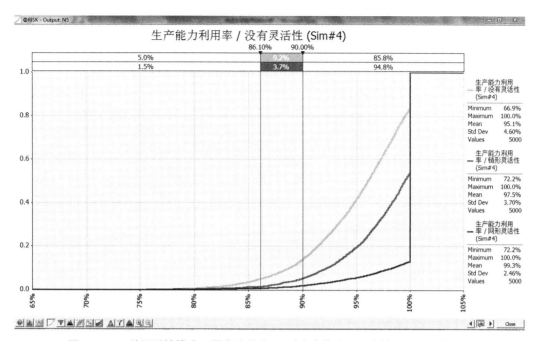

图23.14 三种灵活性模式下需求均值为225时生产能力利用率的累积概率叠加图

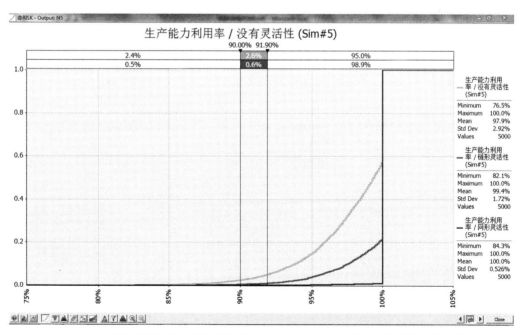

图23.15 三种灵活性模式下需求均值为250时生产能力利用率的累积概率叠加图

图23.16—图23.20分别展示了不同的市场需求均值下,三种灵活性模式对应的市场需求满足率的累积概率叠加图。从中可看到,在市场需求均值较小的情况下,链形和网形灵活性相对于没有灵活性模式,对市场需求满足率有所提高,但是由于市场需求较小,即使

没有制造和销售灵活性也很容易达到较高的水平的市场需求满足率。随着市场需求均值的增加，没有灵活性模式下的市场满足率下降很快，链形和网形灵活性相对于没有灵活性模式对市场满足率有很大改善。同时，随着市场需求均值变大，链形灵活性和网形灵活性模式对市场满足率的改善差距在减少。

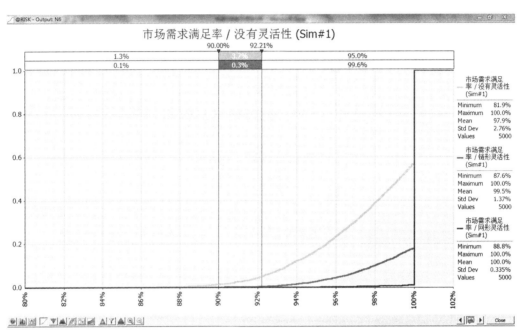

图23.16　三种灵活性模式下需求均值为150时市场需求满足率的累积概率叠加图

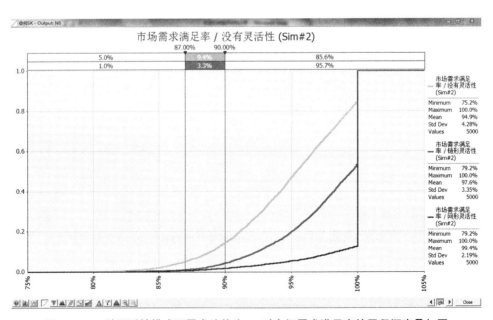

图23.17　三种灵活性模式下需求均值为175时市场需求满足率的累积概率叠加图

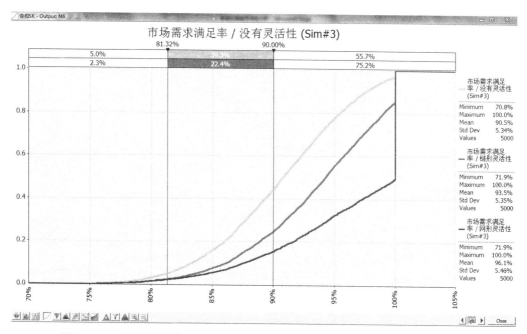

图23.18 三种灵活性模式下需求均值为200时市场需求满足率的累积概率叠加图

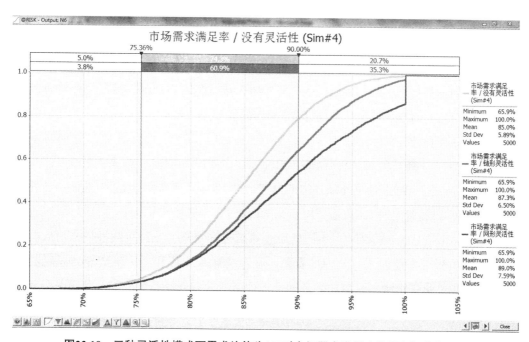

图23.19 三种灵活性模式下需求均值为225时市场需求满足率的累积概率叠加图

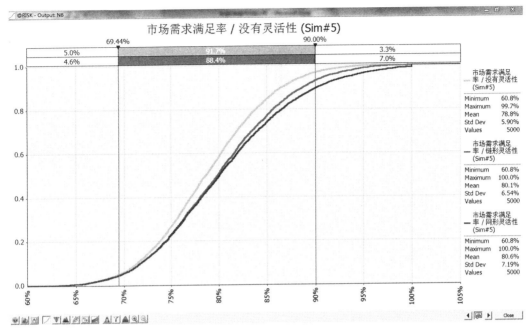

图23.20　三种灵活性模式下需求均值为250时市场需求满足率的累积概率叠加图

结果解读（问题3）

下面对问题3"假定需求标准差分别变为40、45、50、55、60，分析生产能力利用率和市场需求满足率的变化情况。"的结果进行解读。

首先在区域C17：C21处输入"40、45、50、55、60"，表示需要变化的需求标准差数值。然后，选择单元格B2，输入"200"，把需求均值变回原来的200。选择单元格B3，输入公式"=RiskSimtable(C17:C21)"，在@Risk功能区上的Simulations处输入"5"，表示共进行5次模拟。点击"Start Simulation"，开始模拟。

图23.21—图23.25分别展示了不同的市场需求标准差下，三种灵活性模式对应的生产能力利用率累积概率叠加图。从中可看到，在市场需求均值和工厂生产能力固定的情况下，不管标准差的变化情况，增加生产和销售的灵活性对于提高生产能力利用率会有很大改善。特别是在标准差比较大的情况下，这种改善效果明显。

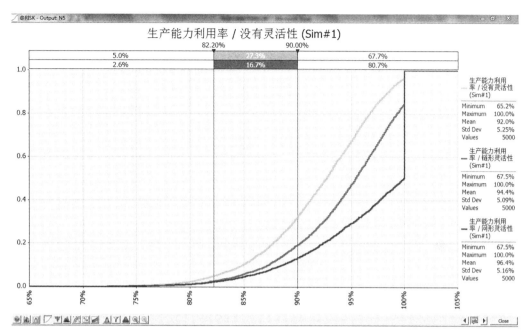

图23.21　三种灵活性模式下需求标准差为40时生产能力利用率的累积概率叠加图

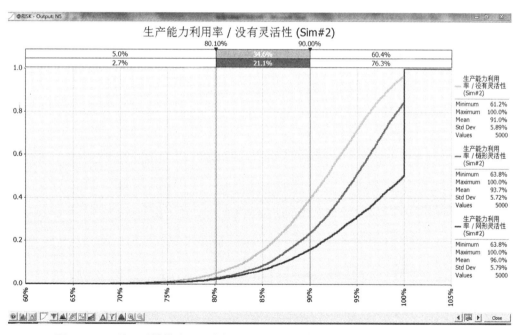

图23.22　三种灵活性模式下需求标准差为45时生产能力利用率的累积概率叠加图

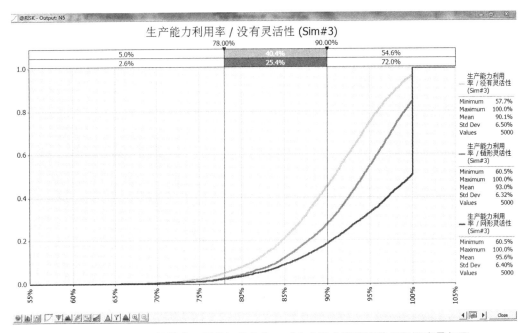

图23.23　三种灵活性模式下需求标准差为50时生产能力利用率的累积概率叠加图

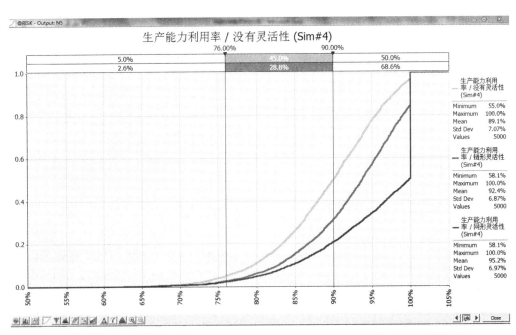

图23.24　三种灵活性模式下需求标准差为55时生产能力利用率的累积概率叠加图

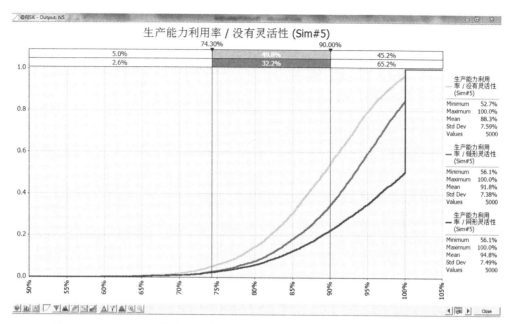

图23.25 三种灵活性模式下需求标准差为60时生产能力利用率的累积概率叠加图

图23.26—图23.30分别展示了不同的市场需求标准差下,三种灵活性模式对应的市场需求满足率累积概率叠加图。从中可看到,在市场需求均值和工厂生产能力固定的情况下,不管标准差如何变化,增加生产和销售的灵活性均能提高生产能力利用率。特别是在标准差比较大的情况下,这种改善效果尤其明显。

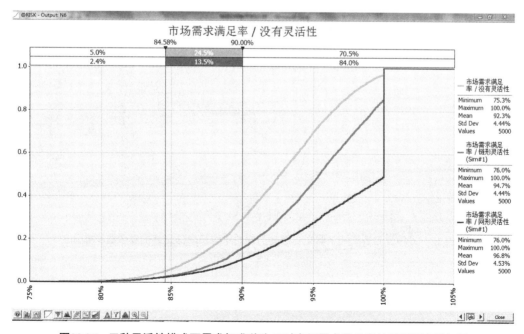

图23.26 三种灵活性模式下需求标准差为40时市场需求满足率的累积概率叠加图

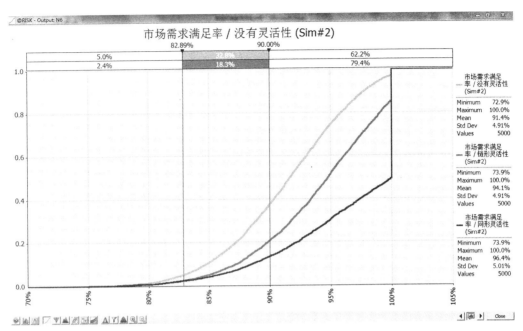

图23.27 三种灵活性模式下需求标准差为45时市场需求满足率的累积概率叠加图

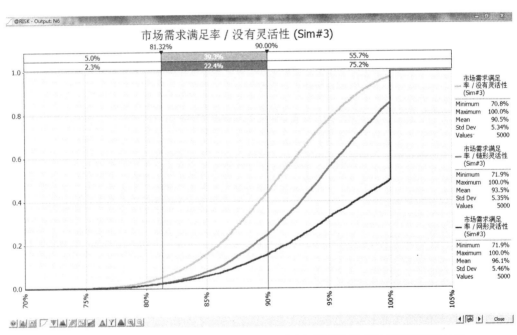

图23.28 三种灵活性模式下需求标准差为50时市场需求满足率的累积概率叠加图

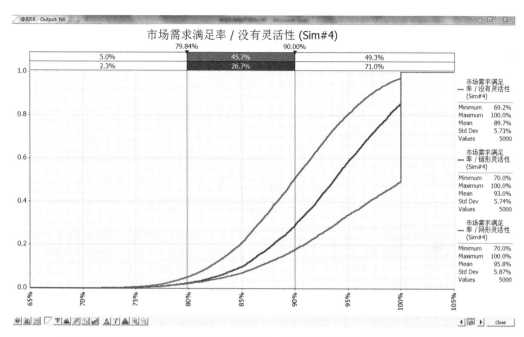

图23.29 三种灵活性模式下需求标准差为55时市场需求满足率的累积概率叠加图

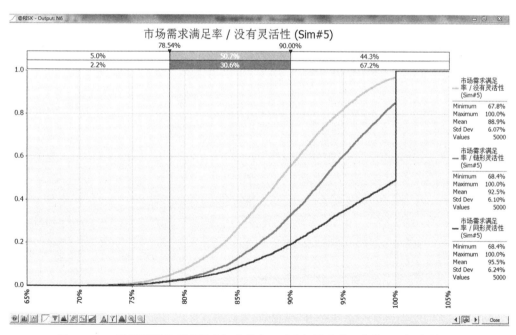

图23.30 三种灵活性模式下需求标准差为60时市场需求满足率的累积概率叠加图

结果解读（问题4）

下面对问题4"假定每个工厂的生产能力分别变为150、175、200、225、250，分析生产能力利用率和市场需求满足率的变化情况。"的结果进行解读。

首先在区域E17：E21处输入"150、175、200、225、250"，表示需要变化的生产能力数值。然后，选择单元格B3，输入"50"，把需求标准差变回原来的50。选择单元格B4，输入公式"=RiskSimtable(D17:D21)"，在@Risk功能区上的Simulations处输入"5"，表示共进行5次模拟。点击"Start Simulation"，开始模拟。

图23.31—图23.35分别展示了不同的生产能力下，三种灵活性模式对应的生产能力利用率累积概率叠加图。从中可看到，在生产能力较小的情况下，链形和网形灵活性相对于没有灵活性模式，提高了企业的生产能力利用率，但是两者之间差别不大。随着生产能力的增加，链形和网形灵活性相对于没有灵活性模式，对生产能力利用率提高幅度不断变大，但是两者之间的差别在变小。当生产能力变得比较大时，链形和网形灵活性对生产能力利用率的改善幅度差别不大。

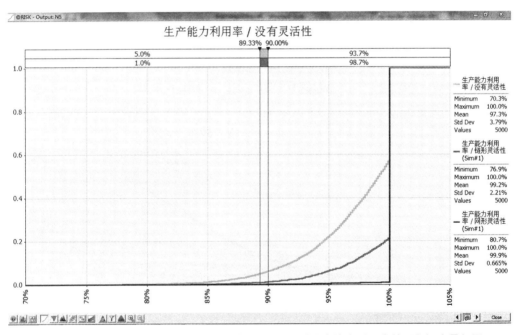

图23.31　三种灵活性模式下每个厂的生产能力为150时生产能力利用率的累积概率叠加图

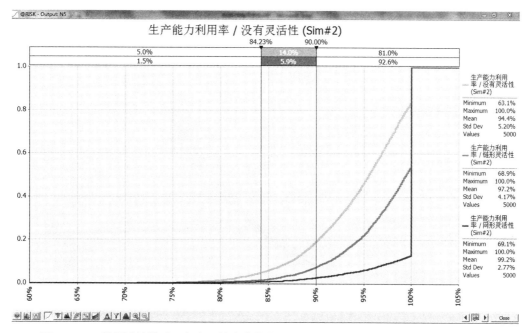

图23.32 三种灵活性模式下每个厂的生产能力为175时生产能力利用率的累积概率叠加图

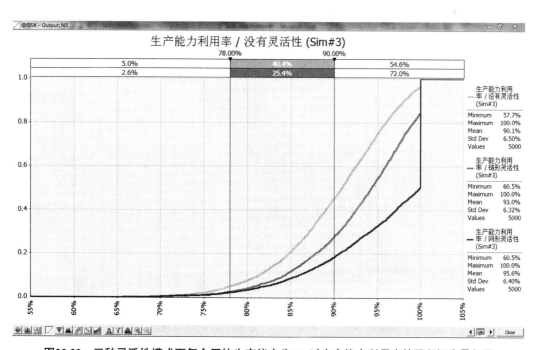

图23.33 三种灵活性模式下每个厂的生产能力为200时生产能力利用率的累积概率叠加图

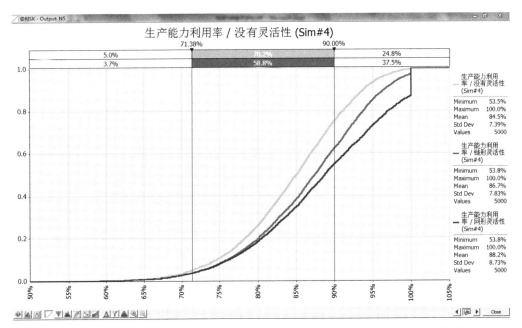

图23.34 三种灵活性模式下每个厂的生产能力为225时生产能力利用率的累积概率叠加图

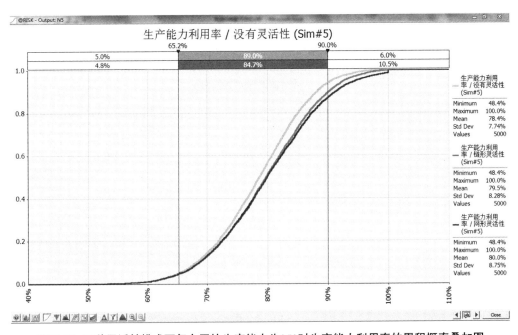

图23.35 三种灵活性模式下每个厂的生产能力为250时生产能力利用率的累积概率叠加图

图23.36—图23.40分别展示了不同的生产能力下,三种灵活性模式对应的市场需求满足率累积概率叠加图。从中可看到,在生产能力较小的情况下,链形和网形灵活性相对于没有灵活性模式,能够提高市场需求满足率,但是两者之间差别不大。随着生产能力的增

加，链形和网形灵活性相对于没有灵活性模式，对市场需求满足率的提高幅度很大，而且两者之间的差别在变大。但当生产能力变得比较大时，链形和网形灵活性对市场需求满足率的改善幅度差别不大。

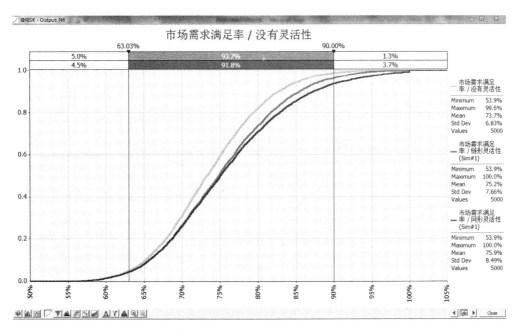

图23.36 三种灵活性模式下每个厂的生产能力为150时市场需求满足率的累积概率叠加图

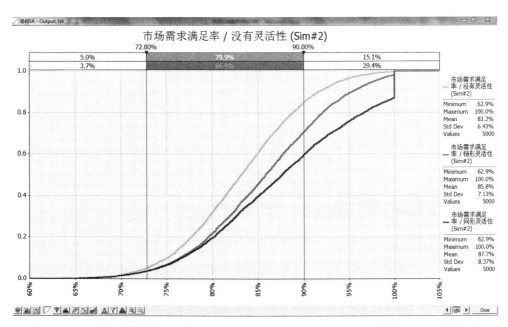

图23.37 三种灵活性模式下每个厂的生产能力为175时市场需求满足率的累积概率叠加图

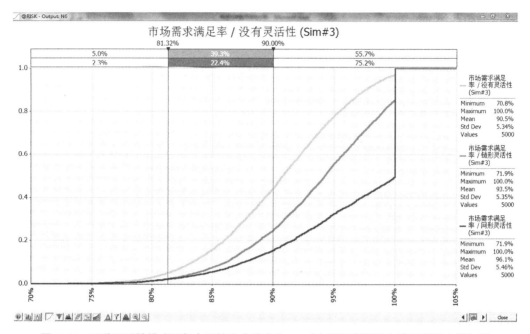

图23.38 三种灵活性模式下每个厂的生产能力为200时市场需求满足率的累积概率叠加图

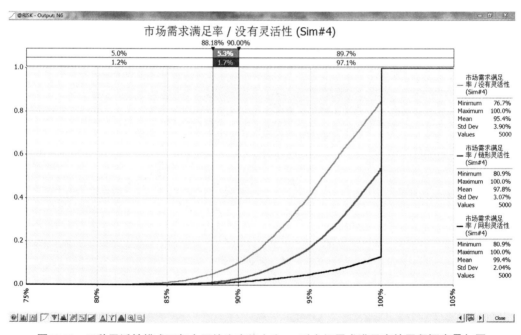

图23.39 三种灵活性模式下每个厂的生产能力为225时市场需求满足率的累积概率叠加图

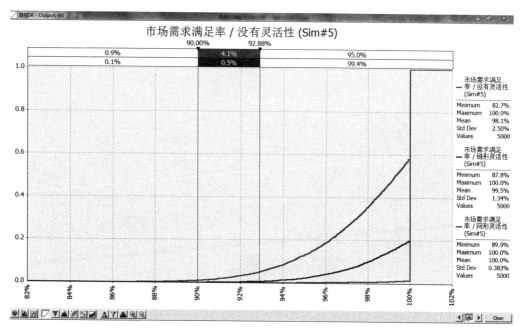

图23.40 三种灵活性模式下每个厂的生产能力为250时市场需求满足率的累积概率叠加图

从以上分析可以看出，增加销售和生产灵活性可以改善生产能力利用率和市场需求满足率。但是，在不同的生产和销售条件下，改善的幅度和效率具有较大的差异性。一味地增加灵活性不见得会提高企业整体运营效率。企业管理者还需要仔细考虑和分析两者之间的关系，做出适宜的权衡，确定合理的生产和销售灵活性策略。

Chapter Twenty-four

顺序优化问题分析

线性及非线性规划问题

在企业管理中，我们常会遇到一些决策变量取非负整数值的规划问题。这类问题本质上与线性或非线性规划问题一致，只是增加了一些限制决策变量的条件，如变量必须取离散非负整数值。这类问题一般被称为整数规划问题。整数规划的一种特殊形式是0-1规划，即决策变量的取值仅限于0或1。0-1规划在整数规划中占有很重要的地位，许多实际问题都可以归结为0-1规划，例如指派问题、选址问题和送货问题等。解决0-1规划的方法有很多，包括割平面法、分支定界法、匈牙利法等。这里，我们介绍用DecisionTools Suite套件中的Evolver组件，对0-1规划问题求解。Evolver提供了一种Order算法，可以方便地对指派问题和送货问题求解。这种算法使用起来非常灵活方便，并且没有其他约束条件。下面我们通过2个案例来展示如何使用Evolver在Excel中建立优化分析模型，求解0-1规划问题。

案例描述

1. 工作指派问题

一家企业有5个员工：甲、乙、丙、丁、戊，有5种固定类型的工作任务E、J、G、R、F，不同员工完成各项任务的工作效率和所需时间不同，见表24.1。

问题：每个人只能干一项任务，如何为5个人指派任务，可以最优化工作效率？

表24.1 员工完成任务所需时间（1为单位时间）

	E	J	G	R	F
甲	12	7	9	7	9
乙	8	9	6	6	6
丙	7	17	12	14	9
丁	15	14	6	6	10
戊	4	10	7	10	9

2. 旅行商路线问题

一家企业计划在全国15个城市进行产品巡回路演。这15个城市包括：蚌埠市、保定市、北京市、本溪市、滨州市、沧州市、昌吉市、长春市、长治市、常德市、常州市、巢湖市、潮州市、成都市、滁州市。各个城市间的公路距离见表24.2。

问题：企业希望规划出一个城市巡回路演路线，从一个城市出发，走遍所有城市并且一个城市只路过一次，最后回到最初出发的城市，要求这个规划可以使得巡回路线最短。

表24.2 十五个城市间的公路距离

(单位：公里)

城市	蚌埠市	保定市	北京市	本溪市	滨州市	沧州市	昌吉市	长春市	长治市	常德市	常州市	巢湖市	潮州市	成都市	滁州市
蚌埠市	0.00	680.00	778.60	1087.73	497.07	597.99	2867.92	1398.56	530.59	692.43	275.99	156.03	1032.90	1278.98	113.48
保定市	680.00	0.00	140.05	755.76	277.69	136.84	2401.68	992.68	361.88	1145.76	886.08	835.72	1692.59	1381.29	772.14
北京市	778.60	140.05	0.00	641.63	314.10	182.19	2432.91	860.98	501.89	1281.29	957.97	931.85	1804.49	1515.15	860.95
本溪市	1087.73	755.76	641.63	0.00	658.12	676.06	2970.99	314.63	1082.54	1745.53	1110.39	1198.58	2067.73	2121.67	1109.28
滨州市	497.07	277.69	314.10	658.12	0.00	144.23	2673.17	948.96	456.10	1097.48	647.00	642.12	1529.59	1483.73	563.76
沧州市	597.99	136.84	182.19	676.06	144.23	0.00	2538.26	940.32	406.72	1135.40	777.63	750.40	1627.06	1445.64	678.81
昌吉市	2867.92	2401.68	2432.91	2970.99	2673.17	2538.26	0.00	3014.51	2346.99	2722.36	3141.98	2992.51	3494.55	2089.43	2981.20
长春市	1398.56	992.68	860.98	314.63	948.96	940.32	3014.51	0.00	1342.87	2045.24	1424.31	1512.41	2382.10	2373.94	1423.23
长治市	530.59	361.88	501.89	1082.54	456.10	406.72	2346.99	1342.87	0.00	806.28	798.59	672.43	1432.85	1039.22	643.47
常德市	692.43	1145.76	1281.29	1745.53	1097.48	1135.40	2722.36	2045.24	806.28	0.00	848.84	657.44	774.52	755.12	730.23
常州市	275.99	886.08	957.97	1110.39	647.00	777.63	3141.98	1424.31	798.59	848.84	0.00	198.80	958.56	1513.19	165.70
巢湖市	156.03	835.72	931.85	1198.58	642.12	750.40	2992.51	1512.41	672.43	657.44	198.80	0.00	890.12	1315.11	89.50
潮州市	1032.90	1692.59	1804.49	2067.73	1529.59	1627.06	3494.55	2382.10	1432.85	774.52	958.56	890.12	0.00	1463.86	974.66
成都市	1278.98	1381.29	1515.15	2121.67	1483.73	1445.64	2089.43	2373.94	1039.22	755.12	1513.19	1315.11	1463.86	0.00	1360.87
滁州市	113.48	772.14	860.95	1109.28	563.76	678.81	2981.20	1423.23	643.47	730.23	165.70	89.50	974.66	1360.87	0.00

解决方法和步骤（1.工作指派问题）

案例1和案例2给出的问题本质上是一样的，都是调整顺序以使得目标结果达到最优。Evolver中提供了一个Order算法，可以非常方便地解决此类问题。使用Order算法时，先给出一个以数字代表的初始顺序，并指定初始顺序所在的Excel单元格为可变单元格，Evolver会根据建立的优化分析模型，通过变化每个单元格的取值顺序优化目标。其中，可变单元格的取值范围局限于事先给定的数值。

图24.1展示了案例1中的工作指派分析的完整模型，读者可以按照以下步骤开发这个模型。

	A	B	C	D	E	F	G	H	I
1		序号	E	J	G	R	F		
2	甲	1	12	7	9	7	9		
3	乙	2	8	9	6	6	6		
4	丙	3	7	17	12	14	9		
5	丁	4	15	14	6	6	10		
6	戊	5	4	10	7	10	9		
7									
8		指派	1	2	3	4	5	合计	
9		时间	12	9	12	6	9	48	
10									

图24.1　工作指派分析模型

第一步：员工和任务完成时间

1. 在区域A2:A6中输入"甲、乙、丙、丁、戊"，表示5个员工。

2. 在区域B2:B6中输入"1、2、3、4、5"，给每个员工设定数字编号。

3. 在区域C1:G1中输入"E、J、G、R、F"，表示5个需要完成的任务。

4. 在区域C2:G6中输入表24.1提供的每个人完成任务所需时间。

第二步：初始指派顺序

1. 在区域C8:G8中输入"1、2、3、4、5"，指定一个初始指派顺序，即指派任务E给甲、指派任务J给乙、指派任务G给丙、指派任务R给丁、指派任务F给戊。

2. 在单元格C9中输入公式"=VLOOKUP(C8,$B$2:$G$6,2)"，表示由甲来完成任务E所需的时间。VLOOKUP是Excel函数，搜索表区域首列满足条件的元素，确定待检索单元格在区域中的行序号，再进一步根据列序号，返回选定单元格的值。也就是说，VLOOKUP函数会首先找到C8中的数值1，然后在区域B2:G6的首列中寻找到等于1的行序号（即1），再返回区域B2:G6的第1行、第2列的数值（即12）。

3. 以此类推，在单元格D9中输入公式"=VLOOKUP(D8,$B$2:$G$6,3)"，表示由乙来完成任务J所需时间。

4. 在单元格E9中输入公式"=VLOOKUP(E8,$B$2:$G$6,4)"，表示由丙来完成任务G

所需时间。

5. 在单元格F9中输入公式"=VLOOKUP(F8,$B$2:$G$6,5)",表示由丁来完成任务R所需时间。

6. 在单元格G9中输入公式"=VLOOKUP(G8,$B$2:$G$6,6)",表示由戊来完成任务F所需时间。

第三步：总时间

在单元格H9中输入公式"=SUM(C9:G9)",计算5个人完成5个任务所需总时间。

第四步：优化模型

1. 点击Evolver功能区上的"Model Definition"按钮,新出现一个页面,见图24.2。

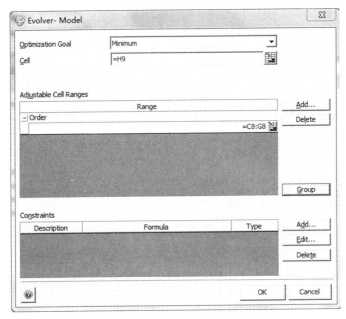

图24.2　Evolver优化建模页面

2. 在"Optimization Goal"处的下拉菜单中选择"Minimum",表示最小化。

3. 在"Cell"处选择单元格H9,表示优化目标为总时间。

4. 在"Adjustable Cell Ranges"处,点击"Add...",选择区域C8:G8作为可调整单元格。

5. 点击"Group" → "Edit",新出现一个页面,见图24.3。

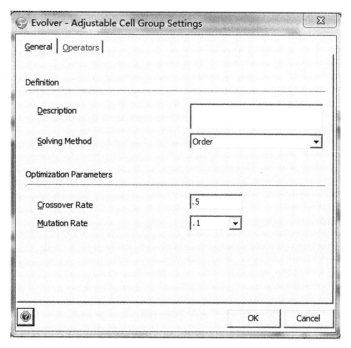

图24.3　Evolver可调整单元格组设置页面

6. 在"Solving Method"处的下拉菜单中选择"Order",即选择Order(顺序)算法。

7. 点击"OK",回到图24.2页面。这时看到"Adjustable Cell Ranges"处显示算法为"Order",可调整单元格为"=C8:G8"。

8. 点击"OK",回到Excel页面。

第五步：优化设置

1. 点击Evolver功能区上的"Settings"按钮,新出现页面见图24.4。

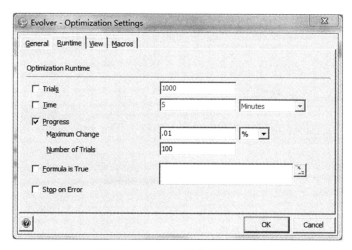

图24.4　Evolver优化设置页面

2. 点击"Runtime"页面，在"Progress"前划勾，表示当上100次抽样计算中优化目标最大改变不超过0.01%时，优化停止。

3. 点击"OK"，回到Excel页面。

4. 点击Evolver功能区上的"Start"，开始优化。图24.5给出了优化后的工作指派结果和总时间。可以看到，优化后的总时间为32小时，指派戊完成任务E、指派甲完成任务J、指派丁完成任务G、指派乙完成任务R、指派丙完成任务F。

图24.5 优化后的工作指派结果和总时间

解决方法和步骤（2.旅行商路线问题）

图24.6展示了案例2中的旅行商路线分析的完整模型，读者可以按照以下步骤开发这个模型。

图24.6 旅行商路线分析模型

第一步：城市名称和城市间距离

1. 在区域B2:B16中输入15个城市的名称。

2. 在区域A2:A16中输入"1、2、…、15",给每个城市一个数字代号。

3. 在区域C1:Q1中输入15个城市的名称。

4. 在区域C2:Q16中按照表24.2输入15个城市间距离。

第二步：初始路线和距离

1. 在区域C18:Q18中输入"1，2，…，15"，表示巡回路演旅行顺序。

2. 在区域C19:Q19中输入"1，2，…，15"，指定一个初始路线，即按照城市初始代号由小到大形成旅行商路线。根据题意，此路线为环线，即第15个城市路演后会直接回到出发城市1。

3. 在单元格C20中输入公式"=INDEX($B$2:$B$16,C19,0)"，返回与C19中给定的城市代号相对应的城市名称。其中，INDEX为Excel函数，在给定的单元格区域中，返回特定行列交叉处单元格的值或引用。这样，函数INDEX($B$2:$B$16,C19,0)找到区域B2:B16的第1行（C19值为1）和第0列的单元格的值，即"蚌埠市"。

4. 复制单元格C20，选择区域D20:Q20粘贴，返回其他巡回路演城市代号相对应的城市名称。

5. 在单元格C21中输入公式"=INDEX($C$2:$Q$16,C19,D19)"，返回区域C2:Q16中第1行（C19值为1）、第2列（D19值为2）的单元格的值"680.00"。这样，如果出发城市是蚌埠市，第2个城市是保定市，那么两个城市的距离为680公里。

6. 复制单元格C21，选择区域D21:P21粘贴，返回第2个城市到倒数第2个城市的城市间距离。

7. 在单元格Q21中输入公式"=INDEX($C$2:$Q$16,Q19,C19)"，返回最后一个城市到出发城市间的距离。

第三步：总时间

在单元格C23中输入公式"=SUM(C21:Q21)"，计算15个城市巡回路演的总距离。

第四步：优化模型

1. 点击Evolver功能区上的"Model Definition"按钮，新出现一个页面，见图24.7。

2. 在"Optimization Goal"处的下拉菜单中选择"Minimum"，表示最小化。

3. 在"Cell"处选择单元格C23，表示优化目标为总路线距离。

4. 在"Adjustable Cell Ranges"处，点击"Add..."，选择区域C19:Q19作为可调整单元格。

5. 点击"Group"→"Edit"，新出现一个页面，见图24.8。

6. 在"Solving Method"处的下拉菜单中选择"Order"，即选择Order（顺序）算法。

7. 点击"OK"，回到图24.2页面。这时看到"Adjustable Cell Ranges"处显示算法为"Order"，可调整单元格为"=C19:Q19"。

8. 点击"OK",回到Excel页面。

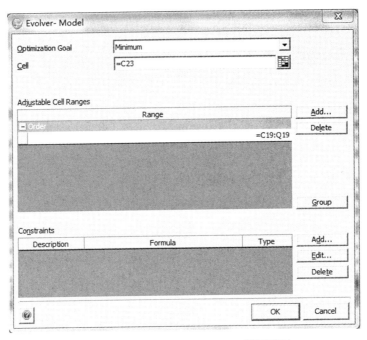

图24.7　旅行商路线问题Evolver模型页面

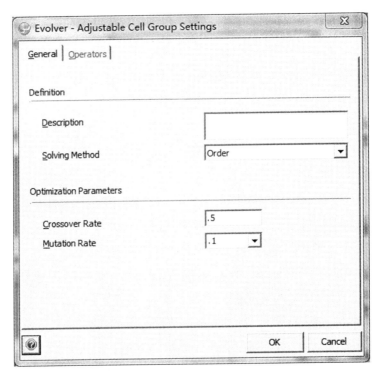

图24.8　旅行商路线问题Evolver可调整单元格组设置页面

第五步：优化设置

1. 点击Evolver功能区上的"Settings"按钮，新出现页面见图24.9。

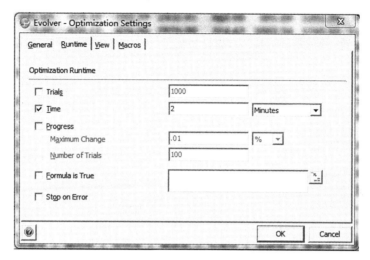

图24.9　旅行商路线问题Evolver优化设置

2. 点击"Runtime"页面，在"Time"前划勾，在空白处键入"2"，表示优化时间为2分钟。

3. 点击"OK"，回到Excel页面。

4. 点击Evolver功能区上的"Start"，开始优化。图24.10给出了旅行商路线问题优化过程观察页面。从中可以看到，开始后2分钟时优化结束。在第5 301次试验取得最小化距离的巡回路演路线距离10 321.2955公里。

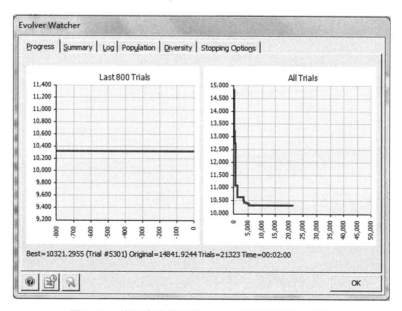

图24.10　旅行商路线问题Evolver优化过程观察页面

图24.11给出了优化后的旅行商巡回路演路线和总距离。从中可以看到，进行2分钟优化分析后，得到的最优路线为：昌吉市→长治市→保定市→北京市→长春市→本溪市→沧州市→滨州市→蚌埠市→滁州市→巢湖市→常州市→潮州市→常德市→成都市→昌吉市，总路线距离为10 321.30公里。

	A	B	C	D	E	F	G	H	I	J	K	L	M	N	O	P	Q
1	代号	城市	蚌埠市	保定市	北京市	本溪市	滨州市	沧州市	昌吉市	长春市	长治市	常德市	常州市	巢湖市	潮州市	成都市	滁州市
2	1	蚌埠市	0.00	680.00	778.60	1087.73	497.07	597.99	2867.92	1398.56	530.59	692.43	275.99	156.03	1032.90	1278.98	113.48
3	2	保定市	680.00	0.00	140.05	755.76	277.69	136.84	2401.68	992.68	361.88	1145.76	886.08	835.72	1692.59	1381.29	772.14
4	3	北京市	778.60	140.05	0.00	641.63	314.10	182.19	2432.91	860.98	501.89	1281.29	957.97	931.85	1804.49	1515.15	860.95
5	4	本溪市	1087.73	755.76	641.63	0.00	658.12	676.06	2970.99	314.63	1082.54	1745.53	1110.39	1198.58	2067.73	2121.67	1109.28
6	5	滨州市	497.07	277.69	314.10	658.12	0.00	144.23	2673.17	948.96	456.10	1097.48	647.00	642.12	1529.59	1483.73	563.76
7	6	沧州市	597.99	136.84	182.19	676.06	144.23	0.00	2538.26	940.32	406.72	1135.40	777.63	750.40	1627.06	1445.64	678.81
8	7	昌吉市	2867.92	2401.68	2432.91	2970.99	2673.17	2538.26	0.00	3014.51	2346.99	2722.36	3141.98	2992.51	3494.55	2089.43	2981.20
9	8	长春市	1398.56	992.68	860.98	314.63	948.96	940.32	3014.51	0.00	1342.87	2045.24	1424.31	1512.41	2382.10	2373.94	1423.23
10	9	长治市	530.59	361.88	501.89	1082.54	456.10	406.72	2346.99	1342.87	0.00	806.28	798.59	672.43	1432.85	1039.22	643.47
11	10	常德市	692.43	1145.76	1281.29	1745.53	1097.48	1135.40	2722.36	2045.24	806.28	0.00	848.84	657.44	774.52	755.12	730.23
12	11	常州市	275.99	886.08	957.97	1110.39	647.00	777.63	3141.98	1424.31	798.59	848.84	0.00	198.80	958.56	1513.19	165.70
13	12	巢湖市	156.03	835.72	931.85	1198.58	642.12	750.40	2992.51	1512.41	672.43	657.44	198.80	0.00	890.12	1315.11	89.50
14	13	潮州市	1032.90	1692.59	1804.49	2067.73	1529.59	1627.06	3494.55	2382.10	1432.85	774.52	958.56	890.12	0.00	1463.86	974.66
15	14	成都市	1278.98	1381.29	1515.15	2121.67	1483.73	1445.64	2089.43	2373.94	1039.22	755.12	1513.19	1315.11	1463.86	0.00	1360.87
16	15	滁州市	113.48	772.14	860.95	1109.28	563.76	678.81	2981.20	1423.23	643.47	730.23	165.70	89.50	974.66	1360.87	0.00

	路线	1	2	3	4	5	6	7	8	9	10	11	12	13	14	15
18	代号	7	9	2	3	8	4	6	5	1	15	12	11	13	10	14
20	城市	昌吉市	长治市	保定市	北京市	长春市	本溪市	沧州市	滨州市	蚌埠市	滁州市	巢湖市	常州市	潮州市	常德市	成都市
21	距离	2346.99	361.88	140.05	860.98	314.63	676.06	144.23	497.07	113.48	89.50	198.80	958.56	774.52	755.12	2089.43

总距离	10321.30

图24.11 优化后的旅行商巡回路演路线及总距离

Chapter Twenty-five

时间序列预测

以预测销售额为例

时间序列分析和预测是一种分析历史数据中存在的规律并在此基础上预测未来趋势的方法。时间序列分析方法假定尽管存在随机干扰，但还是可以使用一定的要素及其关系对历史数据中存在的规律加以描述。时间序列分析模型一般需要考虑多种要素及其相互关系，包括不同时期变量数值之间的关系、变量随时间变化的范围、趋势性、季节性、周期性、随机干扰与时间之间的关系等等。可用于时间序列分析和预测的方法很多，常见的方法包括移动平均法和指数平滑法。

DecisionTools Suite套件中的一个组件StatTools可以在Excel环境下进行时间序列分析。StatTools在时间序列分析和预测方面提供以下分析功能：数据随机性测试、自相关分析、移动平均法、一般指数平滑法、指数平滑法（Holt法）、指数平滑法（Winters法）。相对于其他统计软件，StatTools的特点在于可以方便地在Excel环境下操控和分析数据。这样，分析者不必把数据转换到其他语言环境再进行时间序列分析。

尽管利用统计分析软件包可以方便地处理和分析数据，但是如果不明白计算的原理和思想，那么有时很难保证分析和预测数据结果的正确性。下面通过一个案例来展示一下StatTools提供的时间序列分析功能的原理。我们使用Excel函数计算并展示StatTools提供的主要分析功能和基本求解步骤，并利用DecisionTools Suite中的优化组件Evolver对模型进行优化处理，得到时间序列模型最优参数。

案例描述

表25.1给出了一家企业1995年到1999年的季度销售数据。该企业希望利用时间序列方法分析数据中的规律，并预测2000年4个季度的销售额。

问题

1. 检验数据的随机性。
2. 计算数据的自相关系数。
3. 使用移动平均法分析数据并预测2000年4个季度的销售额。
4. 使用一般指数平滑法分析数据并预测2000年4个季度的销售额。
5. 使用Holt指数平滑法分析数据并预测2000年4个季度的销售额。

表25.1　企业1995—1999年季度销售数据

年	季度	数据	年	季度	数据
1995	1	250	1998	1	625
	2	246		2	497
	3	290		3	619
	4	348		4	703
1996	1	364	1999	1	806
	2	309		2	590
	3	400		3	821
	4	425		4	886
1997	1	410	2000	1	
	2	394		2	
	3	504		3	
	4	573		4	

解决方法和步骤（问题1）

首先定义本例中用到的一些符号。Y_t表示在时间t的观测值，F_t表示对时间t的预测值，E_t表示预测误差，即$E_t = Y_t - F_t$。F_{t+k}表示在时间t对$t+k$期的预测值。

在StatTools中使用三个统计量对时间序列模型的预测误差进行度量，分别是平均绝对误差（Mean Absolute Error，MAE）、均方根误差（Root Mean Square Error，RMSE）、平均绝对误差百分比（Mean Absolute Percentage Error，MAPE）。这三个度量统计量的计算公式如下：

$$\mathrm{MAE} = \frac{1}{N}\sum_{t=1}^{N}|E_t| \qquad (25-1)$$

$$\mathrm{RMSE} = \sqrt{\frac{1}{N}\sum_{t=1}^{N}E_t^2}, \qquad (25-2)$$

$$\mathrm{MAPE} = 100\% \times \frac{1}{N}\sum_{t=1}^{N}\left|\frac{E_t}{Y_t}\right|. \qquad (25-3)$$

图25.1展示了时间序列预测分析和预测模型的"数据"工作表。在区域A1:D25输入表1提供的年份、季度、销售数据，其中第1列为年份，第2列为相应季度，第3列C2:C25处输入"1，2，…，24"，表示相应季度对应的序号。第4列D2:D21为实际销售数据，D22:D25为需要预测的销售额。因为还没有预测，所以此处没有数据。

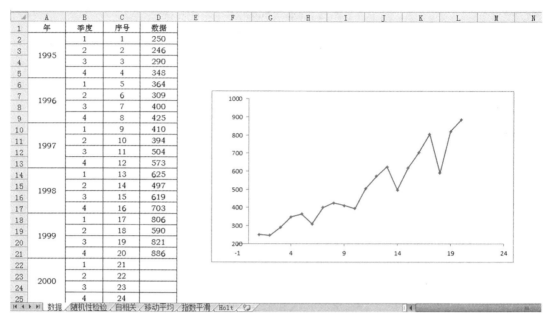

图25.1 时间序列分析和预测模型的数据工作表

在数据的右侧，给出了根据实际销售数据画出的时间序列数据图，横坐标为数据序号，纵坐标为实际销售额。

选择区域D2:D21，点击Excel工作表名称框（即工作表左上角，功能区下、fx左侧），键入"sale"，为此数据区域命名。

下面对问题1"检验数据的随机性。"的解决方法和步骤进行分析。

在StatTools中，游程检验（Run Test）方法被用来验证数据的随机性。对于一组时间序列数据，计算其均值。如果相邻两个数据皆大于或者小于均值，那么游程数保持不变；否则游程数加1。定义T为总样本数，T_A为大于均值的样本数，T_B为小于均值的样本数，R为观察到的游程数，那么R的期望和标准差如下：

$$E(R) = \frac{T + 2T_A T_B}{T}, \quad (25-4)$$

$$Stdev(R) = \sqrt{\frac{2T_A T_B (2T_A T_B - T)}{T^2 (T-1)}}. \quad (25-5)$$

在序列数据具有随机性这一零假设下，统计量Z有如下分布：

$$Z = \frac{R - E(R)}{Stdev(R)} \sim N(0, 1) \quad (25-6)$$

这样，根据Z值可以计算出显著性水平P，如果P值足够小，那么可以拒绝零假设，即序列数据不是是随机的；否则，认为零假设成立。

下面使用Excel检验数据随机性。

图25.2展示了时间序列分析和预测模型的随机性检验工作表，读者可以按照以下步骤开发这个模型。

	A	B	C	D	E	F	G	H	I	J
1	年	季度	序号	数据		游程检验	游程数		游程检验	
2	1995	1	1	250		0	1		样本数	20
3		2	2	246		0	1		低于均值	11
4		3	3	290		0	1		高于均值	9
5		4	4	348		0	1		游程数	4
6	1996	1	5	364		0	1		均值	503
7		2	6	309		0	1		期望游程数	10.9000
8		3	7	400		0	1		游程标准差	2.1535
9		4	8	425		0	1		Z值	-3.2042
10	1997	1	9	410		0	1		P值（双尾）	0.0014
11		2	10	394		0	1			
12		3	11	504		1	2			
13		4	12	573		1	2			
14	1998	1	13	625		1	2			
15		2	14	497		0	3			
16		3	15	619		1	4			
17		4	16	703		1	4			
18	1999	1	17	806		1	4			
19		2	18	590		1	4			
20		3	19	821		1	4			
21		4	20	886		1	4			
22	2000	1	21							
23		2	22							
24		3	23							
25		4	24							

数据 / 随机性检验 / 自相关 / 移动平均 / 指数平滑 / Holt

图25.2　时间序列分析和预测模型的随机性检验工作表

1. 双击Excel底部的新工作表（或者插入新工作表）的名称，输入“随机性检验”。

2. 在“随机性检验”工作表的单元格J2中输入公式“=COUNT(sale)”，计算实际销售数据的数目。

3. 在单元格J6中输入公式“=AVERAGE(sale)”，计算实际销售数据的均值。

4. 在单元格F1和G1中分别输入“游程检验”和“游程数”。

5. 在单元格F2中输入公式“=IF(D2>=$J$6,1,0)”，定义如果销售额大于等于平均值，则返回1；否则返回0。

6. 复制单元格F2，选择区域F3:F21粘贴，返回其他销售额与平均值的比较逻辑值。

7. 在单元格G2中输入“1”，表示初始游程数。

8. 在单元格G3中输入公式“=IF(F3=F2,G2,G2+1)”，表示如果前后两个比较逻辑值相等，那么表示游程数不变；否则，游程数加1。

9. 复制单元格G3，选择区域G4:G21粘贴，计算所有数据对应的游程数。

10. 在单元格J3中输入公式“=COUNTIF(F2:F21,0)”，计算低于均值的样本数。

11. 在单元格J4中输入公式“=COUNTIF(F2:F21,1)”，计算高于均值的样本数。

12. 在单元格J5中输入公式“=G21”，表示总游程数。

13. 在单元格J7中输入公式“=(J2+2*J3*J4)/J2”，依据公式（25–4）计算期望游程数。

14. 在单元格J8中输入公式"=SQRT(2*J3*J4*(2*J3*J4−J2)/(J2^2*(J2−1)))",依据公式(25-5)计算游程标准差。

15. 在单元格J9中输入公式"=(J5−J7)/J8",依据公式(25-6)计算Z值。

16. 在单元格J10中输入公式"=2*NORM.DIST(J9,0,1,TRUE)",计算Z值对应的显著性水平值(双尾)。其中,NORM.DIST为Excel函数,返回一定数值对应的正态分布累积概率值。

从图25.2可以看到,显著性水平P值等于0.0014,这样可以拒绝数据具有随机性这一零假设。实际上,从图23.1中给出的时间序列数据图也可以看到,数据之间具有较强的自相关性,因此不具备随机性。

下面我们使用StatTools来检验数据的随机性。

使用StatTools分析数据,首先需要在数据集管理器(Data Set Manager)中定义数据,然后再使用其功能分析数据。可以按照以下步骤进行分析:

1. 点解StatTools功能区上的"Data Set Manager"按钮,出现一个新的页面,见图25.3。

图25.3　StatTools的数据集管理器(Data Set Manager)页面

2. 在"New"和"Name"处对应的空白处使用缺省的"Data Set #1"或者键入你自己喜好的名字,表示数据集的名称。

3. 在"Excel Range"处输入"数据!C1:D21",表示选择的数据集存放在Excel的"数据"工作表的C1：D21区域。

4. 在"Layout"处，选择"Columns"，表明数据按列排放。

5. 在"Names in First Row"前面打勾，表明选择的数据集区域的第一行为该数据的名称。

6. 点击StatTools功能区上的"Time Series and Forecasting"下拉菜单中的"Runs Test Randomness..."按钮，新出现一个页面7见图25.4。

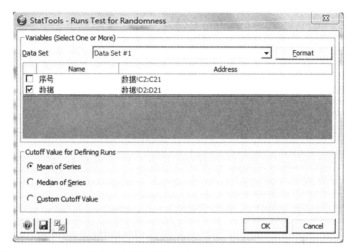

图25.4　StatTools的随机性游程检验（Runs Test for Randomness）页面

7. 在"Name"为"数据"的前面打勾，表明检验名称为"数据"的数据集的随机性。

8. 在"Cutoff Value for Defining Runs"处选择"Mean of Series"，表明以数据集的均值为参照点检验随机性。

9. 点击"OK"，产生随机性游程检验报告，见图25.5。

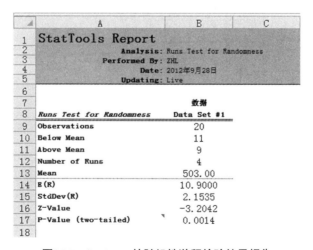

图25.5　StatTools的随机性游程检验结果报告

比较图25.5和图25.2可以发现，两者给出的分析结果相同。

解决方法和步骤（问题2）

下面分析问题2"计算数据的自相关系数。"的解决方法和步骤。

在StatTools中，按如下公式计算时间序列数据的自相关系数：

$$r_k = \frac{\sum_{t=k+1}^{n}(y_t-\bar{y})(y_{t-k}-\bar{y})}{\sum_{t=1}^{n}(y_t-\bar{y})^2}. \quad (25-7)$$

其中，r_k表示滞后k期的自相关系数，$\bar{y}$表示序列数据的均值，y_{t-k}表示t期滞后k期的样本值。自相关系数接近零，表示时间序列数据接近随机序列。如果一个时间序列滞后1期的自相关系数比较大，随着滞后期数的增加，自相关系数逐渐减少，并快速趋近于0，那么表明该时间序列为平稳性时间序列。如果一个时间序列滞后1期的自相关系数比较大，随着滞后期数的增加，自相关系数逐渐减少，但并不趋近于0，那么表明该时间序列具有某种趋势。如果一个时间序列的自相关系数出现周期性增加或者减少，那么表明该时间序列受到某种季节性因素的影响，具有季节性变化的趋势。

首先，我们使用Excel计算数据的自相关系数。

图25.6展示了时间序列分析和预测模型的自相关系数计算工作表，读者可以按照以下步骤开发这个模型。

年	季度	序号	数据		滞后	自相关系数
1995	1	1	250		1	0.7189
	2	2	246		2	0.5435
	3	3	290		3	0.5222
	4	4	348		4	0.4214
1996	1	5	364		5	0.2342
	2	6	309			
	3	7	400			
	4	8	425			
1997	1	9	410			
	2	10	394			
	3	11	504			
	4	12	573			
1998	1	13	625			
	2	14	497			
	3	15	619			
	4	16	703			
1999	1	17	806			
	2	18	590			
	3	19	821			
	4	20	886			
2000	1	21				
	2	22				
	3	23				
	4	24				

图25.6 时间序列分析和预测模型的自相关系数工作表

1. 双击Excel底部的新工作表（或者插入新工作表）的名称，输入"自相关"。

2. 在"自相关"工作表的单元格G3中输入公式"=SUMPRODUCT(OFFSET(sale,0,0,COUNT(sale)−F3)−AVERAGE(sale),OFFSET(sale,F3,0,COUNT(sale)−F3)−AVERAGE(sale))/DEVSQ(sale)"，按照公式（25-7）计算滞后1期的自相关系数。其中，OFFSET为Excel函数，以指定的引用为参照系，通过给定偏移量返回新的引用。在OFFSET(sale,0,0,COUNT(sale)−F3)中，Sale为指定的引用，第一个0表示行偏移为0，第二个0表示列偏移为0，COUNT(sale)−F3表示高度为总数据量减去滞后期数，这样，此函数返回原数据集中第1个至倒数第2个数据。函数OFFSET(sale,F3,0,COUNT(sale)−F3)返回原数据集中第2个至倒数第1个数据。DEVSQ为Excel函数，返回各数据点与数据均值点之差的平方和。

3. 复制G3，选择区域G4：G7粘贴，形成其他滞后期对应的时间序列数据自相关系数。

从图25.6可以看到，该数据的滞后1期自相关系数为0.7189，随着滞后期数的增加，自相关系数逐渐减少，但并不等于0，这表明该销售数据具有明显的趋势性变化。这一点也可以从图25.1加以验证。从图25.1可以看到，该销售数据具有明显的上升趋势。

下面我们使用StatTools来计算数据集的自相关系数。

可以按照以下步骤进行分析：

1. 点击StatTools功能区上的"Time Series and Forecasting"下拉菜单中的"Autocorrelation..."按钮，新出现一个页面，见图25.7。

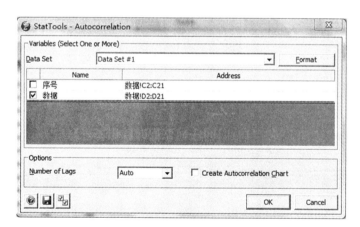

图25.7　StatTools的自相关检验（Autocorrelation）页面

2. 在"Name"为"数据"的数据集前面打勾，点击"OK"，产生一个新的报告页面，见图25.8。

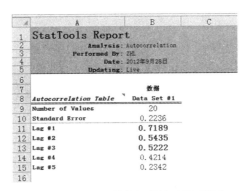

图25.8 StatTools的自相关检验结果报告

可以看到,图25.8中给出的自相关系数与图25.6给出的分析结果相同。

解决方法和步骤(问题3)

下面分析问题3"使用移动平均法分析数据并预测2000年4个季度的销售额。"的解决步骤和方法。

在时间序列分析和预测中,移动平均法是用一组较近的序列数据来预测序列未来发展的方法。它的基本思想是按照指定的时间跨度逐个数据向前推移,依次计算跨度内数据项的平均值来预测未来序列发展趋势。这里,我们介绍简单移动平均法,直接计算跨度为3内的数据项平均值。

图25.9给出了时间序列分析和预测模型中的移动平均法模型,可以按照以下步骤开发这个模型:

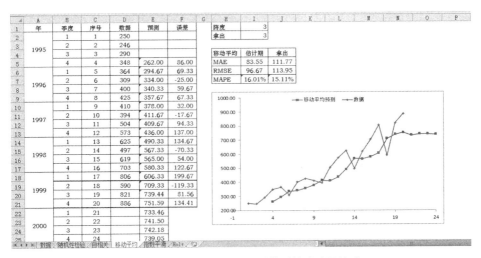

图25.9 时间序列分析和预测模型的移动平均法

1. 双击Excel底部的新工作表（或者插入新工作表）的名称，输入"移动平均"。

2. 在"移动平均"工作表的区域H1:I1，分别输入"跨度"和"3"，表明此次移动平均法的计算跨度为3。

3. 在区域H2:I2中分别输入"拿出"和"3"，表明从原数据集中拿出最后3个数据检验移动平均法预测结果的准确性。

4. 在单元格E5中输入公式"=AVERAGE(D2:D4)"，计算跨度内的数据项的平均值，并以此值作为对1995年第4季度的预测值。

5. 复制E5，选择区域E6:E18粘贴，形成其他各期的平均值和预测值。此处，没有对1999年第2、3、4季度进行计算和预测，因为模型要求拿出最后3个数据进行预测准确性检验。

6. 在单元格E19中输入公式"=AVERAGE(D16:D18)"，计算1999年第2季度的预测值。

7. 在单元格E20中输入公式"=AVERAGE(E19,D17:D18)"，选取1998年第4季度和1999年第1季度的实际数据以及1999年第2季度的预测值作为跨度内数据进行计算，1999年第3季度的实际数据用来与预测值进行比较，以验证预测的准确性。

8. 在单元格E21中输入公式"=AVERAGE(E19:E20,D18)"，选择1998年第4季度和1999年第1、2季度的预测值作为跨度内数据进行计算。

9. 在单元格E22中输入公式"=AVERAGE(E19:E21)"，选择前面3期的预测值作为跨度内数据进行计算，形成2000年第1季度的预测值。

10. 复制E22，选择区域E23:E25粘贴，形成2000年第2、3、4季度的预测值。

11. 在单元格F5中输入公式"=D5-E5"，表示1995年第4季度预测值与实际数据之差。

12. 复制F5，选择区域F6:F21粘贴，形成其他各期的预测值与实际数据之差。

13. 在单元格I5中输入公式"=AVERAGE(ABS(F5:F18))"，根据公式（25-1）计算不包括拿出数据部分的时间序列数据预测平均绝对误差MAE。其中，ABS是Excel函数，用于返回指定数据的绝对值。值得强调的是，在输入公式后需要同时按下Ctrl+Shift+Enter键计算，否则会产生错误结果。这是因为此处为数组计算，而不是对一个单元格计算。

14. 在单元格J5中输入公式"=AVERAGE(ABS(F19:F21))"，根据公式（25-1）计算拿出数据的时间序列数据预测平均绝对误差MAE。同样，在输入公式后，需要同时按下Ctrl+Shift+Enter键计算。

15. 在单元格I6中输入公式"=SQRT(SUMSQ(F5:F18)/COUNT(F5:F18))"，根据公式（25-2）计算不包括拿出数据部分的时间序列数据预测均方根误差RMSE。其中，SUMSQ为Excel函数，返回所有参数的平方和。

16. 在单元格J6中输入公式"=SQRT(SUMSQ(F19:F21)/COUNT(F19:F21))"，根据公式（25-2）计算拿出数据的时间序列数据预测均方根误差RMSE。

17. 在单元格I7中输入公式"=SUM(ABS(F5:F18/D5:D18)/COUNT(F5:F18))"，根据公

式（25-3）计算不包括拿出数据部分的时间序列数据预测平均绝对误差百分比MAPE。在输入公式后，需要同时按下Ctrl+Shift+Enter键计算。

18. 在单元格J7中输入公式"=SUM(ABS(F19:F21/D19:D21)/COUNT (F19:F21))"，根据公式（25-3）计算拿出数据部分的时间序列数据预测平均绝对误差百分比MAPE。在输入公式后，需要同时按下Ctrl+Shift+Enter键计算。

19. 从图25.9可以看到，移动平均法通过计算多跨度内的数据项的平均数，可以去除随机扰动因素对实际结果的影响，反映时间序列数据的变化趋势。跨度的大小直接影响移动平均法反映时间序列数据变化趋势的程度。跨度越大，那么预测值越反映趋势变化，这也会导致预测误差统计量MAE、RMSE和MAPE的增大；相反跨度越小，那么预测值更多地考虑了临近数据的变化，这会导致预测误差统计量减小。值得强调的是，预测误差统计量的大小并不能直接反映时间序列预测结果的准确性大小。

下面我们使用StatTools中提供的移动平均法分析时间序列数据并预测。

可以按照以下步骤进行分析：

点击StatTools功能区上的"Time Series and Forecasting"下拉菜单中的"Forecast..."按钮，新出现一个页面，见图25.10。

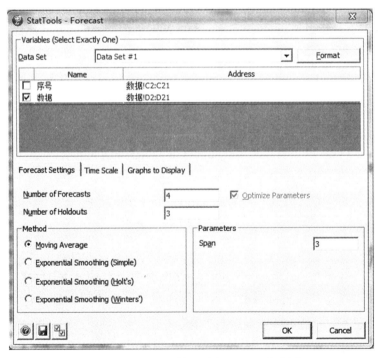

图25.10　StatTools的预测（Forecast）页面

1. 在"Name"为"数据"的数据集前面打勾。
2. 在"Number of Forecast"处填入"4",表示预测期数为4期。
3. 在"Number of Handouts"处填入"3",表示拿出3期数据用于检验。
4. 在"Method"处选择"Moving Average",表示预测方法为移动平均法。
5. 点击"OK",产生一个新的报告页面,见图25.11。

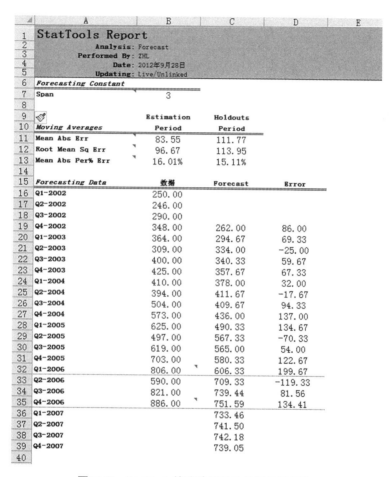

图25.11　StatTools的移动平均法分析结果报告

可以看到,图25.11中给出的预测结果与图25.9给出的分析结果相同。

解决方法和步骤(问题4)

下面分析问题4"使用一般指数平滑法分析数据并预测2000年4个季度的销售额。"的解决方法和步骤。

指数平滑法是在移动平均法基础上发展而来的。简单地讲，移动平均法不考虑远期的数据，只选择一定跨度内的近期数据进行分析预测。指数平滑法与移动平均法不同，它不舍弃过去的数据，但是认为距离研究期越远的数据对研究期数据的影响程度越弱，这样随着数据发生期距离研究期的远离，其在时间序列分析和预测模型中的权重趋向变小。从计算上看，指数平滑法就是按照一定的时间序列预测模型进行预测，任一期的指数平滑值都是本期实际观察值与前一期指数平滑值的加权平均。

这里，介绍一种StatTools中使用到的简单指数平滑法。在简单指数平滑法中，先指定一个水平权重α，并按照以下公式进行分析和预测：

$$L_t = \alpha Y_t + (1-\alpha) L_{t-1}, \quad (25\text{-}8)$$

$$F_{t+k} = L_t. \quad (25\text{-}9)$$

其中，L_t为t期的水准值，即水平指数平滑值，L_1等于第1期实际观察值。

图25.12给出了时间序列分析和预测模型中的指数平滑法模型，可以按照以下步骤开发这个模型：

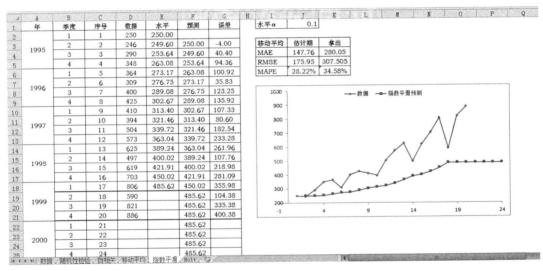

图25.12　时间序列分析和预测模型的指数平滑法

1. 双击Excel底部的新工作表（或者插入新工作表）的名称，输入"指数平滑"。
2. 在"指数平滑"工作表的区域I1:J1，分别输入"水平α"和"0.1"，定义指数平滑法中的初始水平权重为0.1。
3. 在单元格E2中输入公式"=D2"，定义1995年第1季度（即第1期）水准值等于实际观察值。
4. 在单元格E3中输入公式"=$J$1*D3+(1-$J$1)*E2"，按照公式（25-8）计算1995年第2季度（即第2期）水准值，等于实际观察值乘以权重α，加上1-α乘以上一期水准值。

5. 复制E3，选择区域E4:E18粘贴，形成其他各期的水准值。

6. 在单元格F3中输入公式"=E2"，表示1995年第2季度的预测值等于上一期的水准值。

7. 复制F3，选择区域F4:F18粘贴，形成其他各期的预测值。

8. 在单元格F19中输入公式"=E18"，按照公式（25-9）计算1999年第2季度（即检验预测准确性的第1期）的预测值。

9. 复制F19，选择区域F20:F25粘贴，形成剩余各期的预测值。

10. 在单元格G3中输入公式"=D3-F3"，计算1995年第2季度的预测误差。

11. 复制G3，选择区域G4:G21，计算其他各期的预测误差。

12. 在单元格J4中输入公式"=AVERAGE(ABS(G3:G18))"，根据公式（25-1）计算不包括拿出数据部分的时间序列数据预测平均绝对误差MAE。其中，ABS是Excel函数，用于返回指定数据的绝对值。值得强调的是，在输入公式后，需要同时按下Ctrl+Shift+Enter键计算。

13. 在单元格K4中输入公式"=AVERAGE(ABS(G19:G21))"，根据公式（25-1）计算拿出数据的时间序列数据预测平均绝对误差MAE。在输入公式后，需要同时按下Ctrl+Shift+Enter键计算。

14. 在单元格J5中输入公式"=SQRT(SUMSQ(G3:G18)/COUNT(G3:G18))"，根据公式（25-2）计算不包括拿出数据部分的时间序列数据预测均方根误差RMSE。其中，SUMSQ为Excel函数，返回所有参数的平方和。

15. 在单元格K5中输入公式"=SQRT(SUMSQ(G19:G21)/COUNT(G19:G21))"，根据公式（25-2）计算拿出数据的时间序列数据预测均方根误差RMSE。

16. 在单元格J6中输入公式"=SUM(ABS(G3:G18/D3:D18)/COUNT(G3:G18))"，根据公式（25-3）计算不包括拿出数据部分的时间序列数据预测平均绝对误差百分比MAPE。

17. 在单元格K6中输入公式"=SUM(ABS(G19:G21/D19:D21)/COUNT(G19:G21))"，根据公式（25-3）计算拿出数据部分的时间序列数据预测平均绝对误差百分比MAPE。

在建立了指数平滑法预测模型后，需要对水平权重 a 进行优化，取得最小化的均方根误差，以便使得预测结果更好地反映实际数据的变化趋势。这里，使用DecisionTools Suite套件中的Evolver组件对模型进行优化，优化步骤如下：

1. 点击StatTools功能区上的"Utilities"下拉菜单，点击"Load DecisionTools Add-In"下拉菜单，选择"Evolver"按钮，在Excel工作表上打开DecisionTools Suite套件中的Evolver组件。

2. 点击Evolver功能区上的"Model Definition"按钮，产生一个新页面，见图25.13。

3. 在"Optimization Goal"处的下拉菜单中选择"Minimum"，表示最小化目标单元格。

4. 在"Cell"处选择单元格J5，表示优化目标为指数平滑模型的RMSE统计量。

5. 在"Adjustable Cell Ranges"处选择单元格J1，即水平权重α。定义最小值为0，最大值为"1"，即α在0和1之间变化。

6. 点击"OK"，回到Excel页面。

7. 点击Evolver功能区上的"Settings"按钮，出现一个新页面，见图25.14。

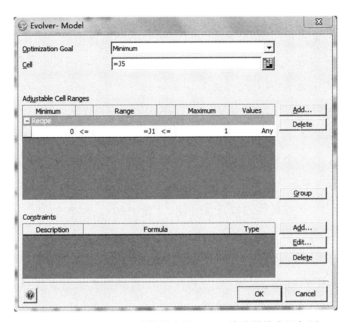

图25.13 利用Evolver计算最小化RMSE统计量的水平权重α

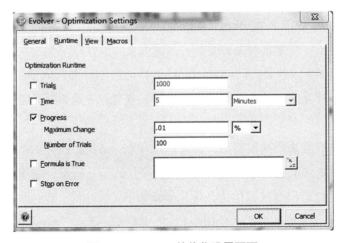

图25.14 Evolver的优化设置页面

8. 点击Evolver优化设置中的"Runtime"页面，在"Progress"前面打勾，表明在上100次取值中优化目标的改变不超过0.01%时优化停止。

9. 点击"OK"，回到Excel页面。

10. 点击Evolver功能区上的“Start”按钮，开始优化，最优优化结果见图25.15。

年	季度	序号	数据	水平	预测	误差
1995	1	1	250	250.00		
	2	2	246	246.00	250.00	-4.00
	3	3	290	290.00	246.00	44.00
	4	4	348	348.00	290.00	58.00
1996	1	5	364	364.00	348.00	16.00
	2	6	309	309.00	364.00	-55.00
	3	7	400	400.00	309.00	91.00
	4	8	425	425.00	400.00	25.00
1997	1	9	410	410.00	425.00	-15.00
	2	10	394	394.00	410.00	-16.00
	3	11	504	504.00	394.00	110.00
	4	12	573	573.00	504.00	69.00
1998	1	13	625	625.00	573.00	52.00
	2	14	497	497.00	625.00	-128.00
	3	15	619	619.00	497.00	122.00
	4	16	703	703.00	619.00	84.00
1999	1	17	806	806.00	703.00	103.00
	2	18	590		806.00	-216.00
	3	19	821		806.00	15.00
	4	20	886		806.00	80.00
2000	1	21			806.00	
	2	22			806.00	
	3	23			806.00	
	4	24			806.00	

水平α	1

移动平均	估计期	拿出
MAE	62.00	103.67
RMSE	73.52	133.268
MAPE	12.77%	15.82%

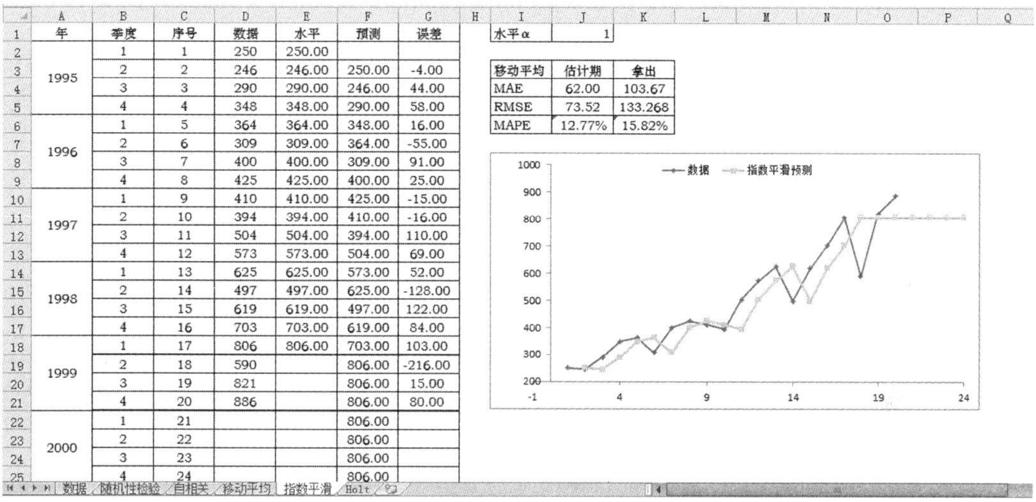

图25.15　优化水平权重*a*后的指数平滑法模型结果

从图25.15可以看到，当水平权重*a*为1时，指数平滑法分析模型中的RMSE达到最小。比较图25.15和图25.12可以发现，优化后的结果更好地反映了时间序列数据的变化趋势。

下面我们使用StatTools中提供的简单指数平滑法分析时间序列数据并预测。

可以按照以下步骤进行分析：

1. 点击StatTools功能区上的“Time Series and Forecasting”下拉菜单中的“Forecast...”按钮，新出现一个页面见图25.16。

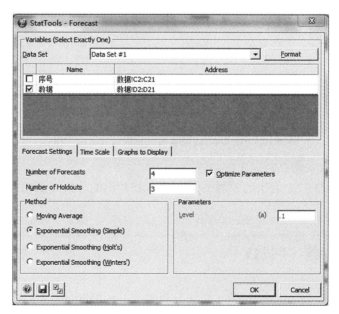

图25.16　StatTools的预测（Forecast）页面

2. 在"Name"为"数据"的数据集前面打勾。

3. 在"Number of Forecast"处填入"4",表示预测期数为4期。

4. 在"Number of Handouts"处填入"3",表示拿出3期数据用于检验。

5. 在"Method"处选择"Exponential Smoothing (Simple)",表示预测方法为简单指数平滑法。

6. 点击"OK",产生一个新的报告页面,见图25.17。

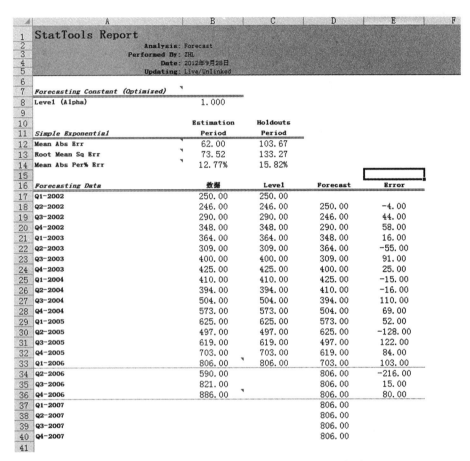

图25.17　StatTools的简单指数平滑法分析结果报告

可以看到,图25.17中给出的预测结果与图25.15给出的分析结果相同。

解决方法和步骤(问题5)

下面分析问题5"使用Holt指数平滑法分析数据并预测2000年4个季度的销售额。"的解决方法和步骤。

简单指数平滑法使用一个水准和当期实际数据的加权平均数进行预测，这使得它在反映具有一定趋势性的时间序列时能力有限。从图25.15可以看到，使用简单指数平滑法对数据集预测时，4个预测值相等，都为806。然而，从图25.15中的实际数据线可以看到，该时间序列数据具有一定的趋势性，因此简单指数平滑法的预测结果特征与该序列数据展现的趋势性不一致。

当一个时间序列数据具有较明显的趋势性时，可以使用Holt指数平滑法加以分析。相对于简单指数平滑法，Holt法在水准L_t的基础上增加一个趋势项T_t，用以反映预测值在趋势上的变化，公式如下：

$$L_t = \alpha Y_t + (1-\alpha)(L_{t-1} + T_{t-1}), \quad (25\text{-}10)$$

$$T_t = \beta (L_t - L_{t-1}) + (1-\beta) T_{t-1}, \quad (25\text{-}11)$$

$$F_{t+k} = L_t + kT_t. \quad (25\text{-}12)$$

图25.18给出了时间序列分析和预测模型中的指数平滑法模型，可以按照以下步骤开发这个模型：

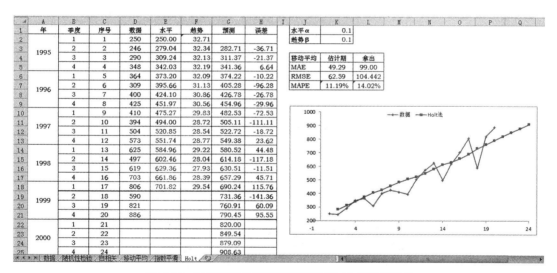

图25.18　时间序列分析和预测模型的Holt指数平滑法

1. 双击Excel底部的新工作表（或者插入新工作表）的名称，输入"Holt"。

2. 在"Holt"工作表的区域J1：K1分别输入"水平α"和"0.1"，定义指数平滑法中的初始水平权重为0.1。

3. 在区域J2：K2分别输入"趋势β"和"0.1"，定义Holt指数平滑法中的初始趋势权重为0.1。

4. 在单元格E2中输入公式"=D2"，定义1995年第1季度（即第1期）水准值等于实际观察值。

5. 在单元格F2中输入公式"=(D18−D2)/COUNT(D2:D18)",定义1995年第1季度(即第1期)趋势项等于最后一个观察值减去第一个观测值,然后除以序列数据数。

6. 在单元格E3中输入公式"=$K$1*D3+(1−$K$1)*(E2+F2)",按照公式(25−10)定义1995年第2季度(即第2期)水准值,等于实际观察值乘以权重α,加上$1-\alpha$乘以上一期水准值加趋势项。

7. 在单元格F3中输入公式"=$K$2*(E3−E2)+(1−$K$2)*F2",按照公式(25−11)定义1995年第2季度(即第2期)趋势项,等于本期的水准值减去上一期水准值乘以权重β,加上$1-\beta$乘以上一期趋势项。

8. 复制区域E3:F3,选择区域E4:F18粘贴,形成其他各期的水准值和趋势项。

9. 在单元格G3中输入公式"=E2+F2",表示1995年第2季度的预测值等于上一期的水准值加上趋势项。

10. 复制G3,选择区域G4:G18粘贴,形成其他各期的预测值。

11. 在单元格G19中输入公式"=E18+F18",按照公式(25−12)计算1999年第2季度(即检验预测准确性的第1期)的预测值。

12. 在单元格G20中输入公式"=E18+2*F18",按照公式(25−12)计算1999年第3季度(即检验预测准确性的第2期)的预测值。

13. 在单元格G21中输入公式"=E18+3*F18",按照公式(25−12)计算1999年第4季度(即检验预测准确性的第3期)的预测值。

14. 同样道理,在单元格G22、G23、G24、G25中,分别输入"=E18+4*F18""=E18+5*F18""=E18+6*F18""=E18+7*F18",形成2000年4个季度的预测值。

15. 在单元格H3中输入公式"=D3−G3",计算1995年第2季度的预测误差。

16. 复制G3,选择区域G4:G21,计算其他各期的预测误差。

17. 在单元格K5中输入公式"=AVERAGE(ABS(H3:H18))",根据公式(25−1)计算不包括拿出数据部分的时间序列数据预测平均绝对误差MAE。在输入公式后,需要同时按下Ctrl+Shift+Enter键计算。

18. 在单元格L5中输入公式"=AVERAGE(ABS(H19:H21))",根据公式(25−1)计算拿出数据部分的时间序列数据预测平均绝对误差MAE。在输入公式后,需要同时按下Ctrl+Shift+Enter键计算。

19. 在单元格K6中输入公式"=SQRT(SUMSQ(H3:H18)/COUNT(H3:H18))",根据公式(25−2)计算不包括拿出数据部分的时间序列数据预测均方根误差RMSE。

20. 在单元格J6中输入公式"=SQRT(SUMSQ(G19:G21)/COUNT(G19:G21))",根据公式(25−2)计算拿出数据部分的时间序列数据预测均方根误差RMSE。

21. 在单元格K7中输入公式"=SUM(ABS(H3:H18/D3:D18)/COUNT(H3:H18))",根据

公式（25-3）计算不包括拿出数据部分的时间序列数据预测平均绝对误差百分比MAPE。

22. 在单元格K7中输入公式"=SUM(ABS(H19:H21/D19:D21)/COUNT(H19:H21))"，根据公式（25-3）计算拿出数据部分的时间序列数据预测平均绝对误差百分比MAPE。

在建立了Holt指数平滑法预测模型后，需要对水平权重α和趋势项β进行优化，取得最小化的均方根误差，以便使得预测结果更好地反映实际数据的变化趋势。这里，使用DecisionTools Suite套件中的Evolver组件对模型进行优化，优化步骤如下：

1. 点击Evolver功能区上的"Model Definition"按钮，产生一个新页面，见图25.19。

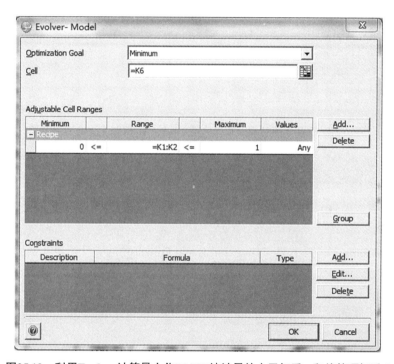

图25.19 利用Evolver计算最小化RMSE统计量的水平权重α和趋势项权重β

2. 在"Optimization Goal"处的下拉菜单中选择"Minimum"，表示最小化目标单元格。

3. 在"Cell"处选择单元格K6，表示优化目标为Holt指数平滑模型的RMSE统计量。

4. 在"Adjustable Cell Ranges"处选择单元格K1:vK2，即水平权重α和趋势项权重β。定义最小值为0，最大值为1，即α在0和1之间变化。

5. 点击"OK"，回到Excel页面。

6. 点击Evolver功能区上的"Settings"按钮，出现一个新页面，点击Evolver优化设置中的"Runtime"页面，在"Progress"前面打勾，表明在上100次取值中优化目标的改变不超过0.01%时优化停止。

7. 点击"OK"，回到Excel页面。

点击Evolver功能区上的"Start"按钮，开始优化，最优优化结果见图25.20。

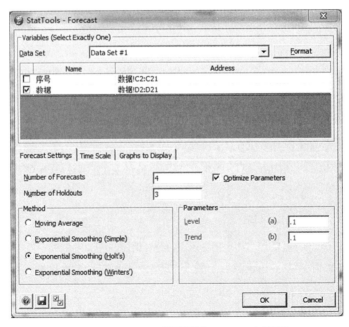

图25.20 优化水平权重α和趋势项β后的Holt指数平滑法模型结果

比较图25.20和图25.18可以看到，优化权重后RMSE从62.59变为59.32。

下面我们使用StatTools中提供的Holt指数平滑法，分析时间序列数据并预测。可以按照以下步骤进行分析：

1. 点击StatTools功能区上的"Time Series and Forecasting"下拉菜单中的"Forecast..."按钮，新出现一个页面见图25.21。

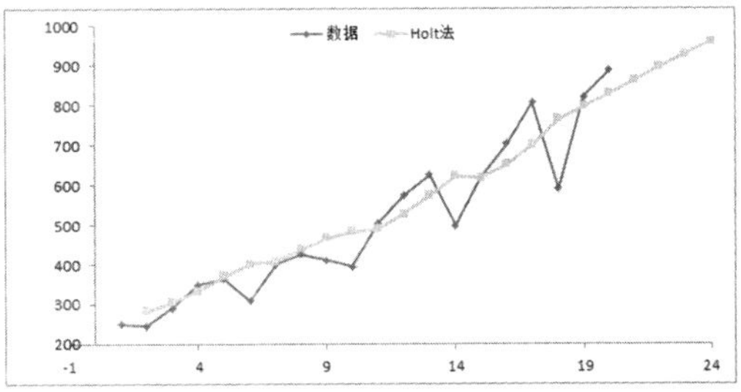

图25.21 StatTools的预测（Forecast）页面

2. 在"Name"为"数据"的数据集前面打勾。

3. 在"Number of Forecast"处填入"4",表示预测期数为4期。

4. 在"Number of Handouts"处填入"3",表示拿出3期数据用于检验。

5. 在"Method"处选择"Exponential Smoothing (Holt's)",表示预测方法为Holt指数平滑法。

6. 点击"OK",产生一个新的报告页面,见图25.22。

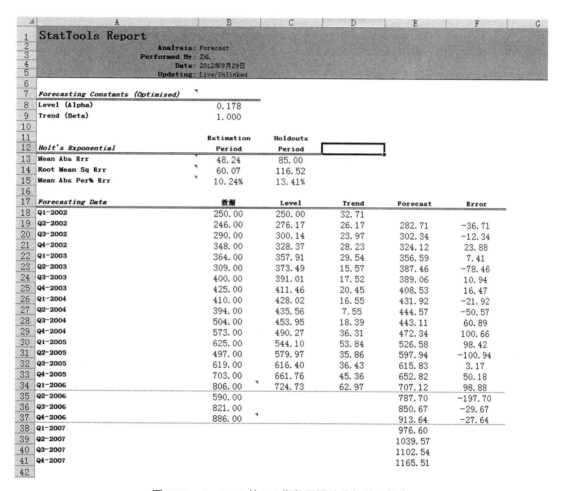

图25.22　StatTools的Holt指数平滑法分析结果报告

可以看到,图25.22中给出的预测结果与图25.20给出的分析结果不同。其中StatTools优化计算出的水平α为0.178,趋势项β为1,RMSE等于60.07,大于使用Evolver计算出的结果。这里计算结果的不同,原因可能在于StatTools使用的优化求解方法不同于Evolver上的求解方法。

Chapter Twenty-six

利润敏感性分析

以雄鹰航空为例

许多时候管理者在确定决策的时候不能够完全确定决策结果的大小。他们对于未来的经济环境、技术发展、市场需求等因素缺乏准确清晰的认识，这导致其对决策结果的认知具有很大的不确定性。在处理这种问题上，敏感性分析是一种简单且容易理解的方法。它变化关键决策变量的取值，并观察这些变化对决策结果的影响。通过敏感性分析，决策者可以明晰哪些变量对决策结果的影响大，针对这些影响大的决策变量设计管理措施和应对计划，可以增加实现决策目标的可能性。

从技术上看，敏感性分析可以一次变化一个决策变量的取值并观测决策结果的变化，也可以一次变化多个决策变量的取值并观测决策结果的变化。对于一次变化一个变量的取值或者两个变量的取值，可以在Excel上轻松地实现，通过制作敏感性分析图可以较容易地观测出决策变量的取值变化对决策结果的影响程度。然而，当在一组决策变量中任意选择两个变量并考虑不同的变量组合对决策结果的影响时，使用Excel进行敏感性分析的计算工作量是非常大的。利用DecisionTools Suite中的TopRank组件可以进行单因素或者多因素的敏感性分析，其自动化的计算过程可以大大减少分析工作量。

下面我们通过一个案例来展示如何使用TopRank在Excel中建立敏感性分析模型，并识别对决策结果影响较大的决策变量或者决策变量组合。

案例描述

一家小航空公司正在考虑扩大服务，希望购买一架小型飞机。这架小飞机有一个客舱和行李舱，除了飞行员之外客舱可以容纳5个乘客。飞机在购买后可用于固定航线飞行和对外租赁飞行。假设飞机总飞行时间为800小时，租赁飞行时间占总飞行时间的比例为0.5。如果飞机用于租赁飞行，那么价格为325元/小时；如果飞机用于固定航线飞行，那么每人的票价为100元/小时。假设正常条件下固定航线飞行的服务能力为50%，飞机每小时飞行的运营成本为245元，保险费为20 000元。购买飞机的价格估计在87 500元，如果购买需要融资，融资比例在0.4左右，利率为11.50%。

问题

1. 建立航空公司的总利润分析模型。

2. 按表26.1变化决策变量取值进行单因素敏感性分析。

3. 对决策变量两两组合,并按表26.1变化决策变量取值,进行双因素敏感性分析。

表26.1　关键决策变量的变化取值表

变量	基值	变化方式	下限	上限
总飞行小时	800	实际值	500	1 000
租赁飞行价格(元/小时)	325	实际值	300	350
固定航线票价(元/小时)	100	加减值	−25	25
固定航线飞行能力	50%	基值百分比	−20%	30%
租赁飞行占总飞行的比例	0.5	离散值	0.3—0.7,9步,步长0.05	
运营成本(元/小时)	245	实际值	230	260
保险费(元)	20 000	实际值	18 000	25 000
融资比例	0.4	离散值	0.3–0.5,5步,步长0.05	
利率	11.50%	基值百分比	−10%	10%
购买飞机价格(元)	87 500	加减值	−5 000	10 000

表26.1第3列给出了决策变量变化取值的方式,第4列和第5列给出了具体的变化参数和限制。其中,"实际值"表示按实际数值进行变化取值,即在给定的下限和上限范围内按照取样规则选取样本。"加减值"表示围绕基值减去和加上给定的值形成取值的下限和上限。"基值百分比"表示围绕基值乘以指定的百分比形成取值的下限和上限。"离散值"表示取值范围局限在给定的离散数值。

解决方法和步骤(问题1)

可以看到,表26.1给出的决策变量的变化取值方式是多种多样的。这么做的目的是为了展示如何在TopRank中定义变量和进行敏感性分析,实际工作中也许不需要这么繁琐的敏感性分析。在此案例中,我们首先计算航空公司购买飞机并投入运营后的总收益,再计算运营总费用,在此基础上计算总利润。其中,总利润是决策的目标和结果,敏感性分析的目的在于分析决策变量的变化对决策目标的影响程度。

图26.1展示了雄鹰航空利润敏感性分析的完整模型,读者可以按照以下步骤开发这个模型。

利润敏感性分析：以雄鹰航空为例

	A	B	C	D	E	F	G	H	I	J	K	L	M
1	变量	基值	变化方式	下限	上限								
2	总飞行小时	800	实际值	500	1000								
3	租赁飞行价格/小时	325	实际值	300	350								
4	固定航线票价/小时	100	加减值	-25	25								
5	固定航线飞行能力	50%	基值百分比	-20%	30%								
6	租赁飞行占总飞行的比例	0.5	离散值	0.3	0.35	0.4	0.45	0.5	0.55	0.6	0.65	0.7	
7	运营成本/小时	245	实际值	230	260								
8	保险费	20000	实际值	18000	25000								
9	融资比例	0.4	离散值	0.3	0.35	0.4	0.45	0.5					
10	利率	11.50%	基值百分比	-10%	10%								
11	购买飞机价格	87500	加减值	-5000	10000								
12													
13	总收益	230000											
14	总费用	220025											
15													
16	总利润	9975											
17													

图26.1 雄鹰航空利润敏感性分析模型

下面分析问题1"建立航空公司的总利润分析模型。"的解决方法和步骤。

第一步：基值和变化取值

1. 在区域A2:A11中分别输入决策变量名称。

2. 在区域B2:B11中分别输入对应于决策变量的数据基值。

3. 在区域C2:C11中分别输入决策变量变化取值的方式。

4. 在区域D2:D11中分别输入每个决策变量变化取值方式的下限。

5. 在区域E2:E11中分别输入每个决策变量变化取值方式的上限。

6. 在区域D6:L6中分别输入租赁飞行占总飞行的比例变量变化的离散取值。

7. 在区域D9:H9中分别输入融资比例变量变化的离散取值。

第二步：总收益和总费用

1. 在单元格B13中输入公式"=B6*B2*B3+(1–B6)*B2*B4*5*B5"，计算航空公司总收益。其中，B6*B2*B3表明租赁飞行获得的收益，(1–B6)*B2*B4*5*B5表示固定航线飞行获得的收益。

2. 在单元格B14中输入公式"=B2*B7+B8+B11*B9*B10"，计算航空公司总费用。其中，B2*B7表示运营费用，B8表示保险费用。B11*B9*B10表示购买飞机融资所需支付的利息。

第三步：总利润

1. 在单元格B16中输入公式"=B13–B14"，计算航空公司购买飞机并投入运营可以获得的总利润。

2. 从图26.1可以看到，航空公司购买飞机并运营，总收益为230 000元，总费用为220 025元，总利润为9 975元。

解决方法和步骤（问题2）

下面分析问题2"按表26.1变化决策变量取值，进行单因素敏感性分析。"的解决方法和步骤。

下面，我们使用TopRank按照表26.1给定的变化方式和取值范围进行单因素敏感性分析。

第一步：定义总飞行小时的变化取值

1. 选择单元格B2，点击TopRank功能区上的"Add Input"按钮，出现一个新页面，见图26.2。"Name"处已经给出了缺省的名称"总飞行小时/基值"。"Cell Formula"给出了一个函数RiskVary，这是一个TopRank函数，用于指定敏感性分析总变量的取值变化范围。

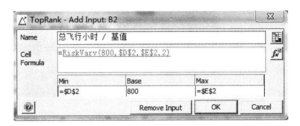

图26.2　定义总飞行小时的取值范围页面

2. 点击"Cell Formula"右侧的"fx"按钮，出现一个新页面，见图26.3。在"Type"处的下拉菜单中选择"Actual Min and Max"，表明总飞行小时变量的变化取值方式为"实际值"变化。点击"OK"，回到图26.2页面。

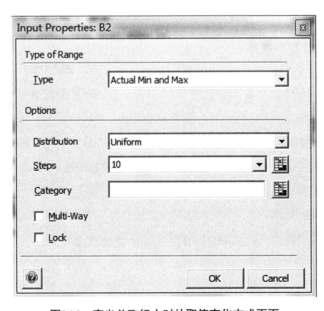

图26.3　定义总飞行小时的取值变化方式页面

3. 点击"Min"下面的空白处,选择单元格D2;点击"Max"下面的空白处,选择单元格E2,指定总飞行小时的变化范围下限和上限。

4. 点击"OK",回到Excel页面。此时,单元格B2中显示公式"=RiskVary(800,$D$2,$E$2,2)"。

第二步:定义租赁飞行价格/小时的变化取值

在单元格B3中输入公式"=RiskVary(325,$D$3,$E$3,2)",定义租赁飞行价格的变化取值方式和范围。

第三步:定义固定航线票价/小时的变化取值

1. 选择单元格B4,点击TopRank功能区上的"Add Input"按钮,出现一个新页面,见图26.4。"Name"处已经给出了缺省的名称"固定航线票价/小时/基值"。

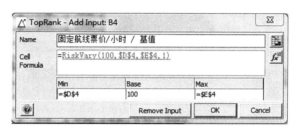

图26.4 定义固定航线票价/小时的取值范围页面

2. 点击"Cell Formula"右侧的"fx"按钮,出现一个新页面,见图26.5。在"Type"处的下拉菜单中选择"+/- Change from Base",表明固定航线票价/小时变量的变化取值方式为"加减值"变化。点击"OK",回到图26.4页面。

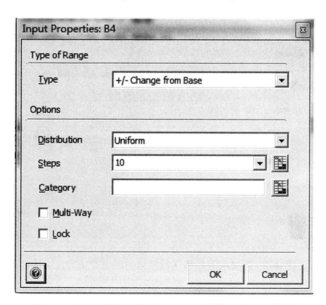

图26.5 定义固定航线票价/小时的取值变化方式页面

3. 点击"Min"下面的空白处，选择单元格D4；点击"Max"下面的空白处，选择单元格E4，指定总飞行小时的变化范围下限和上限。

4. 点击"OK"，回到Excel页面。此时，单元格B4中显示公式"=RiskVary(100,$D$4,$E$4,1)"。

第四步：定义固定航线飞行能力的变化取值

1. 选择单元格B5，点击TopRank功能区上的"Add Input"按钮，出现一个新页面，见图26.6。"Name"处已经给出了缺省的名称"固定航线飞行能力/基值"。

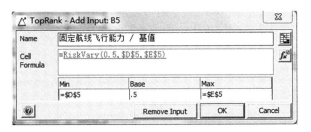

图26.6　定义固定航线飞行能力的取值范围页面

2. 点击Cell Formula右侧的"fx"按钮，出现一个新页面，见图26.7。在"Type"处的下拉菜单中选择"% Change from Base"，表明固定航线票价/小时变量的变化取值方式为"基值百分比"变化。点击"OK"，回到图26.6页面。

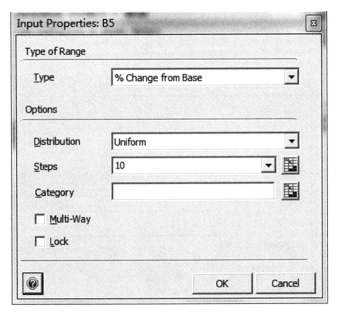

图26.7　定义固定航线飞行能力的取值变化方式页面

3. 点击"Min"下面的空白处，选择单元格D5；点击"Max"下面的空白处，选择单元格E5，指定总飞行小时的变化范围下限和上限。

4. 点击"OK"，回到Excel页面。此时，单元格B5中显示公式"=RiskVary(0.5,$D$5,$E$5)"。

第五步：定义租赁飞行占总飞行的比例的变化取值

1. 选择单元格B6，点击TopRank功能区上的"Add Input"按钮，出现一个新页面，见图26.8。"Name"处已经给出了缺省的名称"租赁飞行占总飞行的比例/基值"。

2. 点击Cell Formula右侧的"fx"按钮，出现一个新页面，见图26.9。在"Type"处的下拉菜单中选择"Table of Values (Excel range)"，表明固定航线票价/小时变量的变化取值方式为"离散值"变化。

3. 在"Table Range"处选择Excel区域D6:L6，表示离散值的存放区域。

4. 点击"OK"，回到图26.8页面。

图26.8 定义租赁飞行占总飞行的比例的取值范围页面

5. 点击"OK"，回到Excel页面。此时，单元格B6中显示公式"=RiskVaryTable(0.5,D6:L6)"。

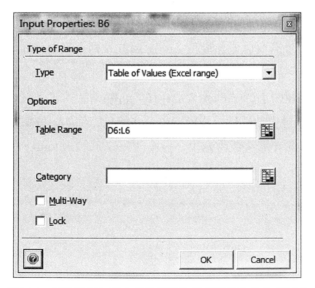

图26.9 定义租赁飞行占总飞行的比例的取值变化方式页面

第六步：定义运营成本/小时的变化取值

在单元格B7中输入公式"=RiskVary(245,$D$7,$E$7,2)"，定义运营成本/小时的变化取值方式和范围。

第七步：定义保险费的变化取值

在单元格B8中输入公式"=RiskVary(20000,$D$8,$E$8,2)"，定义保险费的变化取值方式和范围。

第八步：定义融资比例的变化取值

在单元格B9中输入公式"=RiskVaryTable(0.4,D9:H9)"，定义融资比例的变化取值方式和范围。

第九步：定义利率的变化取值

在单元格B10中输入公式"=RiskVary(0.115,$D$10,$E$10)"，定义利率的变化取值方式和范围。

第十步：定义购买飞机价格的变化取值

在单元格B11中输入公式"=RiskVary(87500,$D$11,$E$11,1)"，定义购买飞机价格的变化取值方式和范围。

第十一步：定义输出变量

选择单元格B16，点击TopRank功能区上的"Add Output"按钮，在新出现的页面上的"Name"处填入"总利润"，点击"OK"，回到Excel页面，此时，单元格B16中显示公式"=RiskOutput("总利润")+B13-B14"。

在上面的步骤中，我们已经通过RiskVary函数定义了输入变量的变化取值方式和范围，同时定义了输入变量在缺省情况下的抽样数目为10。其中，租赁飞行占总飞行的比例、融资比例采用的是离散值变化取值方式，因此这两个变量的抽样数目等于其离散值数目。

点击TopRank功能区上的"Run What-If Analysis"按钮，新出现一个页面，见图26.10。图26.10显示了整个敏感性分析模型的一些信息，例如，模型输出变量为1个、模型输入变量为10个、总的计算次数为94次。点击"Run"，TopRank开始对模型进行敏感性分析，分析结果见图26.11和图26.12。

26 利润敏感性分析：以雄鹰航空为例

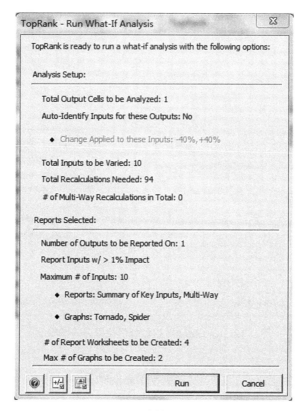

图26.10　TopRank的敏感性分析运行页面

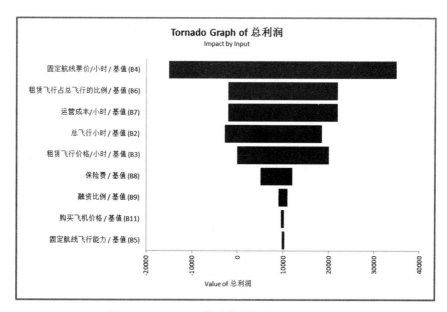

图26.11　TopRank敏感性分析结果——飓风图

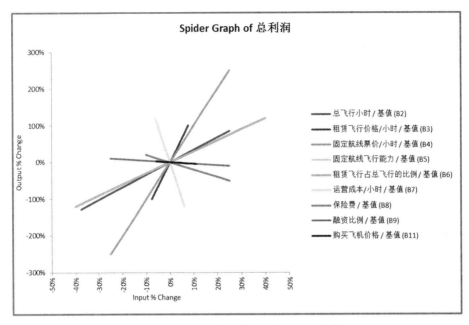

图26.12　TopRank敏感性分析结果——蜘蛛图

图26.11给出的是使用飓风图表示的敏感性分析结果。图中每一个横方块表示输入变量的变化能够带来输出变量变化的范围，即最大值与最小值之差。能够带来输出变量变化范围最大的输入变量的横方块放在最上面，其他输入变量方块按照影响程度从大到小依次排列。这样，整个图形上边大、下边小，形状上类似飓风，因此取名飓风图。从图26.11可以看到，对总利润影响较大的决策变量依次为：固定航线票价/小时、租赁飞行占总飞行的比例、运营成本/小时、总飞行小时、租赁飞行价格。其他决策变量保险费、融资比例、购买飞机价格和固定航线飞行能力对总利润的变化影响不大。

图26.12给出的是以蜘蛛图表示的敏感性分析结果。因为图中所有线都有一个共同的交点并朝两边延展，形状上类似于蜘蛛，所以此类图一般被称为蜘蛛图。蜘蛛图的横坐标表示每个输入变量（与基值比较）的变化百分比，纵坐标表示与输入变量变化百分比相对应的输出变量（与基值比较）的变化百分比。每条线代表一个输入变量变化取值对输出变量的影响方式和影响程度。斜率为正表示影响正相关，即输入变量变大可以带来输出变量的增大；斜率为负表示负相关，即输入变量变大可以带来输出变量的减小。斜率越大表示影响程度越大。

解决方法和步骤（问题3）

下面分析问题3“对决策变量两两组合，并按表26.1变化决策变量取值，进行双因素敏感性分析。”的解决方法和步骤。

上面的分析结果是在变化一个输入变量的取值、其他变量取值不变的情况下得出的。有些时候，这与现实不相符合，因为两个变量或者更多的变量可能同时变化并对输出变量产生影响。这里，我们使用TopRank提供的多因素同时变化敏感性分析功能，对航空公司利润模型进行分析，找到影响利润程度较大的决策变量组合。

点击TopRank功能区上的“Model Window”按钮，新出现一个页面，见图26.13。图26.13展示了航空公司利润敏感性分析模型中的所有输入变量、函数及函数参数。

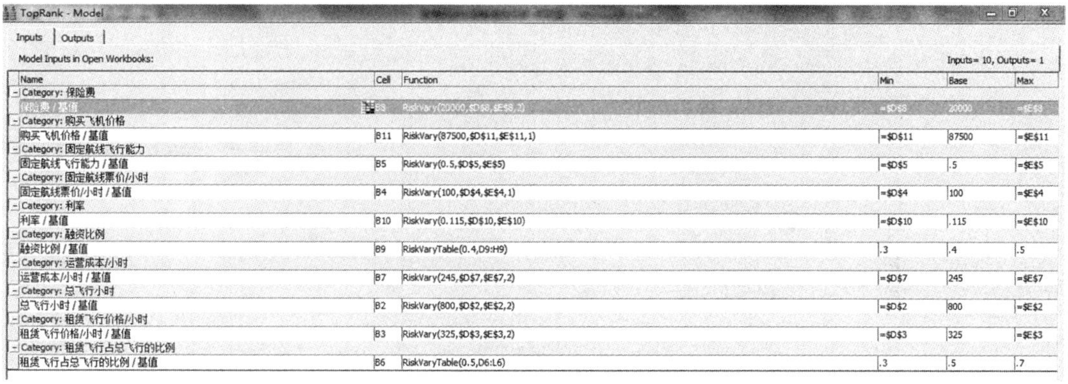
TopRank - Model
Inputs | Outputs
Model Inputs in Open Workbooks: Inputs= 10, Outputs= 1

Name	Cell	Function	Min	Base	Max
Category: 保险费					
保险费 / 基值	B8	RiskVary(20000,$D$8,$E$8,2)	=$D$8	20000	=$E$8
Category: 购买飞机价格					
购买飞机价格 / 基值	B11	RiskVary(87500,$D$11,$E$11,1)	=$D$11	87500	=$E$11
Category: 固定航线飞行能力					
固定航线飞行能力 / 基值	B5	RiskVary(0.5,$D$5,$E$5)	=$D$5	.5	=$E$5
Category: 固定航线票价/小时					
固定航线票价/小时 / 基值	B4	RiskVary(100,$D$4,$E$4,1)	=$D$4	100	=$E$4
Category: 利率					
利率 / 基值	B10	RiskVary(0.115,$D$10,$E$10)	=$D$10	.115	=$E$10
Category: 融资比例					
融资比例 / 基值	B9	RiskVaryTable(0.4,D9:H9)	.3	.4	.5
Category: 运营成本/小时					
运营成本/小时 / 基值	B7	RiskVary(245,$D$7,$E$7,2)	=$D$7	245	=$E$7
Category: 总飞行小时					
总飞行小时 / 基值	B2	RiskVary(800,$D$2,$E$2,2)	=$D$2	800	=$E$2
Category: 租赁飞行价格/小时					
租赁飞行价格/小时 / 基值	B3	RiskVary(325,$D$3,$E$3,2)	=$D$3	325	=$E$3
Category: 租赁飞行占总飞行的比例					
租赁飞行占总飞行的比例 / 基值	B6	RiskVaryTable(0.5,D6:L6)	.3	.5	.7

图26.13　TopRank的模型窗口页面

选择图26.13中显示的所有决策变量，点击右键并在下拉菜单中选择“Multi-Way”，这时模型窗口页面中每个决策变量的函数中加入了Multi信息，见图26.14。这表示已经选择了所有决策变量进行多变量敏感性分析。点击“OK”，回到Excel页面。

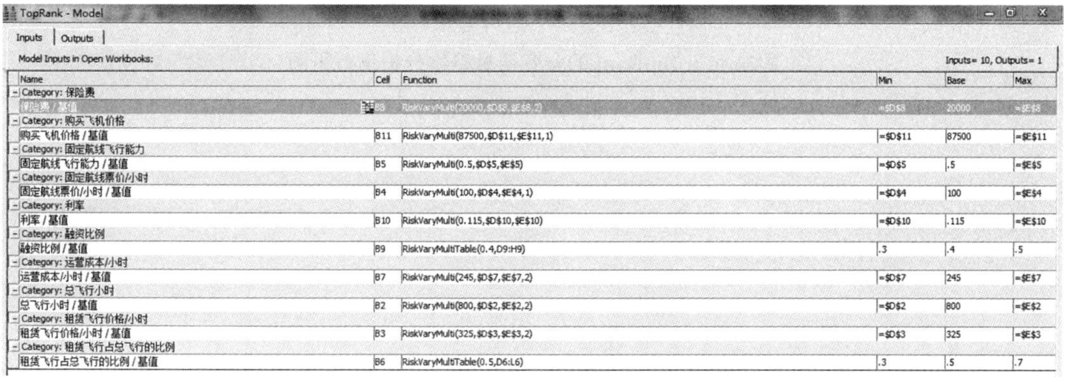
TopRank - Model
Inputs | Outputs
Model Inputs in Open Workbooks: Inputs= 10, Outputs= 1

Name	Cell	Function	Min	Base	Max
Category: 保险费					
保险费 / 基值	B8	RiskVaryMulti(20000,$D$8,$E$8,2)	=$D$8	20000	=$E$8
Category: 购买飞机价格					
购买飞机价格 / 基值	B11	RiskVaryMulti(87500,$D$11,$E$11,1)	=$D$11	87500	=$E$11
Category: 固定航线飞行能力					
固定航线飞行能力 / 基值	B5	RiskVaryMulti(0.5,$D$5,$E$5)	=$D$5	.5	=$E$5
Category: 固定航线票价/小时					
固定航线票价/小时 / 基值	B4	RiskVaryMulti(100,$D$4,$E$4,1)	=$D$4	100	=$E$4
Category: 利率					
利率 / 基值	B10	RiskVaryMulti(0.115,$D$10,$E$10)	=$D$10	.115	=$E$10
Category: 融资比例					
融资比例 / 基值	B9	RiskVaryMultiTable(0.4,D9:H9)	.3	.4	.5
Category: 运营成本/小时					
运营成本/小时 / 基值	B7	RiskVaryMulti(245,$D$7,$E$7,2)	=$D$7	245	=$E$7
Category: 总飞行小时					
总飞行小时 / 基值	B2	RiskVaryMulti(800,$D$2,$E$2,2)	=$D$2	800	=$E$2
Category: 租赁飞行价格/小时					
租赁飞行价格/小时 / 基值	B3	RiskVaryMulti(325,$D$3,$E$3,2)	=$D$3	325	=$E$3
Category: 租赁飞行占总飞行的比例					
租赁飞行占总飞行的比例 / 基值	B6	RiskVaryMultiTable(0.5,D6:L6)	.3	.5	.7

图26.14　TopRank的模型窗口页面——指定多变量敏感性分析变量

点击TopRank功能区上的"Run What-If Analysis"按钮，出现一个新页面，见图26.15。图26.15显示了多变量敏感性分析模型的一些信息，例如，模型输出变量1个、模型输入变量10个、总的计算次数1399次，其中用于多变量敏感性分析的计算次数为1 305次。在进行敏感性分析的时候，TopRank首先进行一次单变量敏感性分析，这样计算次数等于94次。在进行双变量敏感性分析的时候，TopRank要对所有非离散值变化方式的变量按缺省值（此处为5）进行抽样计算，对离散值变化方式的变量按其离散值数目进行抽样计算。点击"Run"，TopRank开始对模型进行敏感性分析，分析结果见图26.16。

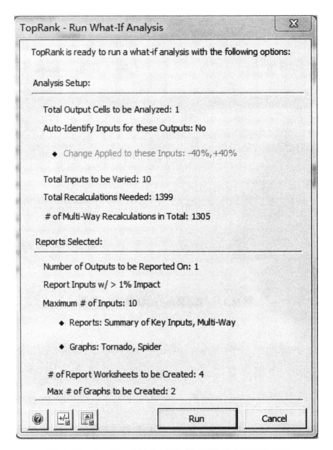

图26.15　TopRank的多变量敏感性分析运行页面

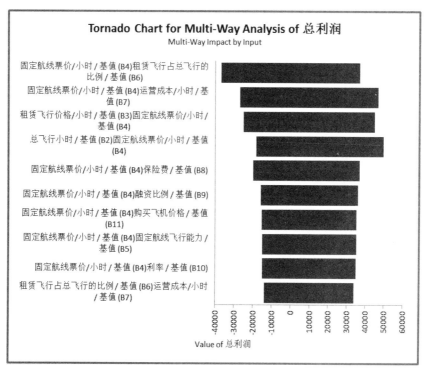

图26.16 TopRank敏感性分析结果——多变量分析飓风图

从图26.16可以看到，对航空公司总利润变化影响最大的变量组合为：固定航线票价/小时和租赁飞行占总飞行的比例，也就是单变量敏感性分析中影响程度最大的两个决策变量的组合。

练习

从决策变量中选取三个进行组合，并按表26.1变化决策变量取值，进行三因素敏感性分析。

参考文献 references

Bernstein, P.L. (1996). *Against the God: the remarkable story of risk.* New York: John Wiley & Sons

Grossman, T.A. & Özlük, Ö. (2009). A spreadsheet scenario analysis technique that integrates with optimization and simulation, *Informs Transactions on Education*, 10(1), 18-33

Hosny, O. & Elhakeem, A.(1996). Simulating the winning bid: a generalized approach for optimum markup estimation, *Automation in Construction*, 22, 357-367

Pinto,J.K. (2007). 项目管理（英文版）. 机械工业出版社, 北京

Powell, S. (1997). The teachers' forum, from intelligent consumer to active modeler, two MBA success stories, Interface, 27(3), 88-98

Seal, K. and Przasnyski, Z. (2005). Illustrating probability through roulette: a spreadsheet simulation model. *Spreadsheets in Education*, 2(1), 73-94

Stowe, J.D. (1985). An integer programming solution for the optimal credit investigation / Credit granting sequence. *Financial Management*, 14(2), 66-76

Subedi,D.K.(2012).Spreadsheet simulation for understanding manufacturing flexibility. *Spreadsheets in Education*. 5(2), 1-15

Sullivan, W.G., Wicks, E.M.,& Luxhoj, J.T.(2007). 工程经济学（邵颖红等译）. 北京：清华大学出版社

Vose,D.(2008). *Risk analysis: a quantitative guide.* New York: John Wiley & Sons

Willoughby, K.A. (2010). Spinning the big wheel on "The Price is Right": A spreadsheet simulation exercise. *Spreadsheets in Education*, 4(1), 1-10

Yang, H., Hadad, K., & Chow, C.W.(2001). Capacity planning using Monte Carlo Simulation: An illustrative application of commonly available PC software. *Managerial Finance*, 27(5), 33-54

Yang, I.T. (2005). Simulation-based estimation for correlated cost elements. *International Journal of Project Management*. 23, 275-282

张宏亮&李鹏. (2007). PFI项目特点对项目风险事件和脆弱性的影响. 管理工程学报, 27, 102-109